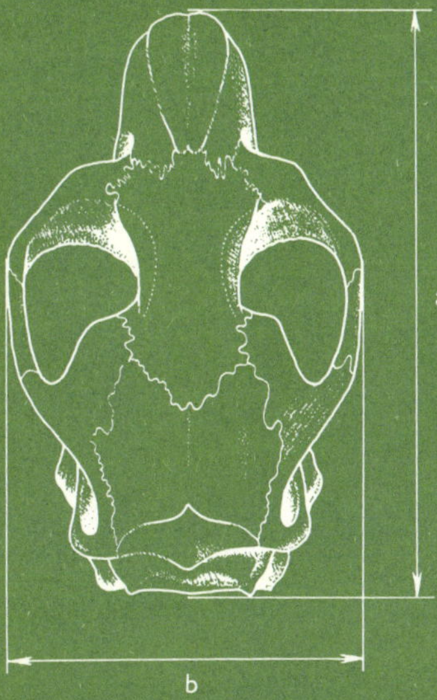

Messen von Spurengruppen
a – Schränkungsbreite (Schrank),
b – Schrittlänge,
c – Ausstellwinkel

▼

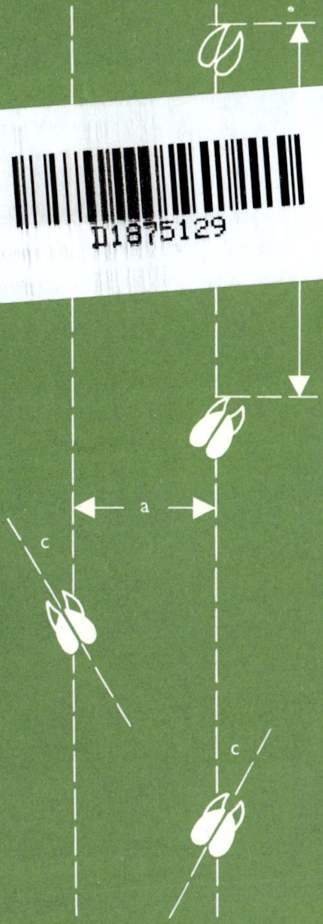

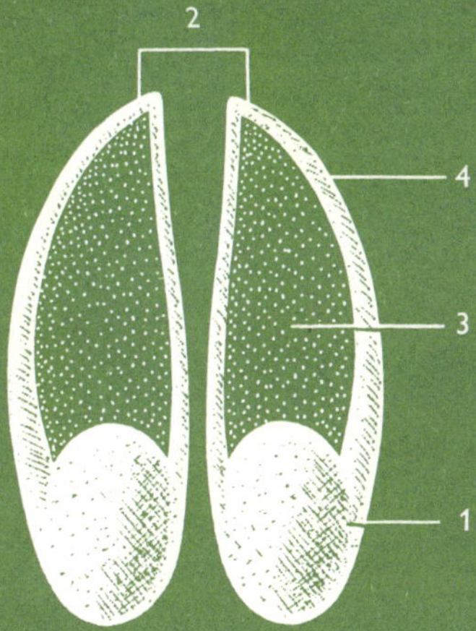

▲ Bezeichnung der Trittfläche
(Schalen) von Paarhufern
und Schema des Schalenabdrucks
1 – Ballen, 2 – Schalenspitze,
3 – Klauensohle (hohle), 4 – Schalenrand

Der Kosmos-Spurenführer

KOSMOS
NATUR
FÜHRER

M. Bouchner

Der Kosmos-Spurenführer

Spuren und Fährten einheimischer Tiere
Fährten, Fraßspuren, Nester, Baue, Losungen, Gewölle

Kosmos
Gesellschaft der Naturfreunde
Franckh'sche Verlagshandlung
Stuttgart

Text von Dr. Miroslav Bouchner
Ins Deutsche übertragen von Jürgen Ostmeyer
Mit 153 Farbfotos von Anděra (4), Bartoš (5), Blahout (1),
Bouchner (10), Cibulka (1), Červený (2), Fišer (1), Formánek (4), Hain (1), Humpál (1),
Kunc (3), Motl (1), Motyčka (1), Novák (1), Pavlásek (1), Pavlík (65), Rödl (16), Studnička (17),
Ševčík (2), Tvrz (1), Zumr (15) und
175 Schwarzweißfotos von Bartoš (4), Bouchner (88), Cibulka (2), Formánek (4), Hanzák (6),
Chlumský (3), Kunc (1), Novák (26), Pavlík (2), Rödl (11), Studnička (11), Ševčík (4),
Zumr (13).
46 Farbzeichnungen und 425 Federzeichnungen von Miloš Váňa

Umschlag von Edgar Dambacher unter Verwendung einer Farbzeichnung
von Marianne Golte-Bechtle

CIP-Kurztitelaufnahme der Deutschen Bibliothek

Bouchner, Miroslav:
Der Kosmos-Spurenführer: Spuren u. Fährten
einheim. Tiere; Fährten, Fraßspuren, Nester, Baue, Losungen, Gewölle / M. Bouchner. (Ins. Dt. übertr. von Jürgen Ostmeyer). — Stuttgart: Franckh, 1982.
(Kosmos-Naturführer)
L Aus d. Ms. übers.
ISBN 3-440-04928-0

Franckh'sche Verlagshandlung, W. Keller & Co., Stuttgart / 1982

Printed in Czechoslovakia / Imprimé en Tchécoslovaquie LH 14 Ste / ISBN 3-440-04928-0
Gesamtherstellung: Svoboda, Prag
3/07/11/52-01

Der Kosmos-Spurenführer

Einleitung

Von der Anwesenheit verschiedener Tiere in einem bestimmten Gebiet können wir uns anhand aller möglicher Zeichen überzeugen. Am einfachsten ist es natürlich, wenn wir ein Tier zu Gesicht bekommen und es bestimmen können. Das gelingt aber nur bei solchen Arten, die auf einer bestimmten Fläche in großer Anzahl vorkommen oder nicht sehr scheu sind. So werden wir uns bestimmt schon Gedanken gemacht haben, warum wir auf einem Naturspaziergang regelmäßig alle möglichen Vogelarten antreffen, aber nur selten ein Säugetier. Die Antwort ist nicht so schwierig. Das kommt in erster Linie daher, daß die Vögel wesentlich artenreicher sind, viele Laute von sich geben und vorwiegend tagaktiv sind. Im Gegensatz zu ihnen sind die Säugetiere überwiegend dämmerungs- oder nachtaktive Geschöpfe, die den Tag in einer sorgfältig gewählten Deckung verbringen. Der Mensch ist wie die meisten Vögel tagaktiv, daher bekommt er ein Säugetier seltener zu Gesicht.
Daher sind viele Ausflügler enttäuscht, wenn sie auf einem Waldspaziergang keine Hirsche oder Rehe antreffen, obwohl sie wissen, daß die genannten Wildarten im besuchten Gebiet in großer Zahl vorkommen. Diese Besucher könnten aus der Natur viel mehr Erlebnisse und Erkenntnisse mitnehmen, wenn sie aufmerksamer wären und nicht die vielen Spuren und Zeichen übersehen würden, die die Tiere hinterlassen. So könnten sie nämlich allerhand über die Anwesenheit vieler Säugetiere und Vögel erfahren, ohne sie zu erblicken. Aber nicht nur über ihre Anwesenheit, sondern auch über Gewohnheiten, Verhalten, Nahrung, Familienangelegenheiten, Jungenaufzucht — schlicht über alles, was die Tiere hier getan haben. Solche Spuren gibt es in großer Zahl, aber nur wer naturverbunden lebt, Geduld besitzt und genaues Beobachten gelernt hat, kann in der Natur wie in einem offenen Buch lesen. Er kann anhand unbedeutender Funde auf das Vorhandensein dieses oder jenes Tieres schließen und sogar seine Tätigkeit rekonstruieren. Dazu braucht er nicht immer wirkliche Spuren, d. h. Pfoten-, Huf- oder Zehenabdrücke, zur Identifizierung genügen vielfach die verschiedenen Tierbehausungen, Nester, Baue, Beutereste, Fraßbilder an Pflanzen, Feldfrüchten und Bäumen, Getreidevorräten, hinterlassene Losung, Stätten für Hygiene und Ruhe, in der Mauser verlorene Federn oder Kadaver- bzw. Skelettreste verendeter oder getöteter Tiere. Die Indianer und andere Naturvölker waren ausgezeichnete Beobachter. Bei ihnen war diese Fähigkeit eine durch die Lebensweise bedingte Notwendigkeit. Aber auch wir können uns die Kunst des Spurenlesens aneignen. Die heutige Natur ist, auch wenn sie immer mehr von der vordringenden Zivilisation vernichtet wird, immer noch artenreich genug, und jedes Tier liefert viele Gelegenheiten zum Spurenlesen.
Die Spurenlesekunst hat sehr alte Wurzeln. Der sich von der Jagd ernährende Mensch mußte sich sehr gründlich mit den Gewohnheiten seiner Beute vertraut machen, sonst hätte er wohl kaum etwas erlegen und sich im Existenzkampf behaupten können. Viele Funde beweisen, daß die Urzeitmenschen unerhört erfindungsreich waren und mit Hilfe primitiver Waffen oder Fallen auch so große, starke Tiere wie Bären oder Mammute bezwangen.
Es ist aber nicht nötig, so weit in die Vergangenheit zurückzugehen. Noch heute existieren in entlegenen, von der Zivilisation unberührten Gebieten der Erde viele primitiv lebende Völker, für die die Jagd Hauptnahrungsquelle ist und für die Spurenlesen, Kenntnisse der Tiergewohnheiten und -verhaltensweisen eigentlich eine Frage von Leben und Tod sind.
Ursprünglich war also das Spurenlesen ein untrennbarer Bestandteil der Jagd, und in dieser Form — wenn auch in wesentlich beschränkterem Ausmaß und auch nicht immer — setzt sie sich im heutigen Weidwerk fort. Die heutigen Jagdmethoden sind nicht mehr aufs Spurenlesen angewiesen bzw. dadurch bedingt. Eine Hasentreibjagd ist nur noch eine einseitige Angelegenheit der modern bewaffneten Jäger, und das Spurenlesen ist völlig überflüssig geworden. Ähnlich ist es bei der Fasanen- und Rebhuhnjagd, auch wenn hier schon gewisse Kenntnisse von Verhalten und Anwesenheit des Wildes nötig sind. Bei der Jagd auf

größeres Wild, vor allem auf Schalenwild, kommt der Weidmann ohne eine gewisse Spurenlesekunst nicht aus, vorausgesetzt, daß er nicht nur Ansitzjagd betreibt, wobei er bloß wartet, bis sich das Wild auf Schußweite nähert. Er muß Fährten ansprechen und lesen können, Wildwechsel kennen, auch muß er aufgrund von Losung, Plätz-, Feg- und Fraßspuren auf die Anwesenheit von Wild schließen und sich schließlich auch nach den Stimmen orientieren können. Wenn etwa Mitte September die Hirschbrunft einsetzt, lassen die Hirsche weithin ihren Ruf vernehmen. Der erfahrene Weidmann kennt sich in den Stimmen der brünftigen Hirsche aus und unterscheidet, ob es sich um einen jungen oder alten Hirsch handelt, ob der Hirsch erst Weibchen (weidmännisch „Tiere") für seinen Harem sucht, oder ob er ein Platzhirsch ist, der schon seine Tiere hat. Dem Hirschruf kann der Kenner entnehmen, ob es sich um die wütende Antwort an den aufdringlichen Rivalen handelt, ob die Tiere zum Rudel zusammengetrieben werden oder ob er Müdigkeit nach erschöpfender Brunft verrät. Es gibt auch solche Weidmänner, die den heimlichen Hirsch in der Brunft mit der Nase entdecken. Er verströmt nämlich einen kräftigen Brunftgeruch. Auch das gehört zur Spurenlesekunst.

Die Spurenleserei hängt aber nicht nur mit der Jagd zusammen. Der moderne Weidmann richtet sich nach Grundsätzen, die beträchtlich von den Gewohnheiten unserer Vorfahren abweichen. In erster Linie ist er Heger und Schützer des Wildes und erst zuletzt auch Jäger. Einer der Grundpfeiler weidmännischer Tätigkeit ist die Kenntnis des Wildbestands und der Veränderungen, die in jeder Tierpopulation im Laufe des Jahres eintreten. Bei der Wildzählung, die dem Weidmann verrät, mit welcher Stückzahl er in der kommenden Vermehrungsperiode rechnen kann, bewährt sich als gutes Mittel das Spurenlesen im frisch gefallenen Schnee. Spuren und Fährten im Schnee verraten gleichzeitig, welches Raubwild im Revier vorhanden ist und ob sein Bestand das übrige Wild bedroht, ob hier wildernde Hunde und Katzen streunen oder ob gar zweibeinige Wilderer am Werk sind.

Die Kunst, aus Spuren und anderen hinterlassenen Zeichen zu lesen, ist auch für Forstleute, Landwirte und Obstgärtner wichtig. Viele Tierarten profitieren auch von Pflanzen, die der Mensch für den eigenen Bedarf anbaut. Manche Tiere bewegen sich auf einer großen Fläche oder leben als Einzelgänger, so daß die von ihnen angerichteten Feldschäden nicht erfaßbar sind. Schlimmer ist das bei Pflanzenfressern, die nur ein kleines Revier bewohnen und in größerer Stückzahl zusammenleben. Der Wildbefraß konzentriert sich so auf eine Stelle, und es entstehen sichtbare, oft sogar empfindliche Schäden. Anhand der Art des Schadens, an Trittsiegeln, Losung und anderen Zeichen lassen sich die „Täter" bestimmen, und so können auch leichter wirksame Maßnahmen zur Verhinderung bzw. Milderung der Schäden ergriffen werden.

Im Wald kommt es zu Schäden an der Rinde erwachsener Bäume, an jungen Pflanzen, an Setzlingen in Schulen und Schonungen, auch an Samen und Früchten. Obstgärtner klagen über Wildverbiß, über die Vernichtung treibender Knospen oder die Beschädigung von reifendem Obst. Auch Imker bleiben nicht vom Besuch ungebetener Gäste verschont. Vor allem in den Wintermonaten werden Bienenstöcke oft von Spechtvögeln beschädigt, die zu den schlafenden Bienen eindringen und sie fressen. Beträchtliche Schäden entstehen in den Lagerräumen für Feldfrüchte, gleich, ob es sich um Getreide oder Hackfrüchte handelt. Ganze Armeen kleiner Nager aus der weiteren Umgebung halten hier am reich gedeckten Tisch Einzug. Schließlich kommt es sogar zu Beschädigungen von technischen Einrichtungen. Wasserleitungsrohre aus Metall oder Plastikmaterial, Strom- oder Fernmeldekabel werden häufig von kleinen Nagern beschädigt. Um diese Schäden verhindern zu können, muß man den Urheber kennen. So kommt die scheinbar belanglose Spurenkenntnis auch im wirtschaftlichen Bereich zur Geltung. Kennt man den Schädling, seine Gewohnheiten, Nahrungsansprüche, kann man ihn leichter bekämpfen. In dieser Hinsicht ist eine ganze Wissenschaftsdisziplin im Entstehen begriffen, die sich mit mechanischem und chemischem

Schutz von Waldbeständen und Landwirtschaftsprodukten vor Schäden befaßt, die durch Vögel, Säuger und natürlich auch niedere Lebewesen verursacht werden. In einigen Betrieben, die sich auf die Herstellung von Plastikwerkstoffen spezialisiert haben, gibt man neu entwickelte Materialien erst einmal Ratten oder Mäusen zum „Kosten", versieht sie mit abstoßenden Zusätzen und nimmt die Serienproduktion erst dann auf, wenn sie den Nagetieren nicht schmecken.
Soweit wenigstens ein paar Beispiele dafür, wie sich die Spurenleserei in der Praxis auswirkt und dem Menschen hilft, vernünftig in der Natur zu wirtschaften. Die Kunst des Spurenlesens berührt aber auch den kulturell-ethischen Bereich des menschlichen Interesses. In unserer heutigen übertechnisierten Zeit ergreifen immer mehr Menschen im wahrsten Sinne des Wortes die Flucht aus den überfüllten Städten voller Lärm, Staub und Abgasen, um die nötige Erholung in der Natur zu suchen. Vielleicht bewirkt gerade die Übertechnisierung, daß die Menschen der Natur mehr Interesse widmen, mehr Freude an der lebenden Kreatur finden und mehr als bisher über die Natur wissen wollen. Wenn man weiß, wie man der Natur so viel wie möglich von ihren Geheimnissen entlocken kann, wird jeder Spaziergang zu einem spannenden Abenteuer.

Der Lebensraum der Tiere

Viele Menschen glauben, daß sich die Tiere in freier Natur ungebunden von einem Ort zum anderen bewegen und daß keine Grenzen bestehen, die sie am Vordringen in immer neue Gegenden hindern könnten. Als ein Ideal grenzenloser Freiheit gelten die Vögel, offensichtlich deshalb, weil sie fliegen können. Beim Anblick eines fliegenden Vogels gewinnt man den Eindruck, daß er ein „vogelfreies" Leben führt, heute ist er hier, und morgen kann er einige Dutzend Kilometer weiterfliegen. Wenn man sich aber einmal die Mühe macht und einen bestimmten Vogel über längere Zeit verfolgt, kommt man bald dahinter, daß diese Annahme nicht stimmt. Einzeltiere, Paare oder Tiergruppen sind in ihren Bewegungen verhältnismäßig eng an einen bestimmten, fest umgrenzten Raum gebunden, dessen Grenzen sie für gewöhnlich nicht überschreiten. Diese Geländeeinheit, die als Revier oder Individualbereich (home range) bezeichnet wird, enthält einen noch kleineren Raum, das Territorium. Das Tier kennt sein Territorium gut, kann sich in ihm perfekt orientieren, kennt hier die besten Futter- und Wasserstellen, Verstecke und Deckungen, markiert es aktiv und verteidigt es gegen andere Angehörige der gleichen Art.
Die einzelnen Teile des Territoriums haben für das Leben des Tieres eine große Bedeutung, es ist eng daran gebunden. Die innere Gliederung des Territoriums entspricht der Lebensweise der jeweiligen Tierart, so daß die Ansprüche an seine Gestalt ganz verschieden sein können. Das Territorium eines Hirsches muß eine Suhle und Bäume aufweisen, an denen er sich reiben oder schubbern kann, doch kommt er z. B. ohne Huderplatz aus. Dieser ist wieder ein unentbehrlicher Hygienebestandteil für Rebhühner. Auf dem Territorium eines Neuntöters muß ein Dornbusch stehen, auf dessen Dornen der Vogel seine Beute spießt, der Kauz lagert seinen Nahrungsüberschuß wiederum in Baumhöhlen ein. Im wesentlichen muß jedes Territorium Orte haben, an denen das Tier Nahrung aufnimmt bzw. jagt, wohin es schlafen geht, seine Behausung hat, egal, ob Bau, Fels-, Baumhöhle, dichtes Gebüsch oder Nest, wo es Körperpflege betreiben kann, seine Losung ablegt und seine spezifischen Eigentumsmarkierungen anbringen kann. Ganz allgemein kann man sagen, daß die feste Oberfläche der Erde in Milliarden kleinerer oder größerer Territorien aufgeteilt ist, die von den verschiedensten Tierarten besetzt werden. Diese Parzellierung ermöglicht praktisch eine bessere Nutzung eines bestimmten Lebensraums und verhindert gleichzeitig eine innerartliche Konkurrenz.

Dabei ist aber ein bestimmtes Territorium nicht nur von einer einzigen Tierart besetzt, hier lebt eine ganze Reihe von Arten nebeneinander. So verteidigt z. B. ein Rehbock sein Territorium gegen einen anderen Rehbock, ein Eisvogel gegen einen anderen Eisvogel und ein Marder gegen einen anderen Marder. Doch macht es dem Rehbock überhaupt nichts aus, daß auf seinem Territorium Hase, Fasan, Schnepfe, Spitzmaus, Meise oder Insekten leben, genauso wie dem Eisvogel die Anwesenheit von Bisamratten, Amseln, Feldmäusen u. a. nicht zur Last fällt. Jedes Territorium muß aber so groß sein, daß es ein Einzeltier, ein Paar, eine Familie oder ein ganzes Rudel ernährt. Daraus folgt, daß die Größe dieser Territorien nicht immer gleich ist, sie hängt von folgenden Faktoren ab: Größe des Tieres und seine Populationsdichte, Geschlecht und Alter, Art der aufgenommenen Nahrung und ihre Ergiebigkeit, Geländerelief und Jahreszeit. Ein Rehbock wählt und verteidigt ein so großes Territorium, daß er dort das ganze Jahr hindurch genügend Nahrung finden kann. Würde er ein zu kleines Territorium behaupten, wäre er durch Hunger gefährdet. In einem zu kleinen Territorium würde er den ganzen Pflanzenbestand abäsen, evtl. sogar vernichten, da die Pflanzen nicht mehr genug Zeit zum Nachwachsen hätten. So käme es zur Störung des biologischen Gleichgewichts, zu einer Diskrepanz zwischen Nahrungsangebot und -konsum und dadurch auch zur Existenzbedrohung des Rehs.

Die Territoriengröße einer bestimmten Tierart ist aber nicht überall in ihrem Biotop gleich. Eine beträchtliche Rolle spielt hierbei die Nahrungsergiebigkeit, d. h. die Nahrungsmenge, die eine bestimmte Landschaft dem Tier bieten kann. In der fruchtbaren Tiefebene, wo guter Boden und günstige Witterungsverhältnisse die Voraussetzungen für üppiges Pflanzenwachstum schaffen, ist das Territorium eines Hasen wesentlich kleiner als im Gebirge, wo härtere Vegetationsbedingungen herrschen und die Nahrung auf einer weit größeren Fläche gesucht werden muß. Allgemein gilt auch der Grundsatz, daß die Pflanzenfresserterritorien normalerweise kleiner sind als die der Fleischfresser, die den Pflanzenfressern nachstellen. Aber auch ein im Gebirge lebender Fuchs bewirtschaftet ein weit größeres Revier als seine Verwandten im Flachland, wo es einen Überschuß an kleinen Nagern und anderen Beutetieren gibt. Spricht z. B. der Weidmann von der Wilddichte in einem bestimmten Revier oder größeren Gebiet, charakterisiert er gleichzeitig indirekt auch die Stufe seiner Nahrungsergiebigkeit. Im ergiebigen Flachland gibt es mehr, im kargen Hochland weniger Hasen pro Flächeneinheit.

Dabei wäre aber einzuräumen, daß es bisher nur wenige konkrete Angaben über die Territoriengröße der verschiedenen Tierarten gibt. Das kommt hauptsächlich daher, daß die Beobachtung eines bestimmten Exemplars, wenn es nicht von Menschenhand sichtbar gekennzeichnet wurde, ungeheuer schwierig und zeitaufwendig ist. Zieht man dabei in Betracht, daß z. B. die Säuger nachtaktiv sind, so wird die geringe Kenntnis von der Größe der Tierterritorien begreiflich. Allgemein kann man sagen, daß die Territorien kleiner Tiere wesentlich kleiner sind als die der großen Arten. Bei kleinen Nagern wie z. B. bei den verschiedenen Mäusen sind sie nicht größer als ein paar Quadratmeter bzw. einige -zig Quadratmeter. Ähnlich ist es bei verschiedenen Eidechsen, Frosch- und Fischarten. Die Elritze, ein kleiner Fisch, gibt sich mit einem ganz kleinen Tümpel zufrieden, die Feldmaus weidet die Pflanzen nur in allernächster Umgebung ihres Loches ab. Aber schon z. B. die Gelbhalsmaus oder die Spitzmäuse, die spezialisiertere Nahrung zu sich nehmen, bewohnen ein Territorium von einigen hundert Quadratmetern. Das Revier des Höckerschwans nimmt eine Fläche von ca. 1 km^2 ein, das des Rehs mißt etwa 10 Hektar, beim Rothirsch liegt die Reviergröße bei 25 Hektar, und bei den großen Raubtieren beträgt sie bereits viele Quadratkilometer. Der Braunbär hat ein 10—30 km^2 großes Territorium, der sibirische Tiger bewegt sich auf einer Fläche von rund 1000 km^2 — das ist die größte festgestellte Ausdehnung eines Territoriums überhaupt. Die Größe eines behaupteten Territoriums hängt auch von Geschlecht und Körpergröße eines bestimmten Exemplars ab. In der Regel ist das

Territorium von Weibchen oder jungen Männchen kleiner als das von ausgewachsenen starken Männchen.
Die Tiere markieren ihre Territoriengrenzen auf eine ganz charakteristische, artspezifische Weise. Dabei bedienen sie sich verschiedener Signale oder Zeichen, die jedem anderen Angehörigen der betreffenden Art verständlich sind und ihm klarmachen, daß er sich bei Überschreiten dieser fremden Grenze einem gefährlichen Angriff aussetzt. Das sind Sicht-, Geräusch- und Duftsignale (optische, akustische und olfaktorische bzw. chemische). Diese einzelnen Signaltypen können miteinander kombiniert werden. Während die optischen und akustischen Signale auch der Mensch wahrnehmen kann, ist er bei der Registrierung der Duftmarken stark benachteiligt, da sein recht unzulänglicher Geruchssinn nur einen ganz geringen Teil der in der Natur existierenden Gerüche und Düfte unterscheiden kann.
Die von den Wirbeltieren zur Territoriumsmarkierung benutzten Geräuschsignale sind mannigfaltig, sie haben bei den verschiedenen Arten unterschiedliche Höhen, Intervalle, Intensität und sind ganz verschieden moduliert. Oft entstehen sie durch einen Luftstrom, der durch ein Membransystem im Atemorgan streicht, das sind die stimmlichen Laute; einige Schlangen reiben ihre Schuppen aneinander oder bewegen klappernd speziell geformte Glieder am Schwanzende; die Störche klappern mit den Schnäbeln, die Huftiere stampfen mit den Hufen usw. Am ausgeprägtesten sind die Schallsignale bei den Vögeln entwickelt, ihretwegen werden sie ja eigentlich so bewundert — das ist der Gesang. Die Triller des Spötters, der perlende Gesang der Nachtigall oder das Girren der Rebhühner sind nichts anderes als Signale, durch die anderen Spöttern, Nachtigallen und Rebhühnern mitgeteilt wird, daß das Territorium in Reichweite der Stimme besetzt ist. So erhält der Vogelgesang eine ganz prosaische Erklärung und einen praktischen Zweck. Überdies will das singende Männchen mit seiner Stimme ein Weibchen in sein Revier locken, entschieden singt es nicht zum Vergnügen und schon gar nicht, um den Menschen zu erfreuen.
Optische Signale sind sehr auffällig und fesseln für gewöhnlich nicht nur die Aufmerksamkeit der Arten, für die sie bestimmt sind. Sie sind also weitgehend verständlich und werden daher von den Tieren stark frequentiert. In der Regel sind sie artspezifisch, d. h. ein und dasselbe Signal kann bei verschiedenen Tiergruppen eine unterschiedliche Bedeutung haben. Zum Beispiel bedeuten zurückgezogene Mundwinkel und entblößte Zähne beim Tiger Drohung, beim Schimpansen Unsicherheit und beim Menschen ein Lächeln. Optische Zeichen sind sehr vielgestaltig — viele Tiere tragen an ihrem Körper auffällige Farbzeichen (entweder dauernd oder nur zeitweilig sichtbar), andere signalisieren durch Änderung von Körperhaltung, Körperumfang oder -form bzw. nur von einzelnen Körperteilen. So ist z. B. die Gesichtsmaske einiger Antilopen ein konstantes Zeichen, die weißen Spiegel um die Afterpartie zeigen Hirsch- und Rehwild nur in Gefahrenmomenten. Die Tiere legen Fell, Federn oder Ohren an bzw. richten sie auf, blasen ihren Körper auf — all das dient der optischen Verständigung.
Die Säugetiere umgrenzen ihr Territorium meist vermittels Duftmarken. Der Dachs beispielsweise hat über der Afteröffnung eine besondere beutelförmige Drüse, mit deren Ausscheidungen er wichtige und auffällige Gegenstände im bewohnten Revier bis zu den äußersten Grenzen markiert. Das macht er, indem er sein Hinterteil an den betreffenden Gegenstand drückt, als wollte er sich hinsetzen. So markiert er auf seinen Wechseln, von denen sein Territorium durchzogen ist, alle möglichen Steine, Stubben, Baumstämme oder auch den nackten Boden. Auf ähnliche Weise kennzeichnen auch andere Angehörige der Marderfamilie die Grenzen ihrer Territorien. Das Hirschwild hat unterhalb der Augen ziemlich große Beutel, die Voraugendrüsen, weidmännisch Tränenlöcher genannt. Das sind eigentlich Duftdrüsen, die vor allem in der Brunftzeit ein schmieriges, kräftig riechendes Sekret produzieren. Der Hirsch schmiert dieses Sekret vorsichtig an die Zweige von Sträuchern und Bäumen in seinem Revier. Die Duftdrüsen der Gemsen (Brunftfeigen) sitzen an der

Kopfhinterseite an den Wurzeln der Hörner (Krickeln, Krucken). In der Brunft schwellen diese Drüsen stark an und scheiden ein Sekret ab, das der Bock an Sträucher oder Kräuter streicht. Eine charakteristische Markierungstechnik haben die Haushunde. Kommen sie auf die Straße, lassen sie keinen Bordstein und keine Hausecke aus. Ein solcher Ort wird beschnuppert, dabei werden normalerweise die Duftmarken anderer Hunde festgestellt. Anschließend wird auch die eigene Marke angebracht: Mit ein paar Harntropfen wird der Gegenstand besprengt. Dabei gehen sie mit dem Harn sehr sparsam um, damit genug Markierungsstoff für weitere Stellen übrigbleibt. Diese Orte werden regelmäßig von einer ganzen Reihe Hunde besucht, so daß ein regelrechtes „Besucherbuch" entsteht. Bei der Markierung dieser Steine versucht jeder Hund, seine Visitenkarte so hoch wie möglich anzubringen, höher als die Marken der übrigen Hunde, um so Stärke, größere Territorialansprüche, aber auch eine höhere Stellung in der Rangordnung darzutun. Der Braunbär markiert sein Territorium mit einer Kombination aus Sicht- und Geruchsmarken. An den markierten Stellen reißt er mit seinen Krallen die Rinde von den Bäumen, das entblößte weiße Holz schimmert weithin. Dann uriniert der Bär auf den Boden und auf seine Vordertatzen, wälzt sich im Urin und reibt sein Fell am verletzten Baum. So ergänzt er das optische Signal noch durch ein Duftzeichen.
Die Dauer der akustischen und optischen Signale wird meist von den Tieren selbst bestimmt, bei den olfaktorischen Zeichen ist das aber kaum möglich. Die Duftmarken sind längerfristig gültig und wirken also wie ein chemischer Dauerschutz des Territoriums. Gleichzeitig ermöglichen sie dem Revierbesitzer eine leichtere und schnellere Orientierung sowohl bei normalen Bewegungen als auch im Falle plötzlicher Gefahr. Innerhalb ihres Territoriums bewegen sich die Tiere nicht willkürlich, sondern sie treten Wege aus, die sie dann regelmäßig benutzen. Pfade, die von Raubtieren getrampelt wurden, bezeichnet der Weidmann als Schliche, die Verbindungswege der übrigen Tiere als Wildwechsel. Bei näherer Betrachtung kann man an weichen Stellen dieser Pfade Trittsiegel und hinterlassene Losung finden. Diese Wildwechsel kreuzen, gabeln und verbinden sich wieder, so daß sie ein ganzes Straßennetz bilden. In verschiedenen Landschaftstypen sind sie derart ausgeprägt, daß man sie nicht übersehen kann; auch die Wechsel von ganz kleinen Tieren können unglaublich festgetrampelt sein. Sie sind gleichermaßen charakteristisch auf Feldern als auch an felsigen Berghängen, in Steppen oder Sumpfgelände. Auf Luftaufnahmen der afrikanischen Steppen erscheint das Gewirr der Wildwechsel so deutlich und dicht, als ob sich ein riesiges Netz über die Landschaft hinzöge.
Es kommt ganz gängig vor, daß sich die Wechsel von zwei oder mehr Tierarten miteinander verbinden und für eine bestimmte Strecke decken. An einen Rehwildwechsel kann ein Hasenwechsel anschließen, Rebhühner können beim Durchschliefen von Gebüsch einen Hasenwechsel benutzen, auf einem einzigen Wechsel von kleinen Nagern können sich verschiedene Mäusearten bewegen. Nicht selten schließt sich so ein Wildwechsel an einen vom Menschen geschaffenen Trampelpfad an und verfolgt ihn ein Stück weit; wahrscheinlich deshalb, weil der Menschenweg in Richtung der Verbindungslinie zweier wichtiger Plätze des Territoriums verläuft. Und umgekehrt — viele Menschenpfade, vor allem im Gebirge, entstanden durch Verbreiterung und Ausbau von Wildwechseln, auf denen jahrhundertelang das Bergwild von einem Kamm zum anderen zog. Die ersten amerikanischen Straßen und Eisenbahnen wurden häufig auf den breiten, festgetrampelten Wechseln der Bisons projektiert, die hier in hunderttausendköpfigen Herden auf Nahrungswanderung waren.
Die Wechsel des Schalenwilds sind am besten an den Waldrändern zu sehen, wo das Wild aus der Deckung zum Äsen auf die Felder austritt. Allgemein kann man sagen, daß die deutlichsten Wechsel in der Nähe der Nahrungsquellen ausgetreten sind. Ein aus dem Wald in die Felder führender Wechsel ist am Anfang breit und kräftig, verjüngt und verliert sich allmählich, verästelt sich zu einzelnen Abzweigungen, um endlich weit im Feld ganz zu

verschwinden: Auf dem Wechsel ist das Wild bis zur Nahrungsquelle gelangt, dann zerstreuen sich die einzelnen Stücke strahlenförmig, jedes Tier sucht auf eigene Faust den besten Bissen. Deutlich sind diese Wechsel im Schnee zu sehen, dann läßt sich gut die Zerstreuung des Wilds vom Hauptwechsel weg verfolgen.
In Gras, Futterkulturen und Waldunterwuchs kann man die winzigen Pfade der verschiedenen Mäusearten entdecken. Ihre engen, oft rinnenartig ausgetretenen und -genagten Wege führen entweder von einem Loch zum andern oder vom Loch zur Nahrungsquelle. Ausgeprägte Pfade legen z. B. die Feldmäuse an, ihre verschlungenen Verbindungswege entdeckt man meist erst, wenn man die Vegetation auseinanderbreitet. Das Feldmausleben kommt auch im Winter unter einer dicken Schneedecke nicht zum Stillstand. Die Pfade zwischen Mauselöchern und Nahrungsquelle werden wiederhergestellt, und unter der unberührten Schneeschicht pulsiert das normale Leben. Die Wände der Gänge kleiden die Feldmäuse mit zerbissenem Gras und Krautstengeln aus, was wohl als Isolierung gegen Nässe und Kälte dienen soll. Wenn dann im Frühjahr der Schnee schmilzt, bleibt auf dem Erdboden oft ein dichtes Netz aus Grastunneln zurück.
Von den Teich-, Bach- und Flußufern führen die oft zunächst schlammigen, weiter vom Ufer entfernt trockenen, sich allmählich in der Ufervegetation verlierenden Wechsel der Bisamratten. Auf ihnen begeben sich die Tiere von ihren unterirdischen Röhren oder Burgen in die Umgebung auf Nahrungssuche. Eigenartige Wechsel, die man als Schiffahrtskanäle bezeichnen könnte, legen die Biber an. Von den Seen, in denen sie ihre Behausungen haben, graben sie in tiefer gelegene Sümpfe schmale Kanäle, durch die sie dann durchgenagte Äste und Baumstämme transportieren.

Bild 1. Der Wechsel von Damwild erscheint im Schnee als tiefe Furche.

Die Wohnungen der Tiere

Der zentrale Bestandteil jedes Territoriums ist eine Dauer- oder Saisonbehausung, die als Unterschlupf oder auch zur Jungendaufzucht dient. Auf Streifzügen durch die Natur begegnet man oft Vogelnestern, die man an den verschiedensten Stellen finden kann.

Viele Vogelarten sind Bodenbrüter, d. h. sie bauen ihre Nester auf dem Boden. Zu ihnen gehören die Hühnervögel, Trappen, Kraniche, die ganze große Ordnung der Watvögel und auch viele Singvögel. Zu den Bodenbrütern kann man auch die Möwen, Enten, Gänse oder Flamingos zählen, die an schlammigen Stellen bzw. in deren Randpartien nisten.

Die allereinfachsten Nester legen verschiedene Watvögel an. Durch kreisende Körperbewegungen formt das Weibchen im Sand oder Gras nur eine kleine Vertiefung, die es überhaupt nicht auspolstert; die Eier werden auf den nackten Boden gelegt. Lerchen und Hühnervögel erstellen schon solidere Bauten, sie kleiden die Wände der Nistgruben mit trockenem Pflanzenmaterial aus. Schüsselförmige, dicht über dem Erdboden im Gras liegende Nester fertigen Ammern oder Pieper an, ganz geschlossene kugelige Nester mit seitlichem Einschlupf sind an solchen Stellen das Werk von Laubsängern oder Zaunkönigen.

Bodenbrüter sind vielerlei Gefahren ausgesetzt. Daher sind viele Vögel dazu übergegangen, günstigere Stellen auf Bäumen und in Sträuchern zu wählen. Auf diese Weise haben sie sich den Nachstellungen vieler fleischfressender Säuger entzogen. Die primitivste Nestform der ersten Baumbrüter war wohl eine einfache Plattform aus Pflanzenstengeln und kleinen Zweigen. Diese primitive Bauform hat sich bis heute bei verschiedenen Taubenarten erhalten (Ringel-, Turtel-, Türkentaube).

So ein Nest gewährt aber den Eiern und Jungvögeln nicht genügend Schutz, weshalb die Eltern im Laufe der Zeit damit begonnen haben, inmitten der Plattform eine Vertiefung zu schaffen oder die Nestränder zu erhöhen. Auf diese Weise werden die Nester von Raubvögeln, Störchen, Kormoranen, Reihern u. a. gebaut. Die Bemühungen, einen tieferen Nistkessel zu erzielen, führten zur Ausbildung der tieferen Nestform bei Singvögeln oder Rallen.

Neben den auf bzw. über der Erde nistenden Vögeln gibt es viele Spezialisten, die Höhlen in Felsen oder Bäumen besiedeln. Viele machen sich dabei natürliche Höhlungen zunutze, z. B. Meisen, Kleiber, Baumläufer, Dohlen oder Wiedehopfe, andere wiederum wurden zu Meistern der Zimmermannskunst. Die Spechtvögel (Buntspecht, Schwarzspecht, Grünspecht) meißeln in Baumstämmen geräumige Höhlen aus, die mit der Umwelt nur durch ein Schlupfloch von genauem Körperumfang in Verbindung stehen. Eine relativ kleine Vogelgruppe legt ihre Eier in unterirdische Nester. Uferschwalben, Eisvögel und Bienenfresser graben mit ihren Läufen und Schnäbeln in senkrechte Lehmwände Gänge, die in einer kugeligen Nisthöhle enden.

Viele Bodenbrüter tarnen ihre Nester hinter einem Grasbüschel, unter Gestrüpp oder in einem Steinhaufen. Wahre Meister im Verbergen ihrer Nester sind Ammern, Pieper, Braun- und Schwarzkehlchen, Nachtigallen, aber auch Rebhühner und Fasane. Verschiedene Wasservögel, z. B. Bläß- und Teichhuhn, errichten über ihren Nestern aus gekreuzten Halmen ein Dach zur Tarnung. Von diesem Nesttyp ist es nur noch ein Schritt zu den vollkommen getarnten Nestern, bei denen die umstehenden Halme direkt in die Wandung eingearbeitet werden, so daß das Ganze vollkommen mit der Umgebung verwächst. So entstehen kugelige oder gewölbte Bauten mit seitlichem Einschlupf, wie sie Wasseramseln, Zaunkönige und Laubsänger anlegen. Ähnlich von oben getarnt und geschützt ist auch das Nest der Elster, die in höheren Büschen und Bäumen nisten. Am weitesten sind solche Vögel gegangen, die beim Bau im wesentlichen das Prinzip des kugeligen, völlig geschlossenen Nests mit seitlichem Einschlupf beibehalten, diese Wohnstatt aber der Sicherheit halber in ganz dünnen Zweiggabeln anlegen (Schwanzmeise) oder sie ans äußerste Ende dünner, abwärts geneigter Zweige hängen (Beutelmeise).

Am Nestbau können sich beide Vögel beteiligen, doch ist nicht selten die Arbeit des Männchens nur symbolisch. In vielen Fällen wählt das Männchen nur den Nistbezirk aus und lockt das Weibchen an (z. B. durch Gesang oder das begonnene Nest), während das Werk dann vom Weibchen vollendet wird. Zum Bau verwenden die Vögel vorwiegend Pflanzenmaterial. Große Vögel wie Greife, Störche, Reiher bauen das Nest aus groben Stöcken, erst den eigentlichen Nistkessel füllen sie mit feinerem Material wie trockenem Gras, Streu, Tierhaar, Federn und allerlei Abfällen industrieller Herkunft aus. Tauben sammeln nur ein paar dünne, trockene Zweigstückchen, die sie nur nachlässig über Kreuz auf eine waagerechte Astgabel legen und nicht weiter auspolstern. Krähen und Elstern kombinieren stärkere Zweige mit schwächeren, betonieren den Boden dieses Baus mit einer Lehmschicht und fertigen erst dann das weiche Nestinnere an. Die kleinen Singvögel bauen Nester aus Halmen, Würzelchen, Blättern, Rindenschuppen, verbinden diese mit Moos, Flechten und verstärken die Wandfestigkeit noch durch die Verwendung von Spinnweben und Pflanzenfasern. Vielfach verwenden sie auch Federn, Fell und Haare. Das Baumaterial wird kunstvoll verflochten, verbunden, festgedrückt und oft auch mit eigenem Speichel verklebt. Die Mauersegler fangen in der Luft dahinsegelnde Daunenfederchen, befeuchten sie mit ihrem an der Luft schnell trockenden Speichel und legen so ein einfaches, wie mit Klebstoff verbundenes Nest an. Haus- und Mehlschwalben bauen Nester aus kleinen Schlammbröckchen, die sie dicht aneinanderkleben und mit festigendem Pflanzenmaterial durchflechten.
Größere Vögel nisten nur einmal jährlich (Raubvögel, Krähen, Eulen, Hühnervögel, Enten), kleinere, vor allem Singvögel, zweimal und öfter (Sperling, Amsel). Zum Brüten bauen sie jedesmal ein neues Nest, nur Störche, Reiher und Raubvögel benutzen gelegentlich Nester viele Jahre hindurch.
Vogelnester sind sehr vielfältig, was Form, Größe und Verarbeitung des Baumaterials angeht. Genauso verschiedenartig sind auch die Plätze, an denen Nester gebaut werden. Kennen wir uns in der Vogelwelt etwas besser aus, werden wir feststellen, daß die Ortswahl für das Nest bei den einzelnen Arten nach ganz bestimmten Regeln verläuft. Jede Vogelart wählt einen bestimmten Nistplatztyp, um dort ihr Nest zu bauen. Nistplatzwahl, Nestplazierung und -form sind für viele Arten so charakteristisch, daß der Fachmann schon von weitem bei flüchtiger Betrachtung eines bestimmten Gebiets richtig einschätzen kann, welche Vogelarten dort nisten können.
Die Architektur der Säugerbehausungen ist wesentlich schlichter. Das ist vor allem durch die unterschiedliche Keimentwicklung und Brutpflege bedingt. Die Entwicklung des künftigen Tieres spielt sich im Mutterleib ab. Die Dauer der Trächtigkeit, d. h. der Keimentwicklung ist bei vielen Säugern so lang, daß die Jungen schon voll entwickelt auf die Welt kommen und nur noch ein Minimum an mütterlicher Fürsorge benötigen. Die Jungen von Hasen oder Schalenwild sind bereits wenige Stunden nach der Geburt in der Lage, sich selbständig zu bewegen und brauchen kein schützendes Nest. Bei der Geburt werden sie meist einfach auf der unvorbereiteten Erdoberfläche irgendwo im Windschatten oder in einer guten Pflanzendeckung, gegebenenfalls auf einem ganz primitiven Lager abgelegt.
Viele Säuger graben ihre Wohnstätten in den Boden; dort finden sie Unterschlupf, werfen ihre Jungen und ziehen sie auf. Je nach Art und Lebensweise sind die Säugerbaue unterschiedlich tief und in verschiedener Umgebung angelegt. Bisamratten und Fischotter wühlen ihre Röhren in die Ufer fließender und stehender Gewässer, der Einschlupf liegt stets unter Wasser. Fuchs und Dachs graben ihre Baue normalerweise an gut verborgenen Plätzen im Wald. Die kleinen Nager bewohnen Felder, Wiesen, Gärten und Wälder, ihre Löcher findet man auf Schritt und Tritt. Der Maulwurf lebt ständig im ausgedehnten Labyrinth seiner unterirdischen Gänge und kommt nur selten hervor. Die marderartigen Räuber suchen Unterschlupf in allen möglichen Felsritzen oder hohlen Bäumen, sie bewohnen menschliche Behausungen und benutzen manchmal auch verlassene Nester von größeren

Vögeln oder Eichhörnchen. Nur wenige Säuger bauen Nester (Kobel) im Gezweig von Sträuchern oder Bäumen. Zu ihnen gehören z. B. Zwergmaus, Eichhörnchen und die Bilche. Alle Säuger, die Baue wühlen oder Nester anlegen, nutzen ihre Behausung zur Jungenaufzucht. Ihre Jungen kommen nackt, schwach beflaumt und blind zur Welt, so daß sie einige Zeit im warmen, geschützten Nest verbringen müssen.
Größere Säugerarten (Hirsch, Fuchs, Reh, Wildschwein) werfen nur einmal jährlich Junge, bei den kleineren (Nager, Hasen, Kaninchen) wiederholen sich Würfe mehrmals im Jahr.

Spuren von Säugern und Vögeln

Tiere hinterlassen alle möglichen Spuren, seien es nun Trittsiegel, Fraßbilder, Losungen usw. Eine Spur im engeren Sinne ist ein Fußabdruck, den das Tier bei Bewegung auf weichem Grund hinterläßt. Diese Fußabdrücke haben ganz verschiedene Formen, die normalerweise einer bestimmten Fortbewegungsart entsprechen. Die Säugergliedmaßen enden entweder in Pfoten (Tatzen, Branten) oder Hufen (Schalen), alle Vögel treten mit den Zehen auf. Zu den europäischen Landsäugern mit Pfoten gehören Insektenfresser, Nager, Hasen und Raubtiere, mit hornigen Hufen treten Unpaarzeher (Pferd, Esel) und Paarzeher auf (Hirsch, Reh, Mufflon, Gemse, Schwein).
Die Abdrücke der Pfoten der Säugetiere werden Spuren genannt, beim Schalenwild sind es Fährten oder Tritte, bei den Vögeln wird der Ausdruck „das Geläufe“ oder „der Tritt“ gebraucht.
Die Anatomie des Säugetierfußes müssen wir hier etwas eingehender betrachten. Die Zehen am Fuß sind nicht gleich lang, der Übersicht halber werden sie mit den Ziffern 1—5

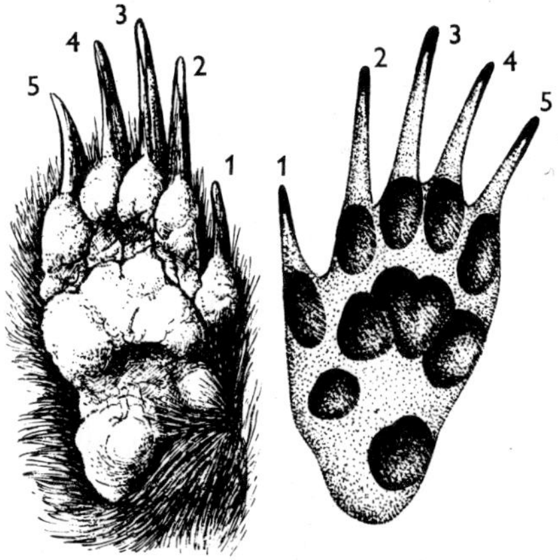

Bild 2. Rechte Vorderbrante vom Dachs und ihr Abdruck. — Bezeichnung der Zehen: Zehe Nr. 1 — Daumen (Innenzehe), Zehe Nr. 2, Zehe Nr. 3, Zehe Nr. 4, Zehe Nr. 5 — Kleine Zehe (Außenzehe)

bezeichnet. Um es noch deutlicher zu machen, kann man sie mit den Fingern der Menschenhand vergleichen. Nr. 1 bezeichnet die kürzeste Zehe (Daumen); da sich ihr Abdruck bei einer Spur stets an der Trittsiegelinnenseite befindet, wird sie auch Innenzehe genannt. Analog dazu ist Zehe Nr. 5 an der Spuraußenseite abgedrückt und wird daher Außenzehe genannt (kleiner Finger). Im Hinblick auf die Länge führt Zehe Nr. 3 (Mittelfinger), etwas kürzer ist Zehe Nr. 4 (Ringfinger), dann kommen die Zehen Nr. 2 (Zeigefinger), Außenzehe Nr. 5 (kleiner Finger) und schließlich die Innenzehe Nr. 1 (Daumen). Die Lage der ersten

Pölsterchen hervor, die bei einigen Säugern miteinander verbunden sind und zu einem einzigen, verschieden geformten Handballen verschmelzen, der auch als Haupt- oder Mittelballen bezeichnet wird. Zu sehen ist er an den Trittsiegeln von Hund, Fuchs, Katze oder Dachs. Die Zehen von Dachs oder Bär sind an der Fußsohle ähnlich angeordnet wie die Zehen am Menschenfuß, d. h. in einem kleinen Bogen gekrümmt, so daß auch der Hauptballen eine ähnliche Form hat: Er ist länglich-oval, leicht gebogen und liegt quer unterhalb der Zehenballen. Die Zehen von Hund oder Katze sind im Hinblick auf ihre unterschiedliche Länge hufeisenförmig um den Fußrand angeordnet, so daß der Hauptballen eine andere, dreilappige Form erhält. Und schließlich kann man bei den Sohlengängern (Marder, Eichhörnchen, Igel) noch im hinteren Teil des Trittsiegels Abdrücke des sog. Fersen- oder Handgelenksballens bemerken.
Aus dieser kurzen Beschreibung der Säugerpfoten geht hervor, was alles man beim Ansprechen von Spuren beachten muß. Zumal bei der Untersuchung sehr kleiner Spuren muß man sorgfältig die Anzahl der abgedrückten Zehen feststellen, Form, Größe und gegenseitige Stellung der Trittballen beurteilen, wobei man nicht übersehen darf, ob Krallen abgedrückt sind oder nicht. So sind z. B. in einer Hundespur stets Krallenabdrücke vorhanden, während eine Katzenspur, die manchmal in Form und Größe wie die Spur einer kleinen Hunderasse aussehen kann, immer ohne Krallen ist. Katzenartige Raubtiere ziehen beim Gehen ihre Krallen immer in besondere Zehentaschen zurück, um sie nicht unnötig am Erdboden abzuwetzen. Auch muß man wissen, daß die Vorderpfoten der meisten Säuger (mit Ausnah-

Bild 5. Die Fährte des durch den Schneematsch ziehenden Damhirschs ist gefroren, und der Neuschnee hat daraus kraterförmige Gebilde gemacht, die überhaupt nicht wie Wildspuren aussehen.

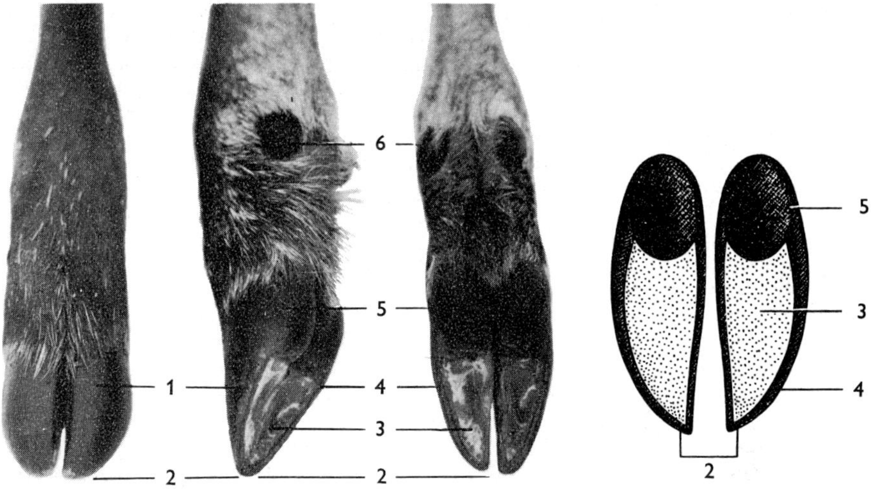

Bild 6. Bezeichnung der Trittflächen (Schalen) von Paarhufern und Schema des Schalenabdrucks. 1 — Schalenplatte, 2 — Schalenspitze, 3 — Klauensohle (Hohle), 4 — Schalenrand, 5 — Ballen, 6 — Afterklauen

me der Nager) tiefere, breitere und manchmal auch größere Abdrücke hinterlassen als die Hinterpfoten. Auch beim langsamen Schreiten spreizen sich die Zehen der Vorderpfoten stärker als die der Hinterpfoten. Das wird bei der Fährte eines laufenden Exemplars noch deutlicher, wenn die Gliedmaßen mit viel größerer Wucht aufsetzen. Dabei muß man aber auch die Geländebeschaffenheit in Betracht ziehen. Auf festem Untergrund ist die Spur stets schmaler, seichter und weniger deutlich, in Schlamm oder schmelzendem Schnee drückt sie sich besser ab, ist breiter, tiefer und größer. Der Geländecharakter kann bewirken, daß die Spuren eines einzigen Tiers unglaublich unterschiedlich ausfallen.

Das Ansprechen von Schalenwildspuren und -fährten ist wesentlich einfacher, zum einen deshalb, weil die Anzahl der europäischen Huftiere relativ gering ist, zum anderen, weil die Gliedmaßenenden sehr einheitlich sind und weil diese Enden — die Schalen — auch auf härterem Grund gut auszumachende Abdrücke hinterlassen.

Die Schale (Huf), im wesentlichen eine umgewandelte Kralle, besteht aus zwei Teilen, die allerdings zu einem die Zehenspitze umhüllenden Ganzen verschmolzen sind. An der Unterseite, die in Kontakt mit dem Boden kommt, sitzt die Klauensohle, an den Seiten sitzen die abgerundeten Schalenwände. Diese ragen unten über die Sohle hinaus und bilden einen scharfen Rand, der in der Spur sehr deutlich zu sehen ist und als Schalenrand bezeichnet wird. Vorn enden die Sohlen in scharfen Spitzen, die Hinterteile sind abgerundet. In diesem rundlichen Teil sitzt ein mehr oder weniger großer elastischer Ballen. In einigen Fällen kann man anhand von Ballengröße und -form die verfolgte Wildart ansprechen. Ist beispielsweise der Spurenleser unsicher, ob er eine Hirschkuh- oder Damhirschfährte vor sich hat (die Trittsiegel beider Arten können gleich lang und breit sein), dann erleichtern gerade Größe und Form der Ballen eine genaue Bestimmung (die Ballen sind beim Damwild größer).

Die Schalen der Paarhufer sind in Ruhe ziemlich dicht aneinander gedrückt. Ihre Innenränder sind nahezu gerade, während die Außenränder im Bogen gekrümmt sind. Die Außenschale ist eine Kleinigkeit größer als die innere, die Schalen der Vorderläufe sind stets etwas größer als die der Hinterläufe, auch wenn man in Hinblick auf Länge und Mächtigkeit der Vorder- und Hintergliedmaßen das Gegenteil vermuten möchte. Außerdem sind die Schalen der Vorderläufe in der Regel ein bißchen breiter, und ihre Spitzen sind stärker abgerundet. Bei schweren Tieren, bei fliehendem Wild und auf lockerem Boden öffnen sich die Spitzen etwas. Auch hierbei bestehen Unterschiede. Die Schalen der Hinterläufe bleiben geschlossen und drücken sich fast parallel zueinander ab, während sich die Schalen der Vorderläufe auch beim ruhigen Ziehen leicht öffnen und einen V-förmigen Abdruck liefern.

Im Schritt kann der Hirsch auf schlammigem Boden ein wenig nach vorn gleiten. Hinter den Ballen wird dann das Ausgleiten in der Fährte deutlich sichtbar. Beim Heben des Laufs wird ein wenig Erde (oder Schnee) aufgeworfen, der stets vor dem Tritt liegenbleibt. Beide Merkmale helfen bei der Richtungsbestimmung des ziehenden Wilds.

In den meisten Fällen sind die Afterklauen an den Läufen so hoch angesetzt, daß sie beim ruhigen Ziehen auch in weichem Grund nicht abgedrückt werden. Oft nicht einmal dann, wenn das Tier z. B. auf einer dünnen Schlammschicht ausgleitet. Nur unter außergewöhnlichen Umständen, wenn z. B. eine dickere Schneedecke liegt, das Wild über stark schlammige Stellen oder bestellte Felder mit aufgelockertem Boden zieht bzw. ein sandiges Ufer betritt, können sich auch die Afterklauen abdrücken. Ihr Abdruck erscheint hinter dem eigentlichen

Bild 7. Damwildschalen und -trittsiegel. Links Vorderlauf und Abdruck, rechts Hinterlauf und Abdruck.

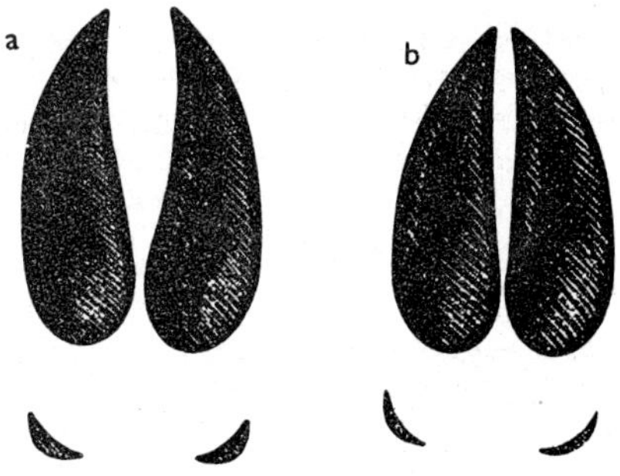

Bild 8. Schema eines Vorderlaufabdrucks (a) und eines Hinterlaufabdrucks (b) von Schalenwild mit den Afterklauen.

Trittsiegel in Form von zwei seichten Gruben. Bei Trab oder Sprung können sie sich auch in festerem Boden abdrücken, dann stechen nämlich die Schalen schräg ein, spreizen sich weiter, und so können auch die Afterklauen in Bodenberührung kommen. In der Fährte von Reh- und vor allem Schwarzwild drücken sich die Afterklauen ziemlich häufig auch beim ruhigen Schreiten ab, da sie viel tiefer als beim übrigen Schalenwild sitzen. Deutlichere und größere Afterklauenabdrücke liefern die Vorderläufe, zum einen, da hier die lockeren Gelenkverbindungen im Zehenteil Einfluß auf ein tieferes Einstecken in den Boden haben, zum anderen, weil hier die Afterklauen etwas niedriger angesetzt sind als an den Hinterläufen.

Die Spurenbestimmung anhand von Größe und Form genügt in freier Natur häufig nicht. Viele Tiere hinterlassen Spuren, die in Form und Größe anderen Tierspuren ähneln, so daß vor allem bei undeutlichen Trittsiegeln z. B. im Pulverschnee Verwechslungen und Bestimmungsfehler unterlaufen. Daher muß man auch beachten, wie die Abdrücke der einzelnen Gliedmaßen angeordnet sind, in welcher Lage sie sich zueinander befinden, was für eine Spurenbahn sie bilden. Die Säuger bewegen sich auf unterschiedliche Weise, und diese typischen Bewegungsarten finden in der Spurenstellung ihren Ausdruck. Ein gewisses Spurenbild hat ein schreitendes Tier, ein anderes entsteht bei hoppelnder oder hüpfender Bewegung. Oft ist eine Spurenbahn so charakteristisch und eindeutig, daß eine detaillierte Untersuchung überflüssig wird. Ein flüchtiger Blick auch aus größerer Entfernung genügt, um klarzumachen, welches Tier hier den Nachweis für seine Anwesenheit hinterlassen hat. Ein sehr einheitliches und unverändertes Spurenbild hinterläßt z. B. das Eichhörnchen.

Ein erfahrener Spurenleser kann anhand der Spuren und ihrer Gruppierung das Geschehen rekonstruieren, das sich hier abgespielt hat, auch wenn es schon viele Stunden zurückliegt. Eine genaue Rekonstruktion läßt sich aber nur im Winter durchführen, wenn eine hinreichende Schneedecke liegt, die so gut wie unbegrenzte Möglichkeiten zum Hinterlassen von Bewegungszeichen bietet. Im Schnee lassen sich Spuren am besten lesen. In anderen Jahreszeiten ist das Spurenlesen und eine genaue Rekonstruktion von Bewegungen des Tieres weniger leicht und eindeutig. Die Fährte ist nicht gut zu sehen, manchmal verliert man sie ganz, findet nur vereinzelte Trittsiegel, und der Spurensucher kann dann nur aufgrund von Fährtenfragmenten und Erfahrungen auf Bewegung und Verhalten des Wildes schließen.

Trotzdem läßt sich aber unter bestimmten Umständen Wild auch in der schneelosen Jahreszeit verfolgen, was jeder erfahrene Weidmann bestätigen kann, der z. B. weidwund geschossenes Schalenwild suchen mußte. Sofern er keinen Schweißhund zur Verfügung hat, muß er oftmals niedergekauert jede noch so kleine Veränderung an Stellen, an denen das weidwunde Wild flüchtig gegangen ist, betrachten. Vom Anschuß, d. h. von der Stelle, an der das Stück vom Geschoß getroffen wurde, folgt er der Fährte des fliehenden Wilds, die hier frisch

und kräftig eingedrückt ist, sucht Schnitthaar, registriert zerbrochene Stöcke, geknickte Zweige oder verschobene Steine, sucht Blut (in der Jägersprache Schweiß genannt), das oft nur in winzigen Tröpfchen auf Boden oder Pflanzen klebt.
Auf der Spurensuche darf man nicht hasten. Hast und Eile führen oft zum Verlust der Fährte oder zu ihrer Störung bzw. zum Verwischen. Allgemein gilt, daß der Sucher immer neben der Fährte gehen muß, um die einzelnen Tritte nicht zu verwischen, damit er zu ihnen als Ausgangspunkt zurückkehren kann, falls er die Fährte verliert.
Grundsätzlich kann man sagen, daß sich die Säuger in vier Gangarten bewegen: in Schritt, Trab, Lauf und Sprung. Das soll aber nicht heißen, daß jedes Säugetier alle genannten Gangarten benutzt. Hirsch oder Hund beherrschen alle Typen, Hase oder Eichhörnchen bewegen sich in kurzen Sprüngen, ganz entschieden können sie nicht schreiten.
Tiere mit langen Gliedmaßen schreiten, indem sie annähernd an die Stelle des Vorderlaufabdrucks mit dem Hinterlauf derselben Körperseite treten. Tritt ein Rehbock mit dem linken Hinterlauf an, geht als nächster der linke Vorderlauf nach vorn, dann zieht der rechte Hinterlauf nach, nach ihm der rechte Vorderlauf, worauf sich der ganze Zyklus wiederholt. Die Schalen der Hinterläufe werden mit mehr oder weniger großer Genauigkeit in die Trittsiegel der Vordergliedmaßen gesetzt, so daß dabei mehrere Doppelspurtypen entstehen. Die Spur des Hinterlaufs kann knapp vor die Vorderlaufspur gesetzt weden, kann auch etwas dahinter zurückbleiben, seitlich bzw. von vorn beigetreten sein oder aber genau in sie hineinpassen, so daß sich beide Trittsiegel vollkommen decken, wobei aber das des Hinterlaufs immer oben ist. Die Fährte eines im Schritt ziehenden Tieres stellt zwei nebeneinanderliegende Geraden oder Kurven dar, auf denen sich in regelmäßigen Abständen die Abdrücke der rechten und linken Gliedmaßen wiederholen. Die Entfernung zwischen diesen Trittsiegelreihen, die sog. Schrittschränkung oder der Schrank hängt von der Größe des Tieres und von der Gangart ab.
Um das Tempo der Fortbewegung zu steigern, kann das Tier in den Trab fallen. Das ist eine sehr zweckmäßige und unter den Säugern weit verbreitete Gangart, die keine großen physischen Anforderungen stellt. Manche Säuger halten ohne sichtliche Ermüdung sehr langen Trab aus. Beim Trab heben stets je zwei Gliedmaßen fast gleichzeitig ab und setzen auf, immer eine vordere und eine hintere an der entgegengesetzten Körperseite. Der linke Vorderlauf wird gleichzeitig mit dem rechten Hinterlauf angehoben, der rechte vordere mit dem linken hinteren, und beide setzen dann gleichzeitig wieder auf. Gegenüber dem Schreiten verlängert sich die Schrittlänge mit zunehmendem Tempo immer mehr. Der Schrank hingegen verengt sich, bei sehr scharfem Trab werden alle vier Läufe fast in einer Geraden aufgesetzt. Der Hinterlauf kann in der Spur des Vorderlaufs aufsetzen, in der Regel drückt er sich aber davor ab; je rascher der Trab, desto größer diese Übereilung.
Den Lauf vollführt das Wild weniger häufig als Schritt oder Trab, normalerweise aber bei Gefahr oder umgekehrt beim Angriff. Er ist schneller und wilder als der Trab. Wenn im Schritt die Gliedmaßen der einen Körperseite nacheinander bewegt werden und beim Trab diagonal Hinter- und Vordergliedmaßen abwechseln, so bewegen sich im Lauf oder Galopp gleichzeitig beide Vorder- und Hinterläufe. Beim Aufsetzen werden sie aber nicht auf eine Höhe nebeneinander gebracht, sondern schräg hintereinander. Bei dieser Gangart sind die Abstöße so machtvoll, daß die Hinterläufe stets vor den Spuren der Vorderläufe aufsetzen, sie übereilen, auf keinen Fall kommt es zur Deckung der Spuren. Das Spurenbild wiederholt sich auf der Spurenbahn regelmäßig, je schneller der Lauf, desto größer die Entfernung zwischen den einzelnen Vierertritten.
Die größte Energiemenge setzt der Tierkörper in den Sprung oder Satz. Zwar können Tiere auch aus dem Stand springen, doch ist der Sprung eine Begleiterscheinung des wilden Laufs, vor allem bei der Überwindung größerer Hindernisse. Beim Sprung befindet sich das Tier für einen kurzen Moment ganz in der Luft, und sein Körper führt zwei verschieden

Bild 9. Trittsiegelreihen, Schema. Die Schrittlänge nimmt mit steigender Geschwindigkeit zu.
1 — Schritt, 2 — Trab, 3 — Lauf, Galopp

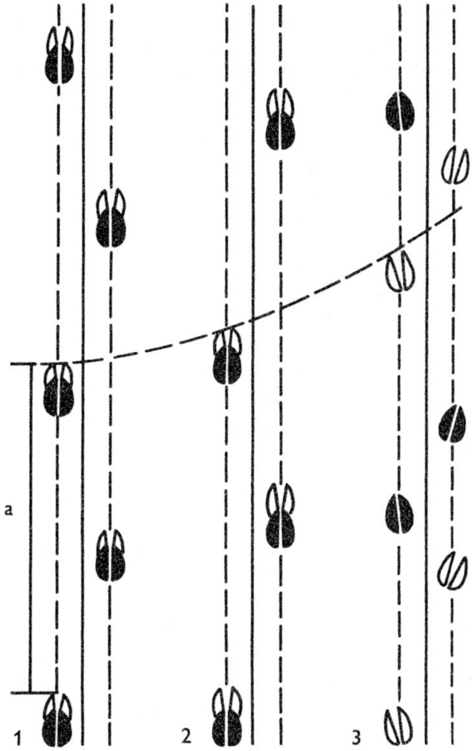

große Bögen aus. Nach einem machtvollen Abstoß mit den Hinterläufen fliegt er in großem Bogen vorwärts und setzt mit den Vorderläufen auf, diese werden normalerweise schräg hintereinander aufgesetzt. Das Tier stößt sich mit den Vorderläufen erneut ab (die hinteren sind immer noch in der Luft), und der Körper beschreibt einen zweiten kleineren Vorwärtsbogen. Die Hinterläufe schieben sich vor die vorderen, setzen vor deren Abdrücken immer etwas seitlich versetzt auf und die ganze Bewegung wiederholt sich. Die wichtigsten Bewegungsträger beim Sprung sind die Hinterläufe, mit den vorderen setzt das Tier auf, sie dienen zum „Landen".

Säuger mit gestrecktem, zylindrischem Körper, elastischem Rücken und kurzen Beinen (Marder, Iltis, Hermelin, Mauswiesel) bewegen sich vorwiegend in unterschiedlich langen Hüpfern oder Sprüngen, die jedoch nicht der obigen Sprungcharakteristik entsprechen. Sie können ihre kurzen Hintergliedmaßen im Sprung nicht besonders weit vor die vorderen schieben, daher springen sie mit den Hinterpfoten meist in die Vorderspuren. Ihre Bewegung ähnelt entfernt dem Kriechen der Spannerraupen. Die Vorderpfoten drücken sich nebeneinander oder nur ganz leicht schräg versetzt ab, die hinteren greifen mit mehr oder weniger großer Genauigkeit in die Vorderspuren ein. So entstehen dicht nebeneinanderliegende Spurengruppierungen; je nach Anzahl der hinterlassenen Abdrücke spricht man von Doppelspur (wenn die Hinterläufe genau in die Vorderspur eingreifen), Dreispur (wenn sich ein Hinterlauf daneben abdrückt) und selbstverständlich auch von Viererspur, wenn sich die

Abdrücke von Vorder- und Hinterhand nicht decken. Beim Stöbern bzw. Schleichen bewegen sie sich in kleinen Schritten voran.
Bei den Vögeln sind die Füße wesentlich einheitlicher ausgebildet als bei den Säugern, nie haben sie mehr als vier Zehen. Verwendet man die gleiche Numerierung wie bei den Säugern, fehlt am Vogelfuß stets die Zehe Nr. 5. Die Zehen verbinden sich nicht zu ähnlichen Gebilden wie Pfoten oder Hufe, sie sind relativ lang und schlank, an der Spitze mit unterschiedlich langen, funktionsbedingt geformten Krallen versehen. Sie wachsen anscheinend aus einer Stelle hervor, wobei die Zehe Nr. 1 (Daumen) normalerweise nach hinten gerichtet ist; die übrigen zeigen nach vorn, sie bilden mehr oder weniger große Winkel. Bei einigen Vögeln fehlt der Daumen (Regenpfeifer, Triel), bei anderen können alle Zehen nach vorn weisen (Mauersegler). Bei Eulen, Spechten, Kuckuck und Fischadler zeigen zwei Zehen nach vorn und zwei nach hinten. An der Unterseite sind die Vogelzehen mit kleinen Hornschwielen bedeckt (das ist eine Analogie zu den Trittpolstern der Säugerpfoten), ein kräftigerer Ballen erscheint bei einigen Arten an der Verbindungsstelle der Zehen. Entsprechend ihrer Trittweise kann man die Vögel als Zehengänger einstufen. Dabei muß man aber in Betracht ziehen, daß die Ferse ziemlich hoch am Bein (weidmännisch Ständer) sitzt, so daß sie beim Schreiten nie den Boden berührt, sie wird oft irrtümlich als Kniegelenk angesehen. Auch wenn bei vielen vorwiegend am Boden lebenden bzw. völlig flugunfähigen Arten Tendenzen zur Verkürzung oder Reduzierung der Zehen auftreten, hat doch der Vogelfuß immer noch seine typische funktionelle Form erhalten, die das sichere Umklammern eines Zweigs garantiert.
Trotz der Artenvielfalt findet man relativ wenig Vogelspuren. Die meisten Vogelarten bewegen sich nämlich durch die Luft oder in den Baumkronen und gelangen nur selten auf den Erdboden. Ihre Fußabdrücke hinterlassen im Boden normalerweise nur solche Vögel, die hier auch ihre Nahrung suchen. Zu ihnen gehören die Hühner- und Watvögel, Störche, Reiher, aber auch Krähen, Enten, Gänse und Tauben. Geläufe von anderen Vogelarten findet man nur gelegentlich. Einige sind so typisch, daß sie sich relativ leicht ansprechen lassen (Reiher, Storch, Fasan), bei anderen läßt sich nicht mehr als die Zugehörigkeit zu einer höheren Systemeinheit feststellen. Entengeläufe beispielsweise kann man leicht an den Schwimmhäuten ausmachen, die die drei nach vorn weisenden Zehen verbinden und sich auch in der Spur abdrücken. Dabei kann man noch bestimmen, ob es sich um eine Tauch-

Bild 10. Fliehende Damwildgruppe

Bild 11. Trittsiegelreihe (Sprünge) eines Hermelins auf verschneitem Eis.

oder Schwimmente handelt, an der Größe kann man die Spur von Krick- und Stockente voneinander unterscheiden, wesentlich schwieriger ist es schon, die sehr ähnlichen Spuren von Stock-, Schnatter- oder Löffelente auseinanderzuhalten. Ähnliche Schwierigkeiten treten beim Ansprechen der Singvogelgeläufe auf, die eine ausgeprägt lange Hinterzehe haben, sonst aber sehr ähnlich aussehen.

Auf der Erde bewegen sich Vögel in zwei Gangarten. Entweder schreiten sie und drücken abwechselnd den linken und rechten Fuß ab (Krähe, Taube, Watvögel, Enten, Hühnervögel), oder sie hüpfen auf dem Boden entlang, so daß sich stets je zwei Abdrücke nebeneinander befinden (verschiedene Singvögel, Spechte). Schnellere oder langsamere Bewegungen drücken sich dann in längeren oder kürzeren Schritt- oder Sprunglängen aus. Die schnellere Bewegung kann man als Analogie zum Trab oder Lauf der Säuger ansehen, das Bild der Geläufe bleibt aber im wesentlichen erhalten.

Säuger- und Vogelspuren kann man an allen möglichen Stellen suchen. Der Boden muß weich genug sein, damit sich die Tritte abdrücken können, sehr weicher Schlamm deformiert die Spuren jedoch. Spuren kann man aber auch im Sumpf finden, wo sie als wassergefüllte Vertiefungen im Pflanzenbewuchs erscheinen. Viele Spuren findet man in Feld und Wald an den Rändern austrocknender Pfützen, auf allen möglichen Wegen. Die Ufer von Bächen, Flüssen und stehenden Gewässern stellen ein regelrechtes Spurenalbum dar, dort finden sich im Schwemmsand oder Schlamm nicht nur Spuren der dort lebenden Tiere,

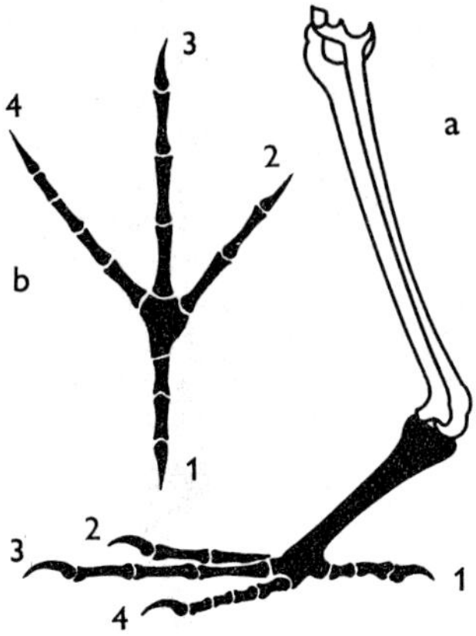

Bild 12. Schema eines linken Vogellaufs (a) — Sohlenteil schwarz. Bezeichnung der Zehen am Lauf (a) und in der Vogelspur (b). — 1 — Hinterzehe (Daumen), 2 — Innenzehe. 3 — Mittelzehe, 4 — Außenzehe

sondern auch von Arten, die hierher zur Tränke kommen. In dieser Hinsicht sind die flachen Ufer von Talsperren ausgezeichnete Spurenfänger. Durch Ablassen des Wassers sinkt der Spiegel, und große Schlammflächen werden freigelegt.
Der beste Untergrund für Spuren ist jedoch der Schnee. In einer verschneiten Landschaft ist es nicht weiter schwierig, eine Hasenspur auch mehrere Kilometer weit zu verfolgen. Am besten ist nicht verharschter, nicht zu nasser Schnee in einer nur wenige Zentimeter starken Schicht. Darin drücken sich Spuren am plastischsten ab. In leichtem, pulverigem, gefrorenem, sehr lockerem Schnee ist jede Spur undeutlich, eine hohe Schneeschicht verschüttet sie und läßt charakteristische Merkmale verschwinden. In tiefem Schnee erscheint die Spur auch größer als in Wirklichkeit und nimmt die Gestalt von formlosen Gruben an. In solchen Situationen hilft im Zweifelsfall der Charakter der Trittsiegelreihe weiter, d. h. die Stellung der einzelnen Abdrücke zueinander. Auch alter, abgelagerter Schnee nimmt gut Spuren auf,

Bild 13. Die Eichhörnchenspur ist in lockerem Schnee undeutlich (links), in feuchterem Schnee kommen die Krallen- und Ballenabdrücke gut heraus (rechts).

wenn er leicht auftaut oder eine dünne Neuschneeschicht darauf gefallen ist. Darin drücken sich die Spuren genau so deutlich ab wie auf leicht verschneitem Eis. Weicher, schmelzender Schnee hält im ersten Moment eine Spur deutlich fest, doch dann kommt es zu Deformierungen. Unter der Schmelzwirkung dehnt sie sich in die Länge und Breite aus, und es entsteht der Eindruck, daß hier ein ungeheuer großes Tier gegangen ist. Im schmelzenden Schnee verwandelt sich eine Hunde- in eine Wolfsfährte, die Pfotenabdrücke einer im Wald streunenden Katze kann man für eine Luchsfährte halten. Das ist zwar leicht übertrieben, doch könnte ein Neuling zu solchen Schlüssen kommen. Daher ist es notwendig, beim Ansprechen außergewöhnlich großer Spuren auch von der Kenntnis der umliegenden Natur auszugehen und logisch zu überlegen, ob z. B. eine Wolfsfährte in einer Kiefernwaldung der Tiefebene unweit menschlicher Siedlungen möglich ist. Damit ist aber nicht gesagt, daß Wildfährten nicht auch an Stellen erscheinen können, die überhaupt nicht dem jeweiligen Biotop entsprechen. Sogar in Großstädten kann man Fährten von Füchsen, Mardern und Dachsen entdecken. Übrigens stammen auch zahlreiche Aufnahmen in diesem Buch aus einer verlassenen Sandgrube inmitten von Wohnhäusern.

Nahrung, Fraßbilder, Losung

Die Speisekarte der Tiere in freier Natur ist sehr bunt, sie fressen fast alles, was irgendeinen Nährwert hat. Je nach ihren Nahrungsansprüchen können wir die Tiere in drei Hauptgruppen einteilen: in Pflanzen-, Fleisch- und Allesfresser. Diese Einteilung ist aber nicht scharf abgegrenzt. Hirsche sind beispielsweise typische Pflanzenfresser, trotzdem fressen sie zu einer bestimmten Zeit, wenn auch in begrenztem Maße, kleine Lebewesen; genauso können pflanzenfressende Vögel ihre Jungen mit Insekten füttern. Auf der anderen Seite können Raubtiere, also typische Fleischfresser, ihre einseitige Nahrung durch das Fressen von Waldfrüchten oder Gras auflockern. Gemischte Tier- und Pflanzennahrung nehmen die Allesfresser auf. Als allgemeine Faustregel gilt der Grundsatz, daß die Menge der aufgenommenen Nahrung von ihrem Nährstoffgehalt abhängt. Fleischnahrung ist außerordentlich nährstoffreich, daher muß ein Raubtier bzw. -vogel weniger häufig fressen. Der energetische Wert der Pflanzennahrung ist unvergleichlich niedriger, manchmal sogar recht gering, daher muß ein Pflanzenfresser umfangmäßig wesentlich größere Portionen konsumieren und auch häufiger fressen. Dabei spielt auch die Größe des Tieres eine Rolle. Je kleiner es ist, desto größer ist im Verhältnis zum Körpergewicht seine Oberfläche, durch die Energie in die Umgebung abgegeben wird, daher steigt auch der Nahrungsbedarf. Spitzmäuse gehen schon nach einigen Stunden Hungern ein, während Raubtiere oder große Greifvögel ohne weiteres auch eine Reihe von Tagen fasten können. Die Vorstellungen von der Beschaffenheit der Nahrung und ihrer Sammel- oder Jagdweise, die jedem Jungtier angeboren sind, werden im Laufe des weiteren Lebens durch gewonnene Erfahrungen korrigiert.

Je nach Tötungsweise oder Fraßbild läßt sich oft der Täter identifizieren, denn diese Techniken sind für die jeweiligen Arten charakteristisch. Je nachdem, wie ein Zweig abgebissen ist, kann man darauf schließen, ob hier Nager oder Wiederkäuer am Werk waren. Marderartige Tiere gehen auch eine größere Beute an und töten sie durch Genickbiß; die in Rudeln jagenden Wölfe verbeißen sich der fliehenden Beute in Weichen und Bauch. Der Falke kröpft eine geschlagene Beute in kleinen Bissen, daher bleibt auch nach vollendeter Mahlzeit das Skelett zusammen, die langen Federn in Stoß und Schwingen bleiben zurück. Habicht oder Adler hingegen rupfen ihre Beute zuvor gründlich. Eulen versuchen, sie ganz zu kröpfen, also mit Gefieder oder Haar, die Rupftechnik ist ihnen fremd. Die kleinen Singvögel zerhacken harte Samen, Nüsse oder Schneckenhäuser auf Steinen oder Stubben, also auf einer harten, amboßartigen Unterlage.

Die Kiefer der Säuger sind mit vier Zahntypen ausgestattet, die jeweils andere Form und Funktion haben. Mit den meißelartigen Schneidezähnen wird die Nahrung abgebissen, die spitzkegeligen Eckzähne halten die Beute fest bzw. dienen zum Töten, die Vorbackenzähne zerschneiden die Nahrung in kleine Stücke und zermahlen sie gemeinsam mit den Backenzähnen völlig. Die Gebißform entspricht auch der aufgenommenen Nahrungsart. Die Schneidezähne der Nager haben freie Wurzeln, wachsen ständig nach und schleifen sich an der Nagefläche dauernd ab, da sie wie scharfe Meißel arbeiten. Huftiere und Nager haben profilierte Backenzähne, zwischen denen die pflanzliche Nahrung wie zwischen Mühlsteinen zermalmt wird. Allesfresser und Räuber haben höckerige Kauflächen auf den Vorbakkenzähnen, ihre Eck- und Vorbackenzähne sind mächtiger. Anzahl und Form der Zähne sind für jede Säugergruppe und auch für einzelne Arten typisch. Die Kenntnis der Zahnzahl im Gebiß ermöglicht bei einem zufälligen Schädelfund bzw. bei der Durchsicht von Gewöllen (z. B. von Eulen) die Bestimmung der Tierart. Die Zahl der Zähne wird als sog. Zahnformel immer nur für eine Hälfte beider Kiefer als Bruch angegeben. Die Zahnformel der Katze sieht beispielsweise so aus:

$$\frac{3\ 1\ 3\ 1}{3\ 1\ 2\ 1}$$

Aus ihr geht hervor, daß sich in Ober- und Unterkieferhälften drei Schneidezähne, ein Eckzahn und ein Backenzahn befinden. Ein Unterschied besteht nur bei den Vorbackenzähnen — im Oberkiefer sitzen drei, im Unterkiefer zwei. Die gleiche Anzahl befindet sich auch in der anderen Kieferhälfte, so daß im Katzengebiß insgesamt 30 Zähne sitzen.

Aus der Mundhöhle gelangt die zerkaute Nahrung durch die Speiseröhre in den Magen. Form und Größe des Magens richten sich wieder nach Art und Ergiebigkeit der Nahrung. Der Magen hat Beutelform und ist bei den Fleischfressern relativ klein. Pflanzenfresser haben einen wesentlich größeren Magen, der möglichst viel Nahrung aufnehmen muß. Die nicht wiederkäuenden Pflanzenfresser zerkauen und zermahlen die Nahrung zu einem dikken Brei, der in Magen und Darm chemisch weiterverarbeitet wird. Wesentlich komplizierter ist die Verdauung bei den Wiederkäuern. Der Bissen wird mit den Mahlzähnen nur grob zerkleinert, die Tiere weiden quasi hastig. Diese grobe Nahrung geht in den Magen, der aus vier Teilen besteht. Bezeichnet werden sie als Pansen, Netzmagen oder Haube, Blättermagen oder Psalter und Labmagen oder Weidsack; die ersten drei sind Vormägen, der eigentliche Magen ist der Labmagen. Die geschluckte Nahrung wandert in den Pansen, der wie ein riesiger Vorratsbehälter funktioniert (ein Rinderpansen kann bis zu 200 l aufnehmen). Durch Bewegung der Vormägen wird die Nahrung durchgemischt, zwischen Pansen und

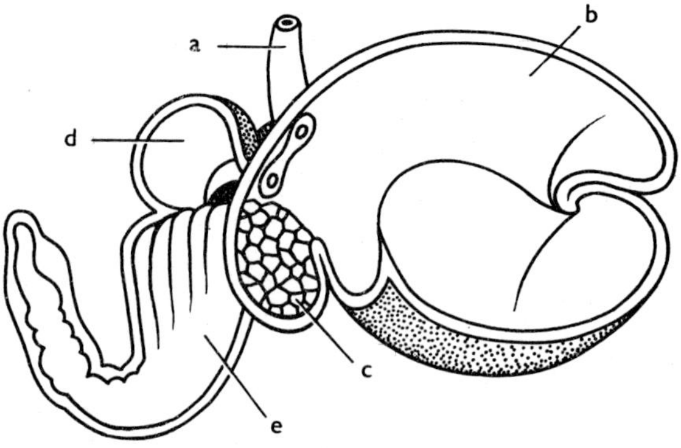

Bild 14. Schematischer Schnitt durch den Wiederkäuermagen. a — Speiseröhre, b — Pansen, c — Netzmagen oder Haube, d — Blättermagen oder Psalter, e — Labmagen

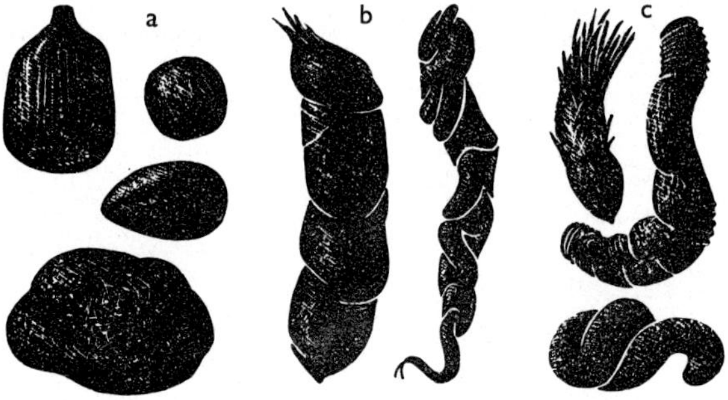

Bild 15. Schematische Darstellung der Losungsformen.
a — pflanzenfressende Säuger, b — fleischfressende Säuger, c — pflanzenfressende Vögel

Haube verschoben und hier gleichzeitig durch die Einwirkung von Mikroorganismen und Fermenten leicht zersetzt. Hat der Wiederkäuer zur Genüge geweidet, legt er sich zur Ruhe, und nach einer halben bis einer Stunde beginnt das Wiederkäuen. Die schon teilweise verdaute Nahrung würgt er aus dem Pansen in die Mundhöhle zurück, hier kaut er sie gründlich durch und verschluckt sie fein zermahlen und zerrieben wieder. Der Pflanzenbrei gelangt auf dem gleichen Weg wieder in Pansen und Haube, von dort weiter in Psalter und Labmagen. Die eigentliche Nutzung der Nährstoffe beginnt im Labmagen und setzt sich in den Därmen fort. Im Endteil des Dickdarms sammeln sich die unverdaulichen Reste, werden von überflüssigem Wasser befreit und in Form von Kot durch den After aus dem Körper ausgestoßen.

Die Form des Kots, der weidmännisch als Losung bezeichnet wird, ist für die einzelnen Tiergruppen ganz typisch. Die kugelige Losung von Hasen, Kaninchen und vielen Schalenträgern hängt mit dem Bau des Enddarms, des letzten Dickdarmteils zusammen. In der Darmwand sitzt eine Reihe von Vertiefungen — Förmchen —, in die der Kot gedrückt und somit geformt wird. Je nach Form und Größe des Kotes kann man z. B. beim Hirsch das Geschlecht bestimmen, oft kommt es auch zu saisonbedingter Veränderung der Losung. Bei den Pflanzenfressern ist er in der Regel völlig entwässert, hat eine charakteristische Kugel-, Walzen- oder Bohnenform und läßt Pflanzenreste erkennen. Fleischfresser haben längliche walzen-, spindelförmige, schnurartig gekrümmte Losung, ihre Konsistenz ist breiiger, sie enthält Reste von Knochen, Federn und Haar, normalerweise riecht sie sehr kräftig.

Je nach Art und Weise des Lösens kann man die Tiere in zwei Gruppen einteilen. Die einen hinterlassen ihren Kot überall (Hase, Vögel), andere lösen sich nur an bestimmten Stellen (Kaninchen, Räuber).

Vögel verarbeiten ihre Nahrung auf ganz andere Weise. Die Kiefer ihrer Schnäbel lassen Zähne vermissen und sind nur von einer Hornhülle umgeben. Der Schnabel dient also nicht als Futterzerkleinerer, sondern nur zum Sammeln, Fangen oder höchstens zum Zerteilen zu großer Bissen. Vogelschnäbel sind so vielgestaltig wie die Vogelnahrung. Vogelschnäbel arbeiten wie Pinzetten, Pfrieme, Meißel, Beile, andere könnte man mit Netzen, Sieben, Keschern, Harpunen oder Zangen vergleichen. Die Funktion der Säugerzähne ist auf den Vogelmagen übergegangen. Die Nahrung wandert vom Schnabel durch den Schlund in die Speiseröhre und von dort in den drüsenhaltigen, muskulösen Magen. Manche Vögel haben in der Speiseröhre eine beutelartige Ausstülpung — den Kropf —, in den sie Nahrung sammeln, die erst anschließend weiterwandert. Einen Kropf haben Hühnervögel, Tauben, einige Singvögel, Räuber oder Enten. Im Drüsenmagen wird die Nahrung der chemischen Einwirkung von Verdauungssäften unterzogen. Vor allem Fleischnahrung wird hier fast

völlig zersetzt, zurück bleiben nur unverdauliche Teile (Knochen, Schuppen, Federn, Haare, Krallen), die von Zeit zu Zeit als Gewölle ausgeworfen werden. Am bekanntesten sind die Eulengewölle, da man sie in der Natur am häufigsten antrifft. Nach dem Kröpfen der Beute ruhen die Eulen aus und verdauen an regelmäßig aufgesuchten Stellen, an denen sie sich auch ihrer Gewölle entledigen. Unter solchen Ruhewarten kann sich im Laufe der Zeit eine ganz beträchtliche Menge ansammeln. Gewölle speien aber auch andere Vögel aus. Unter Bäumen, in denen Krähen nächtigen, ist der Boden mit ihren Gewöllen übersät. Viele andere Vögel stoßen Gewölle nur zufällig aus, nicht an festen Ruhewarten, so daß sie der Aufmerksamkeit entgehen. Möwengewölle werden in den Kolonien bald von vielen Vogelfüßen zertreten, Eisvogel- oder Neuntötergewölle verlieren sich im Unterwuchs.
Der muskulöse Raubvogelmagen hat nur dünne Wände, in ihn gelangt die Nahrung schon weitgehend verarbeitet. Samenfresser, die relativ harte und trockene Nahrung zu sich nehmen, haben einen starkwandigen Muskelmagen. Die Magenwände ziehen sich auseinander und zusammen und zerreiben den Inhalt durch den so entwickelten Druck. Zudem sind die Innenwände mit einer ziemlich starken, harten, verhornten Schicht ausgekleidet, die diesen Mahlprozeß noch fördert. Schließlich verschlucken viele pflanzenfressende Vögel Sandkörner oder Steinchen, wodurch die Mahlwirkung des Muskelmagens gesteigert wird. Unverdaute Nahrungsreste sammeln sich im Endteil des Dickdarms, in der Kloake. Vögel haben weder einen selbständigen Austritt des Harnsystems noch eine Harnblase wie die Säuger, und so gelangen in diese Kloake auch Harnausscheidungen und Geschlechtsprodukte. Ihr Urin ist dick breiig und weiß gefärbt. Er wird gemeinsam mit dem Kot ausgeschieden und haftet als eine weißliche Haube an dessen Oberfläche, das ist für Vogellosung („Gestüber") charakteristisch. Samen-, insekten- und allesfressende Vögel hinterlassen eine festere Losung in Gestalt verschieden geformter Walzen oder Tropfengebilde, während die Losung der ausgesprochenen Fleischfresser (Eulen, Raubvögel, Reiher, Störche) ein dünnflüssiger, weißlich gefärbter Brei ist („Geschmeiß"). Losungshäufchen von Samen- und Insektenfressern erscheinen an den Nachtplätzen dieser Vögel, die weißen Spritzer („Geschmeiß") von Raubvögeln und Reihern markieren in der Regel die Umgebung ihrer Ruhewarten und Nistplätze.

Bestimmungsteil

 Abdruck der Vordergliedmaßen

 Abdruck der Hintergliedmaßen

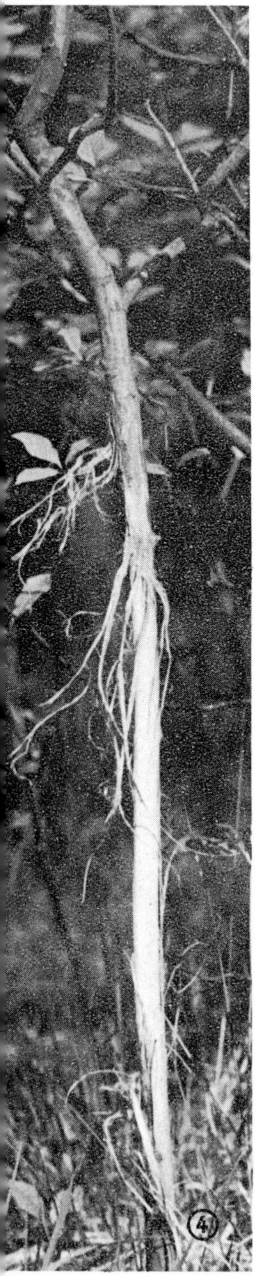

Duft- und Sichtmarkierung des Territoriums

Der am besten entwickelte Sinn der Säuger ist zweifellos der Geruchssinn. Seine Feinheit und Wahrnehmungsschärfe sind so groß, daß er den Säugern genau so viel Informationen liefert wie dem Menschen oder den Vögeln der Gesichtssinn, möglicherweise sogar noch mehr. Es ist daher ganz begreiflich, daß die Duftsignalisierung im Leben der Säugetiere eine bedeutende Rolle spielt. Ihre Territorien umgrenzen sie daher vor allem durch Duftmarken. Die Drüsen zur Erzeugung des Markierungsstoffs sind an den verschiedenen Körperteilen zu finden.

Der Hirsch *(Cervus elaphus)* hat Duftdrüsen an Spiegel, Bauch, den Außenseiten des Fersengelenks und sogar im Bast des schiebenden Geweihs sowie in der Haut um die Rosenstöcke. Beim Fegen des Geweihs wird der Geruch auf die Baumstämmchen übertragen. Eine weitere große Duftdrüse hat der Hirsch in der Tränengrube unter dem Auge. Diese Voraugendrüse wird von einer mächtigen Muskulatur beherrscht, kann ausgestülpt werden und ermöglicht so die Übertragung des Sekrets auf Baumzweige. Das Rehwild hat Duftdrüsen auf der Stirn, am Spiegel, an den Fersengelenk-Außenseiten und zwischen den Schalen der Hinterläufe (2). An den Waldrändern und im Waldinneren findet man häufig Stellen von maximal 1 m Durchmesser, die den Eindruck erwecken, als hätte sie jemand mit einer Harke bearbeitet. Die Pflanzendecke ist fast ganz weggekratzt, und im Erdreich sind deutliche Rillen zu sehen. Hier hat Rehwild geplätzt. Der Rehbock *(Capreolus capreolus)* plätzt regelmäßig vor dem Niedergehen. Plätzstellen sind ein typisches Zeichen für ein besetztes Territorium.

Den Rehböcken wachsen auf dem Kopf einfache Geweihe, die alljährlich abgeworfen und von neuem angesetzt werden. Gegen Jahresende brechen die alten Geweihe von den Zapfen im Stirnknochen ab, und die entstandene Narbe überzieht sich schnell mit Haut. Diese ist mit Bast bewachsen — einer feinen Fellschicht, die von einem reichen Netz von Blutgefäßen durchzogen ist, die dem schiebenden Geweih die notwendigen Baustoffe zuführen. Nach ungefähr 90 Tagen ist das neue Geweih fertig, und der Bock befreit es durch Fegen vom vertrocknenden Bast (1). Er reibt das Geweih an schwachen Baumstämmen, wobei er von diesen auch die Rinde schält (3, 4). Gleichzeitig bleibt an den gefegten Stämmchen auch etwas Sekret aus seiner Stirndrüse haften, und so wird das Duftsignal mit einer optischen Markierung kombiniert.

1

2

3

Duft- und Sichtmarkierung des Territoriums

Das Schwarzwild *(Sus scrofa* — 1*)* liebt feuchtere Stellen und suhlt sich überaus gern. Regelmäßig sucht es zeitweilige oder dauernde Pfützen in feuchtem Gelände auf, um sich dort genießerisch zu wälzen. Nach dem Bad, bei dem zwischen den rauhen Borsten viel Schlamm kleben bleibt, schubbert es sich an Baumstämmen oder Steinen. Solche Stellen werden als Schubberplätze bezeichnet. Einen Schubberbaum erkennt man zwischen den anderen schon von weitem. Seine Rinde ist teilweise abgerieben und in angetrockneten Schlamm gehüllt. Rindenteilchen bleiben auch in den Schweineborsten haften; ist der Schubberbaum ein Nadelholz, dann setzt sich zwischen den Borsten auch Harz fest. Gemeinsam mit dem Schlamm, den Borsten und den Rindenstückchen bildet es auf dem Schweinekörper manchmal einen dicken Panzer. Beim Schubbern hinterlassen die Wildschweine an den Bäumen auch Duftmarken und zeichnen so ihr Territorium.
Ähnlich verhalten sich auch die Hirsche *(Cervus elaphus).* Auch sie gönnen sich gern ein Schlammbad in der Suhle, vor allem in der Brunftzeit, und nach dem Suhlen schubbern sie sich an Bäumen. An diesen Bäumen bleibt dann auch ihr Körpergeruch haften. Auch wenn Suhlen und Schubbern in erster Linie Körperpflege-Maßnahmen sind, so haben sie doch Anteil an der Kennzeichnung des Territoriums. Den Schubberbaum eines Hirsches kann man von dem des Wildschweins daran unterscheiden, wie hoch die verschlammte Rinde reicht. Beim Schwein können diese Zeichnungen etwa 1 m hoch reichen (2), beim Hirsch bis zu 2 m (4).
Der Suhle ähneln manchmal auch die Plätzstellen des Hirsches in der Brunft. Das sind seichte, manchmal nasse Vertiefungen, befreit von Pflanzenwuchs. Die Hirsche kratzen die Pflanzen mit Schalen oder Geweih weg. Diese Brunftgruben tragen ihren Brunftgeruch und dienen zur Duftmarkierung des Territoriums.
Drüsen, deren kräftigen Geruch auch der recht unzulängliche menschliche Geruchssinn registriert, haben die Raubtiere an ihrem Körper. Meist sitzen sie rings um den After, und ihr Sekret bleibt beim Lösen des Kots auf der Oberfläche dieser Losung haften. Raubtierlosung riecht an sich schon kräftig, das Sekret dieser Duftdrüsen verstärkt den Geruch noch. Daher benutzt das Raubwild seine Losung als wirkungsvolle Territoriumsmarkierung. Es legt sie auch an erhöhten Stellen ab, auf Steinen, Stubben oder Holzhaufen, so daß der Geruch vom Wind besser verbreitet werden kann (Bild 3 — Losung des Rotfuchses — *Vulpes vulpes*). Ich habe einmal die Behausung eines Baummarders *(Martes martes)* gefunden, die dieser durch Losung markiert hatte. In der Winterzeit ruhte er regelmäßig in einem Nistkasten für Schellenten aus, und Tag für Tag kotete („löste") er auf dessen Dach. Im Laufe des Winters entstand so ein 20 cm breites und 10 cm hohes Häufchen. Die Duftdrüsen der Iltisse *(Putorius)* übernehmen außer der Markierungs- auch eine Abwehrfunktion. Bei Schreck oder Bedrohung scheidet der Iltis einen derart scharf riechenden Stoff aus, daß er so auch einen stärkeren Feind vom Angriff abschreckt.

①

②

③

Akustische Territoriumsmarkierungen

Zu den Säugern, die ihr Territorium durch ihre weit schallende Stimme markieren, gehören die Hirsche *(Cervus elaphus — 1)*. Diese Schallmarkierung des Territoriums ist aber zeitlich stark begrenzt und hält eigentlich nur während der Brunftzeit an, also von Mitte September bis Mitte Oktober. In dieser Zeit röhren die Hirsche und geben mit ihrer orgelnden Stimme allen übrigen Hirschen zu verstehen, wie weit die Grenze des besetzten Reviers reicht. Die Stimme eines alten Platzhirschs ist stark, dröhnend und viele hundert Meter weit zu hören. Jüngere Hirsche röhren mit einer höheren, kreischenderen Stimme, als ob sie im Stimmbruch wären. Auch die ganz jungen Hirsche versuchen zu rufen, doch bringen sie höchstens ein röchelndes Quieken hervor. Ein überalterter Hirsch läßt hingegen ein dröhnendes Brummen hören.
Die Vögel begrenzen die Größe ihrer Reviere nur durch die Stimme. Eine Duftsignalisierung kennen sie nicht, daher ist ihr Geruchssinn auch fast verkümmert. Ein besetztes Territorium markieren und verteidigen Vögel hauptsächlich in der Paarungs- und Brutzeit. Jedes Vogelpaar wählt sich einen so großen Bezirk, daß es darin einen Ruheplatz findet, einen Platz zum Nestbau und genügend Nahrung für sich und seine Brut. Das Territorium des Rotkehlchens *(Erithacus rubecula — 2)* umfaßt offene Stellen, Stellen mit Gebäuden sowie Strauch- und Baumbeständen. Das Männchen läßt seinen Gesang normalerweise von einer erhöhten Warte erschallen, damit er möglichst weit zu hören ist. Das Schwarzkehlchen *(Saxicola torquata — 3)*, das im Gras auf dem Boden nistet, wählt als Singwarte höhere Kräuter oder Sträucher aus, der Schlagschwirl *(Locustella fluviatilis — 4)* singt in den dichten Beständen von Schilf oder Brennesseln. Viele Rohrsänger klettern beim Gesang an Schilfhalmen empor, die Lerchen oder Pieper singen im Flug. Die Blauracke *(Coracias garrulus — 5)* läßt sich auf erhöhten Stellen nieder, von wo aus sie wie von einem Wachtturm ihre laute krächzende Stimme erschallen läßt. Ihr Gesang verstummt auch bei der Werbung und dem von Akrobatenstückchen begleiteten Hochzeitsflug nicht.

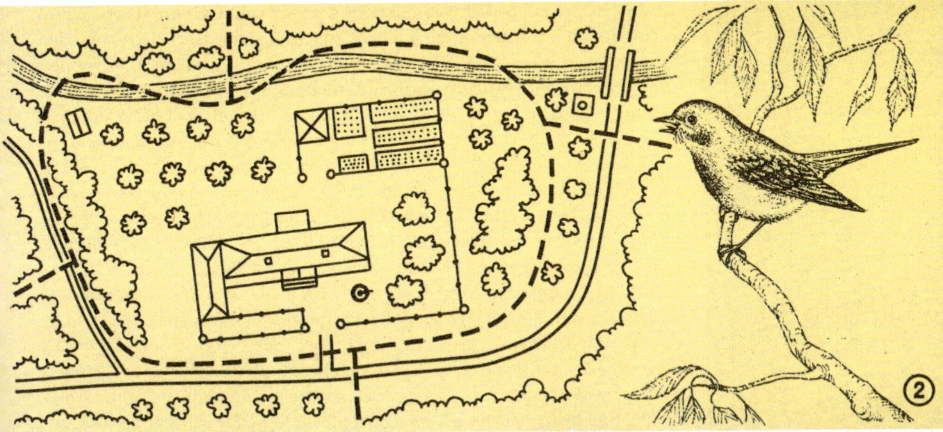

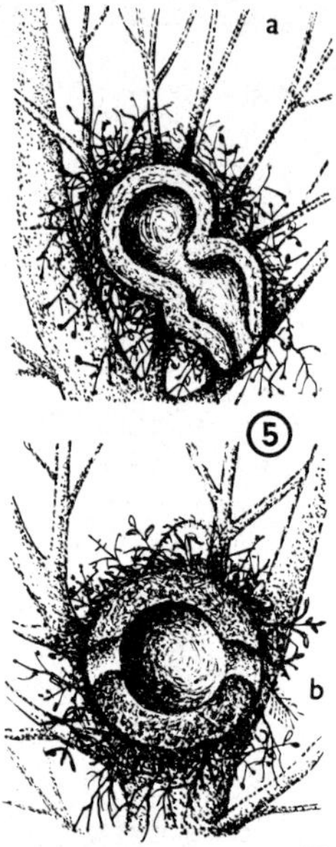

Nester auf Bäumen, in Gebüsch und Gras

Zu den Säugern, die ihre Nester in Baumkronen flechten, gehört das Eichhörnchen *(Sciurus vulgaris — 1)*. Dieser Nager kommt in allen Wäldern vor, lebt in größeren Gärten und sogar in den Parkanlagen der Städte. Im Tiefland erscheint häufiger eine rostrot gefärbte Form, während in den Gebirgslagen schwarze Tiere überwiegen. Außerdem findet man häufig Eichhörnchen in den verschiedenen Brauntönen. Das Eichhörnchen baut zwei Nesttypen — ein Winternest, in dem es auch seine Jungen aufzieht, und ein Sommernest, das vorübergehend zum Ausruhen benutzt wird. Das Kobel genannte Winternest ist ein solider kugelförmiger Bau, dessen Außendurchmesser 30—40 cm erreicht. Die Außenwände werden aus stärkeren Hölzchen gefertigt, das Innere füllen schwächere Zweige aus, die eigentliche Polsterung besteht aus feinem, trockenem Gras, manchmal auch ein wenig trockenem Laub und hauptsächlich aus Bast, der zu schmalen, langen Streifen zerbissen wurde. Der kugelige, ganz geschlossene Kobel ist mit einem oder zwei seitlichen Eingängen versehen (**5a, b**). Der ganze Bau ist normalerweise in einer Astgabel am Baumstamm verankert (3) oder an den Endzweigen im Baumwipfel angebracht. In die Nestwände werden häufig die Zweige des Mutterbaums eingearbeitet, so daß auch starker Wind seine Stabilität nicht bedrohen kann. Die beste Tarnung für die Eichhörnchenkobel bieten Nadelbäume. Die Sommernester sind einfache Bauten aus belaubten Zweigen und werden an den Endpartien der Baumäste angebracht. Auf einem Territorium befinden sich immer mehrere, sie werden hauptsächlich von den Männchen angelegt. Außer den Nestern benutzt das Eichhörnchen zum Werfen der Jungen und als Unterschlupf vor Witterungsunbilden auch natürliche Höhlungen in Bäumen oder große Nistkästen.
In ganz Europa kommt in inselartiger Verbreitung die Zwergmaus vor *(Micromys minutus — 2)*. Sie wird 5—7,5 cm lang; genauso lang ist auch ihr Schwanz, den sie als fünfte Extremität beim Klettern in Gebüsch oder an Halmen benutzt. Die Zwergmaus baut ebenfalls ein kugeliges Nest. Als Baumaterial verwendet sie trockene Grasblätter, die sie längs zernagt und um die stehenden Halme von Getreide, Schilf oder hochwüchsige Kräuter wickelt (4). Der Nestdurchmesser entspricht der Körpergröße der Zwergmaus, er erreicht kaum 10 cm, der Bau wird meist bis 1 m hoch über dem Boden angelegt. Die Zwergmaus fertigt zwei Typen von hängenden Nestern. Zur Jungenaufzucht dient ein Nest mit einem seitlichen Einschlupf, die Ruhenester haben in der Regel zwei gegenüberliegende Eingänge. Bei unfreundlichem Wetter, vor allem im Winter, hält sich die Zwergmaus auch in Löchern unter der Erde auf.
Die Schermaus *(Arvicola terrestris)* lebt vorwiegend in Wassernähe. In den Ufern von Wasserläufen und stehenden Gewässern wühlt sie Löcher, die als Unterschlupf, zur Vermehrung und als Vorratsspeicher dienen. Außerdem baut sie aus trockenem Pflanzenmaterial ein kugel- oder eiförmiges Nest, das sie in den Schilfbeständen, in Sträuchern oder alten Vogelnestern befestigt, stets nicht allzu hoch über dem Boden oder dem Wasser (**6**).

1

2

3

4

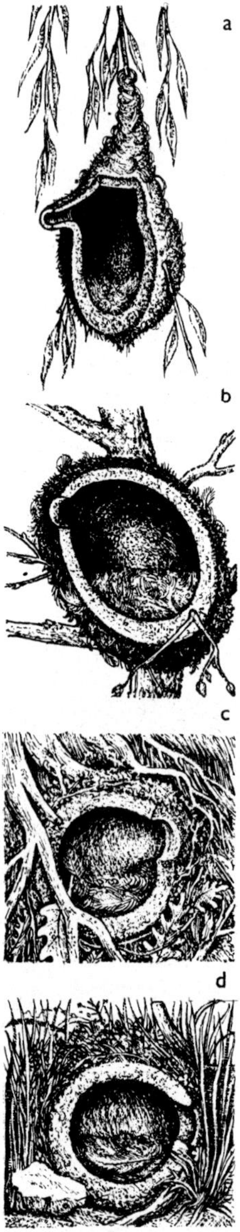

5

Nester auf Bäumen, in Gebüsch und Gras

Obwohl die Vogelbehausungen nur vorübergehenden Charakter haben und nur zur Brutaufzucht eines Jahres oder sogar nur einer Nistzeit dienen, werden sie in vieler Hinsicht weit sorgfältiger hergestellt als vergleichbare Säugetiernester. Formschema und Bautechnik des Nestes sind den Vögeln angeboren, so daß ein erstmalig nistendes Pärchen ein fast genauso vollendetes Nest anlegt wie ein älteres, erfahrenes Paar. Die verschiedenen Vogelarten bauen schlechtere oder bessere Nester; das ist aber nur ein Bewertungsmaßstab des Menschen, der die biologische Zweckmäßigkeit des jeweiligen Nesttyps übersieht.

Unter den europäischen Vögeln baut wohl die Beutelmeise *(Remiz pendulinus* — 1*)* das vollendetste Nest. Wenn hier von Vollendung die Rede ist, so ist damit an erster Stelle die Wahl des Ortes gemeint, die der kommenden Generation größtmögliche Sicherheit vor Feinden und Witterung bietet. Der Bau wird vom Männchen begonnen. Einen überhängenden Weiden-, Espen- oder Birkenzweig umwickelt es am Ende mit Grasmaterial und schafft so das birnenförmige Nestskelett. In diese Konstruktion aus Halmen stopft es (bereits gemeinsam mit dem Weibchen) Pflanzenflaum, meist beflaumte Samen von Salweiden, Espen oder Igelkolben und schafft so eine watteartige Polsterung. Das fertige Nest hat Tropfenform, hängt normalerweise über dem Wasser, ist 12—18 cm lang und 7—10 cm breit. Im Birnenoberteil liegt das Schlupfloch, das die Gestalt eines 4—5 cm langen Tunnels hat. Die Nestwände sind bis zu 2,5 cm stark, der Nestboden ist meist noch dicker (**5a**). Beutelmeisennester kann man in Auengebieten mit Bruchlandcharakter entdecken.

Ein ebenso perfektes Nest baut ein Bewohner der schütteren Mischwälder, Parks und Gärten, die Schwanzmeise *(Aegithalos caudatus* — 2*)*. Ihre Bauten werden in Astgabeln verankert, haben die Form eines 15—20 cm hohen und 10 cm breiten Eies mit seitlichem Einschlupf im Oberteil, die starken Wände werden aus Moos, Flechten und Spinnweben gewirkt. Die Außenwand wird mit Rindenstückchen maskiert, der eigentliche Nistkessel enthält eine Federpolsterung, die aus bis zu 2000 winzigen Federchen bestehen kann (**5b**).

In Wäldern, Parks und Gärten mit dichtem Strauchunterwuchs lebt der Zaunkönig *(Troglodytes troglodytes* — 3*)*. Er baut sein Nest im Gebüsch dicht über der Erde, unter überhängenden Bachufern, in Reisighaufen oder den Kronen gestürzter Bäume. Das kugelige Nest wird aus Gräsern, Stengeln, Moos und feinen Zweiglein geflochten. Der seitliche Einschlupf liegt etwa inmitten des ganzen Baus, dessen Durchmesser 15 cm erreicht (**5c**).

Ein etwas kleineres Kugelnest, in Gras, Heidekraut, Heidelbeergestrüpp oder zwischen Strauch- und Baumwurzeln angelegt, baut der graugrün gefärbte Fitis *(Phylloscopus trochilus* — 4*)*. Dieses Nest ist schwer zu finden, da es aus Laub, Gräsern, Moos, Bast oder Flechten gewirkt ist und in Draufsicht wie ein Laubbüschel aussieht. Ins Innere führt ein schmaler seitlicher Einschlupf, der in der Zeit der Brutfütterung durch häufige Benutzung verbreitert wird (**5d**).

1

2

3

4

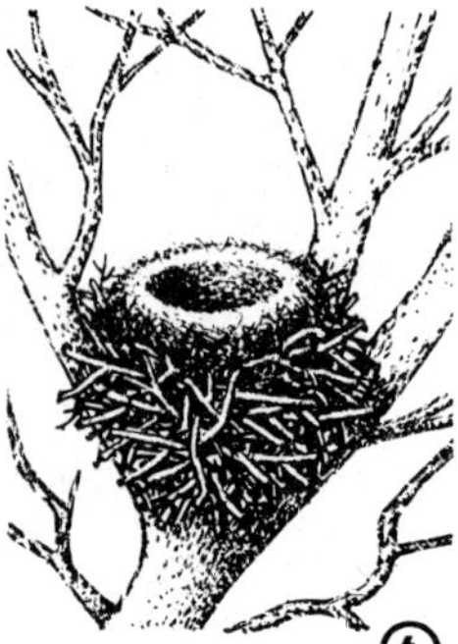

④

⑤

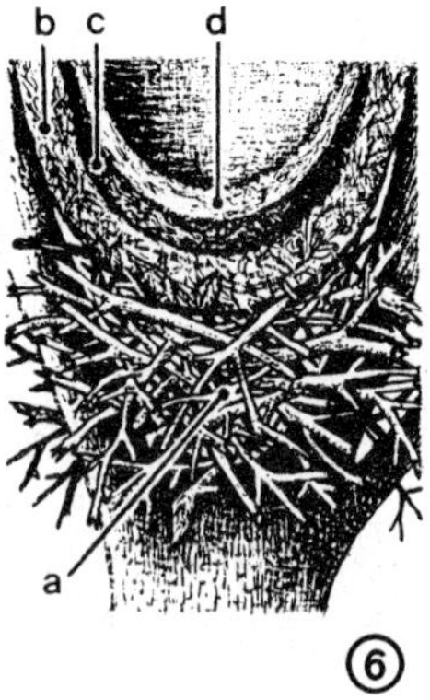

⑥

Nester auf Bäumen, in Gebüsch und Gras

Die Größe des Nests und das zu seinem Bau benutzte Material entsprechen der Körpergröße des Vogels, seinem Gewicht und seiner Kraft. Daher findet man bei großen Vögeln auch ausladende Bauten. Zu den größten Vogelbauten gehören die Nester des Weißstorches *(Ciconia ciconia)*. Störche halten sich hauptsächlich in teichreichen Landstrichen auf. Ihre Nester errichten sie auf Gebäuden, Ruinen, auf Hochspannungsmasten oder Bäumen (**1**). Die Grundlage des Nests bilden kräftige Äste, die mit Erde, Rasenplaggen, Pflanzenmaterial und allerlei Abfällen zusammengefügt werden. Der eigentliche Nistkessel ist nicht besonders tief, eben und mit feinerem Pflanzenmaterial ausgepolstert.

Geräumige Nester bauen auch die Raubvögel, z. B. der Mäusebussard *(Buteo buteo* — **2***)*. Sein Nest ist meist auf waagerechten Ästen dicht am Baumstamm in einer Höhe von 10—20 m angebracht. Das Fundament bilden wiederum starke Knüppel, die Wände und der obere Teil werden aus feineren Zweigen geflochten. Der flache, mit Laub, Moos und Tierhaaren ausgefüllte Nistkessel wird am Rand im Laufe der ganzen Nistzeit ständig mit frischen Zweigen und Blättern umkleidet. Manchmal benutzen Bussarde ein Nest mehrere Jahre hintereinander und bauen es immer ein bißchen weiter aus.

Ein scharfsinnig verborgenes und sehr gründlich verflochtenes Nest baut die Rabenkrähe *(Corvus corone corone)*. Es läßt sich nur schwer zwischen den Ästen der Nadelbäume entdecken, doch wird es auch in Laubbäumen angelegt. Die Rabenkrähen sind so vorsichtig, daß sie seine Lage weder beim Bau noch während der Brutpflege verraten. Dabei ist es ein kompakter, rund 40 cm hoher und ungefähr 60 cm breiter Bau. Die Rabenkrähe bringt ihr Nest entweder in einer Gabelung der Wipfeläste 10—20 m hoch über dem Boden an (**4**) oder drückt es in eine Astachsel dicht am Baumstamm (**5**). Das Nest besteht aus vier verschiedenen Schichten (**6**). Die Grundlage bilden trockene, bis zu 2 cm dicke Äste (**a**), die Nestwände werden aus dünnen, biegsamen Zweigen geflochten (**b**), darauf wird eine 3—5 cm hohe Erd- und Rasenschicht gebreitet (**c**). Der eigentliche, etwa 10 cm tiefe Nistkessel ist mit altem Gras, Haaren und Bast ausgelegt (**d**). Ein ähnlich geformtes Nest baut auch die Saatkrähe *(C. frugilegus)*. Während die Rabenkrähen stets vereinzelt nisten, leben die Saatkrähen in Kolonien und nisten häufig dicht nebeneinander.

Verschiedene Taubenarten benutzen zum Nestbau viel feinere Zweige. Die Ringeltaube *(Columba palumbus* — **3***)* nistet im Gebüsch oder im Geäst der Bäume. Sie sucht eine geeignete flache Astgabel aus und breitet darauf nachlässig kreuz und quer trockene Zweige von wenigen Millimetern Durchmesser aus. So legt sie eine niedere Plattform an, das Innere wird nicht ausgepolstert. Ihr Nest hat einen Durchmesser von 30—40 cm, ist 7—15 cm hoch und liegt in einer Höhe von 5—20 m. Die Turteltaube *(Streptopelia turtur)* baut manchmal so schüttere Nester, daß durch die Lücken zwischen den Zweigen ihre zwei weißen Eier hindurchschimmern.

1

2

3

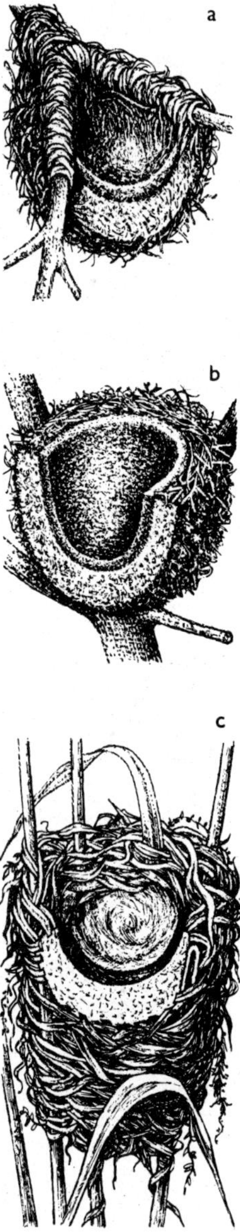

5

Nester auf Bäumen, in Gebüsch und Gras

Ein angenehm klingendes Flöten, das ein wenig an Jodeln erinnert, verrät die Anwesenheit des Pirols *(Oriolus oriolus* — 1*)*. Am ehesten kann man ihn in lichten Laubwäldern, Parks oder Gärten der Tiefebene vernehmen. Sein etwa 14 cm großes Nest läßt sich nur schwer entdecken, da es zwischen dem Laub in 10 bis 20 m Höhe verschwindet. Im Gegensatz zu den übrigen Vögeln legt der Pirol sein Nest nicht auf den Zweigen an, sondern hängt es mit seinen Rändern in eine waagerechte Gabelung. So entsteht eine Art Schaukel aus Grashalmen, die der Pirol um die Äste flicht (5**a**). Das Nestinnere wird mit einem Kissen aus Federn oder Haar ausgekleidet.

Im Gegensatz dazu setzt der Buchfink *(Fringilla coelebs)*, einer der bekanntesten und häufigsten Bewohner unserer Gebiete, sein Nest stets in eine Astgabel (2) oder bringt es einfach auf einem kräftigen waagerechten Ast an, so daß es wie eine Schwellung oder ein Aststummel wirkt. Dem menschlichen Auge entgeht es nicht nur wegen seiner geringen Ausmaße (nur 8—10 cm breit und 6—8 cm hoch), sondern vor allem deshalb, weil die Außenwände aus perfektem Tarnmaterial angelegt werden. Der Buchfink durchwirkt sie mit Moos, Gras, Flechten und baut auch kleine Birkenrindenstückchen mit ein, so daß die ganze Anlage wie ein verwittertes Aststück aussieht. Das Innere wird mit Haaren, Federn und Pflanzenflaum ausgefüllt.

Die Nester von Amsel *(Turdus merula)* und Singdrossel *(T. philomelos* — 3*)* ähneln einander sehr in Form und Größe und nicht selten auch durch ihre Lage. Man findet sie in allen Waldtypen, aber ganz gängig auch in nächster Nähe menschlicher Ansiedlungen, sogar auf Gebäudeteilen. Der äußere Nestdurchmesser beträgt bei beiden Vögeln 10—18 cm, die Höhe schwankt zwischen 7 und 10 cm. Die Außenwände werden aus trockenen Stengeln und Gräsern geflochten, bei der Amsel stellt dieses Material auch die eigentliche Polsterung des Kessels dar, der 4—6 cm tief ist. Die Singdrossel richtet aber das Nestinnere anders her. Sie sammelt lehmige Erdteilchen, feine Pflanzenkrümel, Mulm und vermischt alles mit eigenem Speichel. Diese feuchte Masse stopft sie in die Nestinnenwände und glättet sie so lange, bis ein fast halbkugeliges, 6—8 cm tiefes Kesselchen entsteht, das nun nicht mehr mit wärmendem Polstermaterial ausgekleidet wird (5**b**).

An Teichen und Seen, in Sumpflandschaften, an toten Flußarmen, überall dort, wo auf nassem Untergrund wenigstens etwas ausgedehntere Röhrichtflächen wachsen, lebt eine zahlenstarke Gruppe von bräunlich gefärbten Singvögeln, die sich mit ihrem kratzenden und scharf klingenden Gesang weithin hören lassen. Das ist die Gruppe der Rohrsänger, alle bauen ziemlich ähnliche und einheitliche Nester. Der häufigste Schilfrohrbewohner ist der Drosselrohrsänger *(Acrocephalus arundinaceus* — 4*)*. Zum Bau sucht er sich mehrere nebeneinanderstehende Schilfhalme aus, die er als tragende Säulen nutzt, und umwickelt sie mit Blättern von Schilf, Wassergräsern usw., bis ein etwa 7 cm hoher und ebenso breiter Bau entsteht. Das Innere ist mit feinen Fasern gefüllt (5**c**).

1

2

3

4

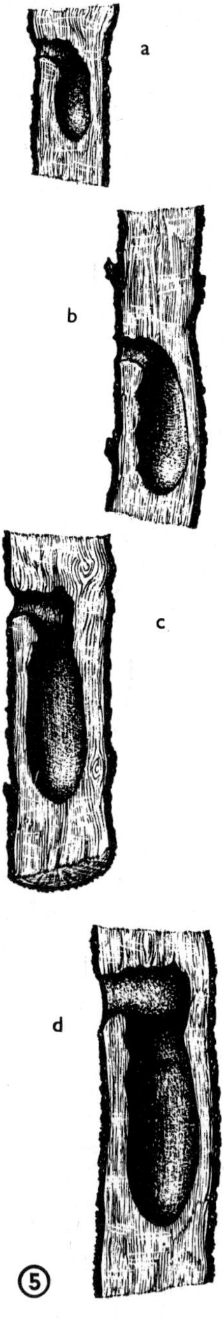

Nester in Baumhöhlen und Nistkästen

Eine recht zahlreiche Vogelgruppe kam vom Nisten in den Baumästen ab und ging dazu über, das hohle Innere der Stämme zu nutzen. Ein solcher vollendeterer Unterschlupf erhöhte die Sicherheit des ganzen Nests und verringerte die Wahrscheinlichkeit, daß Gelege oder Brut vernichtet werden. Die Höhlenbrüter — wie die in Höhlungen nistenden Vögel zusammenfassend bezeichnet werden — kann man in passive Bewohner natürlicher Höhlen und aktive Erbauer einteilen, die sich eine Höhle selbst anfertigen können.

Zu den passiven Höhlenbrütern gehören einige Eulenarten. Waldkauz *(Strix aluco —* 1*)*, Rauhfußkauz *(Aegolius funereus)*, Steinkauz *(Athene noctua)*, Sperlingskauz *(Glaucidium passerinum)*, manchmal auch der Uhu *(Bubo bubo)* nisten unter europäischen Bedingungen in hohlen Bäumen. Das Nestinnere richten die Eulen nicht besonders ein. Auf dem Höhlengrund liegen immer modernde Holzreste, Mulm usw., das genügt als Unterlage für Eier und Brut. Die Eulen stellen auch keine speziellen Ansprüche an die Größe der Einflugsöffnung; sie kann ruhig wesentlich größer als ihr Körperdurchmesser sein.

Natürliche Höhlen besetzen auch verschiedene kleine Vögel, namentlich Meisen. Ihre Ansprüche an die Geräumigkeit sind sehr bescheiden. Hier genügt eine kleine Spalte in der Eichenrinde, durch die eine Kohlmeise *(Parus major)* nur eben ihren Körper zwängen kann, und schon ist eine Höhle besetzt. Nur das erfahrene Auge erkennt an der geringfügig abgeriebenen Rinde rings um das Schlupfloch, daß hier eine bewohnte Höhle vorliegt (**4**). Aktiver geht schon die Weidenmeise *(P. montanus)* zu Werke. Zwar besetzt auch sie fertige natürliche Höhlen, doch wenn sie einen gut vermorschten Baumstamm findet, kann sie ihrem angeborenen Zimmerertrieb nicht widerstehen und meißelt eine eigene Höhle zurecht (**3**).

Spechthöhlen, die aktiv gebaut werden, kann man leicht daran erkennen, daß ihr Eingang eine genau kreisrunde Form hat und daß sie meist in größerer Höhe über dem Boden angelegt wurden. Die Einflugöffnungen dieser Nisthöhlen werden so sorgfältig geglättet, daß sie keine hervorstehenden Splitter aufweisen.

Der Buntspecht *(Dendrocopos major)* meißelt seine Höhle sogar 14 Tage lang (**2**). So entsteht im Bauminneren eine geräumige tropfenförmige Behausung, aus der eine Öffnung ins Freie führt, deren Breite dem Buntspecht nur eben ein bequemes Schlüpfen ermöglicht. Im Inneren bleiben stets ein paar Späne zurück, sie dienen als Unterlage für Gelege und Brut. Leuchtend weiße Splitter am Boden unter der Einflugöffnung deuten auf eine frisch gemeißelte Höhle hin.

Der Kleinspecht *(D. minor)* meißelt eine 10—12 cm breite und 10—20 cm tiefe Höhle; das Schlupfloch hat einen Durchmesser von 4 cm (**5a**). Die Höhle des Buntspechts ist 12—15 cm breit, 23—30 cm tief, das Schlupfloch mißt 5,5 cm (**5b**). Beim Grünspecht *(Picus viridis)* ist die Höhle 15—20 cm breit, 25—50 cm tief, der Durchmesser des Lochs beträgt 6,5 cm (**5c**). Die größten Höhlen meißelt der Schwarzspecht *(Dryocopus martius)*. Sie sind 15—20 cm breit, sogar über 60 cm tief, die Einflugöffnung ist 9—10 cm breit (**5d**).

1

2

3

4

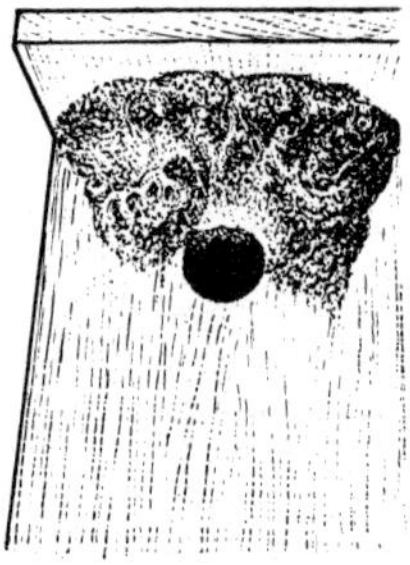

a

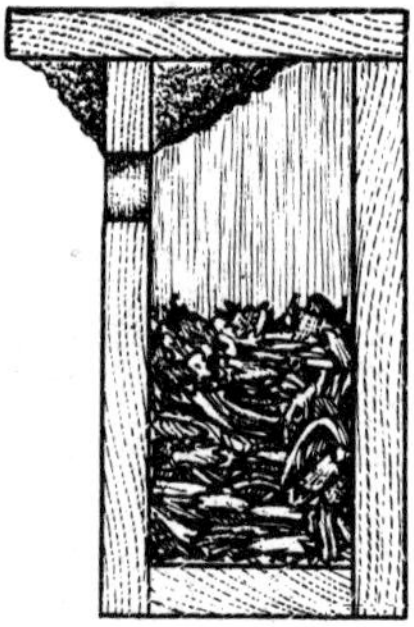

b

c

⑤

Nester in Baumhöhlen und Nistkästen

Die Spechte nisten nur einmal jährlich und meißeln fast jedesmal eine neue Höhle. Einige legen auch nach der Nistzeit Höhlen als Unterschlupf an. Manchmal führen sie aus verschiedenen Gründen ihr Werk nicht zu Ende. Dadurch bieten sie einer Reihe anderer Höhlenbrüter ausgezeichnete Nistmöglichkeiten. Verlassene Spechthöhlen werden häufig von Staren *(Sturnus vulgaris* — 1*)* besetzt. Diese schleppen ins Höhleninnere allerlei Pflanzenmaterial, Federn und Haare und nisten zweimal jährlich. Die besetzte Höhle verraten häufig die alten Vögel durch nervöses Umherflattern und Schreckrufe, später hört man auch die Jungen, die gleichfalls recht lautstark sind. Eine von Staren besetzte Höhle erkennt man auch an der Losung auf Baum und Boden, die die Jungtiere aus dem Schlupfloch verspritzen.
Ein interessanter passiver Baumhöhlenbewohner ist der Kleiber *(Sitta europaea* — 3*)*. Er kommt recht gängig in Laub- und Mischwäldern, Parks und Gärten vor, in der Paarungszeit läßt er sein lautes Pfeifen hören. Entdeckt er eine Höhle mit zu großem Flugloch, erwacht seine Bauleidenschaft. Im Schnabel bringt er speichelvermischten Lehm, klebt ihn an die Lochränder und drückt ihn gründlich fest. Er arbeitet so lange, bis die natürliche Öffnung fast zugemauert ist und läßt nur einen so kleinen Eingang zurück, daß er gerade noch hindurchschlüpfen kann. Bild 4 zeigt ein vom Kleiber zugemauertes Flugloch eines Nistkastens für Schellenten. Ursprünglich hatte es einen Durchmesser von 11 cm, den der Kleiber auf 3 cm verringert hat. Die verschiedenfarbigen Flecken im „Mauerwerk“ deuten an, daß der Vogel das Baumaterial an verschiedenen Stellen gesammelt hat. Seine Bauleidenschaft war auch dann nicht befriedigt, als das Flugloch den entsprechenden Durchmesser hatte. So hat er den Schlamm auch noch darüber unter das Dach des besetzten Kastens geklebt (**5a**) bzw. auch ins Kasteninnere (**5b**). Auf ähnliche Weise richtet der Kleiber auch natürliche Öffnungen her. Ins Höhleninnere bringt er manchmal unglaubliche Mengen Nistmaterial. In den erwähnten Entennistkasten hat er etwa 12 l an trockenen und morschen Holzstückchen, Zweigen und Rindenschuppen geschleppt. Erst auf der höchsten Spitze dieses „Nestchens“ lagen die Eier.
Viele Höhlenbrüter benutzen mit Vorliebe auch künstlich hergestellte Höhlen — Nistkästen. Die häufigsten und willkommensten Kastenbewohner sind die Meisen. Zweifellos tragen sie zur Vertilgung einer ganzen Reihe Pflanzenschädlinge bei und ersetzen so die häufig unsinnig verwendeten Insektizide. Ein Kohlmeisenpärchen *(Parus major* — 2*)* bringt seinen neun Jungen im Laufe der neunzehntägigen Brutpflege etwa 0,75 kg Nahrung, d. h. etwa 7 500 Raupen, Schmetterlinge, Käfer und andere Insekten. Kurz vor dem Ausfliegen der Jungen aus dem Nistkasten kommen die Eltern mit der Nahrung bis 800 mal täglich angeflogen. Es ist schon der Mühe wert, den Meisen einen Nistkasten anzubieten. Ein paar Brettchen genügen, man muß nur die Innenmaße 12 × 12 × 20 cm einhalten, ein Schlupfloch von 3 cm Durchmesser bohren und den Kasten aufhängen (**5c**). Man kann ihn auch aus einem einzigen Holzklotz höhlen (2).

1

2

3

4

Nester in Felsen und Häusern

a

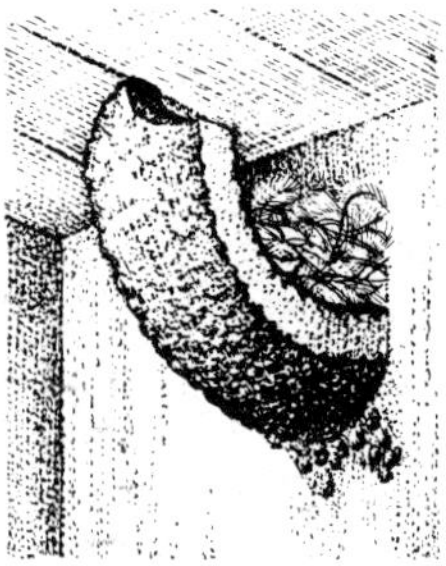

b

c

5

Viele Vögel haben sich Felsgegenden als Lebensraum ausgewählt, daher ist es ganz verständlich, daß ihnen die Steinwände als Unterlagen beim Nestbau dienen. Einige Arten nutzen geeignete Hohlräume und Spalten, andere wählen für ihr Nest unzugängliche Gesimse und Flächen auf scharfen Vorsprüngen.
In dieser Umgebung nistet auch eine kleine Vogelgruppe, die zur Familie der Schwalben gehört. Rauchschwalbe *(Hirundo rustica)* und Mehlschwalbe *(Delichon urbica)* sind aber zu ständigen Begleitern des Menschen geworden. Ihre Nester bauen sie in menschlichen Anwesen, die ihnen die senkrechten Felswände ersetzen. Beide Arten sind Zugvögel, und beide bauen Lehmnester.
Nach der Rückkehr aus den afrikanischen Winterquartieren beginnen die Schwalben mit dem Nestbau. Beide Partner fliegen austrocknende Pfützen oder andere nasse Stellen an und sammeln mit den Schnäbeln kleine Schlammklümpchen. Diese vermischen sie mit ihrem Speichel, wodurch ihre Klebrigkeit verbessert wird, und setzen sie aufeinander wie ein Maurer Ziegelsteine. Um dem ganzen Bau größere Haltbarkeit zu verleihen, arbeiten sie zwischen den Schlammklümpchen allerlei Halme ein, die oft wie ein langer Bart vom Nest herabhängen. Nur selten kommt es vor, daß ein Rauchschwalbennest an die Hausaußenwand geklebt wird; normalerweise befindet es sich im Inneren eines Raumes, an einer Stall- oder Scheuerwand, in Gängen und Vorräumen. Oft gründen Rauchschwalben ihr Nest auf einer Unterlage, z. B. auf einem Leitungsrohr, auf einer Stromleitung (1) oder auf einem hervorstehenden Balken (2). Das fertige Nest hat die Form einer Viertelkugel, deren Oberteil offen ist (**5a**). Das Schwalbennest hat einen Durchmesser von 8 — 14 cm, die Wände sind 1 — 2 cm stark, so daß der eigentliche Nistkessel, der reich mit Federn, Haaren und feinem Gras ausgepolstert wird, nur 7 — 10 cm mißt. Die Höhe des Nests macht etwa 10 cm aus. Rauchschwalben nisten zweimal jährlich, manchmal auch dreimal. Ein paar Tage nach dem Ausfliegen kehren die Jungen über Nacht noch ins Nest zurück.
Die gleiche Architektonik beim Nestbau wenden auch die Mehlschwalben an, trotzdem lassen sich die Nester beider Vögel leicht unterscheiden. Zum einen nisten Mehlschwalben fast ausschließlich an Außenwänden, normalerweise dicht unter dem Dachvorsprung, so daß sie von oben gut geschützt sind (4), zum anderen haben sie die Tendenz, in Kolonien zu nisten (3). Das wichtigste Unterscheidungsmerkmal ist aber die Nestform. Die Mehlschwalbe baut ihr Nest als Halbkugel, die an die senkrechte Hauswand geklebt wird, im Oberteil befindet sich das Schlupfloch (**5b**). In der Größe entspricht es annähernd dem Rauchschwalbennest, das Schlupfloch hat einen Durchmesser von ca. 4 cm.
Die Rötelschwalbe *(Hirundo daurica)* klebt ihr Nest an die Unterseite von Dächern, Decken oder Felsvorsprüngen. Der Eingang ist tunnelartig gestreckt, so daß das Ganze die Form einer halbierten bauchigen Flasche hat (**5c**).

1

2

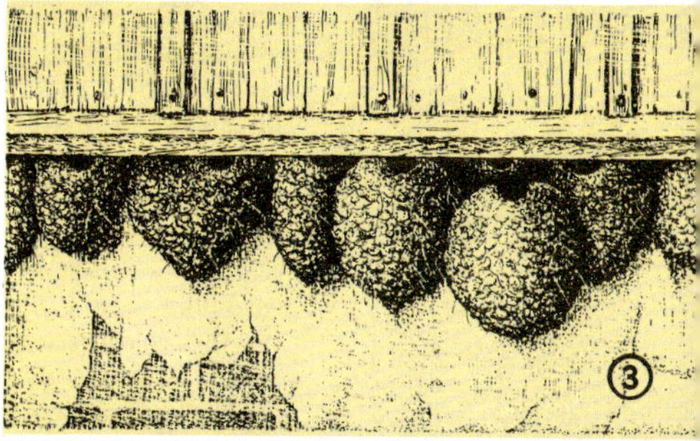
3

4

⑤

Nester in Felsen und Häusern

Der Weißstorch *(Ciconia ciconia)* war seit jeher beim Menschen beliebt, ihm wurde nichts zuleide getan, und daher ist er nicht besonders scheu. Er wird im Gegenteil von menschlichen Siedlungen angelockt, da er hier geeignete Unterlagen für den Nestbau findet. Vor allem Hausdächer und Schornsteine reizen ihn, dort legt er in der Regel auch sein Nest an (**1**). Nicht immer findet der Storch einen zum Bau geeigneten Baum, dessen starke Äste das ziemlich große und schwere Nest tragen müssen. Es gibt nicht viele so ausladende Bäume. Daher ist der Nestbau für den Storch keine leichte Angelegenheit. Bevor es ihm gelingt, die Grundlage für das Nest zu errichten, fallen viele Äste wieder zu Boden oder werden von einem kräftigen Windstoß herabgeworfen. Daher benutzt der Storch das einmal erbaute Nest sogar viele Jahre hintereinander und verteidigt es auch hartnäckig gegen andere Interessenten. Wenn die Störche aus ihren afrikanischen Winterquartieren zu den Nestern zurückkehren, kommen durchaus auch Zweikämpfe um diese Nester vor.
Durch die wiederholte Benutzung desselben Nestes wird der Bautrieb keineswegs gedämpft. Die Störche bessern das Nest alljährlich nach der Rückkehr aus, bringen neue Zweige auf den Rand und polstern die Mitte mit frischem Gras, Plaggen oder Lumpen aus. Im Laufe von vielen Jahren verwandelt sich so ein Storchennest in einen riesigen Bau (**2**). Ein neu errichtetes Nest hat einen Durchmesser von etwa 80 cm und ist ungefähr 30 cm hoch. Das älteste in Deutschland bekannte Nest wird schon rund 400 Jahre von Storchengenerationen benutzt, ist über 2,5 m hoch, hat einen Durchmesser von 2,25 m, und sein Gewicht wird auf 1 t geschätzt.
Der Uhu *(Bubo bubo)*, die größte und stärkste europäische Eule, hat keine derartigen Probleme mit dem Nestbau. Er lebt in ausgedehnten Waldkomplexen mit zerklüfteten Felsen. Hier sucht er sich in Höhlen oder unter überhängenden Gesimsen einen Nistplatz. Er baut kein Nest im eigentlichen Sinne des Wortes, sein „Nest" besteht aus nacktem Boden, der nur leicht mit Nadeln, Streu und Federn bedeckt wird (**3**). Die seichte Nistgrube ist zunächst etwa 30 cm breit, sie verliert aber ihre ursprüngliche Form völlig, wenn die Jungen ausgeschlüpft sind. Die Jungvögel zertrampeln sie, dabei wird sie mit allerlei Beuteresten aufgefüllt (**4**).
Felsen sind für eine ganze Reihe von Greifvögeln attraktive Nistplätze. Hier nisten Geier, Adler und Falken. Ihre Nester sind an unzugänglichen Stellen angebracht, z. B. unter überhängenden Felsen (**5a**) oder auf Türmen (**5b**). Die Felsnester der Greifvögel werden nur spärlich ausgepolstert und mit Pflanzenmaterial umkleidet.
Zahlreiche Vögel nisten in sogenannten Halbhöhlen, das sind Öffnungen oder Hohlräume in Fels oder Häusern mit völlig offener Vorderseite. Gern benutzt der Grauschnäpper *(Muscicapa striata* —**5c**) eine Ziegellücke in der Hauswand, dort baut er ein ca. 15 cm breites Nest aus Würzelchen, Gras und Moos.

1

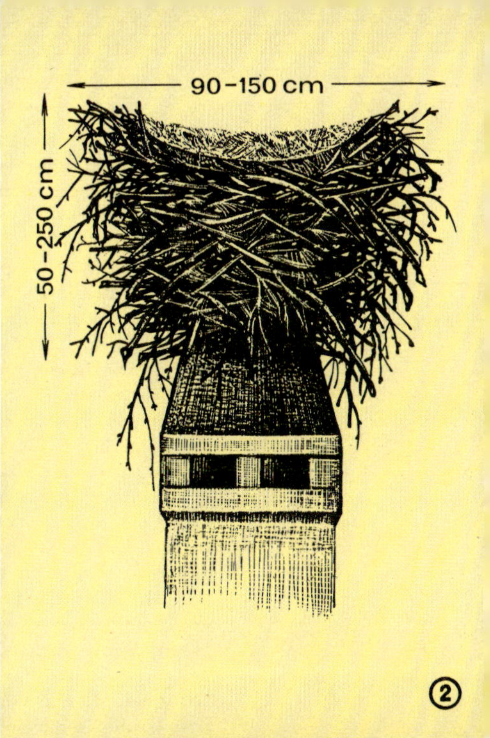
90–150 cm
50–250 cm
2

3

6

Lager und Nester am Boden

Eine Reihe von Säuger- und Vogelarten legt überhaupt keine schützenden Behausungen an, viele nicht einmal zum Werfen und Aufziehen der Jungen. Diese Arten nutzen nur zufällige gedeckte Stellen mit natürlichem Charakter, die sie höchstens ganz geringfügig herrichten.

Zu ihnen gehört beispielsweise der Hase *(Lepus europaeus* — 1*)*, ein typischer Bewohner von Tiefebene, Bergvorland und Gebirgsgegenden. Er ist ein Dämmerungs- oder Nachttier, das tagsüber in der Deckung ruht. Nur in der Rammelzeit, also während der Brunft, kann man ganze Hasengruppen tagsüber auf den Feldern herumlaufen sehen. Siedelt der Hase im Wald, besteht kein Mangel an geeigneten Deckungen. Er drückt sich unter ein niedriges Bäumchen, findet eine Spalte im dichten Gestrüpp oder legt sich zwischen die Wurzelansätze mächtiger Bäume. Dank der braun-rostigen Färbung des Rückens verschwindet er gut in seiner Umgebung. Ausgezeichnete Deckung bietet den Hasen auch das hohe Gras im Wald. Aber auch in der offenen Landschaft findet der Hase gute Deckung. In der Sommerzeit drückt er sich leicht in die Kulturen von Futterpflanzen, Getreide oder Hackfrüchten. Wenn im Herbst die Vegetation von den Feldern verschwindet, verschwinden gleichzeitig auch die Deckungen für die Hasen. Dann drücken sie sich in alte Grasbüschel (6) oder Vertiefungen in gepflügten Furchen. Sehr oft richten sie sich aber ihre Sassen selbst her. Mit den Vorderläufen scharren sie eine seichte, etwa 12 cm tiefe Grube, in die sie sich dann setzen (2). Im Winter lassen sie sich oft sogar vom Schnee zuwehen. Bild 3 zeigt so eine Wintersasse, aus der der Hase aufgescheucht wurde. Er ist in Richtung auf die rechte untere Bildecke aufgesprungen und hat einen Haken geschlagen, die frischen Spuren deuten die Fluchtrichtung an.

Das Schwarzwild *(Sus scrofa)* gehört zu den wechselnden Arten, die in einer Nacht Entfernungen von mehreren Dutzend Kilometern zurücklegen können. Daher legen Wildschweine keine regulären Dekkungen an. Trotzdem schaffen sie sich manchmal geräumige Kessel aus trockenem Gras (4), in denen sie tagsüber ruhen. Ähnliche Kessel legen normalerweise die Bachen dicht vor dem Werfen der Frischlinge an.

Im Bergvorland und in Gebirgslandschaften mit Tundracharakter lebt das Birkhuhn *(Lyrurus tetrix)*. Dieser waldbewohnende Hühnervogel geht der Nahrungssuche auf dem Boden und in den Bäumen nach, doch blockt er für die Nacht regelmäßig in den Baumkronen auf. Herrscht im Winter klirrender Frost und liegt hoher lockerer Schnee, so stürzen sich die Birkhühner aus der Höhe in den Schnee, wühlen sich ein, scharren den Eingang hinter sich zu und überstehen die Nacht in dieser wärmeren Deckung (5).

1

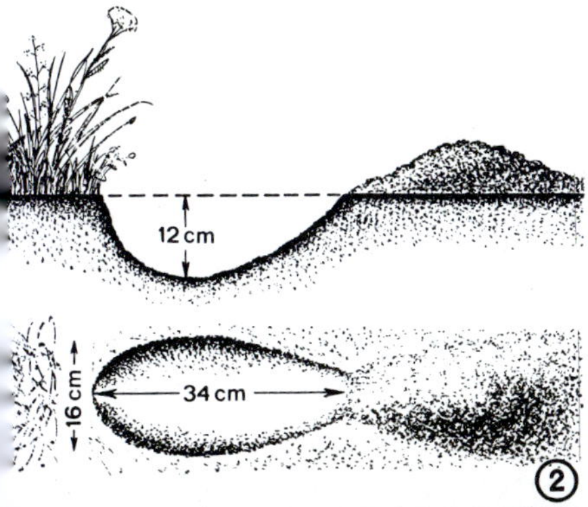
12 cm
16 cm
34 cm
2

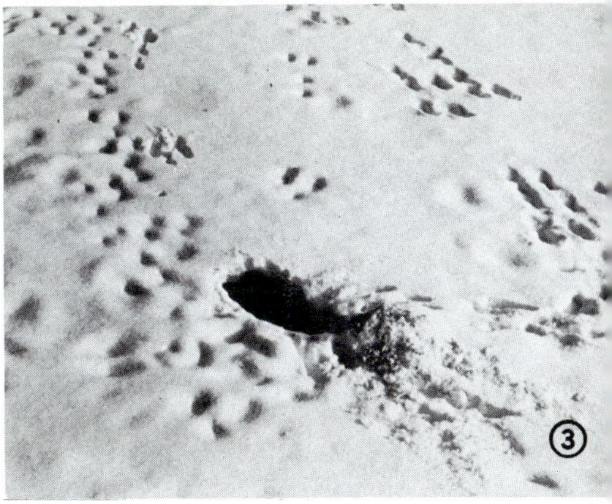
3

4

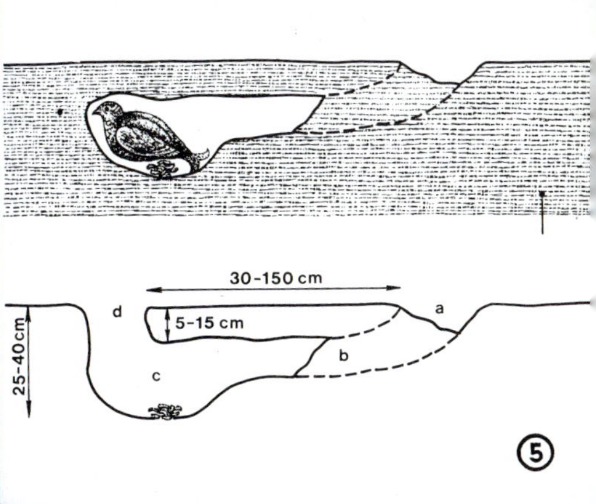
30-150 cm
d
5-15 cm
a
25-40cm
b
c
5

Lager und Nester am Boden

5

Bodenbrüter bauen nie so kompliziert verflochtene Nester wie Baumbrüter. Dafür nutzen sie geeignete Bodenvertiefungen, dort drehen sie mit Körperbewegungen bzw. scharren mit den Füßen eine einfache Nistgrube.

Eine ganz primitive Delle im Sand hebt der Flußregenpfeifer *(Charadrius dubius — 4)* aus. Er legt stets vier Eier, die wie Kieselsteine gefärbt sind und völlig zwischen den umliegenden Steinen verschwinden.

Typische Vertreter der Bodenbrüter sind die Hühnervögel. Ihre Nahrung suchen sie am Boden, einige auch auf Sträuchern und Bäumen, sie sind vorwiegend Pflanzen- oder Allesfresser.

Zu den gängigen Bewohnern der Misch- und Nadelwälder in tieferen Gebieten gehört der Fasan *(Phasianus colchicus),* ein ökologisch sehr anpassungsfähiger Vogel. Man begegnet ihm daher in den letzten Jahrzehnten immer häufiger auch in waldlosen Gebieten, auf Feldern, Wiesen und mit kleinem Gestrüpp bestandenen Hängen. Die Fasanenhenne (1) fertigt nur ein einfaches, etwa 5 cm tiefes und rund 20 cm breites Nest an, das bloß mit ein paar Grashalmen ausgekleidet wird. Dieses Nest wird in Grashorsten versteckt, in Futterkulturen, unter Gebüsch oder Waldbäumen, mit Vorliebe an den Rändern von Lichtungen. Hier werden durchschnittlich 10 olivfarbene Eier gelegt (2).

Ein ähnliches, jedoch sorgfältiger gebautes Nest stellt das Rebhuhn *(Perdix perdix)* her. Es nistet in Feldern und Wiesen, an Rainen, Grashängen und Wegrändern. Die Nistgrube ist tiefer als beim Fasan, ihre Wände werden mit einer stärkeren Halm- oder Laubschicht ausgekleidet. Das ganze Nest ist ungefähr 15 cm breit und 7—10 cm tief. Das Rebhuhn legt durchschnittlich 15 oliv oder bräunlich gefärbte Eier, aus denen nach 24-tägigem Bebrüten die Jungvögel schlüpfen.

24 Stunden nach dem Schlüpfen sind sie so weit trocken und erstarkt, daß sie gemeinsam mit den Eltern das Nest für immer verlassen können. Zurück bleiben nur die leeren Eierschalen. An ihrer Form erkennt man, ob das Rebhuhngelege erfolgreich ausgebrütet wurde oder ob ein Feind die Eier vernichtet hat. Im Ei wächst dem Küken an der Spitze des oberen Schnabelteils der sog. Eizahn, mit dem es die Schale von innen anpickt und durchtrennt. Dabei dreht es sich im Ei um seine Längsachse, und unter dem stumpfen Eiende erscheint eine immer größere Spalte (5). Schließlich drückt es die aufgepickten Schalen auseinander und gelangt ins Freie. Durch die Bewegung der geschlüpften Jungen schieben sich dann beide Schalenhälften ineinander, ein untrügliches Merkmal, daß die Eier nicht vernichtet wurden (3).

1

2

3

4

Nester und Baue am Wasser

Viele Säuger- und Vogelarten bewohnen Wasserflächen. Ein Bewohner von Flüssen, Teichen und Seen ist die Bisamratte *(Ondatra zibethicus).* Dieser kräftige Nager baut zwei Behausungstypen. Entweder wühlt er im Ufer einen Bau oder legt an seichten Stellen in Teichen oder anderen stehenden Gewässern mit der nötigen Schilfdecke sogenannte Burgen an, die in der Form einem riesigen Ameisenhaufen ähneln. Da die Bisamratte ausgezeichnet tauchen kann, sammelt sie das Baumaterial vorwiegend unter Wasser. Mit ihren scharfen Nagezähnen beißt sie Stengel und Wurzeln von Wasserpflanzen zu etwa 20 cm langen Stücken klein und trägt sie an einer Stelle zusammen. Der Bau erhebt sich vom Grund über den Wasserspiegel; wenn die Bisamrattenburg fertig ist, ragt sie bis 1 m über die Wasseroberfläche empor und ist ebenso breit. Die ganze Burg vom Fuß bis zur Spitze kann 170 cm hoch sein (1). Im Innern dieses feuchten Haufens aus verwesendem Material wühlt die Bisamratte ihre eigentliche Behausung. Das Eingangsrohr ist unter dem Wasserspiegel versteckt, es steigt schräg nach oben, im Oberteil über dem Wasser erweitert es sich zu einer Wohn- oder Nistkammer. Diese ist bereits mit einem feineren und trockeneren Polster aus Pflanzenfasern ausgekleidet. In der Regel hat die Bisamrattenburg zwei Eingänge und außer der Wohnkammer noch eine kleine Vorratskammer (2). Nur selten kommt es vor, daß sich die Bisamratte ein ganz ungedecktes, offenes Nest auf einem Schilfbüschel dicht über der Wasseroberfläche anlegt (3).
Auf ähnliche Weise baut der Haubentaucher *(Podiceps cristatus)* sein Nest, ein Bewohner von Seen und größeren Teichen. Er ernährt sich von verschiedenen Wassertieren und kann daher hervorragend tauchen. Auch er sammelt sein Baumaterial unter Wasser. Er taucht auf den Grund und trägt mit seinem pfriemförmigen Schnabel verwesende Pflanzenreste zusammen. Er bringt sie an die Oberfläche und befestigt sie rings um Schilfhalme, im Wasser wachsende Sträucher oder andere Wasserpflanzen. So entsteht ein nasses Bauwerk, dessen Fundamente manchmal sogar 80 cm unter die Oberfläche reichen, über die es sich als ein flacher Kegelstumpf erhebt (5). Der Überwasserteil mit dem etwa 15 cm breiten und 5 cm tiefen Kessel sieht wie ein großer runder Kuchen aus und hat einen Durchmesser von etwa 60 cm (4). Manchmal baut der Haubentaucher sein Nest über einer ganz geringen Wassertiefe, so daß die Fundamente direkt auf dem Teichgrund oder auf den Wurzeln der Wasserpflanzen liegen. Auch kommt es vor, daß ein an den Pflanzen schlecht verankertes Nest losgerissen wird und langsam wie ein Prahm dahintreibt. Die Eier des Haubentauchers sind weiß; weil sie jedoch in faulendem Pflanzenmaterial und ständiger Feuchtigkeit liegen, bekommen sie später eine bräunliche Farbe.

5

1

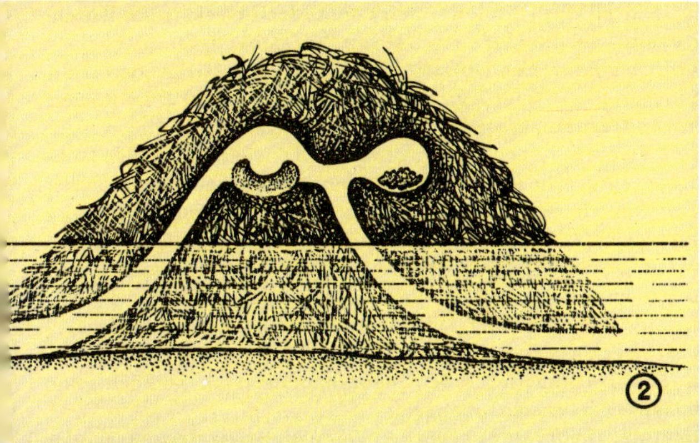
2

3

4

5

Nester und Baue am Wasser

Der Reichtum und die Mannigfaltigkeit tierischer und pflanzlicher Nahrung sind der Hauptgrund, warum sich viele Vogelarten als Lebensraum die Wasserflächen von Flüssen, Seen und Teichen ausgesucht haben. Zu ihnen gehört auch die zahlenstarke Gruppe der Entenvögel: Schwäne, Gänse und Enten, die hier ganz regelmäßig nisten.

Der Höckerschwan *(Cygnus olor* — **1***)*, dessen Bestände in den letzten Jahren jäh steigen (vom Menschen wird er nicht gejagt, außerdem hat er nur wenige tierische Feinde), baut ein riesiges Nest. In Wasserpflanzenbeständen, auf angeschwemmtem Schilf oder kleinen Inselchen trägt er einen ungeordneten Haufen aus trockenem Röhricht zusammen und höhlt in dessen Spitze mit dem Körper eine Nistmulde aus, die 40—60 cm breit und 10 cm tief ist. Der Durchmesser der Nestbasis kann 2 m erreichen, über den Wasserspiegel erhebt es sich sogar 1 m hoch. Die großen grünlich-weißlichen Eier werden auf eine Unterlage aus feinerem Material gelegt, und erst während des Brutverlaufs gelangen weiße Dunen von der Brust des Weibchens ins Nest. Das Gelege weist 5—9 Eier auf.

Die Grundlage für das Nest der Graugans *(Anser anser)* bilden oft zerfallene Bisamrattenburgen, angeschwemmtes Schilf oder winzige Inselchen. Graugansnester sind kleiner als Schwanennester. Sie werden aus dem gleichen Material hergestellt, doch erreicht ihr Durchmesser kaum 1 m, die Höhe etwa 40 cm. Auf dem Gipfel dieses flach kegelförmigen Bauwerks befindet sich eine flache Nistgrube, in die das Weibchen 3—10 Eier legt; das ganze Gelege kann 1,5 kg wiegen. Die Eier sind schmutzig weiß oder gelblich und liegen in einem nicht besonders reichen Kranz aus grauweißen Daunen. Wird die Gans unvermutet aufgescheucht, bespritzt sie beim Abflug Nest und Eier mit einer dünnen, widerlich riechenden Losung, die möglicherweise als abschreckendes Schutzmittel die Eier vor Vernichtung bewahren soll (**2**). Die geschlüpften Schwanen- (**5a**) und Gänsejungen (**5b**) verbleiben nur kurze Zeit im Nest und begeben sich sofort mit den Eltern in die Umgebung. Ihre Zehen sind mit Schwimmhäuten ausgestattet, so daß sie sich selbständig auch auf dem Wasser bewegen können. Das Dunengefieder der Schwanenjungen ist weißlich-grau, bei den Gänsen ist es schmutziggelb.

Das Bläßhuhn *(Fulica atra)* gehört zu den gängigsten Bewohnern der Wasserflächen. Es nistet auf jedem Teich, der nur ein wenig Pflanzendeckung hat. Sein Nest baut es im Schilf oder in einem Seggenbüschel (**3**) und stellt es aus trockenen Stengeln von Igelkolben, Seggen und Schilf her. Normalerweise ist es an geknickten Pflanzenstengeln verankert, manchmal wird darüber noch ein lockeres Schilfdach errichtet. Es ragt 20—40 cm über die Wasseroberfläche, ist rund 40—50 cm breit, und die rosigen, schwarz gesprenkelten Eier liegen auf einer spärlichen Polsterung (**4**). Geschlüpfte Junge tragen ein schwarzes Dunengefieder, und ihre Zehen sind genau wie die des ausgewachsenen Bläßhuhns nur mit ledrigen Lappen ausgestattet (**5c**).

1

2

3

4

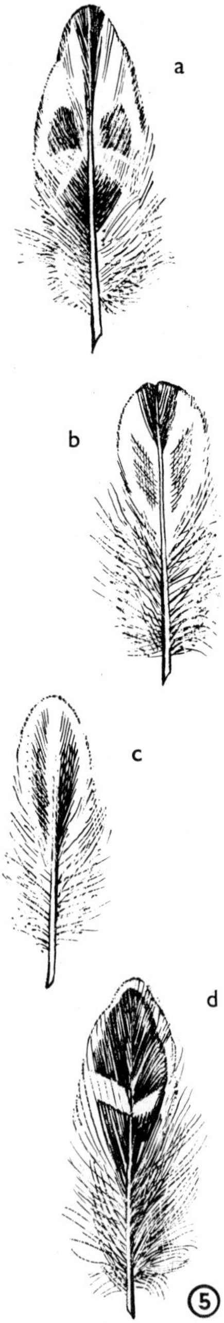

Nester und Baue am Wasser

Zu den zahlreichsten Bewohnern von Seen, Teichen, Flüssen und Sümpfen gehören die Enten. In Mitteleuropa sind sie artenmäßig recht reich vertreten, sie sind auch ziemlich häufig, und nicht selten erscheinen sie auch auf stehenden Gewässern und Flüssen inmitten der Großstädte. Je nachdem, wie sie ihre Nahrung sammeln — sie sind Pflanzenfresser —, teilt man sie in Schwimm- und Tauchenten ein. Schwimmenten sammeln ihre Nahrung vorwiegend an der Wasseroberfläche, tauchen nur selten unter, während die Tauchenten ihre Nahrung auch am Teichgrund suchen und ganz regelmäßig untertauchen.

Enten verbergen ihre Nester in den Uferbeständen von Seggen, Gräsern und Kräutern, nisten auf verwachsenen Inselchen, einige Arten auch auf Bäumen oder in Baumhöhlen, nicht selten weit vom Wasser entfernt. Die häufigste Schwimmente ist die Stockente *(Anas platyrhynchos* — 1*)*, die auch ganz kleine Wasserflächen besetzt. Ihr Nest legt sie ganz einfach an. Unter Mithilfe des Erpels sucht sie ein geeignetes Versteck in der Vegetation aus, dreht mit dem Körper eine tiefere Grube, in die sie umliegendes Pflanzenmaterial scharrt. Auf Bild 4 liegt das Entennest am Rand des Schlamminselchens (links), rechts liegt das Nest einer Lachmöwe *(Larus ridibundus)*. Enten nisten nämlich ziemlich häufig in Möwenkolonien. Die Eier aller Enten sind verhältnismäßig groß, grünlich, gelblich und weißlich gefärbt, im Verlauf der Brutzeit versieht sie die Ente mit einer Hülle aus Dunenfedern, die sie aus ihrem Brustgefieder rupft. Je nach Färbung dieser Dunen und der sog. Deckfederchen, die das dunenartige Untergefieder an der Körperunterseite bedecken und sich gleichfalls in den Nestern finden, kann man bestimmen, um welche Entenart es sich handelt.

Die Dunen im Nest der Stockente sind grauweißlich, die daruntergemischten Deckfederchen haben außer der schmalen dunklen Spitze noch einen doppelten dunklen Fleck in der Mitte und einen Flecken an der Federwurzel (5**a**). Die Dunen im Nest der Schnatterente *(A. strepera)* sind dunkelgrau, so daß der Dunenwall fast schwarz aussieht, an der Spitze der Deckfederchen sitzt ein breiter dreieckiger Fleck (5**b**). Die Krickente *(A. crecca)* füllt ihr Nest mit dunklen Dunen aus, auf den Deckfederchen befinden sich längs des Kiels zwei dunklere Streifchen (5**c**). Die Löffelente *(A. clypeata* — 3*)* hat graubraune Dunen, die Federchen sind dunkel, am Rand weiß gesäumt (5**d**). Eine gefundene oder erlegte Ente kann man an der Färbung des Spiegels, d. h. einer farbigen Federgruppe im Flügel bestimmen. Der Spiegel der Stockente ist violett-blau, oben und unten von einem weißen Streif umrandet (2**a**). Der Spiegel der Schnatterente ist rein weiß (2**b**), der Spiegel der Krickente ist geteilt, grün-schwarz, vorne gelblich gesäumt (2**c**); die Löffelente (2**d**) hat einen grünen, vorne weiß gesäumten Spiegel.

a
b
c
d
2

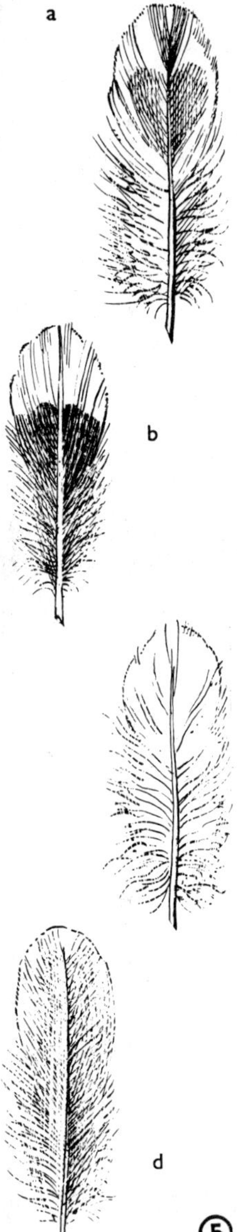

5

Nester und Baue am Wasser

Während die Schwimmenten oft auch ziemlich weit von den Ufern entfernt nisten, z. B. auf Wiesen, Feldern oder an Waldrändern, besiedeln die Tauchenten Inselchen, überschwemmtes Sumpfgelände und die Randvegetation von stehenden Gewässern. In größerer Entfernung vom Wasser nisten sie nur ausnahmsweise. Tauchenten bauen ihr Nest mit Vorliebe inmitten von Möwenkolonien, wahrscheinlich deshalb, weil Hunderte von Möwen eine drohende Gefahr rascher wahrnehmen und sie durch betäubendes Geschrei anzeigen.

Wenn die Enten ihr Nest verlassen, bedecken sie die Eier mit Dunen und Gras. Außerdem tarnen sie oft das ganze Nest mit umgebogenen Pflanzenstengeln und lassen so darüber ein Schutzdach entstehen (Tafelente, *Aythya ferina* — **2**). Das Nest der Tafelente ist recht geräumig, massiv, hat später einen reichen Dunenring, der zunächst schwärzlich, dann aber bräunlichgrau ist (3). Die Deckfederchen sind hell und haben einen undeutlichen Fleck (**5a**). Das ganze Nest ist 29—49 cm breit und 5—15 cm tief; der Kesseldurchmesser schwankt zwischen 13 und 24 cm. Die weniger häufige Moorente *(A. nyroca)* hat ein 20—35 cm breites, 7—12 cm tiefes Nest, der Kesseldurchmesser schwankt zwischen 14 und 18 cm. Die Dunen ähneln denen der Tafelente, die Deckfederchen sind dunkler, doch ist das obere Drittel deutlich heller (**5b**). Das Nest der Reiherente *(A. fuligula —* **1***)* ähnelt dem der Tafelente, ist jedoch etwas kleiner. Der Außendurchmesser beträgt 23—25 cm, der Kessel ist 14—18 cm breit und 5—8 cm tief. Der Dunenring ist reich, dunkelbraun-schwarz, die Deckfedern sind weißlich, völlig ohne Zeichnung (**5c**). Die Kolbenente *(Netta rufina)* baut ein geräumiges Nest mit einem mächtigen Dunenring. Der Nestdurchmesser beträgt 34—45 cm, der Nistkessel mißt 9—19 cm, seine Tiefe 5—13 cm. Die Dunen im Ring sind hell bräunlich und grau, der Dunenwall macht einen hellen Eindruck, in ihm sowie rings um das Nest sind die weißlichen oder einfarbig bräunlichen Deckfederchen verstreut (**5d**).

Die Spiegel der Tauchenten lassen eine bunte Färbung vermissen und sind auch nicht besonders deutlich umgrenzt, sie haben eher die Gestalt eines langen, hell gefärbten Streifens, der sich oft vom Rumpf bis zur Flügelspitze hinzieht. Die Tafelente (**4a**) ist auf dem Rücken aschgrau, auch im Flug fällt ihr großer, kastanienfarbiger Kopf auf; im Flügelhinterrand sitzt ein nur wenig deutliches helles Band. Die Moorente ist kleiner als die vorige Art, ganz dunkel braunrot, das weiße Band reicht in etwa zur Flügelbeuge (**4b**). Die kontrastreich schwarzweiß gefärbte Reiherente (**4c**) hat auf dem Kopf einen kleinen Federbusch, im schwarzen Flügel liegt ein auffälliges weißes Band. Bei der Kolbenente zieht sich ein breites weißes Band über den ganzen Flügel (**4d**).

1

2

3

a
b
c
d
4

4

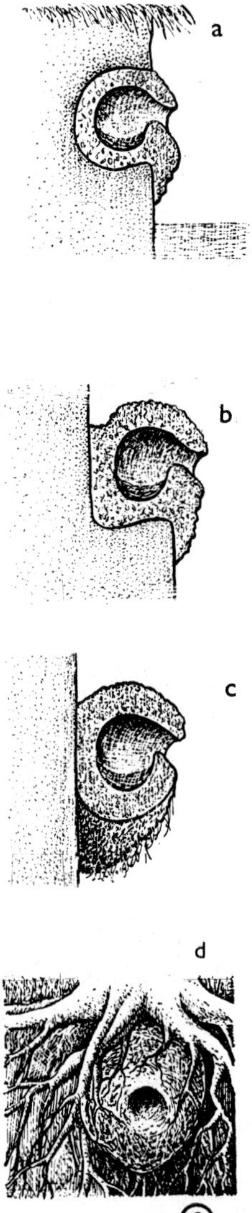

6

Nester und Baue am Wasser

Ausgedehntere Seen und Teiche sind ganz regelmäßig von Lachmöwen *(Larus ridibundus* — **1***)* bewohnt. Diese weiß gefärbten Segler mit einem schokoladenbraunen Käppchen auf dem Kopf sammeln ihre tierische und pflanzliche Nahrung direkt auf dem Wasser oder fliegen in die nähere Umgebung auf Felder und Wiesen. Ihnen steht soviel Nahrung zur Verfügung, daß sie kein großes Territorium verteidigen müssen. Im Gegenteil, Möwen gesellen sich zu großen Kolonien und nisten auf Inselchen, Bülten oder in der Deckung von Seggenbeständen gesellschaftsweise, oft in tausendköpfigen Gemeinschaften. Der Begriff Territorium ist bei ihnen auf ein Minimum zusammengeschrumpft, und jedes Möwenpärchen behauptet eigentlich nur sein Nest und so viel umliegende Fläche, wie mit dem Schnabel erreichen ist. Daher liegen die Möwennester oft nur eine Spanne weit voneinander. Das Leben in der Kolonie hat für Möwen seine Vorteile, ein vielköpfiger Vogelschwarm kann einer drohenden Gefahr leichter begegnen als ein Einzelgänger.

Möwennester sind ganz einfache Bauten. Die Grundlage besteht aus einem mehr oder weniger großen Häufchen aus kreuz und quer gelegten trockenen Wasserpflanzen, der eigentliche Nistkessel wird nur spärlich mit feinerem trockenen Gras, Seggen oder Schilfblättern ausgelegt (2). Das Nest ist annähernd 30 cm breit, der Nistkessel nur ein paar Zentimeter tief, seine Breite liegt bei 15 cm.

Zwar ist der Lebensraum der Seen und Teiche wegen des reich gedeckten Tisches für viele Vogelarten attraktiv, doch lenkt die Menge der anwesenden Vögel die Aufmerksamkeit ihrer Feinde — der Raubvögel — auf sich. Viele Räuber fliegen hierher auf die Jagd, einige nisten auch in dieser Umgebung. Ein regelmäßiger Bewohner des Röhrichts ist die Rohrweihe *(Circus aeruginosus),* ein schlanker, braun und grau gefärbter Raubvogel auf ziemlich hohen Läufen. Sein Nest ist in undurchdringlichem Schilfbestand verborgen und in der Regel dicht über dem Wasser auf geknickten Stengeln angelegt. Es besteht ausschließlich aus trockenen Wasserpflanzenstengeln, seine Breite liegt bei 80 cm. Der sehr seichte Kessel ist nur zu Beginn der Brutzeit zu erkennen, später wird die Nestoberfläche von den Jungvögeln flachgetreten (3).

Ein Bewohner der reißenden Gebirgs- und Bergbäche ist die Wasseramsel *(Cinclus cinclus* — **4***),* amselgroß, bis auf die weiße Brust ganz bräunlich. Aus Wasserpflanzen, Moos und Gräsern baut der Vogel ein mächtiges, starkwandiges kugeliges Nest mit seitlichem Eingang (5), das er in unmittelbarer Nähe des Wassers verbirgt. Dazu nutzt er Vertiefungen im Ufer (**6a**), überhängende Baumwurzeln (**6d**); manchmal baut er sein Nest auch in Hohlräumen hinter Wasserfällen oder bringt es an Mauervorsprüngen an Brücken- und Kanalisierungsbauten an (**6b, 6c**). Das Nest ist etwa 20 cm breit, das Flugloch weist immer schräg zur Wasseroberfläche.

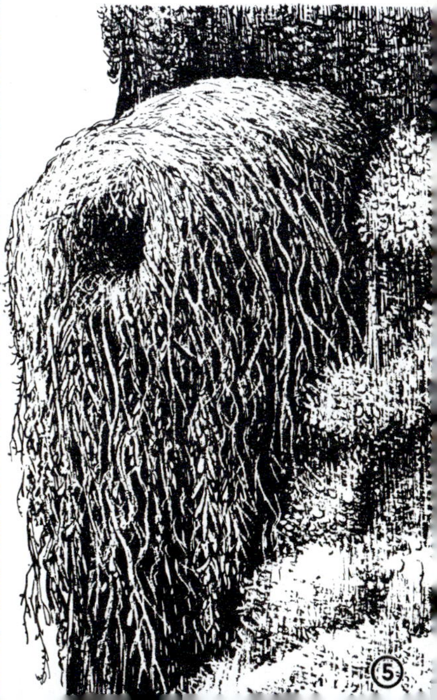

Unterirdische Behausungen

Säuger, die sich unterirdische Behausungen wühlen, benutzen diese als Unterschlupf vor den Unbilden der Witterung, als Ruheplatz oder zur Jungenaufzucht. Größtenteils halten sie sich dort nur tagsüber auf, in der Nacht kommen sie hervor, gehen auf die Jagd oder auf andere Nahrungssuche.

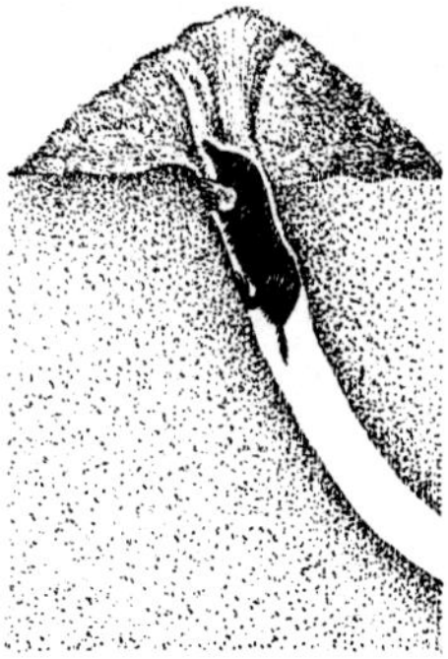

5

Der Maulwurf *(Talpa europaea* — 1) ist eine der wenigen Säugerarten, die sich dauernd an eine unterirdische Lebensweise angepaßt haben. Er ist über ganz Europa verbreitet und lebt überall in Wiesen, Feldern, Gärten, in lichten Wäldern, in der Tiefebene, im Gebirge und an ziemlich feuchten Stellen. Er fehlt nur dort, wo der Boden zu steinig ist.

Die Maulwurfshaufen aus ausgeworfenem Erdreich kennt wohl jeder, weniger bekannt ist, wie ausgedehnt und verzweigt das vom Maulwurf angelegte unterirdische Gangsystem ist. Der Maulwurf ist ein 13—16 cm langer Insektenfresser, dessen Körper von einem feinen, dichten schwarzen Fell ohne Strich bedeckt ist; die Haare sind also nach jeder Seite umlegbar. Daher kann er sich in allen Gängen vorwärts, aber genausogut ohne Spreizen der Fellhaare rückwärts bewegen. Rückwärts läuft er ebenso schnell wie vorwärts.

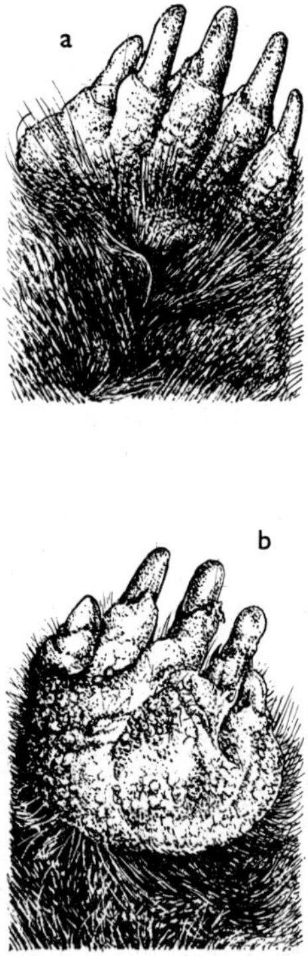

a

b

6

Die Beine des Maulwurfs sind ganz kurz. Die Hinterpfoten sind klein, dafür sind die Vorderpfoten zu einem sehr wirksamen Graborgan umgestaltet (4). Die Beine sind etwas schräg nach vorn gestellt, und die eigentliche Pfote ist zu einem breiten, schaufelförmigen Gebilde umgeformt, das in fünf kräftigen, langen Krallen endet (**6a**). Dabei ist das ganze Vorderbein so gedreht, daß die Handfläche (**6b**) nach hinten weist. Die aufgewühlte Erde drückt der Maulwurf mit seinem Kopf an die Oberfläche (5), und so entstehen eigentlich die unterschiedlich großen Maulwurfshaufen. Kleine Haufen mit einem Durchmesser von 10—20 cm werden aus den Futtergängen (**3a**) gedrückt, die der Maulwurf mehrmals täglich kontrolliert, ausbessert und in ihnen Tiere sammelt, die sich dort eingefunden haben. Unter den Hügeln, deren Durchmesser 40—60 cm erreicht, hat er normalerweise seine eigentliche Behausung, die mit trockenem Gras, Moos und Laub ausgepolstert ist (**3b**). Die größten Maulwurfshaufen erscheinen in der Regel im Herbst. Sie können 1 m breit und sogar 50 cm hoch sein (2), unter ihnen befindet sich eine kombinierte Höhle in einer Tiefe von 30—60 cm. Um diese Höhle herum verlaufen ringförmig Gänge, sie steht also mit dem ganzen unterirdischen Jagdrevier in Verbindung. In diesen Winterburgen übersteht der Maulwurf die Winterzeit. Wenn es ihm gelingt, eine größere Menge Regenwürmer zu erjagen, lähmt er sie durch einen Biß in die Nervenknoten und bringt sie in eine Vorratskammer, die ebenfalls unter dem Haupthügel angelegt wird (**3c**). Außerdem wühlt und jagt er sehr häufig dicht unter der Erdoberfläche. In diesem Fall werden aber keine Hügel aufgeworfen, die überflüssige Erde wird mit den Pfoten und mit dem Kopf nach oben gedrückt, so daß hinter ihm eine gewundene Spur als langer, etwa 4—5 cm hoher Wall zurückbleibt.

1

2

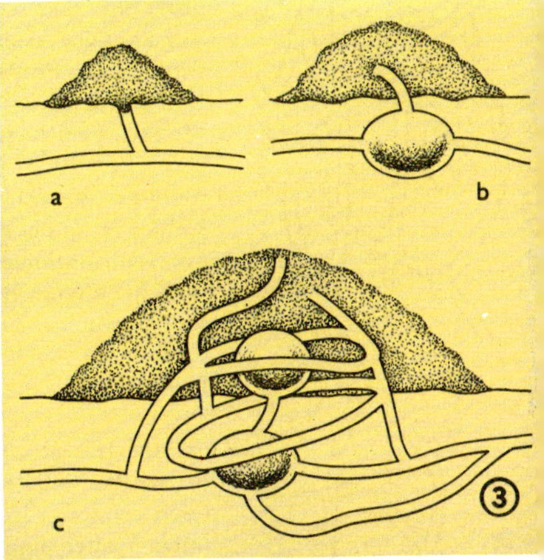
a
b
c
3

4

Unterirdische Behausungen

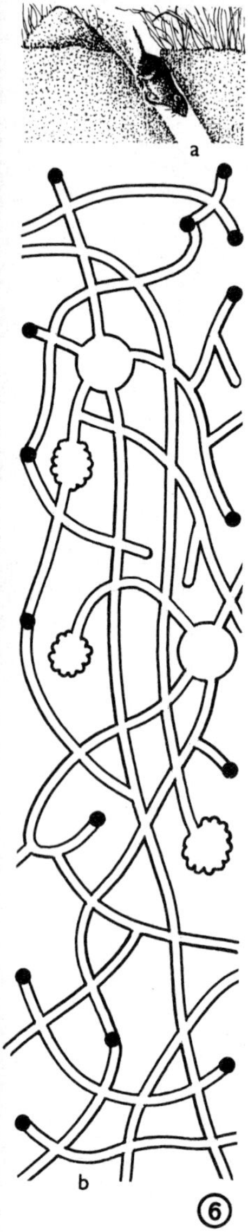

Die Bisamratte *(Ondatra zibethicus — 1)* kann ihre ausgedehnten Burgen nur in stehenden Gewässern anlegen, in denen kein plötzliches Hochwasser droht. Läßt sie sich an Flüssen und Bächen nieder, gräbt sie ihre Baue in die Ufer. Der Eingang eines Bisamrattenbaus mündet stets etwa 1 m unter der Wasseroberfläche. So sind die Höhle und ihre Bewohner vor Feinden geschützt. Unter Wasser verlaufen über den Grund die mehrere Zentimeter tiefen, zum Bau weisenden Wechsel. Ganz deutlich treten sie zutage, wenn z. B. das Wasser aus einem Teich abgelassen wurde (2), aber auch bei normalem Wasserstand kann man in sauberem Wasser trübe Streifen ausmachen, die ein untrügliches Zeichen für die Bisamrattenpfade sind. Vom Eingang steigt ein Rohr schräg nach oben, erreicht eine Länge von mehreren Metern und endet in einer geräumigen Kammer, die mit trockenem Pflanzenmaterial ausgepolstert ist. Außer dem Wohnkessel ist der Bau auch mit kleineren Vorratsräumen (3) verbunden. Röhren und Kessel liegen etwa 50 cm tief im Boden, manchmal führen Röhren so dicht unter der Oberfläche entlang, daß sie nach Regenfällen einstürzen.

Auf ähnliche Weise baut ein weiterer Wasserbewohner seine Behausung — der Fischotter *(Lutra lutra)*. Während die Bisamrattenröhren 10—15 cm breit sind, gräbt der Fischotter Röhren, deren Durchmesser bei 25 cm liegt. Sie beginnen unter Wasser, steigen schräg an und verbreitern sich mehrere Meter vom Eingang entfernt zu einem geräumigen Kessel, der mit feinem trockenem Pflanzenmaterial ausgekleidet ist. Außer dem Haupteingang führen in diesen Kessel noch ein bis zwei Ausgänge, die an der Erdoberfläche münden und so als Luftschächte dienen (4).

Der Rotfuchs *(Vulpes vulpes)* gehört zu den allgemein verbreiteten Raubtieren, doch bleibt wegen seiner vorsichtigen und heimlichen Lebensweise seine Anwesenheit meist verborgen. Er lebt von der Tiefebene bis ins Hochgebirge in Wäldern, auf felsigen, gestrüppüberwucherten Hängen, aber auch oft in offenen Landschaften auf Feldern. An solchen Stellen gräbt er sich einen Wohnbau, der unterirdisch reich verzweigt ist und mehrere Eingänge besitzt (**5b**). Manchmal benutzt er auch eine verlassene Dachshöhle. Außer den Wohnbauen zur Gehegeaufzucht legt der Fuchs auch einfache Sommerbaue an (**5a**), die er nur als gelegentlichen Unterschlupf für sich und die schon heranwachsenden Jungtiere benutzt. Der Eingang eines frisch gegrabenen Baues hat einen Durchmesser von 20—25 cm, ein mehrere Jahre hindurch benutzter Bau ist breiter, und sein Eingang mißt etwa 50 cm. Die ausgeworfene Erde wird vor dem Eingang zu einem mächtigen Wall angehäuft, einen besetzten Bau erkennt man an den Beuteresten vor dem Loch und an dem aufdringlichen Geruch, der von den Duftdrüsen des Fuchses stammt.

Feldmäuse *(Microtus arvalis)* sind allgegenwärtige Nager, die ein ganzes Labyrinth von miteinander verbundenen unterirdischen Gängen wühlen, aus denen überschüssiges Erdreich mit den Hinterbeinen ausgeworfen wird (**6a**). Das System ihrer Gänge wird durch Wohnkammern und Vorratsräume ergänzt (**6b**).

1

2

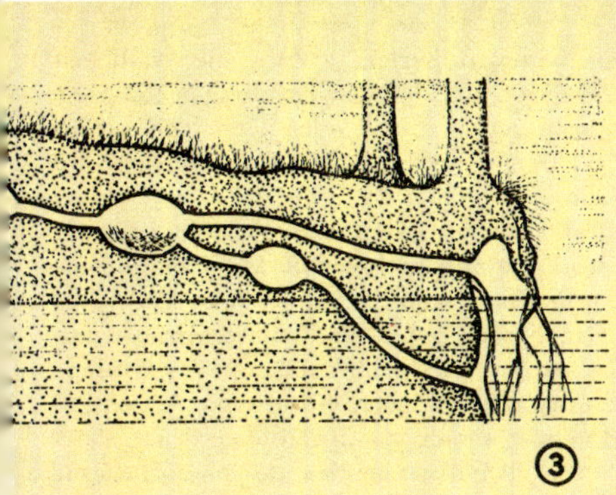
3

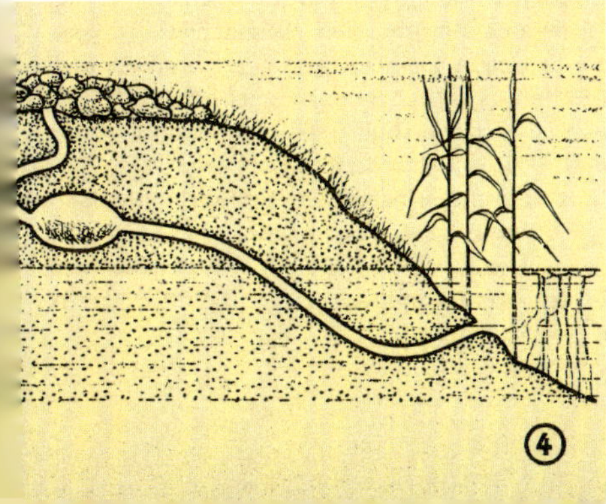
4

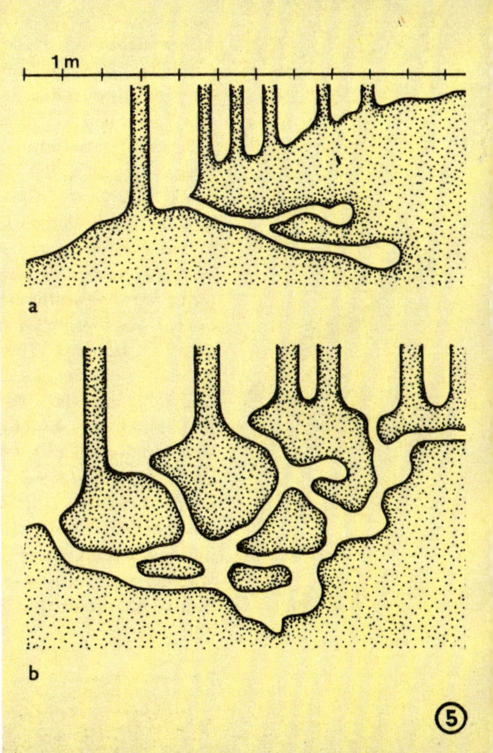
1m
a
b
5

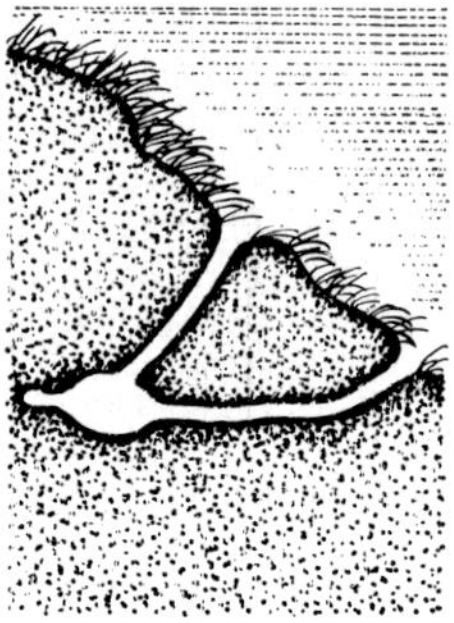

a

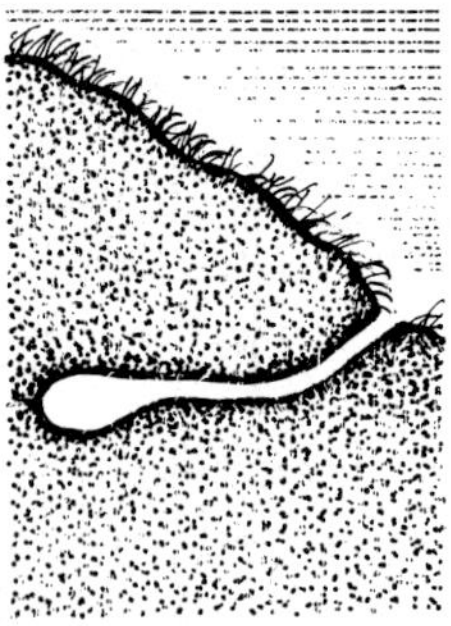

b

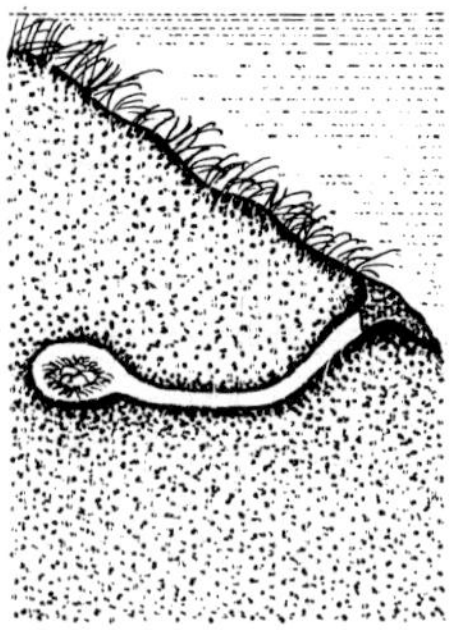

c

⑥

Unterirdische Behausungen

Das Wildkaninchen *(Oryctolagus cuniculus* — **1**) ist ein enger Verwandter des Feldhasen *(Lepus europaeus)*. Ursprünglich war es ein Bewohner der Steppengebiete, außerdem kommt es auf trockenen Sandböden im Flachland vor, so daß man es in Höhen über 700 m ü. M. nicht mehr antreffen kann. Trotz der weitgehenden Verwandtschaft unterscheidet sich das Kaninchen in seiner Lebensweise weitgehend vom Hasen. Während der Hase ein Einzelgänger ist, lebt das Kaninchen ausgesprochen gesellig. Kaninchen leben immer zu mehreren zusammen und bilden Kolonien. Für gewöhnlich suchen sie trockene sandige Uferböschungen sowie locker mit Gebüsch und Bäumen bestandene Hänge auf, in die sie mit den Vorderläufen ihre Löcher wühlen. Am Ende des Rohres befindet sich ein kugeliger Raum, in dem das Kaninchen vor Unwetter und Feinden Schutz sucht. Die Wohnbaue sind oft kompliziert miteinander verbunden, aus einer Höhle können auch mehrere Gänge führen (**6a**), die aneinander anknüpfen. Der Eingang ist 10—15 cm breit, und oft findet man vor ihm ein Häufchen ausgeworfener und zerstampfter Erde (**3**). So ein Loch hat das Kaninchen von außen unter die Erde vorgetrieben. Manche Löcher graben sie aber von innen, so daß vor dem Eingang kein ausgewühltes Erdreich liegt (**2**). Auf der Oberfläche sind zwischen den einzelnen Löchern deutliche Pfade ausgetreten (**2**), die sich durch langjährige Benutzung in tiefe Kanäle verwandeln können. Diese Pfade und Baueingänge werden regelmäßig durch kleine kugelige Losung markiert (**4**).

Außer dem komplizierten Wohnbau-System wühlen die Weibchen einfache, etwa 1 m lange Röhren zum Werfen der Jungen (**6b**). Die jüngeren und in der Rangordnung tiefer stehenden Tiere legen sie an den Kolonierändern an, während ältere, ranghöhere Weibchen ihre Jungen im Inneren der Kolonie werfen.

Das Wurfnest endet ebenfalls in einer kugelförmigen Höhle, die mit trockenem Gras, Moos und Laub ausgepolstert ist. Die Isolationsfähigkeit dieser Polsterung verstärkt das Weibchen auch durch Wolle, die es aus der eigenen Bauchpartie rupft. Im Unterschied zu den Hasen kommen die Kaninchen fast nackt und blind zur Welt (Hasenjunge werden vollkommen behaart und auch mit offenen Augen geboren), aus diesem Grund müssen sie warm eingehüllt werden. Außerdem hält sich das Weibchen nicht im Bau bei den Jungen auf, wärmt sie nicht mit dem eigenen Körper und kommt nur zu ihnen, um sie zu säugen. Wenn das Muttertier den Bau mit den Jungen verläßt, verschließt es den Eingang mit einem ziemlich kräftigen Stopfen aus zusammengescharrter Erde und Gras (**6c**). So ein Verschluß aus frisch gescharrter Erde weist eindeutig daraufhin, daß im Bau noch ganz kleine Jungtiere sind (**5**). Die Mutter markiert in der Regel den verschlossenen Bau durch einige Kotpillen oder Urin, die übrigen Angehörigen der Kolonie respektieren diese Territorialmarke. Sind die Jungen ein wenig herangewachsen, verschließt das Muttertier den Bau nicht mehr, und die Jungtiere kommen gelegentlich für kurze Zeit ins Freie.

1

2

3

4

5

a

b ⑤

Unterirdische Behausungen

Im südlichen und südöstlichen Europa leben die Bienenfresser *(Merops apiaster* — **1***)*, die sich in der Nistzeit zu Kolonien zusammenfinden. Sie gehören zu den Vogelarten, die ihre Nester unterirdisch anlegen. Mit Vorliebe suchen sie offene Lößlandschaften auf, wo sich genügend Lehm- oder Sandböschungen finden. Darin wühlen sie ihre Gänge, die in einem Nistkessel enden. Für gewöhnlich siedeln sie in alten Lehm- und Sandgruben und in abschüssigen Flußufern.
Beide Vögel arbeiten abwechselnd am Gang. Sie fliegen die Wand an und picken mit dem Schnabel eine kleine Vertiefung heraus. Sobald sie auf ihrem Rand Fuß fassen können, hacken sie mit dem Schnabel das Erdreich immer weiter los und scharren es mit den Füßen ins Freie. Der ganze Gang, der 5—6 cm breit und oft sogar 2 m lang ist, wird in 10—12 Tagen erstellt. Wenn die Vögel in härterem Material arbeiten müssen, verlängert sich die Bauzeit auf drei Wochen. Am Gangende höhlen sie einen Nistkessel aus, der 10—12 cm hoch und etwa 30 cm breit ist. Aus ihrer Höhle schaffen die Bienenfresser 10—15 kg Erdreich ins Freie. Die Eier werden auf den blanken Boden gelegt, erst nach dem Schlüpfen der Jungen entsteht ein Polster aus Insektenüberresten, mit denen die Altvögel füttern. Bei Gefahr können die Jungen wie die Wiedehopfe aus der Kloake eine widerlich riechende Flüssigkeit verspritzen.
Der Eisvogel *(Alcedo atthis)*, ein immer seltener werdender Bewohner von Bächen, Flüssen und Seen, nistet wie die Bienenfresser, ist aber Einzelgänger. In senkrechten Lehmufern legen beide Vögel mit Füßen und Schnabel einen oft über 1 m langen Gang an, der in einem eiförmigen Kessel endet (**2**). Der Höhleneingang mißt etwa 5 cm und mündet mindestens 60—80 cm über der Wasseroberfläche. Als unverdaute Nahrungsreste würgen die Jungvögel Fischgräten wieder hervor, auch koten sie in ihr Nest. Der dünne, nach Ammoniak riechende Dung fließt manchmal aus der Höhle hinaus und an der Lehmwand herab, ein untrügliches Zeichen für ein belegtes Eisvogelnest. Seine Anwesenheit verrät der Eisvogel auch durch scharfes Pfeifen sowie den dünnflüssigen weißen Kot, den er an Stellen zurückläßt, an denen er auf Beute lauert.
Die Uferschwalbe *(Riparia riparia* — **5a***)* unterscheidet sich von den verwandten Schwalben vor allem durch ihre Nistweise. Sie kommt überall dort vor, wo sie senkrechte Ufer findet, meist an Flußunterläufen, in alten Sand- und Lehmgruben. In diese steilen Ufer und Wände graben die Vögel ähnlich wie Bienenfresser und Eisvogel Gänge (**3**). Sie leben in Kolonien, die oft einige hundert Tiere zählen. Ihre Gänge, die 0,5—1,5 m lang sind, stellen sie mit Füßen und Schnabel her (**4**). Der Gang hat etwa 5 cm im Durchmesser, manchmal ist sein Querschnitt mandelförmig, an seinem Ende liegt eine kugelige, etwa 10 cm große Kammer, deren Grund mit Gefieder und Pflanzenmaterial ausgepolstert ist (**5b**). Das Graben dieser Nisthöhle dauert bei den Uferschwalben 3—5 Tage. Die einzelnen Gänge werden oft so dicht nebeneinander vorgetrieben, daß die Vögel von einer Kammer in die andere durchbrechen.

1

2

3

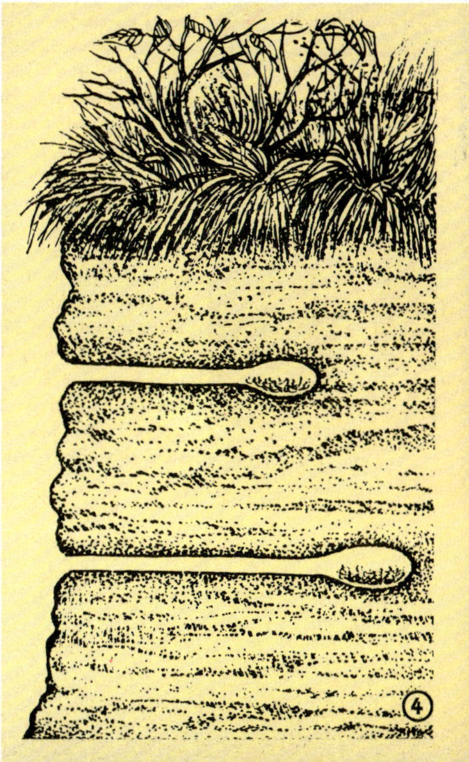
4

Sanitäre Einrichtungen

Zur Ausstattung vieler Vogel- und Säugerterritorien gehören Stellen, an denen Körperpflege betrieben werden kann. So benutzen die Enten dazu die ganze Oberfläche eines besetzten Teichs und baden mehrmals täglich gründlich, drücken ihre Federn mit dem Schnabel aus und fetten sie wieder mit den Ausscheidungen der Bürzeldrüse ein. Kleine Singvögel baden in Pfützen, Quellen oder an seichten Stellen größerer Gewässer, Hühnervögel verbessern den Zustand ihres Gefieders durch Staub- oder Sandbäder. Der Eichelhäher *(Garrulus glandarius)* und auch andere Vögel fliegen Ameisenhaufen an, fangen große Ameisen, zerdrücken sie im Schnabel und bestreichen mit der ausgedrückten Ameisensäure ihr Gefieder. Der genaue Sinn dieses Verhaltens ist unbekannt, doch ist es zweifellos ein wichtiger Bestandteil der Körperpflege, da die Vögel vor allem solche Stellen bestreichen, an denen normalerweise die meisten Parasiten sitzen.

Hirsche *(Cervus elaphus* — 1*)*, und Wildschweine *(Sus scrofa)* benutzen zur Fellpflege sogenannte Schubberbäume und Suhlen. Alle Säuger scheuern sich von Zeit zu Zeit gern und reiben dann lange ihren Körper an einem harten Gegenstand. So entledigen sie sich verschiedener Parasiten, scheuern juckende Stellen und entfernen altes Haar. Hirsche haben ganz bestimmte Bäume, die in der Nähe ihrer regelmäßigen Wechsel stehen, besuchen sie hin und wieder und schubbern sich genießerisch von allen Seiten. Diese Schubberbäume werden durch langfristige Benutzung bis in eine Höhe von 2 m fast ganz entrindet und vertrocknen nicht selten. Interessant ist, daß z. B. im Fichtenwald Hirsche zum Schubbern vereinzelte Kiefern auswählen. Möglicherweise deshalb, weil die rauhe Kiefernrinde ein besserer Striegel zur Entfernung der abgestorbenen Haare ist. Untersucht man einen Schubberbaum aus der Nähe, findet man an ihm viele festgeklebte Haare (5).

Von den Hirsch- und Sausuhlen war bereits die Rede. Das sind verschiedene schlammige Bereiche im Wald, in denen sich der Hirsch stets gründlich wälzt und in Schlamm hüllt (2). Den angeklebten Schlamm streichen Hirsche und Schweine an der Rinde der umstehenden Bäume ab. Zusammen mit dem Schlamm werden sie so abgestorbene Fellhaare und Hautschuppen los. Ihr Fell ist nach so einem Schlammbad auffällig glänzend und sauber. Die Wildschweinsuhlen sehen ähnlich aus (3) und lassen sich an den Spuren sowie an Losung und Geruch erkennen. Schwarzwild riecht ähnlich durchdringend wie das Hausschwein, dieser Geruch überträgt sich für kürzere Zeit auch auf die Suhle oder auf die Schubberbäume (4) in der Nähe. Die Wildschweine können die Rinde bis aufs blanke Holz abschaben.

①

②

③

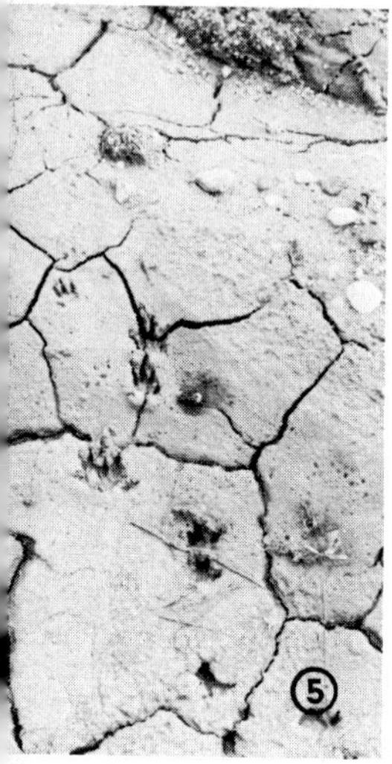

⑥

Pfotenabdrücke

Das Biotop des Igels *(Erinaceus europaeus* — 1) sind Gärten, Parks, verwachsene Hänge, schüttere Laub- oder Mischwälder, aber auch Nadelwaldränder und vielfach offene Felder. Tagsüber ruht er im Gestrüpp, in Steinhaufen oder Nestern aus Laub. Auf seinen nächtlichen Streifzügen sammelt er Insekten, jagt aber auch kleine Wirbeltiere.

Igelspuren kann man auf geeigneter Grundlage entdecken, wie z. B. auf schlammigen Wald- und Feldwegen, austrocknenden Pfützenrändern, Schlammanschwemmungen, aufgeweichten Gemüsebeeten usw. Am besten lassen sich Igelspuren nach einem Regen suchen, im Schnee findet man sie nur ausnahmsweise, da die Igel für etwa fünf Monate in Winterschlaf verfallen.

Die Vorder- (**2a**) und Hintergliedmaßen (**2b**) sind mit fünf ziemlich langen Zehen ausgestattet, an denen kräftige Krallen sitzen. Auf der Fußfläche sitzen deutliche Ballen, die in einer gut abgedrückten Spur sichtbar werden. Der Igel tritt mit dem ganzen Fuß auf, gehört also zu den Sohlengängern, doch kommt es häufig vor, daß der Daumen nur schwach eingedrückt ist. An einer deutlich abgedrückten Spur wird sichtbar, daß die Zehen der Hintergliedmaßen schwächer und weiter geschlossen sind, während sie an den Vorderbeinen kräftiger und weiter gespreizt sind. Der Igel gehört zu den Ausnahmen, bei denen die Hinterpfote etwas größer ist als die vordere.

Der Vorderpfotenabdruck (3**a**) ist etwa 2,5 cm lang und an der Stelle der größten Zehenspreizung 2,5 — 3 cm breit (Spurenlängen werden ohne Krallen gemessen). Die Hinterspur ist zwar geringfügig schmaler, ihre Breite liegt bei 2 cm, doch ist sie andererseits wieder länger als die Vorderspur. Im Schnitt beträgt ihre Länge 3 cm (3**b**). Bei Maßangaben aller Spuren muß man in Betracht ziehen, daß es sich hier um Durchschnittswerte handelt und daß die Spurengröße ein und derselben Tierart vom Alter des Tieres, von seiner Verfassung und Entwicklung und vom Geschlecht abhängt.

Der Igel bewegt sich ausschließlich im Schritt, höchstens in einem beschleunigten Schritt, der wie ein sehr langsamer Trab aussehen kann. Seine Spurenfolge sieht wie eine gewellte Doppellinie aus, in der die Abdrücke der Vorderpfoten einwärts, die der Hinterpfoten auswärts gestellt sind (6). Beim Schreiten tritt der Igel so auf, daß er die Hinterpfoten teilweise in die Spuren der vorderen setzt, etwa so weit, daß sich die Krallen der Hinterzehen in Höhe der Vorderzehenballen abdrücken. So entsteht eine Doppelspur (4), die auf härterem Untergrund evtl. nur den Abdruck von vier Zehen liefert (5).

Bei schnellerem Schritt wird die Hinterpfote weiter nach vorn geschoben, sie tritt in die Spur der Vorderpfote oder überholt sie ein wenig. Schrittlänge 10 — 15 cm, Schränkung 3 — 6 cm.

1

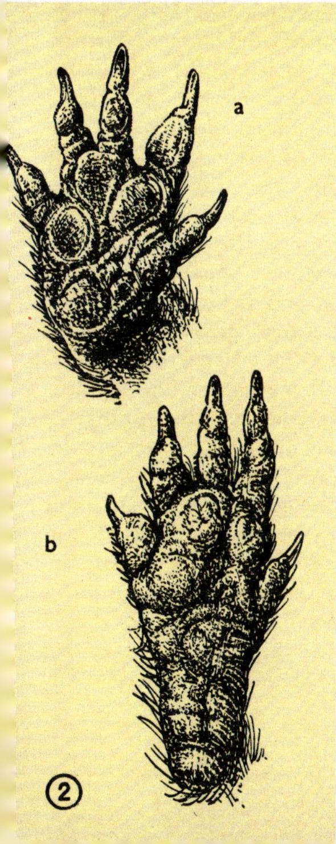
a
b
2

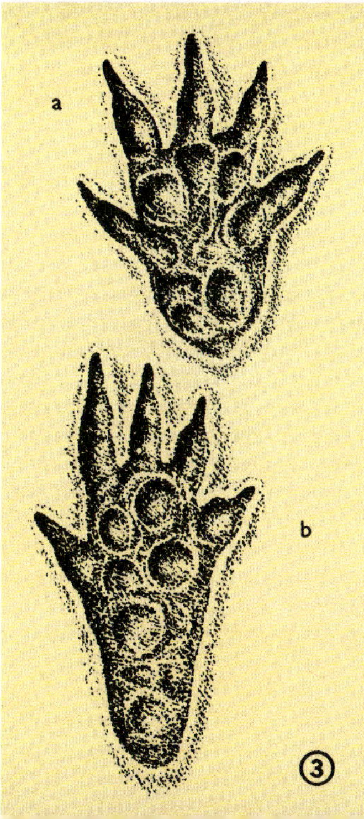
a
b
3

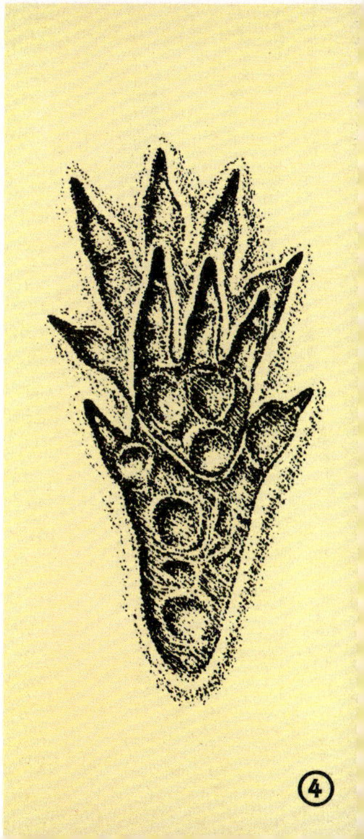
4

Pfotenabdrücke

4

Einer der am zahlreichsten verbreiteten Säuger ist der Feldhase *(Lepus europaeus* — **1**). Er kommt in allen Landschaften von der Tiefebene bis zu den bewaldeten Hochgebirgspartien vor. Die Färbung seines Fells entspricht der Umwelt. Die Grundfarbe ist rostbraun, doch die im fruchtbaren Schwarzerdeland lebenden Hasen haben braunes Fell mit einem Hauch von Schwarz, während das Fell von Tieren auf rotem Boden einen rötlichen Schimmer aufweist. Der Hase ist sehr beweglich — in einer einzigen Nacht kann er viele Kilometer laufen. Von Frühjahr bis Herbst sind Hasenspuren weniger häufig zu entdekken, meist nur an kahlen, weichen, vegetationslosen Stellen, aber sobald der erste Schnee fällt, ist die ganze Landschaft von Hasenspuren übersät. Das ist auch die günstigste Zeit für die Spurensuche.

Der Hase ist ein atypischer Läufer, der sich nur in einer einzigen Gangart fortbewegt, und zwar im Sprung. Schritt und Trab beherrscht er nicht. Ist also die Rede von einem laufenden Hasen, handelt es sich stets um eine Bewegung, die aus kürzeren oder längeren Sprüngen besteht. Im Gegensatz zum verwandten Wildkaninchen hat er viel stärkere und längere Hintergliedmaßen, die den eigentlichen Motor der Fortbewegung darstellen (**2c**). An den Vorderpfoten hat der Hase fünf Zehen, doch ist der Daumen normalerweise so weit verkümmert, daß er in der Spur nicht abgedrückt ist (**2a** — links). Als kürzeste Zehe wird in der Spur die Außenzehe oder kleine Zehe abgedrückt. Die Hinterpfote hat nur vier Zehen, sie ist im ganzen länger und ein wenig breiter als die vordere (**2a** — rechts). Die Abdrücke der Vorderläufe sind etwa 5 cm lang und 3 cm breit, die hinteren Trittsiegel sind wesentlich länger, nämlich 6—12 cm, ihre Breite liegt bei etwa 3,5 cm. Dabei muß man auch den Geländecharakter in Betracht ziehen; auf weichem Untergrund können die Pfotenabdrücke viel länger und breiter ausfallen. In den Spuren aller Pfoten sind deutlich die scharfen Krallen abgedrückt, und bei der Bewegung über einen härteren Grund bilden sie eigentlich einen Torso der Hasenspur. Die Abdrücke aller vier Pfoten haben beim langsamen Hoppeln des Hasen eine zugespitzte Form. Die Sohle des Hasenfußes hat keinerlei Trittpolster. Statt dessen ist die ganze Unterseite von dichtem, hartem Fell überzogen (**4**), das besonders stark an den Zehenballen entwickelt ist. Daher sind auf weichem Untergrund in der Spur vier Gruben eingedrückt, die wie die Eindrücke der Zehenballen aussehen (**2a**, **3**). Diese dichte Behaarung der Pfotenunterseite hat praktische Bedeutung, sie verhindert ein Ausgleiten. Untersucht man die Hasenpfote mit der Lupe, dann findet man an ihr mehrere Haartypen. Auf der Oberseite der Vorderpfoten sind die Haare glatt (**5a**, **d**), die Haare an ihrer Unterseite sind schon an der Spitze aufgerauht (**5b**). Die längsten und an der Spitze zerfransten Haare sitzen an der Unterseite der Hinterpfote (**5c**). Sie sind fast vierkantig (**5e**), und die Fransen sind so dicht, daß sie ein Ausrutschen im Lauf verhindern.

Bei jeder Vorwärtsbewegung wirft der Hase die Hinterläufe vor die vorderen (**2c**), in der Spur sind daher die Abdrücke der größeren Hinterläufe stets vorn (**2b**).

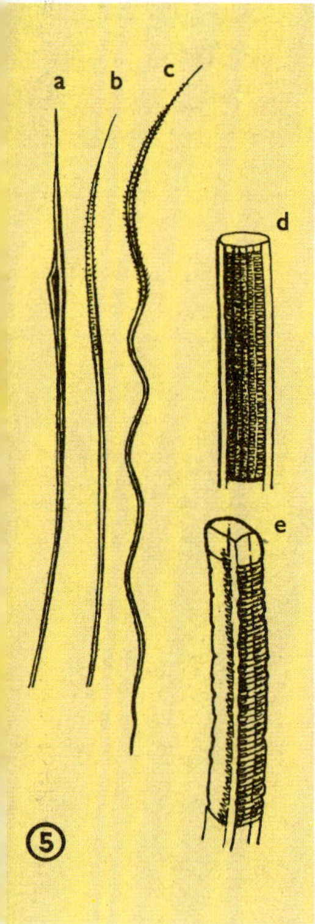

5

①

②

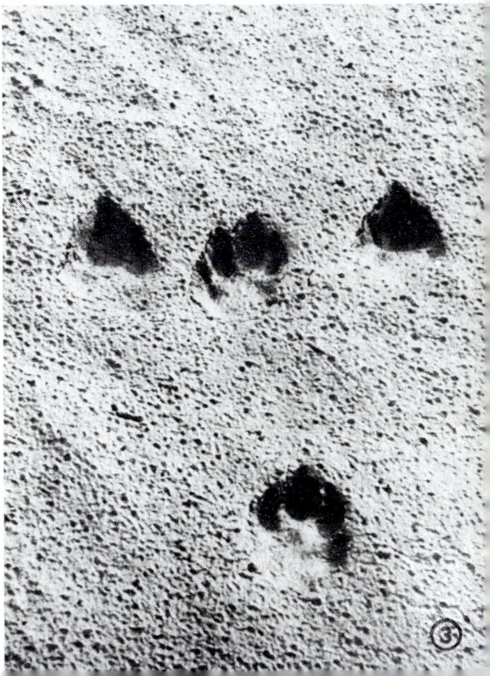

③

Pfotenabdrücke

④

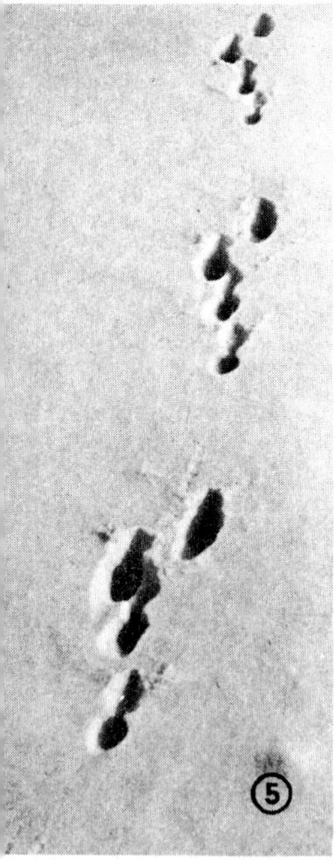

⑤

Der Hase (1) bewegt sich also in unterschiedlich langen Sprüngen fort. In der Phasenzeichnung (2) wird der Bewegungsablauf deutlich. Die treibende Kraft geht von den Hinterläufen aus, mit ihnen stößt sich der Hase ab und setzt mit den Vorderläufen auf. Zunächst auf einen, egal welchen, da er sehr oft wechselt, der andere Vorderlauf wird etwas weiter vorn aufgesetzt. Die beiden Vorderläufe werden nie nebeneinander gesetzt. Wenn einer bzw. beide den Boden berühren, schieben sich die Hinterläufe weit nach vorn und setzen vor den Abdrücken der Vorderläufe auf. Bei langsamerer Bewegung werden sie nebeneinander gelegt, bei schnellerer mehr oder weniger schräg. Sobald die Hinterläufe fest auf dem Boden stehen, hebt der Hase die beiden vorderen, es folgt ein weiterer mächtiger Abstoß der Hinterläufe, und die ganze Bewegung wiederholt sich. Da der Hase beim Sprung beide Hinterläufe längs der Vorderlauf-Außenseiten vorschiebt, ist die Schränkung der Hinterspuren größer als die der vorderen.
Wenn man diese scheinbar komplizierten Bewegungsphasen des Hasen aufs praktische Spurenlesen überträgt, kann man so in einer Hasenspur nicht nur die Abdrücke der einzelnen Pfoten bestimmen, sondern auch, ob der Hase mit dem rechten oder linken Vorderlauf aufgesetzt hat. Der Hasenspur von Bild 5 ist zu entnehmen, daß der Hase sich in der Richtung von unten nach oben bewegt hat, daß die größeren Spuren vorne die Abdrücke der Hinterläufe darstellen, die kleineren Spuren hinten stammen von den Vorderpfoten. Es ist auch ganz logisch, daß die links sitzenden Spuren von den linken Gliedmaßen stammen, die rechten Spuren von den rechten Gliedmaßen. Wenn man sich klarmacht, daß beim Sprung zunächst eine Vorderpfote auf den Boden aufsetzt und die nachfolgende zweite sie etwas überholt, dann kann man mit Bestimmtheit sagen, daß dieser Hase zuerst die rechte Vorderpfote aufgesetzt hat (die unterste Spur in jeder Vierergruppe) und erst dann die linke Vorderpfote.
Bei ganz langsamem Hoppeln werden die einzelnen Viererspuren so dicht hintereinander gesetzt, daß zwischen ihnen nur ein minimaler Abstand bleibt (**3a**). Die Abdrücke der Hinterläufe liegen fast in gleicher Höhe nebeneinander, die Abdrücke der vorderen in einer Linie hintereinander. Kommt der Hase in dieser langsamen Gangart auf eine Anschwemmung aus feinem Schlamm, läßt er vollkommene, nicht deformierte Abdrücke zurück, an denen die Ballen der einzelnen Zehen und die Haare der Pfotenunterseiten sichtbar werden (4). Beim Hoppeln ist die Schränkung der Hinterläufe 7—10 cm breit.
Beim schnelleren Hoppeln, das im Hinblick auf das Tempo dem Trab entspricht, vergrößert sich der Abstand zwischen den einzelnen Viererspuren auf ungefähr 50 cm, die Schrankbreite bleibt gleich. Das Spurenbild bleibt in etwa dasselbe, bzw. einer der Hinterläufe wird ein wenig weiter nach vorn geschoben (**3b**). Beim schnellen Lauf vergrößert sich die Entfernung zwischen den einzelnen Spurenbildern, je schneller der Lauf, desto größer der Abstand. Die Sprunglänge schwankt im Bereich zwischen einem und 3,5 m (**3c**).

1

2

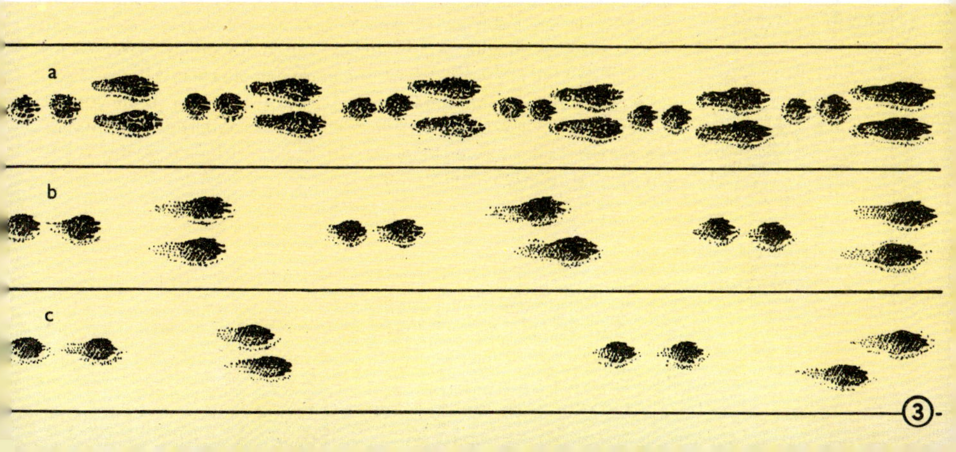
a
b
c
3

⑤

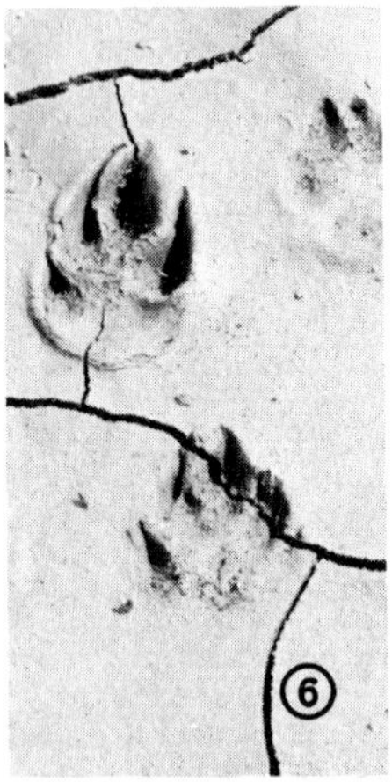

⑥

Pfotenabdrücke

Wie alle Säuger haben auch die Hasen in ihrem Territorium regelmäßig benutzte Wechsel, auf denen sie sich aus der Deckung auf Nahrungssuche begeben. Diese Wechsel in einem Territorium gehören nicht nur einem einzigen Hasen, sondern werden auch von vielen anderen benutzt. Im Sommer übersieht man sie leicht, da sie in der hohen Vegetation verborgen sind. Trotzdem existieren sie aber, und die Hasen halten sie dauernd instand. Man muß sich nur einmal die Mühe machen und so einen Sommerwechsel auf einer Wiese, in Futterkulturen oder im Getreide suchen. Er windet sich wie ein tiefer Tunnel, und wenn man sich zu ihm herabbeugt, sieht man, wie alle hinderlichen Pflänzchen sorgfältig abgebissen und beseitigt wurden.

Liegt im Winter Schnee, ist so ein Hasenwechsel schon von weitem zu sehen. Im Schnee windet er sich wie eine tiefe Furche und zieht sich gut sichtbar oft viele hundert Meter dahin (4) und kann sogar 30—40 cm breit sein. Von ihm biegen einzelne Spuren nach allen Seiten ab und streben in der Regel den verschneiten Futterquellen zu. Die Nahrung wühlt der Hase mit den Vorderpfoten aus. Manchmal verzweigen sich die Wechsel in mehrere Pfade, die häufig auch von anderen Säugern benutzt werden. Auch in einem schneelosen Winter werden die Hasenwechsel als schlammige Trampelpfade sichtbar, wenn ein Hase von ihnen auf trocknenden Schlamm abbiegt, kann man eine gut abgedrückte Spurengruppe finden (6).

Wenn Neuschnee liegt, der noch nicht von einer Menge Pfoten zertrampelt ist, kann man eine Hasenspur ziemlich weit verfolgen. Sie verrät, wann der Hase gehoppelt ist (1), wann er sich hingesetzt hat (und so seine Duftmarke aus der Afterdrüse auf den Boden gedrückt hat), wann er Äsung aus dem Schnee gescharrt hat und wann er zu schneller Flucht gezwungen wurde (5). Hört der Schneefall kurz vor der Morgendämmerung auf, kann man einen Hasen bis zu seiner Sasse verfolgen. Über Nacht war er auf Nahrungssuche, gegen Morgen legt er sich zur Ruhe. Ehe er sich in die gescharrte Sasse drückt — der Hase hat in seinem Territorium normalerweise mehrere —, greift er zu einer interessanten Taktik, mit der er etwaige Verfolger täuschen will, die die Witterung seiner Spur aufgenommen haben. Nie läuft der Hase direkt zu seiner Sasse, sondern beschreibt einen unregelmäßigen Kreis um sie herum. Von Zeit zu Zeit läuft er ein paar Meter auf der eigenen Spur zurück, um dann einen Seitensprung auszuführen (2). Dieser Seitensprung kann 2 m lang sein. Dieses Manöver wiederholt er ein paarmal, normalerweise springt er in die von der ausgewählten Sasse wegführende Richtung. So nähert er sich allmählich seinem Lager, um es beim letzten Rückwärtshaken in einem langen Sprung zu erreichen (3).

1

2

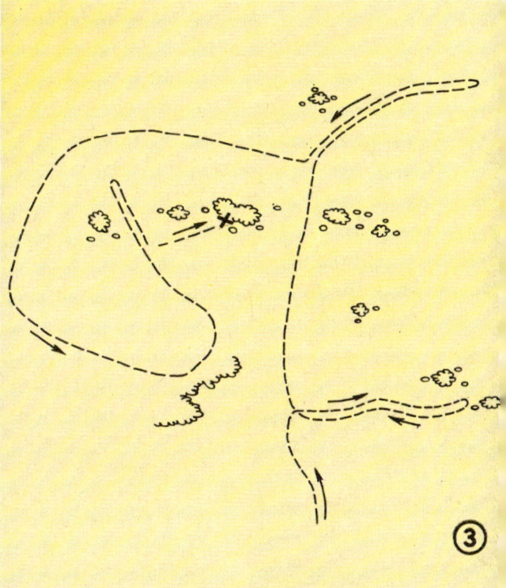
3

4

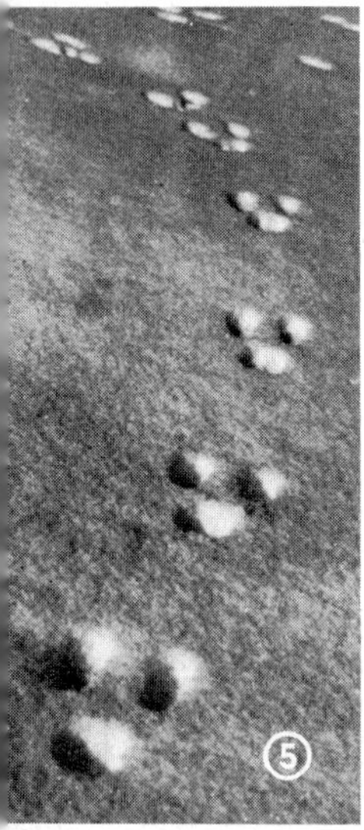

Pfotenabdrücke

Das Wildkaninchen *(Oryctolagus cuniculus* — **1**) ähnelt in seiner Körperform dem Hasen, unterscheidet sich aber von ihm in der Größe der Vorder- und Hinterläufe. Die Hinterläufe des Hasen sind deutlich länger und kräftiger als die vorderen, beim Kaninchen ist dieses Mißverhältnis weniger groß. Die Erstarkung der Vorderläufe des Kaninchens kann man seiner wühlenden Lebensweise zuschreiben. Trotzdem werden auch vom Kaninchen zur Fortbewegung die Hinterläufe benutzt, mit den vorderen setzt es nur auf, sie dienen nicht zum Abstoßen.

Was Fortbewegungsart, Spurengröße, Spurenbild und Fährte angeht, ist eine enge Verwandtschaft mit dem Hasen ersichtlich. Da das Kaninchen aber auch kleiner als der Hase ist, erscheint alles in einem kleineren Maßstab. Im Lauf, besser gesagt, beim Hoppeln oder im Sprung, wirft das Kaninchen regelmäßig die Hinterläufe vor die Vorderläufe, eine andere Fortbewegungsart kennt es nicht (**3**). Beim langsamen Hoppeln erscheint das Spurenbild auf der Spurenbahn nur in ganz geringen Abständen hintereinander (**3a**). Eine leichte Beschleunigung hat zur Folge, daß die Entfernungen zwischen den einzelnen Viererspuren sich auf etwa 30 cm verlängern; die Schränkung liegt bei 7 cm (**3b**). Das flüchtige Kaninchen bewegt sich in kürzeren Sprüngen als der Hase, normalerweise sind sie nicht länger als 1 m, doch ist ihre Frequenz wesentlich höher. Die Vorderspur ist etwa 3 cm lang und annähernd 2,5 cm breit, der Abdruck der Hinterpfoten ist etwa 4 cm lang und rund 3 cm breit. Genau wie beim Hasen werden auch in den deutlich abgedrückten Kaninchenspuren die behaarten Zehenballen sichtbar.

Das Spurenbild des Kaninchens kann in zwei Formen erscheinen. Entweder ist es eine Spur vom Hasentyp, wo auf zwei hintereinanderliegende Abdrücke der Vorderläufe zwei nebeneinander liegende Abdrücke der Hinterläufe folgen (**2**, links), oder es handelt sich um einen Eichhörnchentyp, wobei Hinter- und Vorderpfoten paarweise nebeneinander gesetzt werden (**2**, rechts, **5**). Bei einer Spurenbahn des Hasentyps (**2**, links) kann man die wechselnde Folge der aufsetzenden Vorderpfoten erkennen: In der ersten Spur von unten ist das Kaninchen mit dem rechten Vorderlauf aufgesprungen, schon in der folgenden Viererspur hat zuerst der linke und dann der rechte Vorderlauf aufgesetzt. Beim dritten Sprung kam es wieder zum Wechsel und diese Folge wurde noch dreimal eingehalten; am Ende des Bilds ist wieder ein Abwechseln zu sehen.

Die Kaninchenwechsel (**4**) haben gleiche Bedeutung und Charakter wie die Hasenwechsel, sind aber unvergleichlich kürzer. Das Kaninchen ist im Wesentlichen ein furchtsames Geschöpf und entfernt sich nie allzu weit von der Kolonie.

1

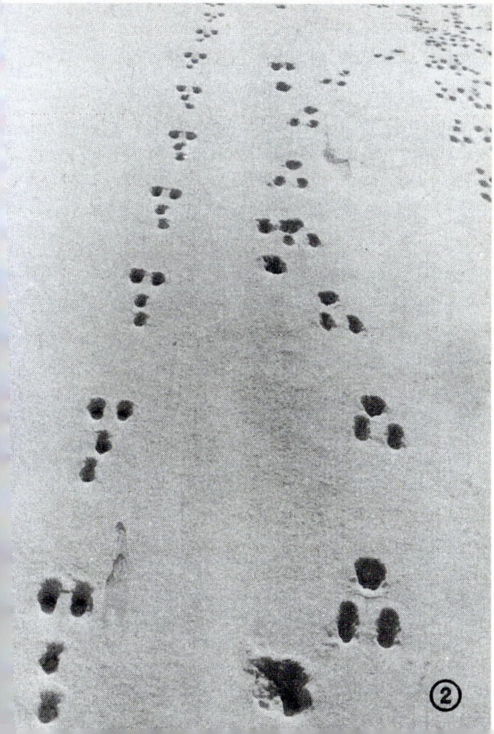
2

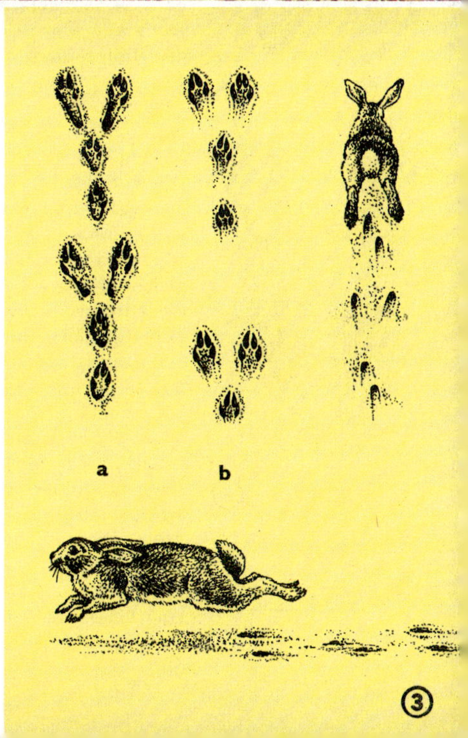
a
b
3

a

b

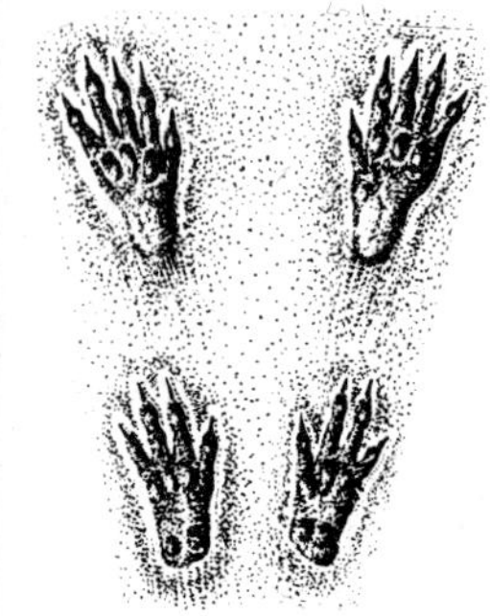

c

4

Pfotenabdrücke

Das Eichhörnchen *(Sciurus vulgaris* — 1*)* lebt in Nadel-, Misch- und Laubwäldern von der Tiefebene bis ins Hochgebirge. Den größten Teil seines Lebens bringt es in den Baumkronen zu, auf die Erde kommt es nur gelegentlich herab. Seine Gliedmaßen sind sehr gut zum Klettern an Baumstämmen und auf Ästen ausgebildet. Die langen, schlanken Zehen an allen vier Pfoten tragen nicht weniger lange, schlanke, nadelscharfe, sichelartig gekrümmte Krallen. Mit ihnen hält sich das Eichhörnchen auch an glatter Rinde leicht fest, da sie gut in die allerfeinsten Spalten eindringen. Beim Klettern spielen auch die Sohlen- und Fersenballen an den Pfoten eine Rolle, da sie mit ihrer rauhen Oberfläche ein Abgleiten verhindern. In der Winterzeit erscheint zwischen den Zehen eine längere Behaarung, auch sie trägt zur besseren Haftung der ganzen Pfote an der Unterlage bei.

Die Vorderpfoten der Eichhörnchen haben vier Zehen, der Daumen ist zu einem ganz unscheinbaren Rudiment verkümmert (**4a,** links). An den Zehenwurzeln sind drei Sohlenballen zu sehen, am mittleren sitzen die dritte und vierte Zehe. Am gegenüberliegenden Sohlenrand erscheinen zwei deutliche Fersenballen, und alle diese Höcker drükken sich auf einer geeigneten Unterlage deutlich ab (**4b,** links). An der Hinterpfote (**4a,** rechts) befinden sich fünf Zehen, an ihrer Basis sitzen vier Sohlenballen, so daß die mittlere Zehe zwischen den beiden mittleren Ballen angesetzt ist (**4b,** rechts). Fersenballen befinden sich nicht an der Hinterpfote, die Sohle ist glatt und wird normalerweise ganz bis zum Fersengelenk abgedrückt.

Die Vorderspur ist etwa 4 cm lang und rund 2 cm breit, die Abdrücke der Hinterpfoten sind etwa 1 cm länger, und ihre Breite bewegt sich von 2,5—3,5 cm.

Allgemein kann man sagen, daß die Trittsiegelbreite immer vom Boden abhängt, in dem sich die Zehen mehr oder weniger spreizen. Sowohl in Vorder- als auch Hinterspur sind die langen Krallen deutlich eingedrückt.

Das Spurenbild eines sich bewegenden Eichhörnchens ist so charakteristisch und typisch, daß man es nicht mit den Spuren eines anderen Säugers verwechseln kann. Das Eichhörnchen bewegt sich auf die gleiche Weise wie Hase oder Kaninchen — es hoppelt — und setzt die Hinterläufe vor den Spuren der Vorderläufe auf. Vorder- und Hintergliedmaßen werden immer nebeneinander aufgesetzt, die Schränkung der Hinterspur ist 5—10 cm breit, die der Vorderläufe nur 2—3 cm (**4c,** 3).

Spuren von Eichhörnchen kann man nur im Schnee oder auf schlammigen Waldwegen entdecken. So eine Spurenreihe ist nie besonders lang, höchstens einige Dutzend Meter, in der Regel endet und beginnt sie immer an einem Baum. Sowohl an einer einzelnen Viererspur (4c) als auch an der ganzen Spurenreihe (2) kann man ersehen, daß die Abdrücke der Hinterpfoten ein wenig nach außen gestellt sind. Die Entfernung zwischen den einzelnen Viererspuren hängt vom Tempo der Bewegung ab. Beim langsamen Hoppeln sind die Sprünge 30—50 cm lang, bei der Flucht können sie sogar 1 m lang sein (2).

1

2

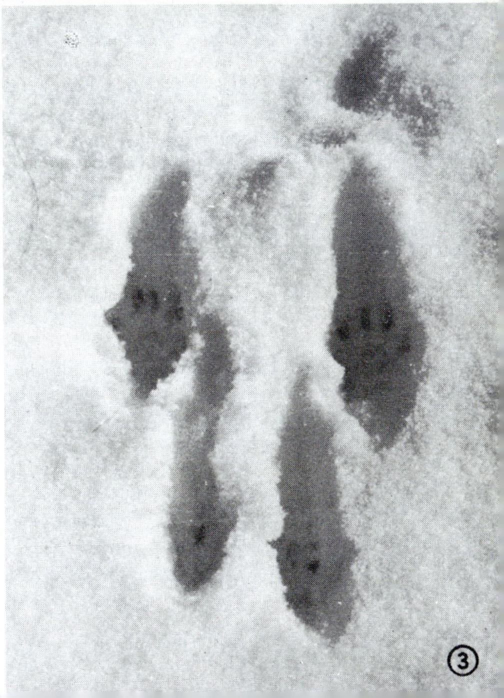

3

Pfotenabdrücke

④

⑤

Der Hamster *(Cricetus cricetus — 1)* ist ein Einzelgänger und lebt auf Feldern, Hängen mit Steppencharakter oder an Waldrändern, die an Getreidefelder stoßen, vom Flach- bis ins Hügelland. Er wühlt einen unterirdischen Bau, vor dem man ziemlich viel ausgeworfene Erde finden kann. In die Wohnkammer führen oft mehrere gewundene Gänge, einige haben eine schräge Neigung, andere führen steil unter die Erde und sind mit der Vorratskammer verbunden, in die der Hamster 10—15 kg pflanzliche Nahrung bringt. Für den Winter gräbt er sich einen bis 2 m tiefen Bau mit einem geräumigen Kessel, den er mit trockenem Gras auspolstert um darin den Winter zu verschlafen.

Aus diesem Grund kann man Hamsterspuren nur im Sommer antreffen, und zwar nach Regenfällen auf Feldern. Seine Pfoten sind mit langen Zehen und relativ kräftigen Krallen ausgestattet. An beiden Pfoten sitzen je fünf Zehen, doch ist der Daumen der Vorderpfoten so weit zurückgebildet (**2a**), daß er sich in der Spur nur ausnahmsweise oder überhaupt nicht eindrückt (**2d**). Die Zehen der Hinterpfoten (**2b**) drücken sich in der Spur sehr deutlich ab (**2c**), ebenso deutlich sind auch die Abdrücke der Sohlen- und Fersenballen. Die Vorderspur ist etwa 1,5 cm lang und ungefähr 1 cm breit, der Abdruck der Hinterpfote ist 2—3,5 cm lang und 1 cm breit. Charakteristisch für seine Spurenreihe ist, daß die Spuren der Hinterläufe an den Außenseiten der Vorderspuren erscheinen und ein kleines Stückchen hinter ihnen liegen (5). Schrittlänge 7—10 cm, Schränkung der Vordertritte etwa 3 cm, der Hinterspuren 5—6 cm.

Der Biber *(Castor fiber)* lebt nur in einigen Reservaten in der Bundesrepublik Deutschland, in der DDR, in Frankreich, Polen, Skandinavien, der UdSSR und in der Mongolei. Dieser gedrungene Nager mit einem breiten, flachen Schwanz ist an das Leben im Wasser angepaßt. In abschüssige Uferböschungen gräbt er lange Gänge, die mit Luftlöchern und unter der Wasseroberfläche liegenden Eingängen versehen sind. Der Biber kann auch in seichten Gewässern aus Ästen, Gerten, Schilf und Schlamm geräumige Burgen bauen.

Spuren von Bibern kann man also nur in der Nähe ihrer Kolonien antreffen, d. h. an schlammigen Flußufern. Die Vorderpfote ist mit fünf relativ kurzen Zehen ausgestattet, die in ziemlich lange spitze Krallen auslaufen (**3a**). Sie dienen zum Wühlen der Baue. In der Spur drücken sich alle fünf Zehen ab (**3c**), auf härterer Unterlage manchmal nur vier. Diese Zehen sind nicht durch Schwimmhäute verbunden. Die wesentlich längere Hinterpfote ist gleichfalls fünfzehig, die Krallen sind kürzer, stumpfer, alle fünf Zehen sind an den Spitzen durch eine feste Schwimmhaut verbunden (**3b**). Auf weichem Grund drückt sich die Schwimmhaut in der Spur ab (**3d**), auf härterem Boden ist sie nicht zu sehen. Die Vorderpfote ist rund 5 cm lang und 4 cm breit, die hintere kann 11—15 cm lang werden und bis 10 cm breit sein. In der Spurenbahn des Bibers (4) wird in der Regel die Hinterpfote an die Innenseite der Vorderspur gesetzt, es kommt teilweise zum Beitritt. Die Schrittlänge ist recht kurz, nur 15—50 cm.

1

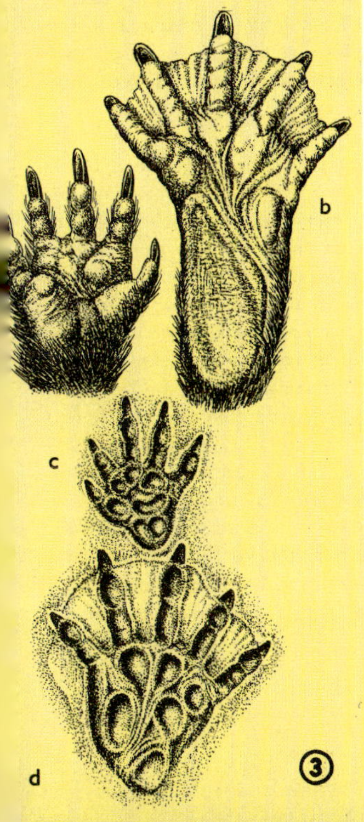
b
c
d
3

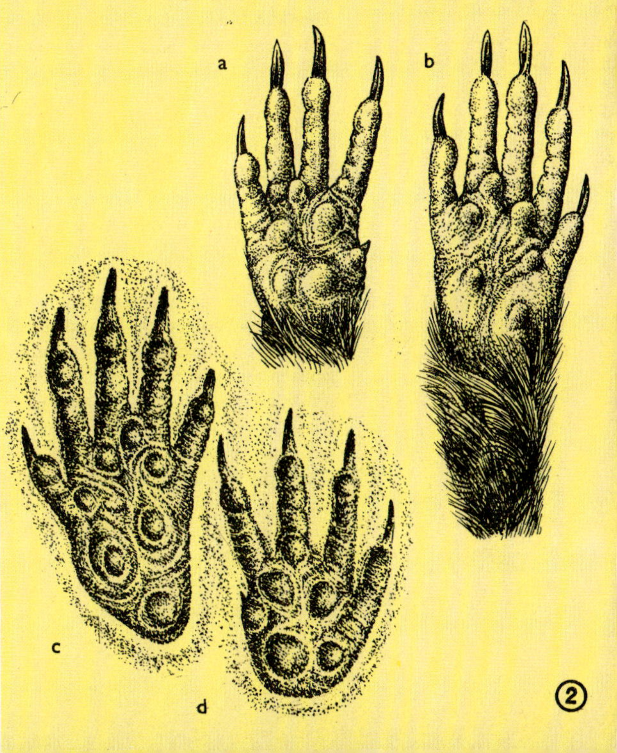
a
b
c
d
2

Pfotenabdrücke

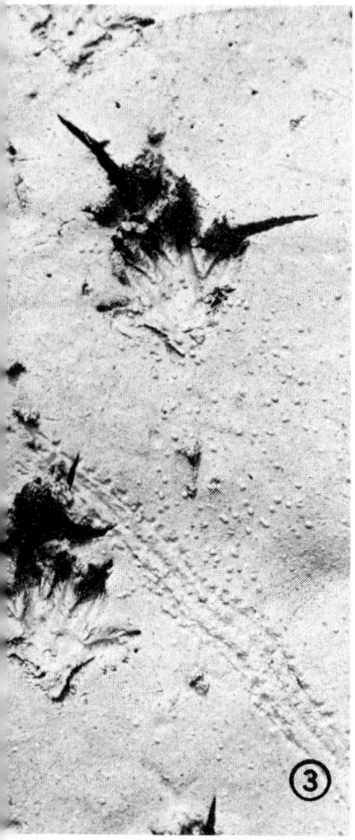

Entlang an Gewässern, Flüßchen, Mühlbächen, an schlammigen Teich- und Flußufern, vor allem aber im Schlamm entleerter Fischteiche kann man Ketten aus dicht hintereinander gesetzten Spuren entdecken, die hier die Bisamratte *(Ondatra zibethicus* — 1*)* hinterlassen hat. Durch ihre Lebensweise ist sie eng ans Wasser gebunden, so daß man an anderen Stellen mit ihren Spuren nicht rechnen kann. Sie kommt vorwiegend im Flach- und Hügelland vor, in höheren Lagen bis 1000 m ü. M. ist sie seltener.

Im Verhältnis zur Gesamtlänge der Vorderpfote sind die Zehen lang, schlank und enden in langen schmalen Krallen (**2a**). Die Sohle ist kahl, unbehaart, und die kräftigen Sohlen- und Fersenballen drücken sich in der Spur ab (**2c**). Charakteristisch für die vordere Spur sind die ziemlich weit gespreizten vier Zehen. Manchmal drückt sich die Sohle nur unvollständig ab, daher kann diese Spur auffällig kurz sein, es fehlt der Fersenteil.

Die Hinterpfote ist größer — wie das bei den Nagern zu sein pflegt — und mit fünf Zehen ausgestattet (**2b**). An einem Abdruck im zähen Schlamm werden die Sohlenballen (**2d**) sichtbar, manchmal auch kurze harte Haare, die in dichter Reihe die Ränder aller Zehen säumen. Obwohl man erwarten könnte, daß die Zehen eines im Wasser lebenden Säugers durch eine Schwimmhaut verbunden sind, ist das bei der Bisamratte nicht der Fall, die Funktion der Schwimmhäute bzw. -lappen an den Zehen übernimmt gerade diese dichte seitliche Behaarung. Der Vorderpfotenabdruck ist etwa 3,5 cm lang, vierzehig und etwa 3 cm breit. Der Abdruck der Hinterpfote ist länger, 6—7 cm, ungefähr 3—4 cm breit. Da sich die Bisamratte vorwiegend in schlammigem Gelände bewegt, erscheinen alle Spuren breiter und oft auch länger. Bisamrattenspuren ähneln in der Form ein wenig der Eichhörnchenspur, ein grundlegender Unterschied besteht aber in der Trittsiegelanordnung zur Spurenreihe.

Bisamratten bewegen sich im Schritt oder Trab. Der Schritt ist verhältnismäßig kurz, bei langsamem Gang nur etwa 5—6 cm, bei rascherem Tempo 10—13 cm. Auf der Spurenreihe, deren Schränkung höchstens 5 cm beträgt, erscheinen regelmäßig wiederholte Abdruckpaare, in denen die Hinterpfote mehr oder weniger auf den Abdruck der Vorderpfote tritt (**3**) und diese häufig völlig überdeckt. (Die drei schräg in Querrichtung laufenden Ketten auf diesem Bild sind die Spuren eines Käfers: Seitlich befinden sich die Fußabdrücke, die Mittelrinne stammt vom Hinterleib).

Bisamratten sind auch im Winter aktiv, und so kann man ihren Spuren auch im Schnee oder auf verschneitem Eis begegnen (**4**). Beim Gang durch tieferen Schlamm bleibt in der Mitte der Spurenfolge eine tiefere Rille zurück, die durch den Schwanz zustande kommt (**2e**). In der gleichen Umgebung wie die Bisamratte halten sich auch Wanderratte *(Rattus norvegicus)* und Schermaus *(Arvicola terrestris)* auf. Die Hinterspur der Wanderratte ist aber nur 3—4,5 cm lang, die der Schermaus nur 2—2,5 cm.

1

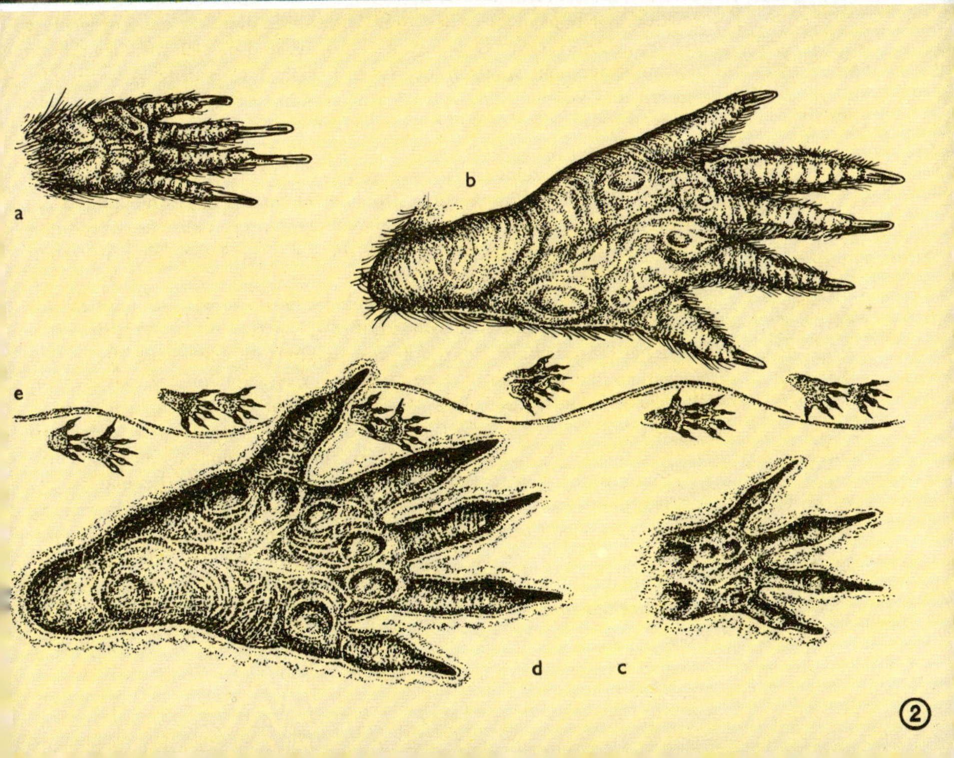
a
b
e
d
c
2

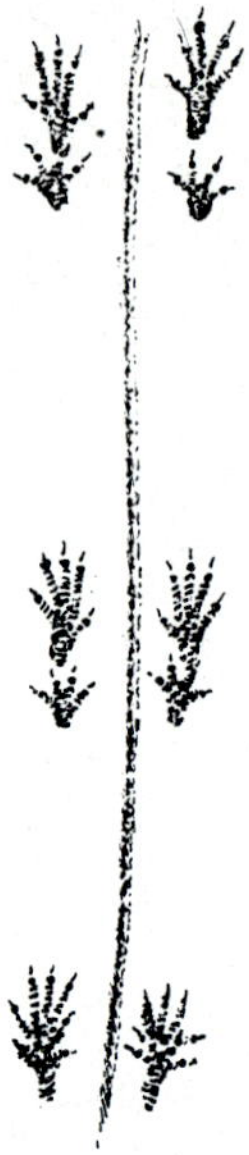

6

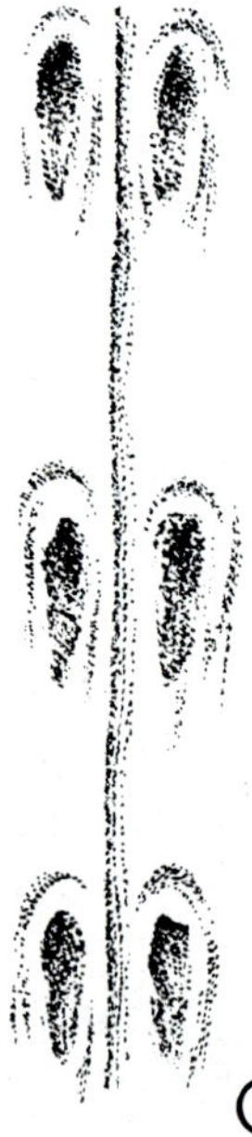

7

Pfotenabdrücke

Fast über ganz Europa sind zwei einander sehr ähnliche Nager verbreitet, die Gelbhalsmaus *(Apodemus flavicollis — 1)* und die Waldmaus *(A. sylvaticus)*. Die Waldmaus bewohnt Laub- und Nadelwälder, doch kommt sie auch sehr häufig in Buschbeständen, Strauchinseln zwischen Feldern, größeren Gärten oder in der Ufervegetation von Flüssen und Teichen vor, die das typische Biotop der Gelbhalsmaus darstellen. In ausgedehnteren Wäldern erscheint die Gelbhalsmaus nur selten. In der Winterzeit dringen beide Arten in menschliche Behausungen ein, und so endet ihr Leben häufig in einer Mausefalle. Von der grau gefärbten Hausmaus *(Mus musculus)* unterscheiden sie sich durch die rostbraune Fellfärbung auf dem Rücken und vor allem durch die großen schwarzen Augen und die großen Ohren. Schlechter lassen sie sich aber voneinander unterscheiden. Bei der Gelbhalsmaus ist der Übergang an den Flanken zwischen der rostbraunen Rückenseite und der weißen Bauchseite scharf abgegrenzt, und an der Kehle erscheint ein rostbrauner Fleck. Die Rückenseite der Waldmaus hat einen leichten Grauton, und der Übergang zum schmutzig-weißen Brustfell ist nicht scharf abgesetzt. An der weißlichen Kehle sitzt nur ein kleiner gelblicher Fleck, der manchmal völlig fehlt. Die Gelbhalsmaus ist 9—12 cm lang, die Waldmaus 9—10,5 cm. Bei beiden ist der Schwanz so lang wie der ganze Rumpf.

Die Füße der Gelbhalsmaus sind mit fünf Zehen ausgestattet, doch sitzt der Daumen der Vorderpfote (**2a**) sehr weit oben, ist verkümmert und erscheint nicht in der Spur (**2b**), so daß der Tritt der Vorderpfote vierzehig aussieht. Er ist etwa 1 cm lang, und da sich die Zehen beim Aufsetzen weit spreizen, ebenso breit. Die Hinterpfoten sind fünfzehig und verglichen mit den Vorderpfoten fast dreimal so lang. Daumen und kleine Zehe sind verkürzt, die drei mittleren sind ziemlich lang, und ihre Spitzen liegen fast auf einer Linie (**3a**). Alle fünf Zehen drücken sich deutlich ab, die ganze Spur ist 2,3—2,7 cm lang und etwa 1 cm breit (**3b**). An den Pfoten erscheinen sechs Sohlenballen, die aber nur dann in der Spur erscheinen, wenn sich die Maus über feinen Schlamm bewegt. Wegen ihres geringen Gewichts hinterläßt sie sonst keine deutlichen Abdrücke.

Die Mäuse bewegen sich springend, die Hinterpfoten werden stets vor die Abdrücke der Vordergliedmaßen geworfen (**6**). In der Mitte zwischen den Spuren zeigt sich eine seichte, schmale Rille durch den langen Schwanz. In tieferem Schnee verschwimmen die Abdrücke der Vorder- und Hinterpfoten und bekommen eine längliche Form (**7**). Die Spur des Schwanzes kann in der Mitte zwischen den Abdrücken verlaufen (5), kann aber auch in Form von Bögen, die neben der Spurenreihe liegen, erscheinen. Die Tiere sind schnelle und ausgezeichnete Springer. Die Sprunglänge beträgt bei ruhiger Bewegung etwa 6 cm, auf der Flucht kann sie sich bis auf 50—60 cm verlängern. Bild 4 zeigt die ornamenthafte Spurenreihe einer sich langsam bewegenden Maus, die Größe der Spuren kann man hier an einer verwehten Hasenspur vergleichen.

1

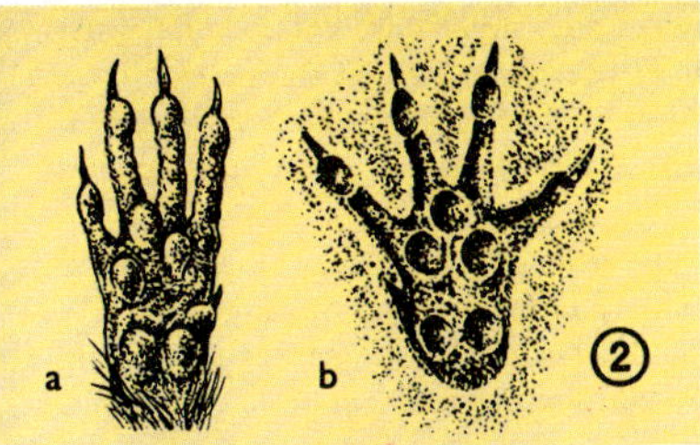
a
b
2

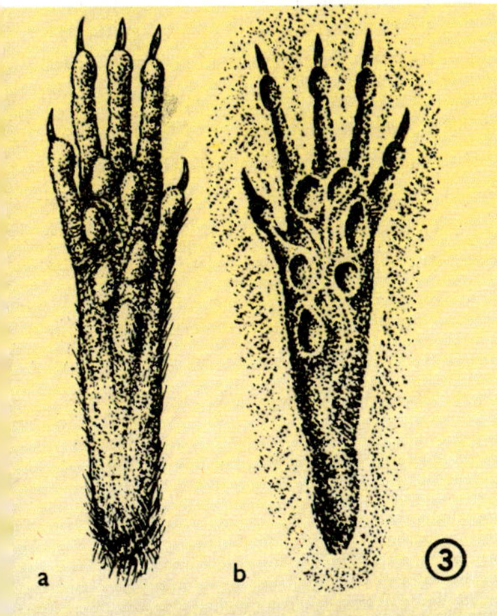
a
b
3

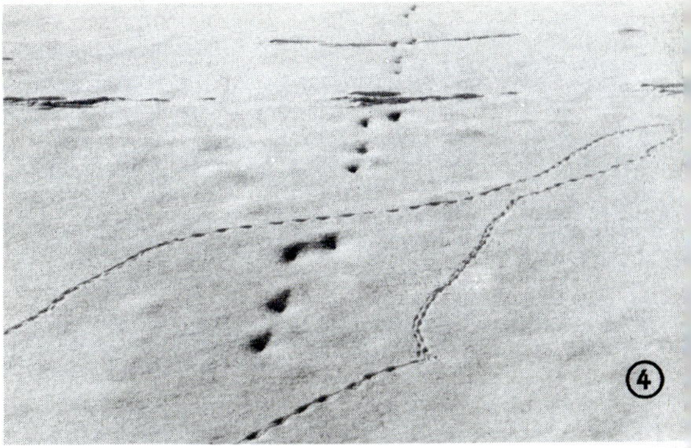
4

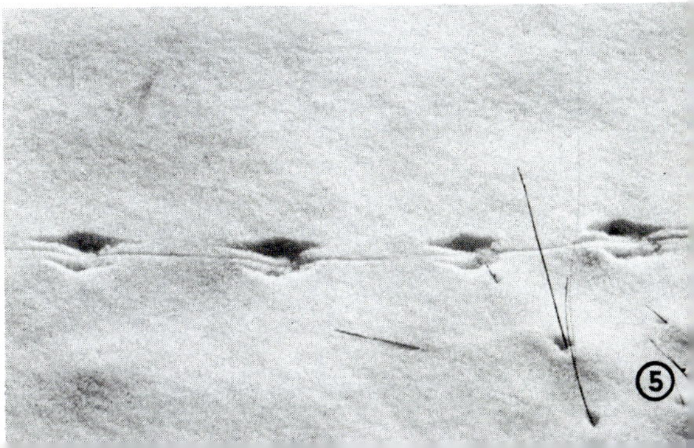
5

Pfotenabdrücke

Die Feldmaus (*Microtus arvalis* — 1) ist zweifellos der verbreitetste europäische Nager, der Felder, Wiesen, aber auch schüttere Wäldchen, Waldränder, Gärten und Parks bewohnt. Dank ihrer außerordentlichen Fruchtbarkeit — das Weibchen setzt fast ganzjährig Junge, in jedem Wurf befinden sich 4—12 Tiere —, kommt es von Zeit zu Zeit zu einer Massenvermehrung der Feldmäuse, die dann eine ganze Landschaft in ungeheuren Mengen heimsuchen. Die Vermehrungsfähigkeit der Feldmäuse wird noch durch die ungewöhnlich frühe Geschlechtsreife der Weibchen gefördert. Junge Weibchen sind bereits im Alter von etwa einem Monat befruchtungsfähig, häufig noch in einer Zeit, in der sie selbst noch vom Muttertier gesäugt werden.
Die Vordergliedmaßen haben fünf Zehen (**2a**), in der Spur erscheinen aber nur vier (**2c**), da der verkümmerte Daumen ebenfalls hoch oben in der Nähe des Fersengelenks angesetzt ist. Die dritte und vierte Zehe sind am längsten, die zweite und fünfte nur ein wenig kürzer und reichen nicht auf die Linie der anderen beiden. In der Spur werden die beiden äußeren Zehen ziemlich weit abgespreizt abgedrückt, manchmal sogar waagerecht abstehend. Die Hinterpfote (**2b**) ist wesentlich länger und hat fünf Zehen, Daumen und kleine Zehe sind nach hinten versetzt. Die zweite, dritte und vierte Zehe sind annähernd gleich lang und werden in der Spur (**2d**) fast auf einer Höhe abgedrückt. Beim Auftreten werden kleine Zehe und Daumen seitlich abgespreizt, oft wesentlich stärker, als es aus Bild **2d** hervorgeht.
Die Länge der Vorderspuren bewegt sich um 1 cm (wenn sie deutlich abgedrückt ist), der Abdruck der Hinterpfote ist fast doppelt so lang und mißt 1,5—1,8 cm. Auch die Feldmäuse bewegen sich in längeren oder kürzeren Sprüngen, wobei die Hinterpfoten in die Vorderspuren bzw. dicht daneben einfallen.
Im Spurenbild erscheinen die Abdrücke als regelmäßig wiederholte mehr oder weniger tiefe Grübchenpaare (**5**). Der Spurverlauf von Feldmäusen ist nie so lang wie z. B. bei der Gelbhalsmaus und führt in der Regel nur als kurze Verbindungslinie von Loch zu Loch bzw. vom Mauseloch zum Futterplatz. In pulverigem und tieferem Schnee erscheint in der Spur auch der Abdruck des kurzen Schwänzchens, der als schmale, unterbrochene Rille zwischen rechter und linker Spur sichtbar wird (**4**).
Feldmäuse sind das ganze Jahr über aktiv. In der Vegetationszeit erscheinen im Pflanzenbestand ihre freigenagten, festgetrampelten, 3—5 cm breiten Pfade. Ähnliche Wege wühlen sie sich im Winter unter einer dicken Schneedecke, die Wände dieser Tunnels kleiden sie mit zernagtem Gras aus, und wenn der Schnee verschwindet, bleiben auf dem Boden tiefe, grasgefüllte Rinnen zurück (**3**).
Den Feldmausspuren ähneln die Spuren eines kleinen Insektenfressers, der Spitzmaus. Sie sind aber nur halb so groß, und wenn man einen deutlichen Abdruck findet, so sitzen stets in Hinter- und Vorderspur fünf Zehen (**2e**).

1

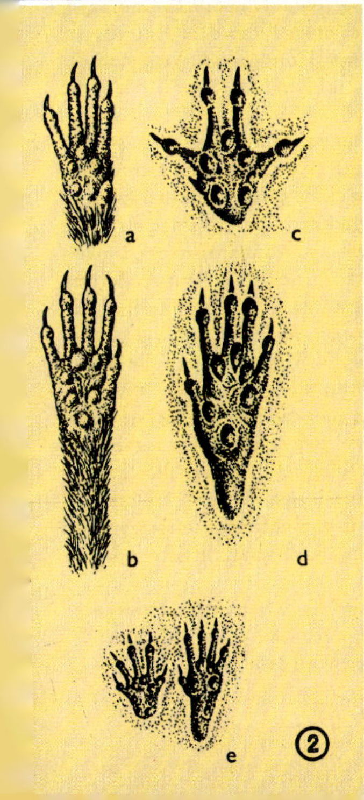
a
c
b
d
e
2

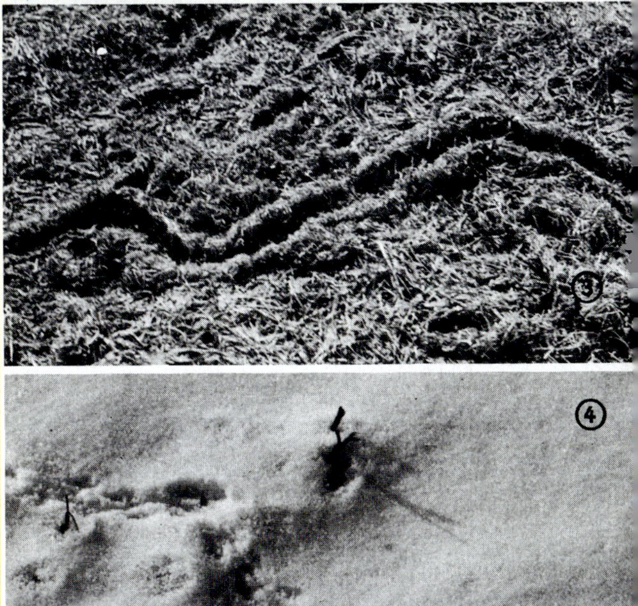
3

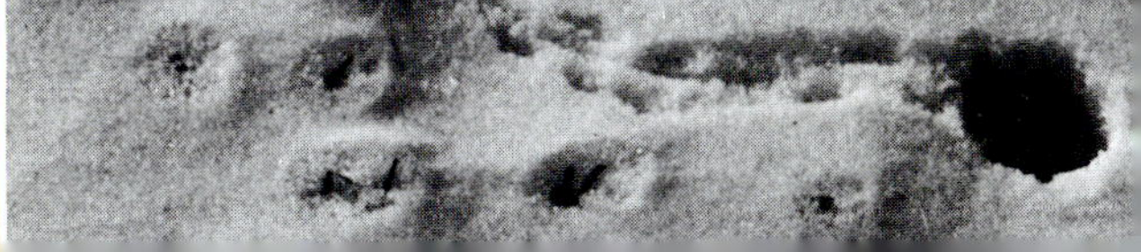
4

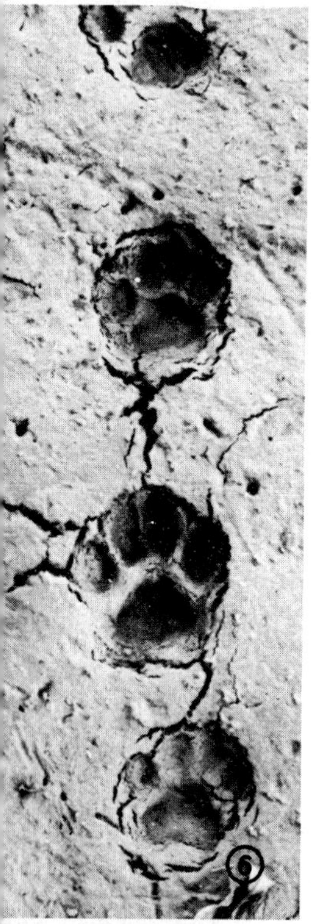

6

7

Pfotenabdrücke

Aus der Familie der katzenartigen Raubtiere kommen in Europa drei Arten vor. Am häufigsten ist die Hauskatze *(Felis catus)*, selten ist die Wildkatze *(F. silvestris silvestris)*, und nur ganz vereinzelt kommt der Luchs *(Lynx lynx)* vor. Die Hauskatze ist ein Nachkomme der afrikanischen Falbkatze *(F. silvestris lybica)*, die mit der europäischen Wildkatze eng verwandt ist. Im Laufe der Zeit wurden aus der Falbkatze viele verschiedene Rassen veredelt, die sich in Größe, Körperform und Fellfärbung unterscheiden.

Die Hauskatze (**1**) hat an der Vorderpfote fünf Zehen, an der Hinterpfote vier. An den Vordergliedmaßen ist der Daumen so weit nach oben verschoben (**4a**), daß er nie im Trittsiegel erscheint (**5b**). Die scharfen, hakenartig gekrümmten Krallen sind an allen Zehen in Taschen eingezogen, so daß sie nur ausnahmsweise in der Spur sichtbar werden, z. B. beim Sprung nach einer Beute. Die Zehenballen sind an der leicht ovalen Pfote zu einem regelmäßigen Bogen angeordnet, sind recht erhaben und haben die Form von kleinen Traubenkernen. In der Spur drücken sie sich dicht nebeneinander ab (**5b, 6**). Die Sohlenballen sind deutlich dreigelappt, die Ballenhinterseite hat drei regelmäßige Bögelchen, die an einer gut eingedrückten Spur fast in einer Linie erscheinen (**5a**). Die Hinterpfote (**4b**) hat vier Zehen, ist genauso gebaut wie die Vorderpfote, jedoch geringfügig kleiner, was vor allem aus ihrem Abdruck hervorgeht.

Die Spur der Hauskatze ist rundlich, fast so lang wie breit. Die Länge des Vorderpfotenabdrucks einer mittelgroßen Katze schwankt zwischen 2,5—3,5 cm, seine Breite liegt bei etwa 3 cm. Die Katzenspur ähnelt in der Form dem Tritt einer kleinen Hunderasse, doch sind die Abdrücke der Zehenballen rundlicher, und in der Spur fehlen die Krallenabdrücke.

Die Katze bewegt sich schleichend, dann setzt sie die einzelnen Pfoten dicht hintereinander (**6**) oder schreitend (**2a**), wobei sie die Hinterpfoten auf die Zehenabdrücke der vorderen setzt. Beim Schreiten kann es zu verschiedenen Spurenkombinationen kommen, zu Doppelspuren oder auch einzelnen Trittsiegeln, je nachdem, ob die Aufmerksamkeit der stöbernden Katze irgendwie geweckt wurde und sie zur Änderung des Schrittrhythmus veranlaßt hat (**7**). Im Trab (**2b**) werden die Hinterläufe genau in die Vorderspuren gesetzt, decken sie völlig, und in der Fährte wird keine Schränkung sichtbar. Man sagt, daß die Katze schnürt. Bei Trab kann man in der Spurenreihe auch einen fünfzehigen Abdruck finden. Dabei handelt es sich aber um eine normale Doppelspur, bei der die Hinterpfote um einen Zehenballen versetzt in die Vorderspur eingegriffen hat. Beim Schreiten beträgt die Schrittlänge etwa 30 cm, beim Trab verlängert sie sich auf 35—50 cm, und im Sprung (**2c**), wenn die Hinterläufe vor den vorderen aufsetzen und das Bild eines unregelmäßigen Vierecks entstehen lassen, können Weiten von 1—2 m erzielt werden.

Die Pfoten der Wildkatze (**3a, b**) sind größer als die der Hauskatze und auch ihre Spur (**5a**) ist etwa 1 cm länger und breiter. Gangarten, Spurenbild und Fährte sind jedoch weitgehend ähnlich.

1

2

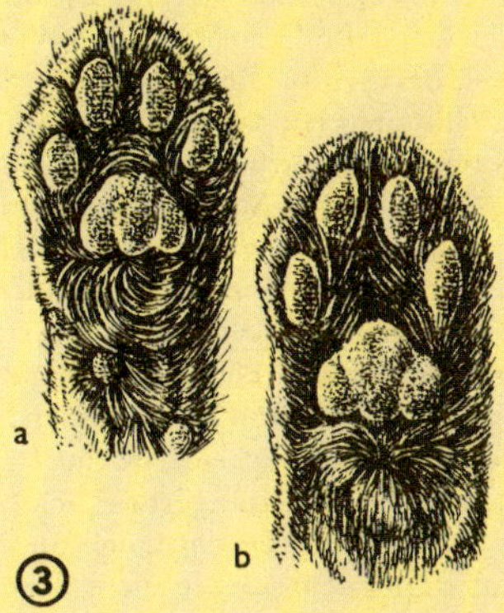

3

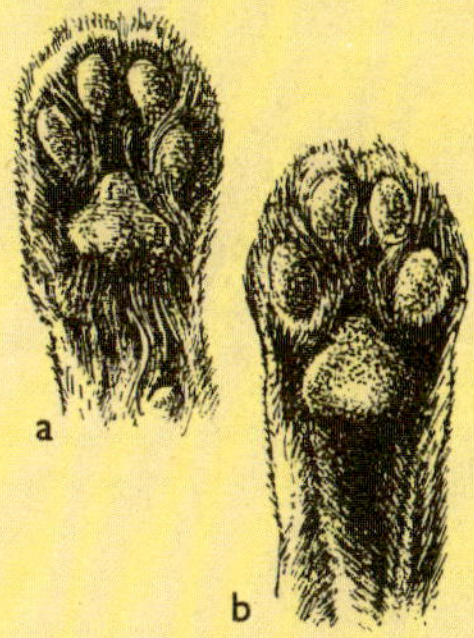

4

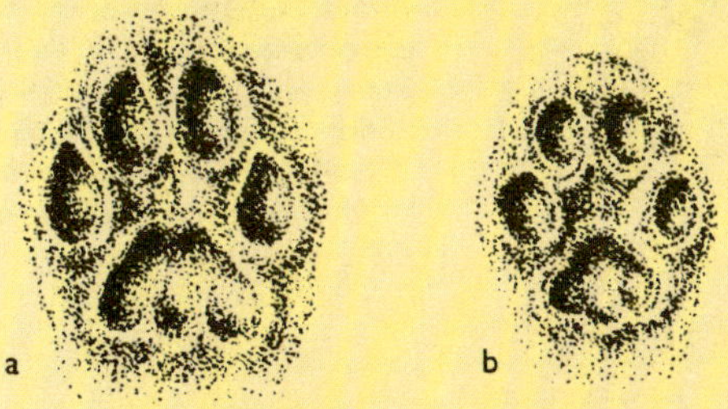

5

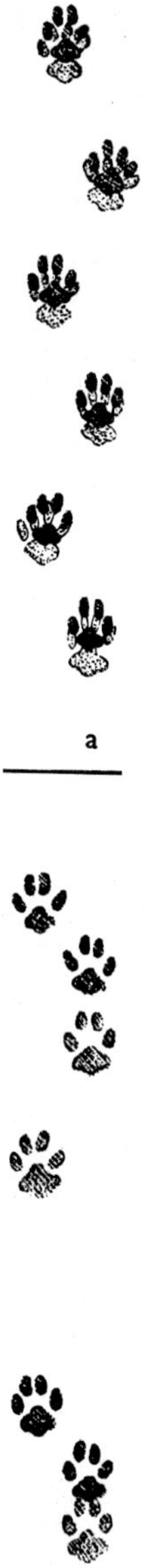

a

4

b

Pfotenabdrücke

In den Ostgebieten Europas, in Skandinavien, inselförmig auch in anderen europäischen Ländern, wohin er von neuem künstlich wieder eingeführt wurde, lebt der Luchs *(Lynx lynx* — 1*)*. Er ist die seltenste europäische Raubkatze, daher ist die Entdeckung seiner Spuren ausgesprochener Zufall. Er hält sich in ausgedehnten, zusammenhängenden Waldungen mit reichem Unterholz auf, offene, übersichtliche Flächen meidet er. Vor allem Felslandschaften ziehen ihn an, in diesem gegliederten Gelände kann er gut seine überfallartige Jagdmethode anwenden.

Da er eigentlich das größte europäische katzenartige Raubtier ist, sind auch seine Spuren ziemlich groß. Sie ähneln stark den Katzenspuren, sind aber zwei- bis dreimal größer. Die Zehenballen sind kahl, unbehaart und haben eine regelmäßig ovale Form. Der Sohlenballen hat wiederum die Form eines abgerundeten Dreiecks, seine Vorderspitze weist auf die vier hufeisenförmig angeordneten Zehenballen. Sein Hinterrand besteht aus drei leicht gewölbten Ausläufern. Die Pfote oder Brante des Vorderlaufs ist breiter und manchmal auch kürzer als die hintere, die allerdings schlanker ausfällt. Daher ist auch der Abdruck der Vorderbrante (**2a**) mächtiger, 5—7 cm lang und 5,—7,5 cm breit. Die Hinterspur ist 4,5—6 cm lang und 5 cm breit (**2b**). Beim Schreiten hinterläßt der Luchs auf seiner Spurenbahn Trittsiegel in einer Doppellinie aus linken und rechten Doppelabdrücken, da er die Hinterbranten in die Spuren der Vordergliedmaßen setzt. Seine Spurenreihe sieht ein wenig wie Schnüren mit einer breiteren Schränkung aus (**4a**). Doppeltritte sind mehr oder weniger genau, doch kommt es beim schnelleren Schreiten zum sog. Übertritt, wenn der Hinterlauf mit den Sohlenballen in etwa auf Höhe der Vorderzehen aufsetzt (**2c**). Beim langsamen Trab, der gebräuchlichsten Gangart des Luchses, hat die Fährte einen ähnlichen Charakter. In voller Flucht (**4b**) werden die Hinterläufe vor die Vorderläufe gebracht, wobei jede der vier Branten selbständig abgedrückt wird, so daß keine Doppeltritte entstehen. Die Schrittlänge bewegt sich (je nach Geschwindigkeit) zwischen 30 und 80 cm, im Trab verlängert sie sich bis auf 130 cm, auf der Flucht kann der Luchs über 150 cm lange Sprünge ausführen. Der Luchs ist ein Räuber, der seine Beute nicht durch Verfolgen reißt, sondern auf sie an einer erhöhten Stelle, z. B. auf einem Felsen oder im Geäst lauert. Von dort stürzt er sich in einem mächtigen Satz auf das Beutetier und kann dabei Entfernungen von 5—7 m überwinden.

In der Einleitung war die Rede davon, daß die Katzen zu den Zehengängern gehören, d. h. daß sie eigentlich nur mit den Endpartien der Zehen auftreten und der Rest der Sohle bis zur Ferse beim Schreiten überhaupt nicht den Boden berührt. Bild 3 zeigt die Spuren eines sitzenden Luchses. Die dunklen Abdrücke vorn stammen von den Vorderbranten, hinter ihnen befinden sich die Zehenabdrücke sowie die ganzen Hinterbranten bis zu den Fersen. Ganz links in der Ecke ist seine Losung zu sehen.

1

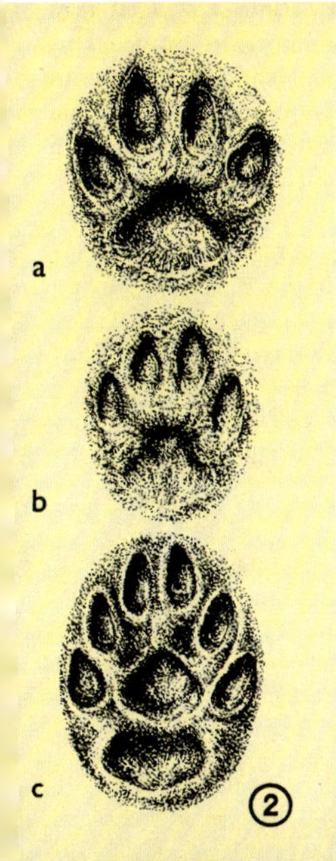
a
b
c
2

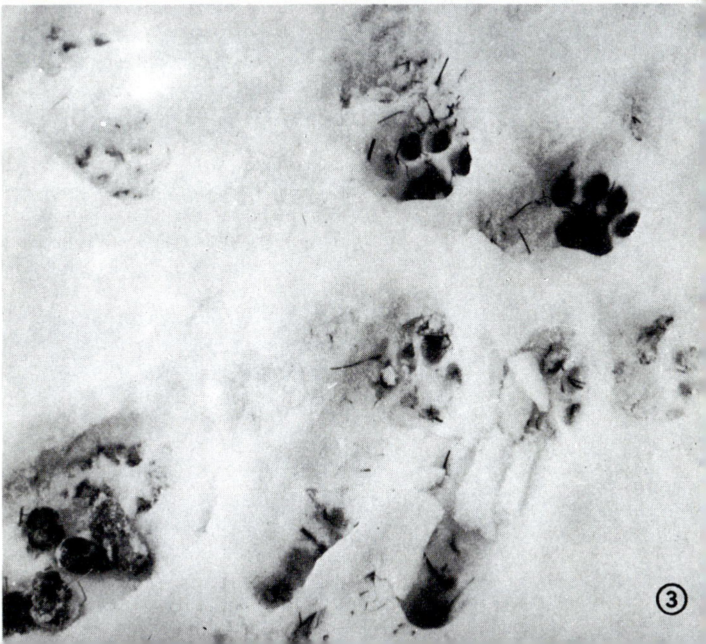
3

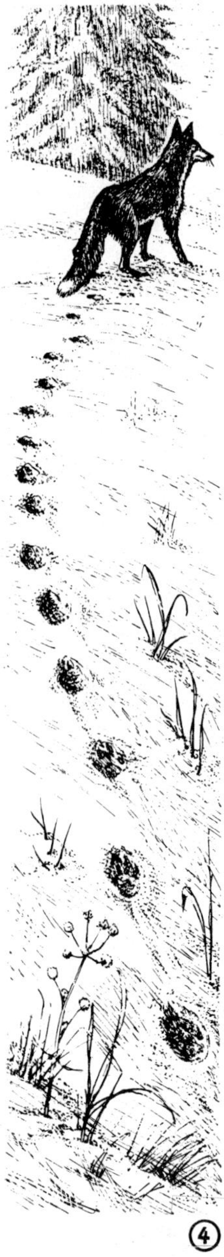

Pfotenabdrücke

Der Rotfuchs *(Vulpes vulpes* — 1*)* ist das am weitesten verbreitete wildlebende hundeartige Raubtier. Er lebt sogar in enger Nachbarschaft des Menschen, oft inmitten der Städte, doch entgeht er der menschlichen Aufmerksamkeit, da er sehr vorsichtig und scheu ist.
An den Vordergliedmaßen hat der Fuchs fünf Zehen, doch ist der Daumen so hoch angesetzt, daß er sich nicht in der Spur abdrücken kann. Bild **2a** zeigt die rechte Vorderpfote, der Daumen erscheint nur als Kralle, die geringfügig aus dem Fell hervorragt. Die Vorderpfote tritt also nur mit vier Zehen auf. Die Hinterpfote bzw. ihr Vorderteil — die ganze Sohle ist wesentlich länger — ist mit vier Zehen ausgestattet (**2b**). Zwar ist das keine allzu feste Regel, doch ist die Vorderpfote manchmal etwas größer, länger und breiter.
Die Fuchsspur hat eine sehr regelmäßige Ellipsenform mit deutlich abgedrückten Krallen (**2c**). Die beiden mittleren Zehen sind in der Spur dicht nebeneinander eingedrückt und sitzen auf gleicher Höhe. Ebenso regelmäßig sind die Abdrücke der etwas tiefer liegenden Außenzehenballen, eine regelmäßige Form hat auch der Mittelballen in Gestalt eines breit geöffneten dreilappigen Gebildes (**2a**). Diese nahezu spiegelbildliche Symmetrie verursacht, daß sich rechte und linke Pfote als Spur nur sehr schwer unterscheiden lassen. Der Abdruck der Vorderpfote (**3**) ist etwa 5 cm lang und 3—4 cm breit, die Hinterspur ist fast gleich lang, macht aber einen schlankeren Eindruck. Die Trittballen der beiden vorderen Zehen sind in der Spur weit vorgeschoben, und ihre Hinterränder liegen fast auf einer Linie mit den Vorderrändern der beiden Außenzehenballen. Da auch der Mittelballen ziemlich weit zurückgesetzt ist, entsteht mitten zwischen allen diesen Ballen ein ziemlich großer Raum. Diese beiden Merkmale sind für die Spuren wildlebender hundeartiger Räuber typisch und auch für die Unterscheidung wichtig. Perfekt abgedrückte Spuren findet man in erhärtendem Schlamm, im Winter dann auf feuchtem Schnee. Manchmal sind die Spuren im Winter weniger deutlich, quasi verwischt; das kommt von der dichteren und längeren Behaarung in den Lücken zwischen den Zehen, die die Trittpolster bedeckt. In dieser Jahreszeit ist es möglich, eine Fuchs- mit einer Hasenspur zu verwechseln, da beide annähernd gleich groß sind. Das kann allerdings nur bei einer Einzelspur passieren, da Spurenbild und Spurenbahn beider Säuger ganz verschieden aussehen.
Der Fuchs bewegt sich in allen Gangarten, in Schritt (**4**), Trab, Lauf und Sprung sowie schleichend, wobei die einzelnen Pfotenabdrücke in zwei Reihen dicht hintereinander in Abständen von einigen Zentimetern erscheinen. Beim Schleichen in Schnee wird auch durch den Körper eine breite, seichte Rinne eingedrückt.

1

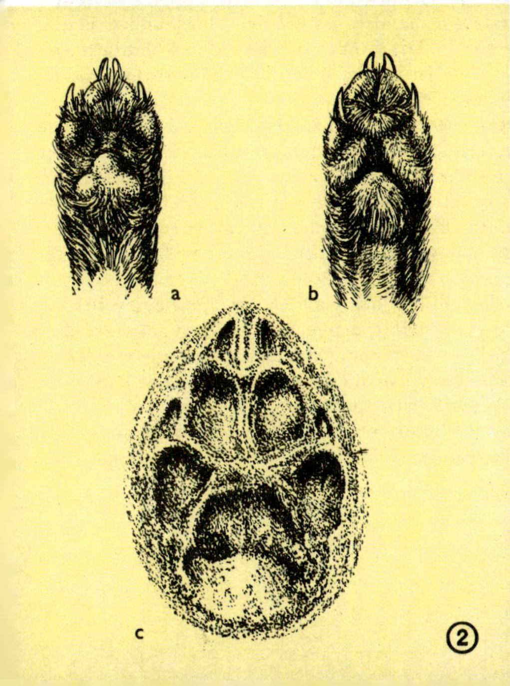
a
b
c
2

3

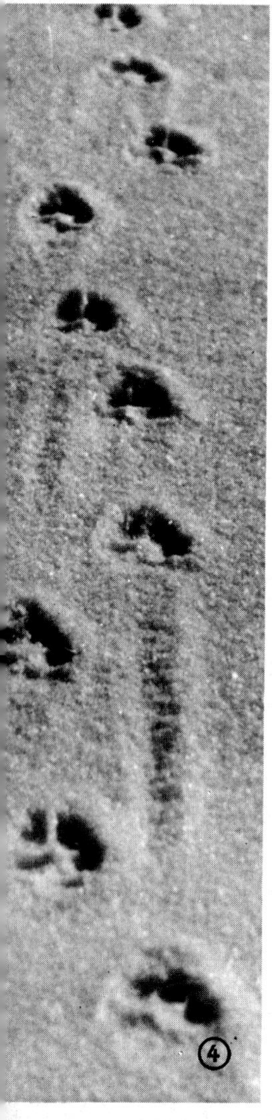

Pfotenabdrücke

Die Fortbewegung ist bei den Hundeartigen so interessant, daß sich eine eingehendere Betrachtung lohnt. Alle Hundeartigen und auch die Katzen bewegen sich sehr oft schnürend (**2a**). Diese bei den hundeartigen Raubtieren wohl häufigste Trittweise erhielt ihren Namen daher, daß zwischen den Abdrücken aller Pfoten kein Schrank entsteht und sie also zu einer zusammenhängenden Linie hintereinander geordnet sind. In den Abdruck der rechten Vorderpfote greift die rechte Hinterpfote, auf der linken Seite ist das entsprechend. Die Spuren drücken sich in regelmäßig wiederholten Abständen ein und machen den Eindruck, als handele es sich um Abdrücke einzelner Pfoten; in Wirklichkeit sind es aber genau ineinander passende Doppelspuren. Beim Haushund sind die einzelnen Spuren nicht genau in einer Linie abgedrückt, sondern etwas seitlich von einer gedachten Mittellinie angesetzt, in der Fährte wird die mehr oder weniger große Schrankbreite sichtbar. Im tiefen Schnee hinterläßt der Fuchs (1) Spuren in Gestalt von rundlichen Löchern, die an die Fährte von schreitendem Rehwild erinnern können. (Die Rehfährte kann man aber bei näherer Betrachtung an den Abdrücken von Schalen und Afterklauen erkennen.) Die Schrittlänge ist ziemlich veränderlich und schwankt zwischen 20 und 40 cm, durchschnittlich 30 cm.

Beim Trab (**2b**) erscheinen in der Spurenbahn je zwei und zwei etwas schräg nebeneinander gesetzte Abdrücke. Diese Spurenpaare kommen auf verschiedene Weise zustande. Nebeneinander liegende Abdrücke können entweder beiden Hinter- oder beiden Vorderpfoten gehören, aber auch jeweils zu den beiden Läufen der rechten bzw. linken Körperseite. Letztere Gangweise, bei der es sich um Doppelspuren von Hinter- und Vorderläufen handelt, ist bei den Haushunden häufig und in Bild 3 festgehalten. Der Größenunterschied der Abdrücke von Hinter- und Vorderpfote ist gut zu sehen. Die Hinterspur befindet sich vorn im Bild und ist kleiner.

Auf den ersten Blick scheint es etwas ungewöhnlich, entweder beide rechten bzw. linken Trittsiegel nebeneinander zu setzen, das vordere neben das hintere. Man muß aber nur einmal einen trabenden Hund betrachten, wie der ganze Körper seitlich schräg gedreht ist und wie die Hinterläufe immer abwechselnd neben die vorderen gesetzt werden, und man kommt dahinter, daß er sich auf diese Weise am häufigsten fortbewegt.

Bei langsamem Trab vollführt der Fuchs kurze Sprünge, wobei die Hinterläufe dicht vor den Abdrücken der Vorderpfoten aufsetzen (**2c**), so entsteht eine deutliche Viererspur. Manchmal sind alle vier Trittsiegel zu einer Geraden geordnet, die schräg zur Achse der Fortbewegung verläuft. Das ist der Kreuztritt (**2c, 4**).

Der schnelle Lauf besteht eigentlich aus regelmäßig wiederholten Sprüngen, wobei aus den Trittsiegeln ein trapezförmiges wechselndes Bild entsteht (**2d**).

1

a
b
c
d
2

3

Pfotenabdrücke

Der Wolf *(Canis lupus* — **1**) ist das größte europäische hundeartige Raubtier. Er lebt als Einzelgänger oder im Familien- bzw. Rudelverband. Der Wolf ist ein ausgesprochener Jäger vor allem von Pflanzenfressern und kann in einer einzigen Nacht auf der Beutesuche über 100 km zurücklegen.

Die Vordergliedmaßen des Wolfs sind mit fünfzehigen Pfoten ausgestattet. Da aber der Daumen hoch sitzt, werden nur vier Zehen mit mächtigen, länglichen Ballen und kräftigen Krallen deutlich sichtbar (2). Die Hinterläufe sind nur vierzehig, haben eine ähnliche Form wie die vorderen, doch sind sie geringfügig kürzer und schmaler.

Das Trittsiegel zeichnet sich durch außerordentliche Regelmäßigkeit aus, wie das bei den Hundeartigen zu sein pflegt, deutlich sind darin Zehen- und Mittelballen abgedrückt. Die Ballenabdrücke der dritten und vierten Zehe sind bis zur Spitze des ganzen eirunden Trittsiegels vorgeschoben, sie liegen dicht nebeneinander, und ihre Spitzen (dadurch auch die Krallenabdrücke) sind einwärts gedreht (**3a**). Die Außenzehen, d. h. die zweite und fünfte, sind bis zur Trittsiegelmitte nach hinten verschoben, wodurch die schlanke, gestreckte Form zustande kommt. Außerdem enden die Vorderränder der Außenzehenballen etwa auf der Höhe, an der die Ballenhinterränder der beiden mittleren ansetzen. Der Mittelballen hat eine typisch dreilappige Form, ist weit hinten angesetzt, so daß ähnlich wie beim Fuchs auch hier ein recht großer freier Raum zwischen allen fünf Ballen zustande kommt. Der Abdruck der Hinterpfote unterscheidet sich in der Form nicht von der Vorderpfote, auch die Größenunterschiede sind nicht besonders markant (**3b**). Die Vorderpfotenabdrücke sind 8—11 cm lang und 6,5—10 cm breit, die Hinterpfoten rund 8 cm lang und etwa 6—7 cm breit. Eine Wolfsspur kann man leicht mit der Spur einer großen Hunderasse verwechseln, ihre typischen Merkmale sind aber Schlankheit und kegelförmige Zuspitzung.

Wölfe bewegen sich meist in ausdauerndem Trab, in schnellen Lauf gehen sie beim Hetzen einer Beute über, dessen Endphase beim Angriff auf das Beutetier der Sprung ist. Die Spurenbahn ist mit dem Spurencharakter der übrigen Hundeartigen identisch. Der Wolf schnürt sehr häufig, sowohl im Schritt als auch im Trab, wobei Hinter- und Vorderspuren auf einer Linie hintereinander liegen und die Hinterpfote in die Vorderspur gesetzt wird (**5a**). Beim seltenen Schreiten bewegt sich die Schrittlänge um 40 cm, beim Trab verlängert sie sich auf 60—100 cm. Ein laufender Wolf (**4, 5b**) hinterläßt Viererspuren, bei denen die ersten zwei Abdrücke etwas schräg gelegt sind und zu den Hinterläufen gehören, hinter denen dann wieder schräg, aber im Gegensinn, die Vorderpfoten abgedrückt werden.

1

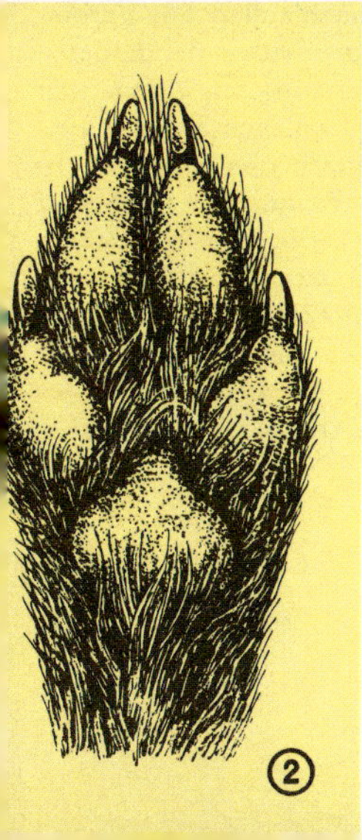
2

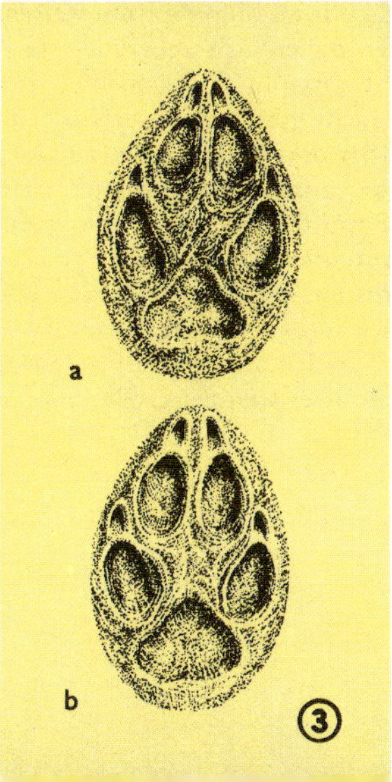
a
b
3

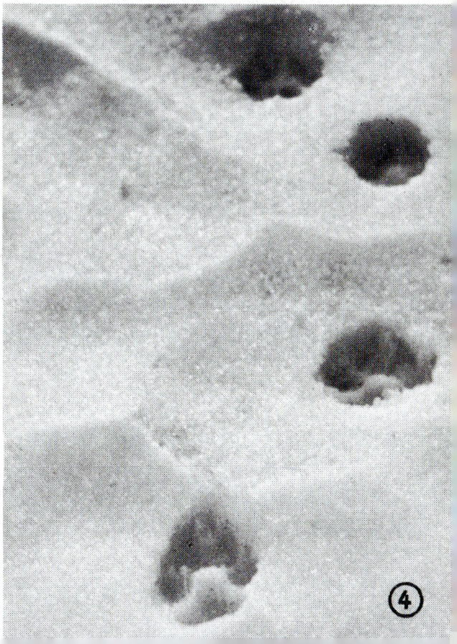
4

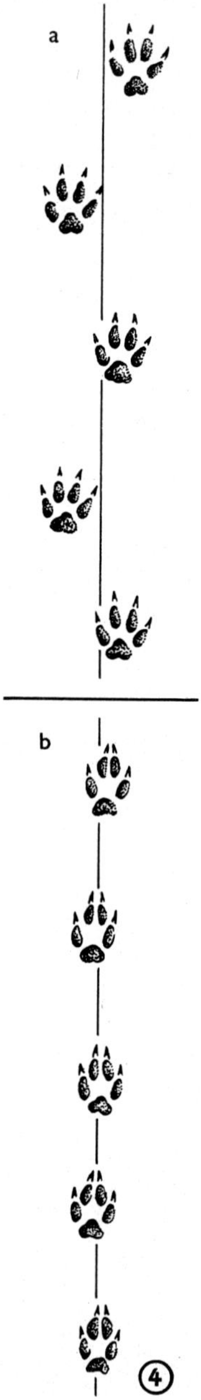

Pfotenabdrücke

Durch neuere Untersuchungen ist es gesichert, daß der Hund vom Wolf abstammt. Dessen Jungtiere wurden schon in der Steinzeit gezähmt, wahrscheinlich unabhängig voneinander an vielen Stellen der Erde. Sie wurden allmählich domestiziert, verschiedentlich gekreuzt, und so entstand im Laufe vieler Jahrtausende eine Fülle von Hunderassen. Einige Rassen sind so klein, daß sie fast in der Manteltasche Platz finden, Dogge, Bernhardiner oder Neufundländer hingegen können ein Gewicht von rund 80 kg erreichen. Obwohl es Hunderassen von unterschiedlicher Größe und verschiedener Färbung gibt (**1**), haben doch ihre Pfoten und Spuren eine recht konstante Form.
Die Vorderpfote des Hundes hat fünf Zehen, doch drückt sich der Daumen wegen seines verkrüppelten Wuchses und der hohen Stellung an der Sohle nicht in der Spur ab. Die Hinterpfote ist vierzehig. Der Abdruck der Vorderpfote (**3**, rechts) ist in der Regel länger und breiter als die Spur des Hinterlaufs (**3**, links). In jeder Spur drücken sich auch die Krallen deutlich ab. Die Größe von Hundespuren bewegt sich von 2,5 cm bis 10—13 cm.
Hundespuren kann man von Fuchs- oder Wolfsspuren anhand verschiedener Merkmale unterscheiden, die aus der Anordnung der Zehen- und Mittelballen hervorgehen. Fuchs- und Wolfsspur kann man wohl kaum verwechseln, da sie sich eindeutig durch ihre Größe voneinander unterscheiden. Schwerer ist schon die Unterscheidung von gleich großen Hunde- und Fuchs- bzw. Wolfsspuren. Zur genauen Bestimmung muß man einen vollständigen Abdruck finden, entweder in Schlamm oder feuchtem Schnee, an dem die Abdrücke der Ballen und Krallen deutlich zu sehen sind.
Beim Hund (**2a**) sind die Unterpartien der Zehenballen relativ dicht an die Trittsiegelmitte gerückt, so daß sie in der Nähe des Hauptballens ansetzen. Der Tritt ist durch die Abdrücke der Ballen fast ganz ausgefüllt, in der Mitte entsteht kein freier Raum. Die beiden mittleren Zehen sind gespreizt, ihre Spitzen weisen nach außen. Die Verbindungslinie ihrer Ballenbasis schneidet stets die Ballen der äußeren Zehen. In der Fuchsspur (**2b**) sind die beiden mittleren Zehen weit vorgeschoben, nicht gespreizt, ihre Hinterränder liegen auf der gleichen Linie, an der die Vorderränder der Außenzehenballen enden. In der Spurenmitte entsteht ein größerer freier Raum. Die Wolfsspur ähnelt in der Form der Fuchsspur, die Vorderzehen weisen einwärts, die beiden äußeren sind in die Mitte gedrückt, zwischen Mittel- und Zehenballen entsteht ein länglicher freier Raum (**2c**).
Während bei schnürenden Füchsen und Wölfen die Spuren zu einer fast perfekten Geraden angeordnet sind (**4b**), ist für das Schnüren des Hundes ein mehr oder weniger großer Schrank charakteristisch (**4a**).

1

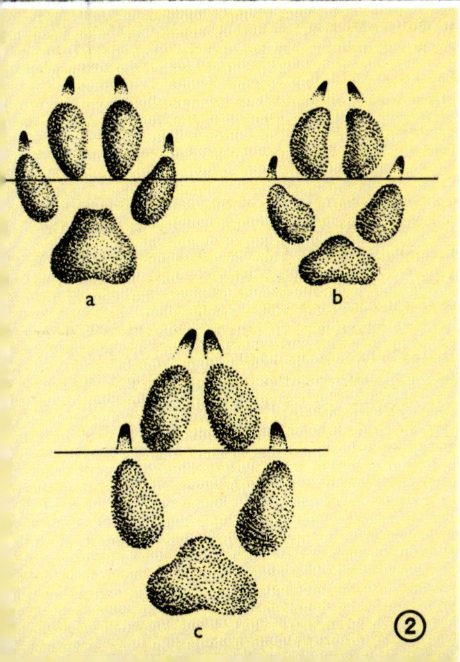
a
b
c
2

3

Pfotenabdrücke

Die in Europa mit den meisten Arten vertretene Raubtierfamilie sind die Marder. Zu ihnen gehören sowohl Baummarder *(Martes martes* — **1***)* als auch der sehr ähnliche Steinmarder *(M. foina)*. Beide kommen in ganz Europa vor; der Baummarder bewohnt Waldkomplexe mit höheren Bäumen ohne stärkeres Unterholz. Tagsüber ruht er in Baumhöhlen sowie alten Eichhörnchen- und Vogelnestern. Der Steinmarder war ursprünglich ein Felsbewohner, in diesem Landschaftstyp hält er sich auch gegenwärtig auf, doch ist er auch ein regelmäßiger Bewohner menschlicher Behausungen, die ihm ebenso sichere Schlupfwinkel bieten wie die Felsspalten. Trotz ihrer großen Ähnlichkeit unterscheiden sich diese beiden Marderarten durch den Bau ihrer Pfoten und damit auch durch ihre Spuren.

Die Pfote des Baummarders ähnelt einer Hasenpfote. An den Vorderpfoten befinden sich fünf Zehen, aber die einzelnen Zehen- sowie der Hauptballen sind nicht zu sehen. In den Zehenzwischenräumen wächst ein dichtes, ziemlich langes Fell, das die Ballen ganz verdeckt. In der Winterzeit ist die Behaarung der Pfote dichter als im Sommer. Der Baummarder klettert auf Beutesuche in den Baumkronen umher, und die Pfotenbehaarung verhindert ein Abrutschen auf nassen oder bereiften Ästen. In einer gut abgedrückten Spur sind alle fünf Krallen zu sehen, oft auch die Ballen, doch wirkt die ganze Spur durch die Behaarung wie verwischt. An der Hinterpfote sitzen ebenfalls fünf Zehen, die Behaarung ist ebenso kräftig. Der Vorderabdruck (**2**, oben) ist größer, 4—4,5 cm lang und 2,5—3,5 cm breit; die Hinterspur (**2**, unten) ist kleiner, ihre Länge schwankt zwischen 3 und 3,5 cm, die Breite beträgt etwa 3 cm.

Die Pfotenunterseite des Steinmarders ist zwar auch teilweise behaart, doch sind an ihr deutliche Ballen zu sehen. Alle vier Gliedmaßen sind fünfzehig und alle fünf Zehen drücken sich mit den Krallen regelmäßig in der Spur ab. An einem deutlichen Vorderpfotenabdruck (**3**) sind außer den fünf Zehenballen und den dreiteiligen Mittelballen auch noch ein oder zwei Fersenballen abgedrückt, die an der Hintersohle fehlen. Größenmäßig stimmen Fels- und Baummarderspuren annähernd miteinander überein.

Spuren von Baummardern findet man im Wald und in dessen Umgebung, die Steinmarder hinterlassen ihre Abdrücke häufig in der Nähe von dorfartigen Ansiedlungen sowie in Gärten und Parks. Baummarderfährten enden häufig an einem Baum, hier ist der Marder auf den Stamm gesprungen und auf Eichhörnchenjagd gegangen.

Im Schritt bewegen sich die Marder nur selten (**4a**), meist beim Durchdringen schwer zugänglicher Stellen und beim Anschleichen der Beute. Auf freier Fläche bewegen sie sich in wellenartigen Sprüngen (**4b**), wobei sie paarweise Doppelspuren hinterlassen. Im schnellen Lauf (**4c**) werfen sie die Hinterläufe vor die vorderen und bringen so Spuren vom Hasentyp hervor.

1

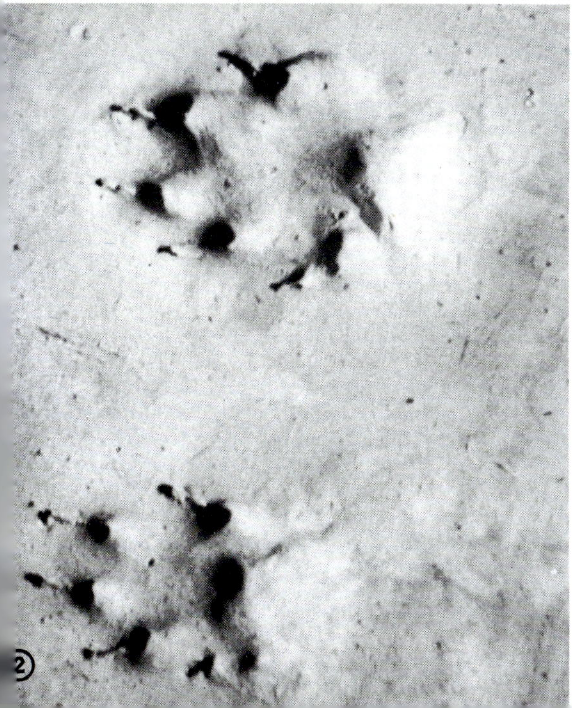
2

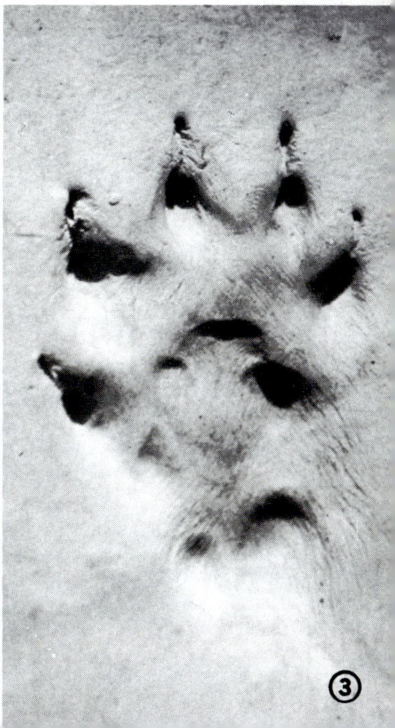
3

5

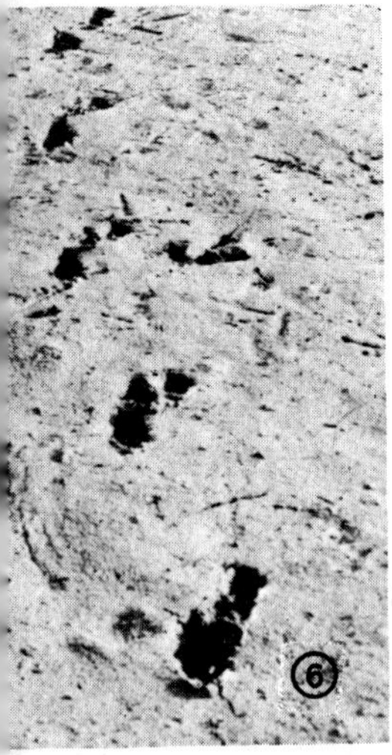

Pfotenabdrücke

Der Iltis *(Putorius putorius* — **1)** ist häufiger als der Marder. Er bewohnt Landschaften mit Steppencharakter, Felder, Wäldchen, Büsche und steinige Hänge. Ein wichtiger Bestandteil seiner Speisekarte sind kleine Nager, daher hält er sich sehr häufig auch in Wirtschaftsgebäuden auf, in denen Mäuse und Ratten leben. Daher kann man Iltisspuren auch in Höfen und Gärten finden. Manche Exemplare haben sich auf die Froschjagd spezialisiert, lauern an den Rändern von Teichen, Flüssen und Bächen, in deren Schlammanschwemmungen sie ihre Spuren hinterlassen.

Die Vorder- (**2a**) und die Hinterpfote (**2b**) sind stets mit fünf Zehen und kräftigen Krallen ausgestattet. Die Behaarung der Pfoten ist schwach, so daß deutlich Zehenballen, der große, unregelmäßig modellierte Hauptballen und die Fersen- bzw. Handgelenksballen hervortreten. In einer klar abgedrückten Spur, wenn der Iltis mit der ganzen Sohle auf einen weichen Untergrund tritt, drücken sich alle Ballen sehr gut ab (**3a, b**), in einer weniger deutlichen Spur ist nur der Sohlenvorderteil eingedrückt, und manche Abdrücke sehen vierzehig aus (**4**).

Iltisspuren ähneln Marderspuren, nicht nur in der Form, sondern auch in Spurenbild und Spurenbahn, sind jedoch kleiner. Die Vorderspur (**3a**) ist 2—3,5 cm lang und 2—2,5 cm breit. Das hängt natürlich auch vom Charakter des Untergrundes ab, über den sich der Iltis bewegt. Im Schlamm (**4**) sind die Spuren stets viel breiter, da die Zehen stärker einsinken und sich seitlich spreizen. Die Abmessungen der Hinterspur sind annähernd gleich, wurde aber die ganze Sohle abgedrückt (**3b**), erreicht sie eine Länge von 4—4,5 cm.

Auf der Spurenbahn kann man eine Reihe von Spurenbildern verzeichnen, die für die marderartigen Raubtiere charakteristisch sind. Normal bewegen sie sich in Sprüngen, bei denen die Hinterpfoten in die Abdrücke der Vorderläufe gesetzt werden; die so entstandenen Doppelspuren liegen entweder dicht nebeneinander oder leicht schräg hintereinander. Die Sprungweite hängt von der Geschwindigkeit der Bewegung ab und schwankt zwischen 40 und 60 cm. Kommt der Iltis bei der Jagd auf Frösche auf den Schlamm eines entleerten Teichs, sind seine Trittsiegel tief und unleserlich (**6**), bei der genauen Bestimmung hilft die Kenntnis von Spurenbild und Spurenbahn.

Beim Sprung hat der Iltis ein stark gekrümmtes Rückgrat, als ob er einen Buckel machen wollte, und seine Bewegungen ähneln ein wenig dem Hoppeln des Hasen. Sobald er in raschen Lauf übergeht, der eigentlich auch wieder nur aus Sprüngen besteht, streckt sich der Rumpf mehr und die Hinterläufe setzen vor den Abdrücken der Vorderpfoten auf (5). In diesem Fall gruppieren sich die Einzelspuren zu verschiedenen Bildern. In der Regel entstehen Vierecke (5, unten) bzw. alle vier Abdrücke sind unregelmäßig angeordnet, es kann auch eine Gruppierung zustande kommen, die in der Form einer Hasenspur ähnelt. Ziemlich häufig erscheint ein trapezförmiges Spurenbild. Die Iltisspur endet häufig in einem Kaninchenbau, in Kanalisationsröhren oder Mauerritzen.

1

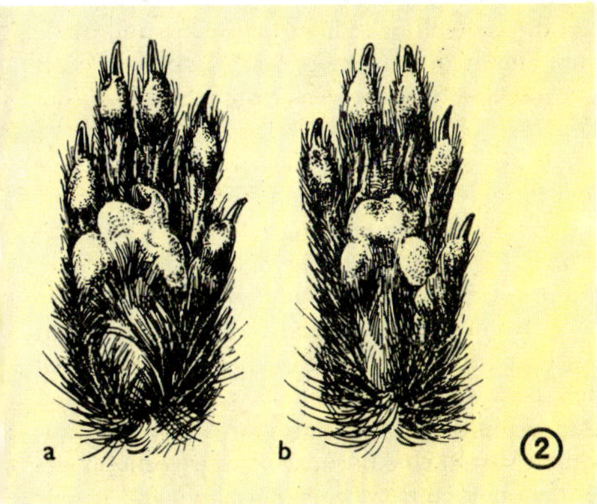
a
b
2

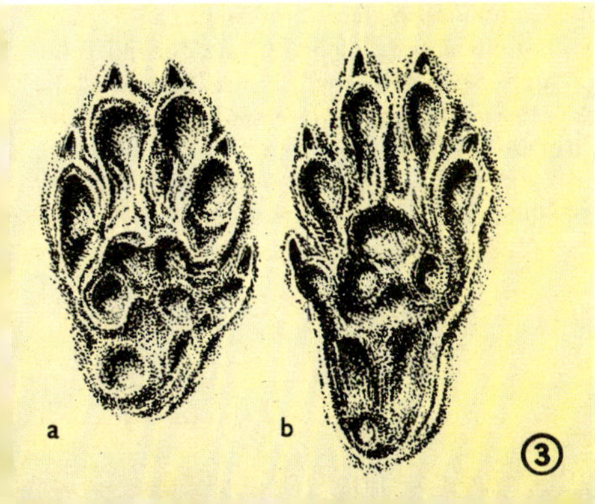
a
b
3

4

⑤

Pfotenabdrücke

Zu den kleinsten marderartigen Raubtieren gehört das Hermelin *(Mustela erminea)*. Es ist verhältnismäßig zahlreich von der Tiefebene bis ins Hochgebirge verbreitet. Man begegnet ihm auf Feldern, an Waldrändern, in der Nähe von Steinhaufen, auf überwucherten Hängen und Rainen; überall da, wo auch Mäuse siedeln. Der Sommerpelz des Hermelins ist auf dem Rücken zimtbraun und am Bauch weißlich, im Winterkleid ist das Tier ganz schneeweiß (**1**), nur die Schwanzspitze bleibt das ganze Jahr über schwarz. Bei den Hermelinen herrscht ausgeprägter Geschlechtsdimorphismus. Das Männchen ist stets sichtlich größer als das Weibchen, und das wirkt sich verständlicherweise auch auf die Größe der Pfoten und Spuren aus.
Die Vorderpfote (**2a**) hat fünf Zehen mit deutlichen Ballen sowie einen Mittelballen, der aus drei zusammengedrängten Höckern besteht. Die dritte und vierte Zehe sind annähernd gleich lang, die zweite und fünfte sind hoch angesetzt und auf gleicher Ebene. Der Daumenballen liegt auf der Höhe des Hauptballens. Diese Ballenanordnung erscheint auch in einer gut abgedrückten Spur (**3a**). Die Hinterpfote ist gestreckter (**2b**) und ihr Abdruck (**3b**) schlanker.
Im Hinblick auf die beträchtlichen Größenunterschiede von Männchen und Weibchen schwankt auch die Größe der Spuren. Eine Vorderspur ist gewöhnlich rund 2 cm lang, etwa 1,5 cm breit und hat ovale Form. Die Hinterspur hat eine Länge von etwa 3,5 cm, eine Breite von 1,3 cm, und da die Zehen aneinander gedrückt sind, ist sie spitzer. Die Hermelinspur ähnelt in der Form der Iltisspur, ist aber wesentlich kleiner. Um so mehr ähnelt sie den Pfotenabdrücken des Mauswiesels *(M. nivalis)*.
Das Hermelin bewegt sich auf die für die Marderartigen typische Weise – in kürzeren oder längeren Sprüngen (**5a**), wobei die Hinterpfoten in die Abdrücke der Vorderpfoten eingreifen und so dicht nebeneinander liegende oder geringfügig schräg gesetzte Doppelspuren ergeben. Die Schränkung ist sehr klein und erreicht bei allen Bewegungstypen nur 4–5 cm. Bei langsamerer Fortbewegung macht das Hermelin 20–40 cm lange Sprünge, bei Beschleunigung wächst die Entfernung zwischen den Spuren bis auf 70 cm an. Für den schnellen Lauf ist das Aufsetzen der Hinterläufe vor den Vorderläufen charakteristisch, dadurch entstehen Abdrücke von Dreiecks-, Vierecks- (**5b**) oder Trapezform oder Fährten vom Hasentyp (**4**), in der allerdings alle vier Abdrücke annähernd gleich groß sind.
Die Hermelinspurenbahn hat einen gewundenen Charakter mit ständig wechselnder Sprunglänge. Sehr oft endet sie am Stamm eines alten hohlen Baums. Das Hermelin jagt zwar vorwiegend auf der Erde oder unterirdisch, trotzdem klettert es gewandt in den Bäumen. Hier sucht es nicht nur Beute, z. B. in Höhlen nächtigende Vögel, sondern bringt in solche Höhlen auch oft Vorräte von erlegten Wühlern und Mäusen.

1

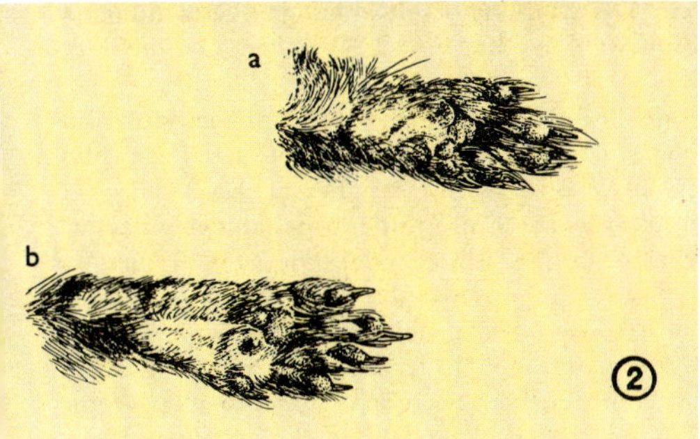
a
b
2

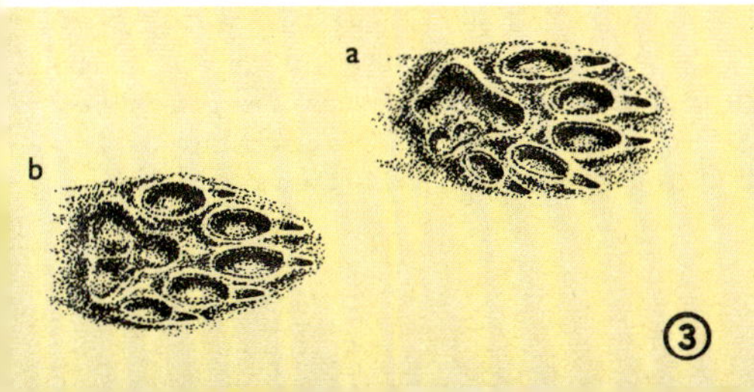
a
b
3

4

4

Pfotenabdrücke

Der gängigste europäische marderartige Räuber ist das Mauswiesel *(Mustela nivalis);* es ist auch die kleinste Art der Gruppe. Auch hier ist das Männchen größer als das Weibchen. Wegen der Größe könnte es zur Verwechslung mit dem Hermelin kommen, da im Sommer beide Räuber eine ähnliche Färbung aufweisen. Das Hermelinweibchen ist nämlich annähernd so groß wie das Mauswieselmännchen. Bekommt man einen dieser Räuber in der Natur zu Gesicht, so kann man ihn leicht an der Schwanzspitze bestimmen. Beim Mauswiesel ist sie ganzjährig zimtbraun (**1**), die Schwanzspitze des Hermelins ist das ganze Jahr schwarz. Mauswieselspuren findet man überall auf Feldern, an Rainen und Hängen, Steinhaufen oder Strohmieten. Es meidet feuchtes Gelände.

Die Mauswieselpfoten und damit auch seine Spuren ähneln stark denen des Hermelins. Vorder- (**3a**) und Hinterpfote (**3b**) haben fünf Zehen mit kräftigen Ballen und scharfen Krallen, in der Mitte sitzt ein unregelmäßiger bzw. dreilappiger Hauptballen. Der Abdruck der Vorderpfote (**3c**) unterscheidet sich, wenn er vollständig und deutlich ist, in Größe und Form kaum von den Hinterspuren (**3d**). Die Hinterspur ist nur eine Kleinigkeit schlanker und geringfügig spitzer. Abdrücke von Vorder- und Hinterpfote sind etwa 1,5 cm lang und 0,7—1 cm breit.

Die Spuren von Baum- und Steinmarder, von Iltis, Hermelin und Wiesel ähneln sich in der Form stark. Zwar gibt es auch in der Spurenform geringfügige Unterschiede, doch reichen diese in der Regel nicht zur genauen Bestimmung aus. Daher ist es wichtig, die Spurengröße der einzelnen Arten zu kennen. An ihnen kann man sich wenigstens grob orientieren. Die Spurenlänge von Baum- und Steinmarder bewegt sich in der Spanne von 4—4,5 cm, Iltisspuren sind 2,5 bis 3,5 cm lang; beim Hermelin messen sie nur noch 2—2,5 cm und beim Mauswiesel 1,5—2 cm. Diese Größenbereiche hängen verständlicherweise wieder vom Charakter des Bodens ab, über den sich die Tiere bewegen.

Auf der Spurenbahn des Mauswiesels erscheinen ähnliche Spurenbilder wie beim Hermelin, doch sind die Spuren kleiner (**4**). Die gewöhnliche Fortbewegungsweise sind Sprünge, bei denen das Mauswiesel Doppelspuren hinterläßt (**2a**). Die Entfernung zwischen den einzelnen Spurengruppen wechselt ständig, je nachdem, wie schnell sich das Tier bewegt hat. Die Sprunglänge schwankt zwischen 15 und 50 cm, die Schrankbreite übersteigt 4—5 cm nicht. Bei schnellerer Gangart vergrößert sich die Sprunglänge, die Hinterpfoten setzen vor den Vorderlaufspuren auf, und auf der Fährte erscheinen Dreier- und Viererspuren oder auch Figuren, die wie die Spur eines winzigen Hasen aussehen (**2b**).

Nur selten gelingt es, eine Mauswieselspur über eine längere Strecke zu verfolgen. Die Spuren führen nur ein paar Meter über den Schnee, dann verschwinden sie in einem Mauseloch, unter einem Steinhaufen, häufig sind sie von Blutstropfen erbeuteter Feldmäuse gezeichnet.

1

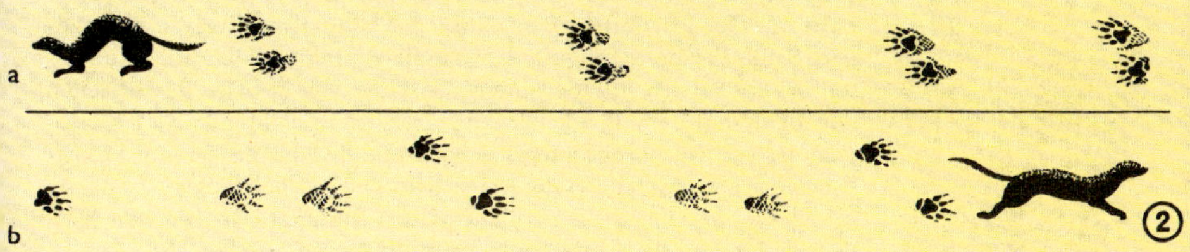
a
b
2

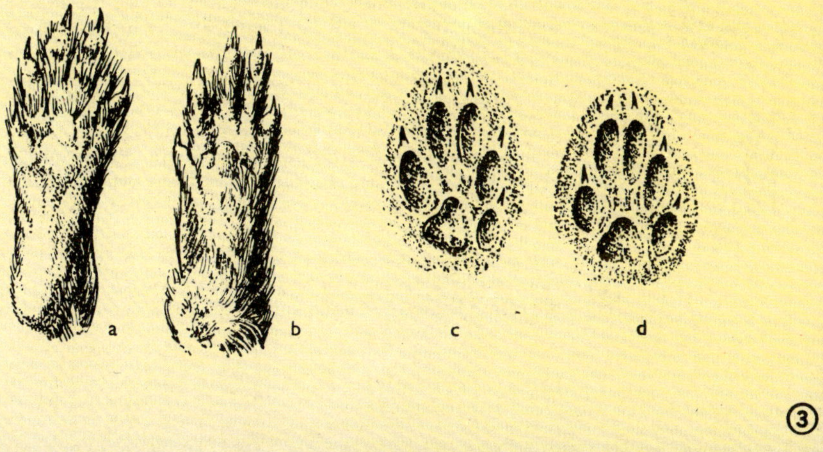
a
b
c
d
3

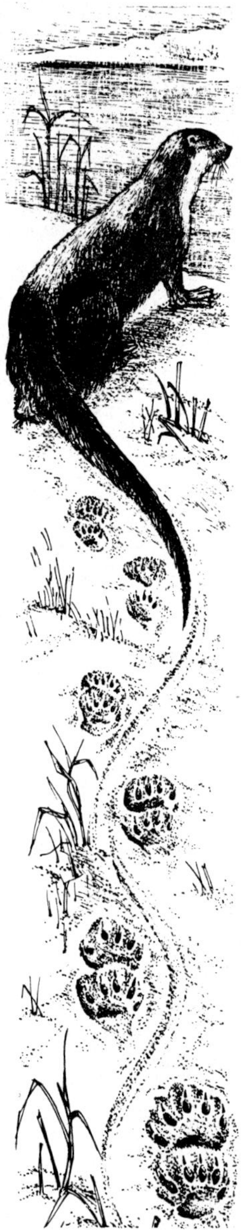

5

Pfotenabdrücke

Der Fischotter *(Lutra lutra — 1)* ist in Europa verhältnismäßig selten. Sein spindelförmiger Körper mit den kurzen Beinen und dem langen „Eidechsenschwanz" läßt ahnen, daß das Tier sich ausgezeichnet in und unter Wasser bewegt. Die Zehen aller vier Gliedmaßen sind durch Schwimmhäute verbunden, mit denen der Fischotter im Wasser rudert. Seine Hauptnahrung bilden Fische.

Die Vorderpfote ist fünfzehig, die Zehenballen sind durch eine unbehaarte Schwimmhaut verbunden und enden in nicht besonders starken und langen Krallen. Der große Mittelballen besteht aus vier zusammengedrängten Pölsterchen und hat eine unregelmäßige Form (**2a**). Ähnlich ist auch die Hinterpfote gestaltet, an der ein Fersenballen deutlicher sichtbar wird, die ganze Pfote hat eine längere Sohle (**2b**).

Der Vorderpfotenabdruck (**3a**) ist fast rundlich, 5—6,5 cm lang und in etwa gleich breit. Die Schwimmhaut — das gilt auch für die Hinterpfote — wird nur in ganz deutlichen gut abgedrückten Spuren sichtbar. Auch der Daumen drückt sich auf härterem Grund gelegentlich nicht ein. Die Hinterspur ist länger (**3b**), ihre Länge bewegt sich zwischen 6 und 9 cm; wenn die ganze Sohle gut abgedrückt ist, kann sie sogar 12 cm ausmachen. Ihre Breite erreicht 6 cm.

Fischotterspuren kann man an schlammigen Fluß- und Seeufern finden, auf verschneitem Eis, manchmal auch ziemlich weit vom Wasser entfernt. Der Fischotter zeigt nämlich Neigung zu längeren Streifzügen. Seine Fortbewegungsweise ist außerordentlich vielfältig. Nur selten bewegt er sich in langsamem Schritt, wobei er beim Beschleichen von Beute auf dem Trockenen abwechselnd in dichter Folge die Hinterpfote vor die Vorderlaufspur setzt (**4a**) oder die Vorderspur beitritt (5). Seine gewöhnliche Gangart ist der typische marderartige Sprung mit gekrümmtem Rücken, wobei paarweise Doppelspuren von Vorder- und den in sie eingreifenden Hinterpfoten entstehen (**4b**).

Das Bild der Fischotterspur ist außerordentlich veränderlich, und manchmal entsteht der Eindruck, daß das Tier ohne jeden Grund die Gangart wechselt, wohl nur aus angeborener Verspieltheit. Im tiefen Schnee kann man regelmäßige Doppelsprünge sehen, die plötzlich durch Schleichen abgewechselt werden, wobei auf der Fährte eine tiefe Rinne durch den Rumpf entsteht, gleich darauf folgen Viererspuren, in denen die Hinterpfoten vorn abgedrückt sind, hinter ihnen liegen die Abdrücke der Vordergliedmaßen. Auf verschneiten oder schlammigen Böschungen können die Fischotter sogar Rutschbahnen in Gestalt von 40—50 cm breiten Rinnen anlegen.

Beim schnellen Lauf setzt der Fischotter seine Pfoten auf ganz einzigartige Weise. Alle vier Abdrücke sind dicht nebeneinander zu einer kurzen Geraden geordnet, die schräg zur Achse der Bewegungsrichtung liegt. Die Vorderpfoten werden schräg hintereinander gesetzt, neben sie setzen die Hinterpfoten ebenfalls schräg auf. In der Viererspur (**4c**) befindet sich vorne eine rechte Vorderspur, hinter ihr liegt die rechte Hinterspur, dann kommt die linke Vorder- und Hinterspur.

1

a
b
2

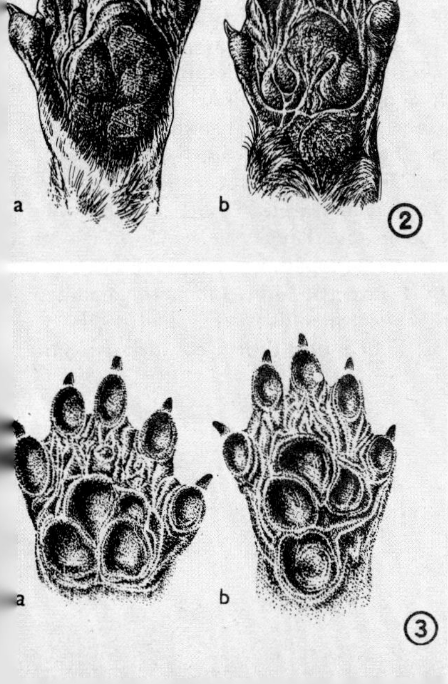
a
b
3

a
b
c
4

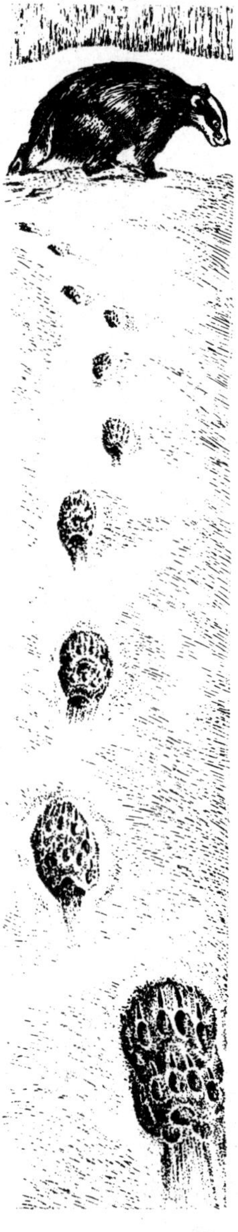

Pfotenabdrücke

Der Dachs *(Meles meles* — **1**) ist ein nicht besonders häufiger Bewohner der europäischen Wälder, in denen er sich an versteckten Stellen in Hanglagen seine ausgedehnten unterirdischen Baue gräbt.
Der Dachs tritt mit der ganzen Sohle auf und gehört daher zu den typischen Sohlengängern. Die Vorderpfote ist mit fünf kräftigen Zehen ausgestattet, die deutliche Ballen und lange starke Krallen haben. Der Dachs benutzt in erster Linie die Vorderpfoten zum Graben des Baus und zum Auswühlen von Beute, z. B. Nagern oder Insekten. Die Fußsohle ist kahl, unbehaart, unterhalb der Fingerballen liegt ein großer dreiteiliger Mittelballen, und am Sohlenende wird der Fersenballen sichtbar. Die Krallen der Hinterpfoten, die ebenfalls fünfzehig sind, fallen wesentlich kürzer aus, die Sohle hat einen mächtigen Mittel- und Fersenballen.
Auf weichem Grund drücken sich in einer Vorderspur alle fünf Zehen ab, in härterem Boden erscheint der Daumen nur schwach. Die Krallen drücken sich mit ihrer ganzen Fläche ein (**2a**), bzw. es erscheinen nur die Abdrücke ihrer Spitzen ein Stückchen vor den Zehenballen (**4**, rechts). Ist die Vorderspur in ihrer ganzen Länge abgedrückt, mißt sie rund 7 cm, meist drückt sich aber nur der Vorderteil ein, dann ist sie nur rund 5 cm lang, ihre Breite beträgt 4—6 cm. Der Hinterpfotenabdruck (**2b**) macht bei vollem Auftreten von den Krallenspitzen bis zur Ferse 8—10 cm aus; normalerweise drücken sich aber nur die Zehen- und der Hauptballen ein, dann ist die Spur etwa 6 cm lang. Die Krallenabdrücke der Hinterspur sind kürzer als in der Vorderspur. Die Breite einer Hinterspur liegt bei 4—5 cm. Die Dachstrittsiegel ähneln in ihrer Form den Pfotenabdrücken eines Miniaturbären.
Seiner gedrungenen Gestalt wegen bewegt sich der Dachs vorwiegend in ruhigem, langsamem Schritt. Bei dieser Gangart setzt er die Hinterpfoten hinter die Abdrücke der Vorderläufe (**4**), oder beide Spuren überdecken einander nur teilweise, wenn die Hinterpfote mit ihren Krallen etwa auf Höhe des Hauptballens der Vorderpfote aufsetzt (**5**), sie können sich auch völlig decken. Im Trab (**3a**) setzt der Hauptballen der Hinterpfote etwa in Höhe der Zehenballenabdrücke der Vorderpfoten auf, und die Hinterpfote übereilt die Vorderspur je nach Schärfe des Trabs immer mehr. Die Schrittlänge beim Schreiten liegt zwischen 25 und 50 cm, im Trab, dem sich der Dachs zur Überwindung größerer Entfernungen bedient, verlängert sie sich auf 70—80 cm. Im schnellen Lauf werden die Hinterpfoten vor die Abdrücke der Vordergliedmaßen gesetzt, alle Trittsiegel sind deutlich voneinander getrennt (**3b**) und trapezförmig angeordnet. Es ist charakteristisch für eine Dachsspurenbahn, daß die Zehen aller Pfoten einwärts gedreht sind.

⑤

1

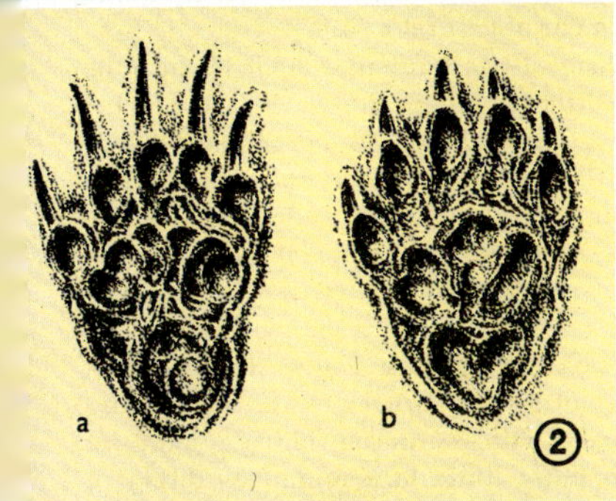
a
b
2

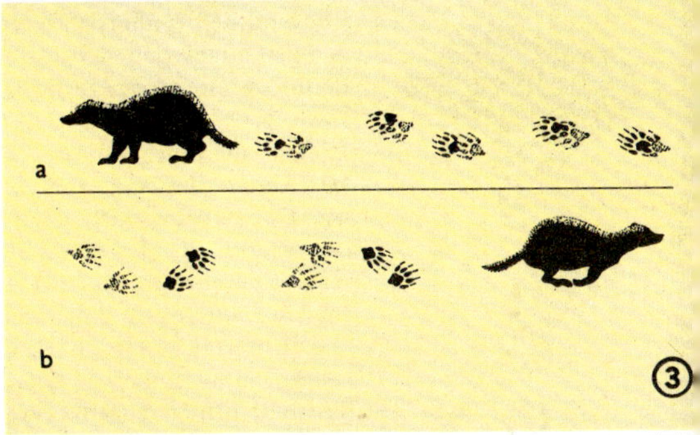
a
b
3

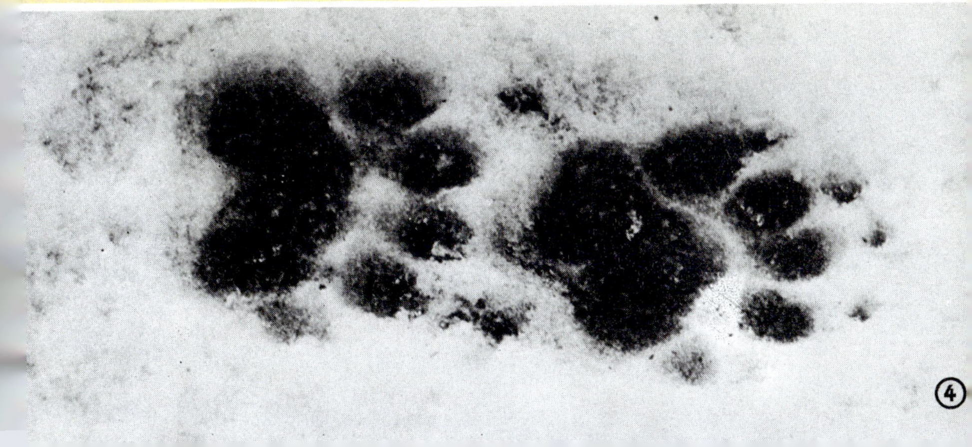
4

Hufabdrücke

Der Bau der Hufe — Schalen — weist eine recht einheitliche Form auf, trotzdem existieren kleine Unterschiede, an denen man die Spuren der einzelnen Paarzeherarten unterscheiden kann.

Das Wildschwein *(Sus scrofa* — 1) ist ein stattlicher Bewohner der europäischen Waldungen. Die Männchen (Keiler) sind stets größer und schwerer als die Weibchen (Bachen). Charakteristisch für die Gliedmaßen des Wildschweins ist der niedrige Ansatz der Afterklauen über den Schalen, die an der Laufhinterseite ziemlich weit seitlich verankert und relativ mächtig entwickelt sind. Von den übrigen Paarhuferspuren kann man die Wildschweinspur gerade an den Afterklauen unterscheiden, die sich in weicherem Grund auch bei ganz langsamer Gangart abdrücken (2). Da sie ziemlich niedrig und seitlich gestellt sind, erscheinen ihre Abdrücke seitlich hinter den Schalenballen. So erhält die ganze Spur eine Trapezform, da die Afterklauen über die Schalenbreite hinausragen. Nur bei jungen Stücken kommt es vor, daß die Afterklauen nicht abgedrückt werden bzw. nicht über die Schalenbreite hinausragen (3).

Die Trittsiegelgröße hängt von Wuchs und Alter des Schweins ab. Das Trittsiegel eines ausgewachsenen Keilers ist 5—8 cm lang und 4—6 cm breit. Jüngere Stücke haben 3—4,5 cm lange und 2,5—4 cm breite Fährten. An der Fährtenform läßt sich das Geschlecht nicht bestimmen. Bei jungen Stücken sind die Schalen stärker zugespitzt, während sie bei älteren Tieren mehr abgerundet sind.

Schweine bewegen sich im Schritt, Trab, Lauf und auch im Sprung, Beim Schreiten beträgt die Schrittlänge junger Stücke 20—30 cm, bei alten Keilern 30—40 cm. Der Schrank macht bei alten Keilern 10—20 cm aus, bei jungen Stücken 5—10 cm und bei Bachen 10—15 cm. Bei langsamer Gangart, d. h. im Schritt oder Trab entstehen Doppeltritte, mehr oder weniger perfekte Doppelabdrücke, wobei der Abdruck der Vorderschalen vorn liegt und teilweise von den Hinterschalen beigetreten wird (**4a**).

Im Lauf oder Sprung drücken sich alle vier Trittsiegel selbständig ab. Die Hinterläufe werden vor die vorderen geworfen, etwas seitlich und schräg hintereinander aufgesetzt. Die Vorderlauffährten sind im Trittbild hinten abgedrückt, in einer Linie hintereinander direkt in der Mitte (**4b**).

Charakteristisch ist die Bewegung einer Saurotte im tiefen Schnee. Das Tier an der Spitze durchbricht mit Brust und Bauch die Schneewehen und läßt in ihnen eine tiefe Rinne zurück. Die übrigen Wildschweine bewegen sich in einer Linie hinter ihm.

①

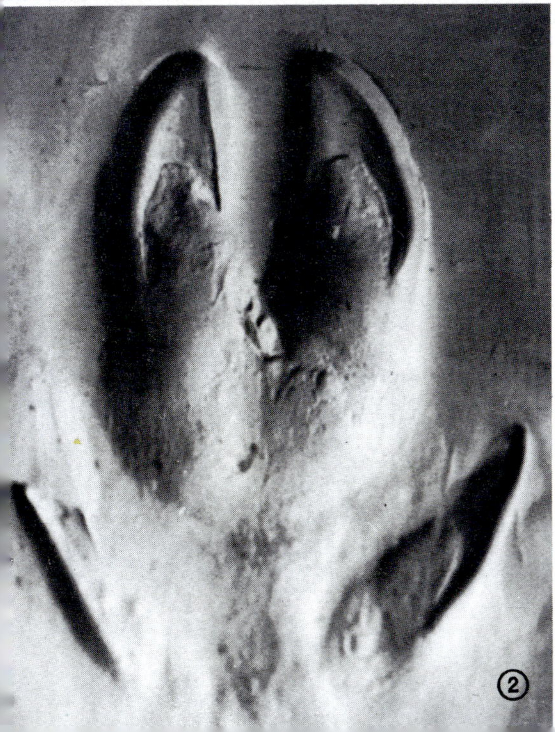

②

③

Hufabdrücke

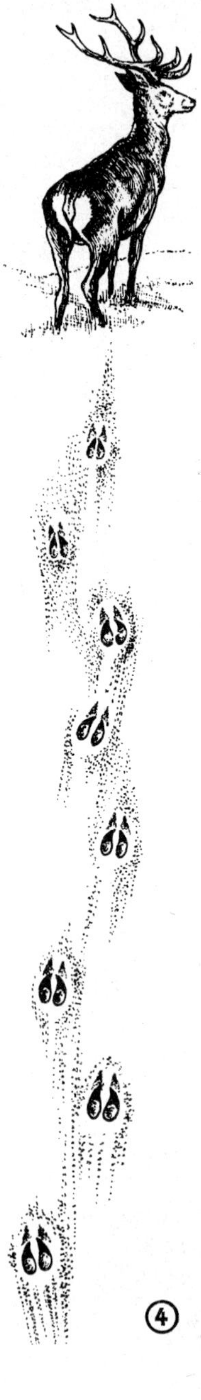

Der Rothirsch *(Cervus elaphus — 1)* war ursprünglich ein Bewohner von Steppengebieten. Durch die Landwirtschaft des Menschen wurde er aber aus den Steppen in ausgedehntere Waldkomplexe verdrängt. Er erscheint in allen Waldtypen vom Flachland bis ins Hochgebirge. Beim Hirsch herrscht deutlicher Geschlechtsdimorphismus. Das Männchen, der Hirsch, hat auf dem Kopf ein mächtiges Geweih und kann ein Gewicht von 120 bis 250 kg erreichen. Das Weibchen — weidmännisch Tier genannt —, hat kein Geweih und ist etwa ein Drittel leichter. Die Unterschiede in Gewicht und Größe machen sich auch in Form und Größe der Fährte bemerkbar.

An den Hirschläufen (3) sitzen gut ausgebildete Schalen und hinten über ihnen Afterklauen. An den Vorderläufen sind die Schalen mächtiger, länger und breiter (3, rechts), an den Hinterläufen geringfügig kürzer und schlanker (3, links). Die einzelnen Schalen eines Hufs sind nicht gleich groß. Die Außenschale ist immer ein wenig länger als die innere, ihre Außenseite beschreibt einen größeren Bogen. Im Hinterteil jeder Trittfläche sitzt ein mächtiger Ballen. Er hat die Form eines längsgeteilten Eies und nimmt etwa ein Drittel der Schalenlänge ein. Der Vorderteil ist von einer harten Hornschicht bedeckt und leicht ausgehöhlt. Die Afterklauen der Vorderläufe sitzen näher an den Ballen, die der Hinterläufe etwas höher. Bild 3 zeigt Läufe eines sehr jungen Tieres, bei dem die Größenunterschiede der Vorder- und Hinterschalen noch nicht so ausgeprägt sind.

In langsamer Gangart, im Schritt oder Trab (4), vor allem auf härterem Grund, drücken sich beide Schalen, zumindest aber ihre Vorderpartie ab. Die Afterklauen berühren den Boden nicht und drücken sich nicht ab (2), da sie verhältnismäßig hoch sitzen. In dieser Doppelspur ist deutlich der Größenunterschied zwischen den Vorder- und den dahinter abgedrückten Hinterschalen zu sehen.

Beim Ziehen durch tieferen Schnee, Schlamm oder im Trab dringen die Schalen tiefer in den Grund ein, die ganze Fährte ist viel tiefer, kräftiger und hinter den Ballen erscheinen die ovalen Abdrücke der Afterklauen. Beim Tritt auf weichen Boden geben die beiden Schalen auch in ihrer Gelenkverbindung nach und ihre Spitzen öffnen sich V-förmig.

Abdrücke von Vorder- und Hinterläufen des Hirsches kann man nicht nur an der Größe, sondern auch an der Stellung der einzelnen Schalen erkennen. In der normalerweise kleineren Hinterfährte sind die Schalen nahezu gleichsinnig abgedrückt, ihre Innenränder verlaufen parallel. Die Vorderfährte ist größer, rundlicher und breiter, die Gelenkverbindung der Schalen ist elastischer als an den hinteren Läufen, und da die Vorderläufe durch das Körpergewicht stärker belastet sind, spreizen sich die Schalen mit zunehmender Geschwindigkeit immer weiter. Der Unterschied der Schalenspreizung ist auch beim langsamen Ziehen ersichtlich.

1

2

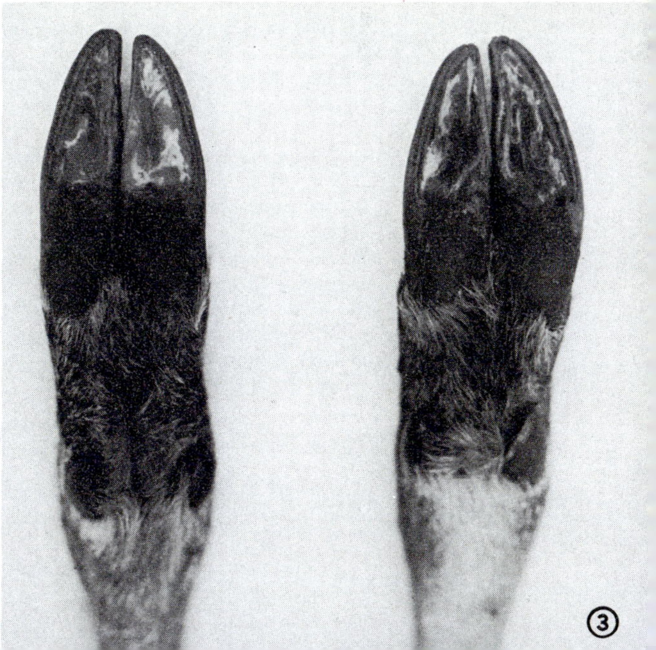

3

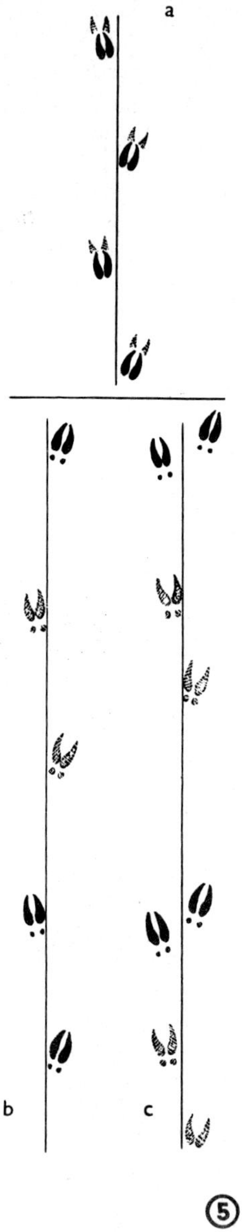

Hufabdrücke

Die Größe der Trittsiegel spiegelt sich natürlich im Wuchs und Alter der einzelnen Stücke wider; die Trittsiegel jüngerer Hirsche sind kleiner als die von alten, doch kann man anhand ihrer Form auch darauf schließen, ob sie von Hirsch oder Hirschkuh stammen. Der Hirsch *(Cervus elaphus* — **1**) hat ovalere Trittsiegel, die Außenbögen der Schalen verlaufen von den Ballen fast parallel und erst ganz vorn schließen sie sich zu einer stumpfen, abgerundeten Spitze (**4a**).
Die Trittsiegel der Tiere sind nicht nur schmaler und kürzer, sie unterscheiden sich außerdem durch ihren eiförmigen Umriß, in dem die äußeren Schalenbögen schon etwa vom Ballenabdruck an nach vorn in schärfere Spitzen zulaufen (**4b**).
Ein alter, also sieben- und mehrjähriger Hirsch hat eine 7,5—9 cm lange und 6—7 cm breite Fährte. Die eines drei- bis sechsjährigen Hirsches, also im mittleren Alter, ist 6,5—7 cm lang und 5—6 cm breit. Junge Hirsche bis zu drei Jahren hinterlassen die kleinsten Fährten, deren Länge von 4—5,5 cm und Breite von 3,5—5 cm schwankt. Die Trittsiegel der Tiere sind meist 6—6,5 cm lang und 4,5—5,5 cm breit.
Der Schrank erreicht bei alten Hirschen 15—20 cm, bei mittleren ungefähr 15 cm und bei Junghirschen 5—10 cm. Der Schrank der Tiere beträgt meist 10—15 cm. Die Schrittlänge der Althirsche liegt bei 60—70 cm, die der mittleren zwischen 50 und 60 cm, bei den Jungen von 35—45 cm und bei den Tieren von 50—60 cm.
Im Schritt hinterläßt der Hirsch auf seiner Fährte die Abdrücke der ganzen Schalen, die mit ihren Spitzen nach außen weisen (**5a**). Je älter der Hirsch, desto größer ist dieser Winkel und desto breiter der Schrank. Die Hinterläufe setzt er in etwa in die Abdrücke der Vorderschalen, so daß verschieden gestaltete Doppelspuren zustande kommen. Im Lauf wirft der Hirsch die Hinterläufe vor die Abdrücke der Vorderschalen, und auf der Fährte erscheinen je zwei und zwei schräg hintereinander gesetzte Abdrücke von Vorder- und Hinterläufen (**5b**). Beim Sprung setzen die Hinterläufe weit vor den Vordertrittsiegeln und weniger schräg nebeneinander auf, während die Vorderfußabdrücke schräg hintereinander gesetzt werden (**5c**).
Ein Hirschtrittsiegel kann manchmal in Größe und Form einer Saufährte ähnlich sehen. Sie lassen sich aber an den Afterklauenabdrücken unterscheiden. Die Afterklauen sitzen beim Hirsch hoch (**2a**) und drücken sich auf härterem Grund nicht ein (**3a**). Die großen Afterklauen des Schweins sitzen niedrig (**2b**) und drücken sich in der Spur so ab, daß sie über die Schalenbreite hinausreichen (**3b**). Falls sich beim Hirsch überhaupt Afterklauen abdrücken, sind sie nie breiter als die Abdrücke der Schalen.

1

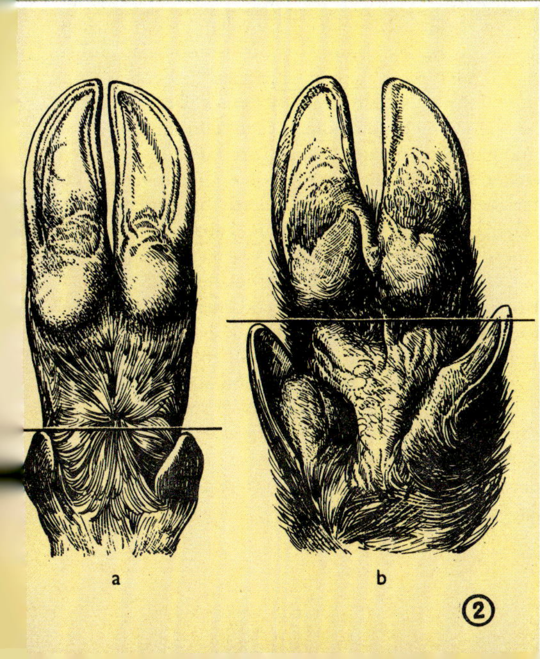
a
b
2

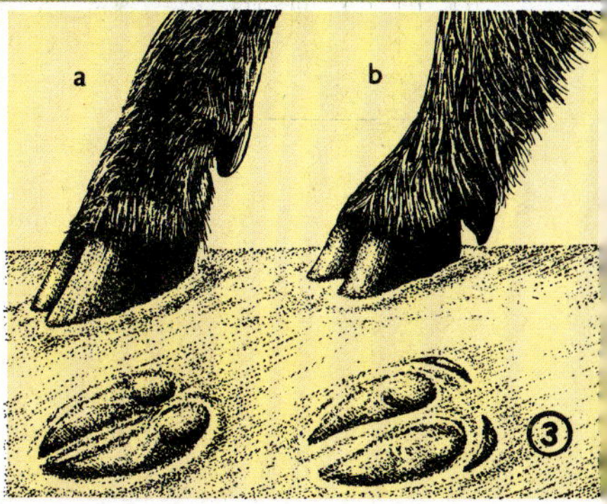
a
b
3

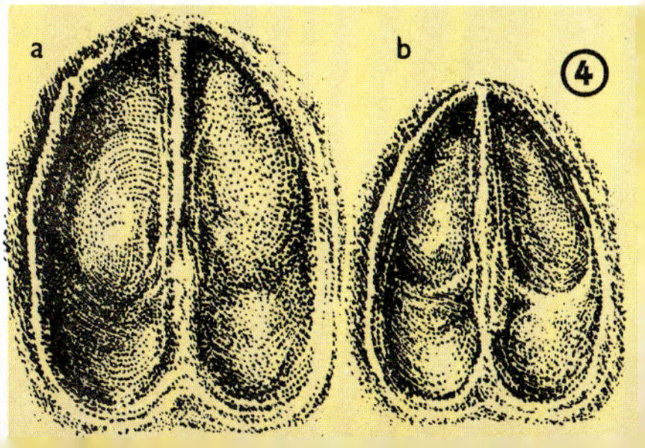
a
b
4

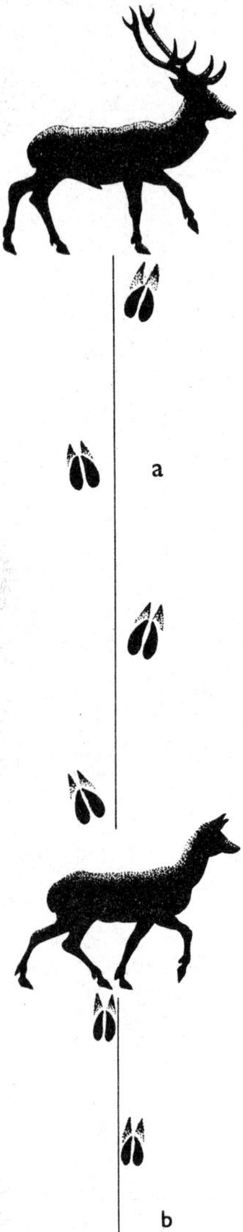

Hufabdrücke

Die Fährten aller europäischen Paarhufer haben recht ähnlichen Charakter. Sie bewegen sich entweder im Schritt, Trab oder Lauf. Im Sprung bewegen sie sich nur in Sonderfällen, wenn ihnen Gefahr droht, oder zur Überwindung von Hindernissen.
Hirschwild (1) hinterläßt im Schritt charakteristische Doppeltritte, die viele Variationen in der gegenseitigen Stellung von Vorder- und Hinterschalen aufweisen. Der Weidmann unterscheidet einige Dutzend Doppeltrittypen, für unsere Zwecke genügt es, nur einige zu nennen.
Hirschwild hinterläßt hauptsächlich zwei Abdrucktypen: Tritte und Doppeltritte. Unter dem Begriff Tritt versteht man eine Gruppierung, bei der die Abdrücke der Hinter- und Vorderschalen einander überlagern oder wenigstens berühren. Als Doppeltritt bezeichnet man so eine Gruppierung, bei dem die Abdrücke von Hinter- und Vorderschalen neben- oder hintereinander liegen und sich dabei nicht berühren.
Liegt der hintere Tritt vor dem vorderen (**2a**), spricht man von einem übereilten Doppeltritt. Überdeckt der Hintertritt die Spitzen des Vordertritts, handelt es sich um einen übereilten Tritt oder einfach Übereilen (**2b**). Setzt der Hinterlauf so in den Vordertritt auf, daß deutlich dicht hintereinander die Ballenabdrücke erscheinen, spricht man von einem Vierballenzeichen (**2c**). Legt der Hirsch den Hinterlauf neben den Vordertritt, entsteht ein seitlicher Doppeltritt (**2d**). Beim Kreuztritt bzw. Kreuzen (**2e**, **4**) wird der Hintertritt seitlich auf die Hinterpartie des Vorderabdrucks gesetzt, während beim gekreuzten Doppeltritt (**2f**) der Hinterlaufabdruck seitlich und etwas weiter zurück von dem Vorderlaufabdruck gesetzt wurde und diesen nicht berührt. Deckt die Spitze des hinteren Tritts die Ballen des Vordertrittes, spricht man von einem zurückgebliebenen Tritt oder einfach Zurückbleiben (**2g**). Liegt die Spitze des Hintertritts dicht hinter den Ballen des Vorderabdrucks, handelt es sich um einen zurückbleibenden Doppeltritt (**2h**). Auf Bild 3 links ist der Kreuztritt eines Tiers zu sehen, während das rechts schräg nebeneinander liegende Spurenpaar von Rehwild stammt und einen gekreuzten Doppeltritt darstellt.
Auf den ersten Blick könnte es scheinen, daß diese Detailanalyse der Hirschfährte reiner Selbstzweck ist. Der erfahrene Spurenleser oder Weidmann weiß aber, daß das Übereilen eine Fährte von jungem Wild oder schwachen Hirschen bzw. Tieren ist; je älter das Wild, desto häufiger zeigt es Zurückbleiben oder zurückbleibende Doppeltritte, der Kreuztritt ist ein Zeichen alter Hirsche oder trächtiger Tiere, während durchschnittlich alte Hirsche einen Vierballentritt hinterlassen oder fast genau mit den Hinterschalen in die Abdrücke der Vorderläufe treten. Der erfahrene Heger erkennt an den Doppelabdrücken seine Schützlinge genauso gut, als sähe er sie vor sich.
Gleich welche Doppelabdrücke entstehen, charakteristisch für die Hirschfährte sind der längere Schritt, größere Trittsiegel, größerer Schrank und größerer Versatzwinkel (**5a**). Die Tiere setzen ihre Fährten fast parallel zur Fährtenachse (**5b**).

1

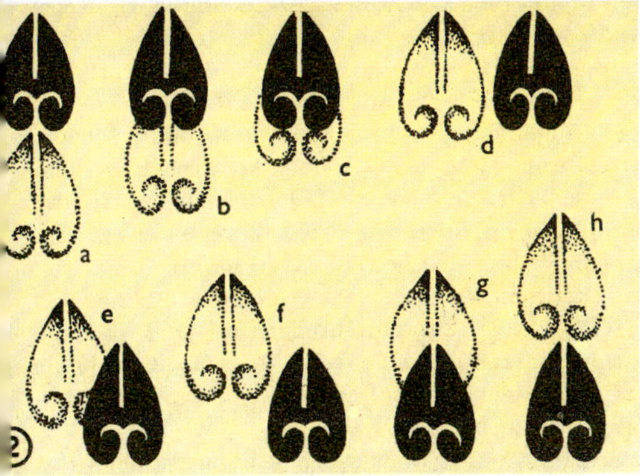
a
b
c
d
e
f
g
h
2

3

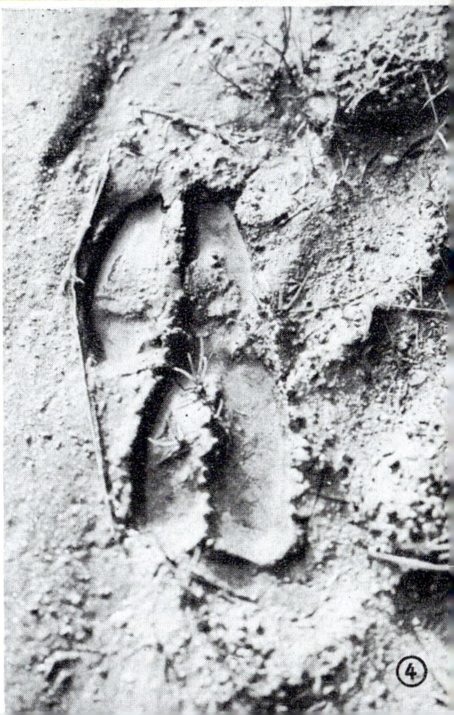
4

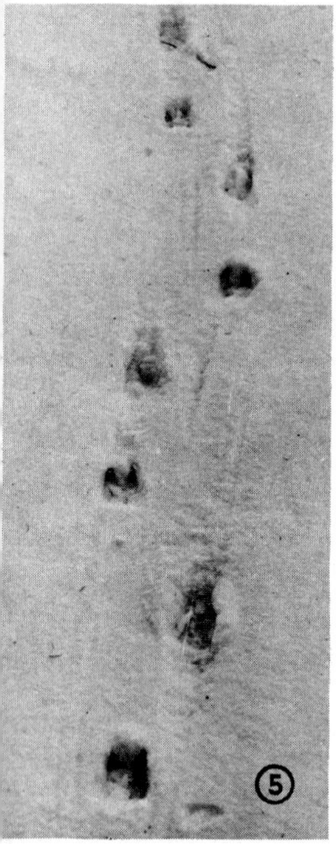

5

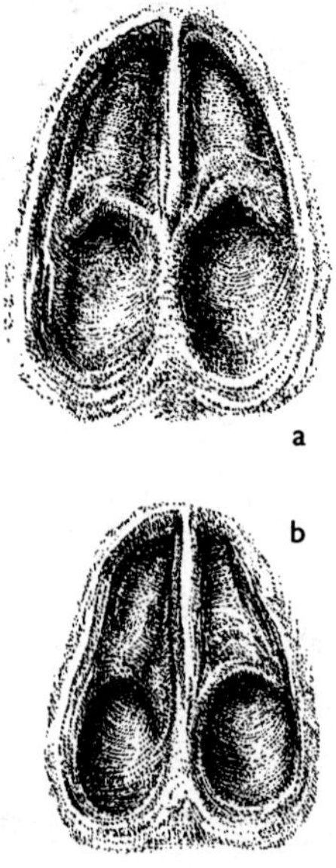

a

b

6

Hufabdrücke

Im Diluvium lebte der Damhirsch *(Dama dama — 1)* in Mitteleuropa als ursprüngliches Wild. Später ist er hier ausgestorben, im ausgehenden Mittelalter wurde er aufs neue in Wildgehegen ausgesetzt. Die eingeführten Damhirsche stammten aus dem nordöstlichen Mittelmeerraum und haben sich gut akklimatisiert. Ursprünglich wurden sie wegen des feinen Wildbrets gehalten, heute leben in tieferen, wärmeren Lagen vieler europäischer Länder Damhirsche in freier Wildbahn, sie sind bei den Jägern als Trophäenwild beliebt. Die Schaufler tragen nämlich ein schönes Geweih, dessen Endpartien abgeflacht sind und ornamenthaft ausgeschnittene Schaufeln bilden.

Der Damhirsch ist kleiner als der Rothirsch. Sein Sommerfell ist zimtbraun, Rücken und Flanken sind mit weißen Flecken besetzt, die in Reihen geordnet sind. Im Winter wird es durch ein längeres, dichteres, graubraunes Fell ersetzt, in dem die Flecken undeutlich werden bzw. verschwinden.

Die Damhirschschalen haben eine ähnliche Form wie die des Rothirschs, sie sind kleiner, gestreckter und vorne stärker zugespitzt. Die Vorderschalen (**2a**) sind größer, breiter und ovaler, die hinteren sind kürzer, schmaler und spitzer (**2b**). Die Trittballen sind mächtig entwikkelt und reichen bei allen Schalen bis zur Mitte. Gerade an der Ballengröße kann man eine gleich große Fährte eines jungen Rothirschs bzw. Tiers von der Damhirschfährte unterscheiden, selbstverständlich nur an guten Abdrücken. Beim Rothirsch reicht der Ballen etwa bis zu $^1/_3$ der Schalenlänge (**3a**), während er beim Damhirsch die ganze hintere Schalenhälfte einnimmt (**3b**). Die Außenschalen sind in der Regel ein wenig länger als die inneren.

Der Umriß der Vorderabdrücke (**6a**) ist eiförmig, der Abdruck der Hinterschalen ist kleiner und birnenförmig (**6b**). Die Fährte eines starken Schauflers ist etwa 7,5 cm lang und 4,5 cm breit. Kapitale Schaufler, d. h. alte Männchen mit prächtigen Geweihen können bis zu 8 cm lange und 5 cm breite Trittsiegel haben. Beim Ziehen macht der Damhirsch 45—50 cm lange Schritte, die Schrankbreite bewegt sich von 10—15 cm, manchmal kann sie sogar 20 cm erreichen.

Das Trittsiegel eines alten, starken Damtieres erreicht eine Länge von 5,5 cm und eine Breite von 3,5 cm. Durchschnittlich sind aber die Damtierfährten etwa 5 cm lang und 3 cm breit. Der Schritt ist 35 bis 40 cm lang, Schrankbreite etwa 10 cm. Trittsiegel von jungen Tieren sind etwa 4,5 cm lang und 2,5 cm breit.

Im Schritt oder sachten Trab, den häufigsten Gangarten, setzt das Damwild die Hinterschalen in die Abdrücke der vorderen bzw. in deren dichte Nachbarschaft, so daß eine Reihe von verschiedenen Doppelabdrücken entsteht, ähnlich wie beim Hirschwild (4). Beim Ziehen durch tieferen Schnee (5) oder im Schlamm spreizen sich die Schalen vorne, beim Schreiten beschreiben ihre Spitzen lange Rillen im Schnee. Die Afterklauen drücken sich nur beim Durchqueren von tiefem Schnee ab, im Schlamm oder bei langen Sätzen.

1

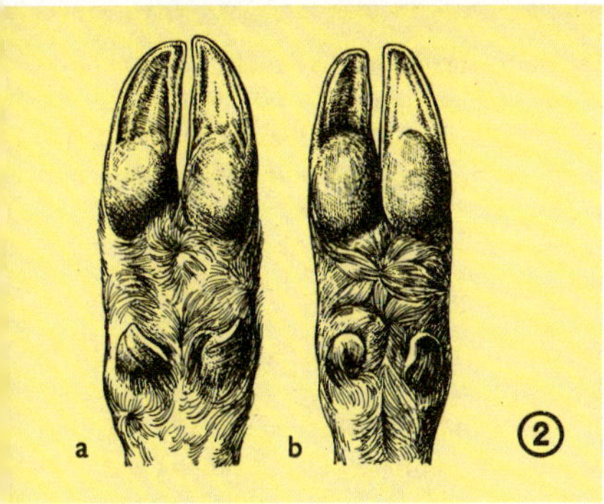
a
b
2

4

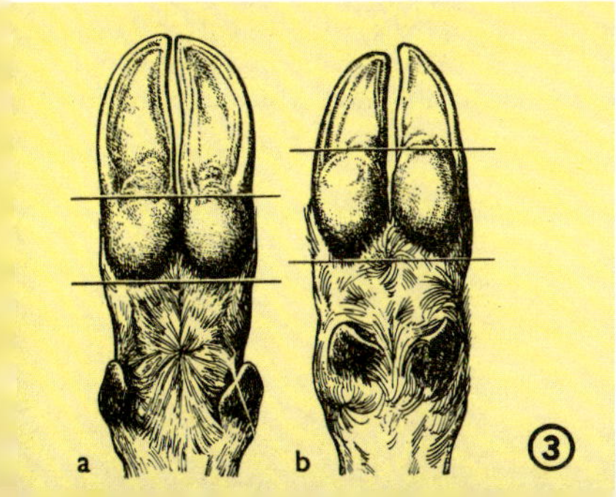
a
b
3

5

Hufabdrücke

Das Reh *(Capreolus capreolus* — 1*)* ist das am stärksten verbreitete europäische Schalenwild. Der Bock unterscheidet sich von der Ricke durch größeres Gewicht und das nicht besonders hohe Geweih, das auch nicht so reich verästelt ist wie beim Rot- oder Damhirsch. Der normale Geweihtyp ist der Sechsender, wobei an jeder Stange nur drei Sprossen erscheinen. Im Sommer ist das Rehfell zimtrot, im Herbst wird es durch das dichtere, längere, braungrau gefärbte Winterfell ersetzt. Lebensraum des Rehwildes ist der Wald, vor allem Wald mit reichem Unterholz. In den letzten Jahren erscheint Rehwild immer häufiger auch auf Feldern ohne Baumbestand, vor allem an Stellen, an denen es in den Wäldern von Erholungssuchenden und Ausflüglern gestört wird. Auf den Feldern gesellt es sich nach Art der Antilopen zu Sprüngen von einigen -zig Exemplaren zusammen und fühlt sich hier sicherer, da es eine gute Übersicht auf große Entfernung hat; im heranwachsenden Getreide findet es auch mehr Ruhe als im Wald. Daher begegnet man Rehwildfährten relativ oft in Wäldern, Feldern, auch unweit von menschlichen Ansiedlungen.

Die Rehschalen weisen einige Merkmale auf, die sie von den Schalen der Hirsche bzw. des Damwilds unterscheiden. In erster Linie sind sie beträchtlich kleiner, schlanker, und die Ballen sind gestreckter. Sie reichen nur etwa bis zu 1/3 der Länge (2) und gehen mit einem langen Ausläufer in die hohle, hornige Vorderpartie der Trittfläche über. Die Afterklauen der Vorderläufe sind relativ niedrig angesetzt (**4**, links), ihre Kapseln sind um 180° gegenüber den Schalen verdreht. Die Afterklauen der Hinterläufe (**4**, rechts) sind höher angeordnet, ihre Kapseln sind etwas seitlich gedreht.

An der Trittsiegelgröße kann man normalerweise nicht erkennen, ob es sich um einen Bock oder eine Ricke handelt. Nur Abdrücke, die etwa 5 cm lang sind, stammen einwandfrei von Böcken. Der Abdruck der Vordergliedmaßen zeichnet sich durch schmale ovale Form aus, beide Schalen sind langgestreckt und schwach gespreizt (**2a**), der Tritt wird 3,5—4,5 cm lang und etwa 3 cm breit. Der Abdruck des Hinterlaufs ist nur geringfügig kleiner, doch sind die Schalenspitzen weiter geschlossen (**2b**).

Wenn das Wild nicht aufgestört wird, zieht es in langsamem Schritt, dessen Länge sich zwischen 30 und 70 cm bewegt. Die Schrankbreite schwankt von 8—15 cm, und die einzelnen Trittsiegel der Fährte sind von der Bewegungsachse auswärts gestellt (5). Der Rehbock hat normalerweise einen breiteren Schrank als die Ricke, doch verengt sich dieser bei rascherem Schritt, so daß schwer zu entscheiden ist, von wem die Fährte stammt. Auf weichem Untergrund dringen die Schalen auch bei langsamem Schritt so tief ein, daß sich die Afterklauen abdrücken (3).

1

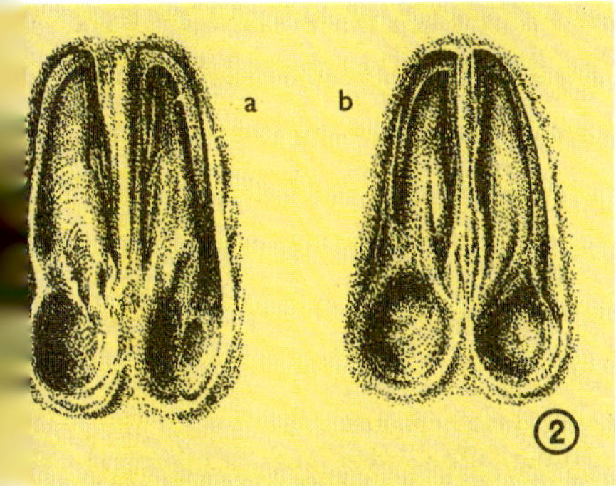
a
b
2

3

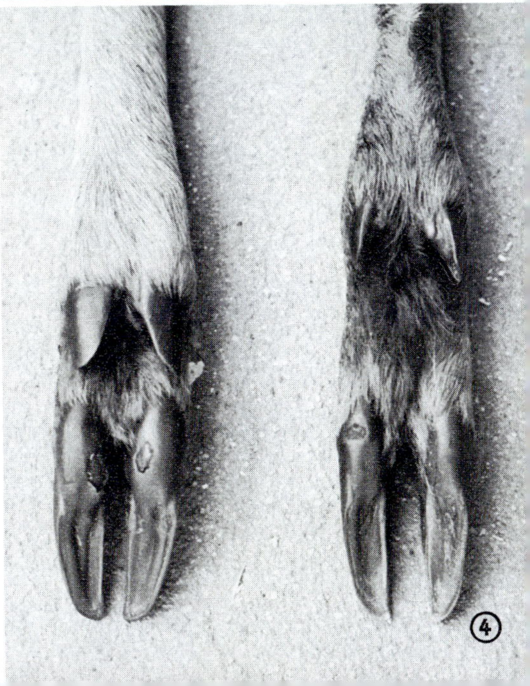
4

Hufabdrücke

Wenn abends Rehwild (1) zum Äsen austritt, hält es in der Regel nicht nur den gleichen Ort, sondern auch die gleiche Zeit ein. Diese Regelmäßigkeit geht häufig so weit, daß der Förster, der einen Jagdgast begleitet, mit Bestimmtheit sagen kann: „Ein ungefähr sechs Jahre alter Sechser tritt im rechten oberen Winkel der Lichtung aus, etwa 50 m von dieser hohen Fichte entfernt, und zwar zwischen 19.15 und 19.25 Uhr.“ Diese Tatsache und die große Regelmäßigkeit beim Austreten zum Äsen ist auch dem Spurenleser willkommen. Wenn man so einen Rehbock vom Hochsitz oder aus einer guten Deckung beobachtet, kann man annähernd sein Alter abschätzen und sich zusätzlich von der Größe der hinterlassenen Trittsiegel überzeugen. Wenn so ein Bock aus dem Wald in die Felder wechselt oder wenn man die Beobachtungen im Winter in einer verschneiten Landschaft durchführt, kann man gut nicht nur die einzelnen Trittsiegel, sondern auch ihre Bilder und die ganze Fährte verfolgen.

Beim gemächlichen Ziehen in nicht zu tiefem Schnee kommen Doppelabdrücke von Vorder- und Hinterschalen zustande, hinter denen kleine Eindrücke von den Afterklauen sitzen (3); bei ausgesprochen langsamem Schritt hebt das Rehwild die Gliedmaßen nur wenig und ritzt mit den scharfen Spitzen zwei nebeneinander verlaufende Rillen in den Schnee. Da der Schritt langsam und der Untergrund relativ hart ist, bleiben beide Schalen geschlossen, liegen fast parallel zueinander und spreizen sich nicht.

Kommt Rehwild auf weicheren Grund, werden die Doppelabdrücke der Schalen viel deutlicher. Die Schalen des Vorderlaufs, vor allem ihre Spitzen, stechen verhältnismäßig tief in den Boden ein und spreizen sich voneinander so weit, daß zwischen ihnen eine bis 1,5 cm breite Spalte erscheint (2). Der Hinterlauf tritt diesem Abdruck auf verschiedene Weise bei (es handelt sich um einen zurückbleibenden Tritt oder einfach Zurückbleiben), charakteristisch für seinen Abdruck ist, daß sich die Schalen nicht spreizen und fast parallel zueinander liegen. Die ganze Hinterfährte ist fast ein Viertel schmaler als die vordere. Im Trab werden die Hinterläufe ebenfalls in die Abdrükke der Vorderläufe gesetzt (**4a**). Übereilen sie ein wenig, dann entstehen Doppelfährten vom Typ Übereilen, übereilter Doppeltritt oder Vierertritt. Die Schrittlänge vergrößert sich beim Trab selbstverständlich und kann Werte von 100—130 cm annehmen, wobei sich der Schrank etwas verengt. Wurde Rehwild aufgestört, flieht es in jähem Lauf und langen Sätzen. Die Hinterläufe werden längs der vorderen weit nach vorn geworfen und etwas schräg nebeneinander aufgesetzt, hinter ihnen bleiben die Abdrücke der Vorderläufe zurück (**4b**). Fliehendes Wild setzt mit beträchtlicher Wucht auf den Boden auf, die Schalen spreizen sich sogar 3—4 cm. Da die Vorderläufe in einem schrägen Winkel auf den Boden kommen, können sich die Afterklauen auch in härterem Grund abdrücken. Rehwild gehört zu den guten Springern, in vollem Lauf kann es 6 m lange Sätze machen oder Hindernisse von über 1,5 m Höhe überspringen.

1

2

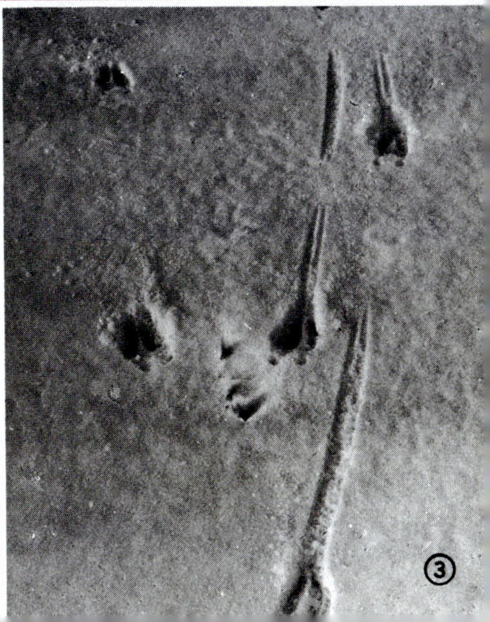
3

4

Hufabdrücke

Wie bereits gesagt, drücken sich in den Trittsiegeln der Wildschweine *(Sus scrofa)* regelmäßig auch die Afterklauen ab, und zwar so breit, daß die ganze Fährte eine Trapezform erhält. Die Afterklauen der übrigen Paarhufer drücken sich nur bei schnellerer Bewegung und in weichem Grund ab, jedoch in einer Linie hinter den Schalen, so daß der Abdruck Rechteck- oder Quadratform hat. Trotzdem kann es aber vorkommen, daß eine Rehfährte typische Merkmale eines Sautrittsiegels aufweist. Bild 3 zeigt Abdrücke von Rehschalen, und die Afterklauen sind so weit gespreizt, daß das Ganze wie die Fährte eines jungen Keilers aussieht. In diesem Falle stammen die Abdrücke von zwei dicht nebeneinander laufenden Tieren, die auf leicht verschneites Eis geraten sind. Bei jähem Lauf in langen Sätzen haben sich die Schalen fast in einer Linie mit nur geringer Schränkung abgedrückt, und da beim Aufsetzen jede Gliedmaße ein wenig ausgeglitten ist, kam es zum weiten Spreizen von Schalen und Afterklauen an allen Vieren. Erst nach einigen Dutzend Metern haben sich die Fährten beider Ricken voneinander entfernt, das Tempo wurde langsamer, und die Abdrücke zeigten wieder die typischen Rehwildmerkmale. Man muß also eine Fährte immer eine längere Zeit verfolgen und die einzelnen Abdrücke studieren, um sich nicht zu voreiligen Schlüssen hinreißen zu lassen.

Das charakteristische Merkmal einer Rehfährte ist der kräftige Abdruck des Schalenrands. Die Schalen des Rehwilds bestehen aus hartem Horn, das an den Seiten der Trittflächen von Vorder- und Hinterschalen etwas übersteht und eine scharfe Kante bildet (4). In sehr hartem Gelände drückt sich oft nur die Trittfläche der Schalen ein, die Ballen erscheinen nicht; im Trittsiegel werden nur die abgedrückten Kanten deutlich, die zugespitzte Bögen bilden. An diesen undeutlichen Abdrücken kommt wiederum gut der Größen- und Längenunterschied beider Schalenhälften heraus: Die äußere ist ein wenig länger und stärker gekrümmt als die innere.

Ähnlich wie die übrigen Säugerarten hat auch das Rehwild in den Territorien eine Reihe von Wechseln, die als Verbindungswege zwischen Ruhe- und Äsungsplatz dienen. Diese Wechsel kann man auch im Sommer entdecken, vor allem, wenn sie vom Waldrand in die Felder führen, am deutlichsten sind sie jedoch im Winter (1). Im Schnee tritt das Wild tiefe, breite Pfade, in denen sich Hunderte von Fährten in allen Größen befinden. Auf den Rehwechseln, die normalerweise zu den Fütterungen führen, bewegt sich häufig auch anderes Schalenwild. Da sich im zerstampften Schnee einzelne Trittsiegel nur sehr schwierig ausmachen lassen, dient hier als Hauptindiz hinterlassene Losung.

In hohem Schnee hinterläßt schreitendes Rehwild Abdrücke in Gestalt von tiefen Gruben, in denen die Schalenabdrücke oft nur schlecht zu sehen sind (2). Beim Auftreten streichen die Schalen über den Schnee, dringen dann ein, beim Anheben bringen die Spitzen ein kleines Schneehäufchen nach vorn. Auf diesem Bild ist ein Stück Rehwild von unten nach oben gezogen.

Hufabdrücke

Der einzige in Europa wild lebende Vertreter der Schafe ist das Mufflon *(Ovis musimon — 1)*. Im Gegensatz zu den alljährlich das Geweih abwerfenden Rothirschen, Damhirschen und Rehböcken hat das Mufflon auf dem Kopf spiralig gedrehte Hörner, die in der Weidmannssprache als Schnecken bezeichnet werden, auf den Knochenschäften des Stirnbeins das ganze Leben bleiben und alljährlich ein bestimmtes Stück nachwachsen. Die Mufflonweibchen haben nur ganz kurze Hörner bzw. überhaupt keine. Der Körperbau der Mufflons ist etwas größer als beim Rehwild, die Widder erreichen ein Gewicht von 50 kg, die Schafe sind meist 10—20 % leichter. Das Muffelwild stammt aus Südeuropa, von Sardinien und Korsika, wo es felsige, buschbestandene Hänge bewohnt. Von dort wurde es in Wildgehege in West- und Mitteleuropa eingeführt, von wo es sich in Misch- und Laubwälder ausgebreitet hat. Ihm entsprechen ganz besonders wärmere Landschaften mit steinigen Hängen.

Die Gliedmaßen des Muffelwilds sind an die Bewegung im steinigen Gelände angepaßt. Die Läufe sind relativ kurz und stämmig, was für die Fortbewegung bzw. Sprünge in einem stark durchschnittenen Gelände unerläßlich ist. Die Schalen der Vorderläufe haben kräftig entwickelte Ballen, die fast bis zur Schalenmitte reichen. An den Ballen sind die Schalen breit und dicht aneinander gedrängt, die eigentliche Trittfläche ist schlank, gestreckt, zugespitzt und scharfrandig. Die Schalenspitzen streben auseinander (2). Die Schalen der Hinterläufe (4) haben eine sehr ähnliche Form, die Ballen sind meist weniger kräftig entwickelt.

Die Schalenabdrücke sind oval bzw. eiförmig, die Abdrücke der Vorderläufe (3**a**) unterscheiden sich von den Abdrücken der Hinterläufe (3**b**) nicht besonders, in guten Trittsiegeln der Vorderläufe sind deutlich die Ballenabdrücke und die weit gespreizten Schalenspitzen zu sehen. Die Schalenspreizung ist für die Muffelwildspur charakteristisch und zeigt sich auch in der Fährte gemächlich ziehender Stücke sowie auf hartem Grund. Am Rand der Fährte ist deutlich die Schalenkante abgedrückt, die Außenspitzen der Vorder- und Hinterschalen sind etwas spureinwärts gedreht.

Die Fährte eines Mufflonwidders ist 5,5—6 cm lang und etwa 4,5 cm breit, die Abdrücke der Schafe sind kleiner und schlanker, etwa 4,5—5,5 cm lang und 3,2—3,7 cm breit. Beim ruhigen Ziehen erreicht die Schrittlänge des Widders 40—60 cm, der Schrank ist relativ breit und schwankt von 10 bis 15 cm; die Schafe machen 35—40 cm lange Schritte, Schränkung etwa 10 cm. Die Fährten der beiden Geschlechter lassen sich nicht zuverlässig unterscheiden.

Im Schritt tritt das Mufflon mit den Hinterläufen in die Abdrücke der Vorderläufe, an der Fährte wird eine kräftige Auswärtsdrehung sichtbar (5**a**). Im Galopp vollführt das Mufflon lange Sprünge, wobei es die Hinterläufe vor die vorderen wirft (5**b**); die Afterklauen drücken sich nur in sehr weichem Gelände ab.

1

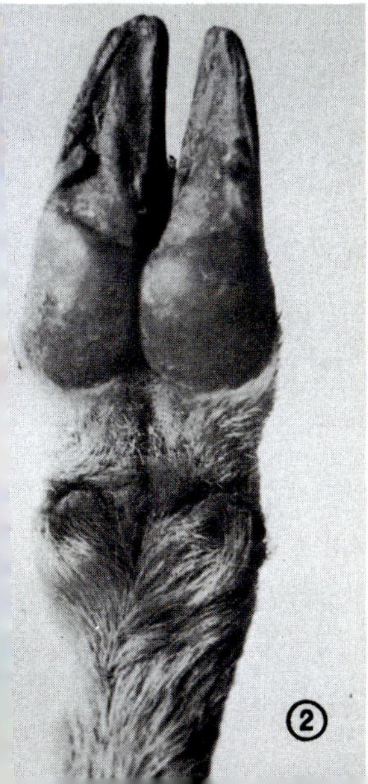
2

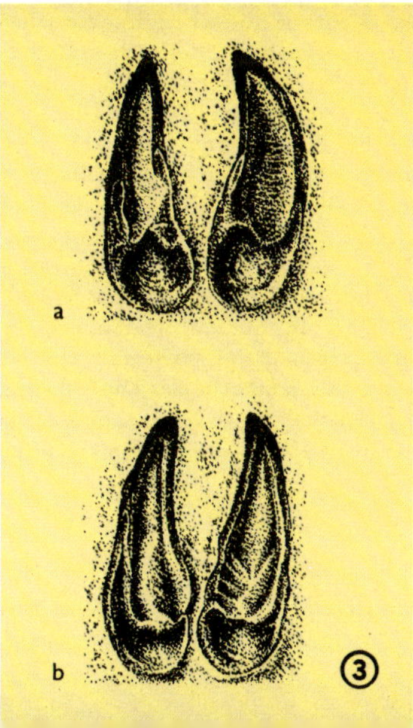
a
b
3

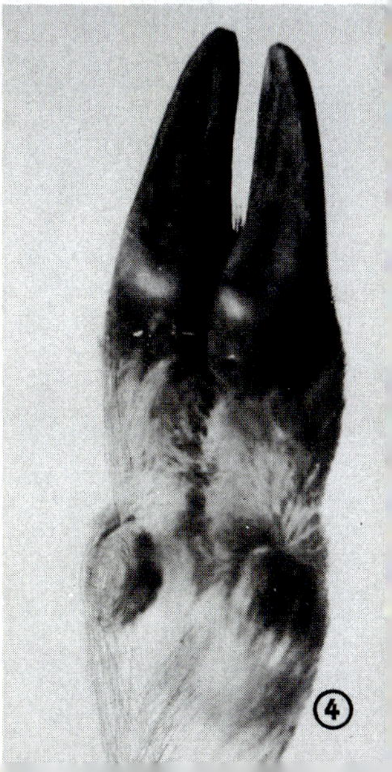
4

Hufabdrücke

4

Die Hochgebirge Europas oberhalb der Waldgrenze sind die Heimat der Gemse *(Rupicapra rupicapra — 1)*. Im Sommer sind die Gemsen hellbraun oder rostrot mit einem kräftigen dunklen Streif auf dem Rücken, das Fell ist ungefähr 3 cm lang. Das Winterfell ist etwa dreimal so lang, wesentlich dichter, dunkelgrau bis fast schwarz gefärbt. Beide Geschlechter tragen auf dem Kopf glatte rundliche Hörner (Krickeln, Krucken), von deren Form und Größe man auf Alter und Geschlecht schließen kann.

Das Gemsenskelett ist ausgezeichnet an das Klettern auf steilen Hängen, Felssimsen und Geröllfeldern angepaßt. Die Bewegung in diesem äußerst schwierigen Gelände erleichtern die muskulösen Beine, die in harten, aufrechten Schalen enden. Ihre Ränder sind elastisch und stehen ein wenig über die Trittfläche hinaus, so daß sie sich in eine scharfe Schneide verwandeln, die es gestattet, auch auf winzigen Vorsprüngen Halt zu finden und ein Abgleiten verhindert. Daher können Gemsen mit unglaublicher Sicherheit über steile Abstürze und fast glatte Flächen laufen. Diese physische Vollkommenheit wird durch die Fähigkeit der genauen Entfernungsschätzung vervollständigt. Gemsen können von einem Felsblock zum andern sogar 7 m weit springen, auch Sprünge in mehrere Meter Tiefe machen ihnen keine Schwierigkeiten.

Die Gemsschalen sind länglich, überall gleichmäßig breit, die Vorderränder sind stumpf. Die Form der Schalenspitzen wird durch die mehr oder weniger große Abnutzung bei der Bewegung im felsigen Gelände oder beim Scharren der Äsung aus dem Schnee modelliert. Zwischen ihnen entsteht eine breitere Lücke, die Ballen sind nur wenig ausgeprägt, zwischen ihnen zeigt sich ein Haarbüschel. Die Afterklauen sitzen relativ hoch und verlieren sich oft im dichten Fell.

Die Schalenabdrücke, vor allem die vorderen (**2a**), haben eine gestreckte Keilform, zwischen ihnen erscheint über die ganze Länge ein ziemlich breiter Spalt, der sich auch bei ruhiger Gangart zeigt. Die Abdrücke der Hinterschalen (**2b**) haben eine ähnliche Form, sind jedoch ein wenig ovaler. Da die Gemse vor allem den Mittelteil der Trittfläche abnutzt, sind Ballen, Spitzen und Schalenkanten deutlicher abgedrückt (3). Die Trittsiegellänge bewegt sich von 5—6 cm, die Breite schwankt von 3—3,5 cm. Die Schränkung ist ziemlich breit: 10—18 cm. Im ruhigen Schreiten beträgt die Schrittlänge 30—50 cm, die Afterklauen drücken sich nicht ab (**4a**). Die Fährte besteht aus Doppelabdrücken in Gestalt von Schluß- und Beitritten. Beim Lauf und Sprung (**4b**) werden die Hinterläufe vor die Abdrücke der Vorderläufe gesetzt. Beim Aufsetzen spreizen sich die Schalen stark (3), und die ganze Endpartie des Laufs biegt sich so stark durch, daß auch die Afterklauen abgedrückt werden. Da sie sehr hoch sitzen, drücken sie sich sogar 10 cm von den Ballen entfernt ab.

1

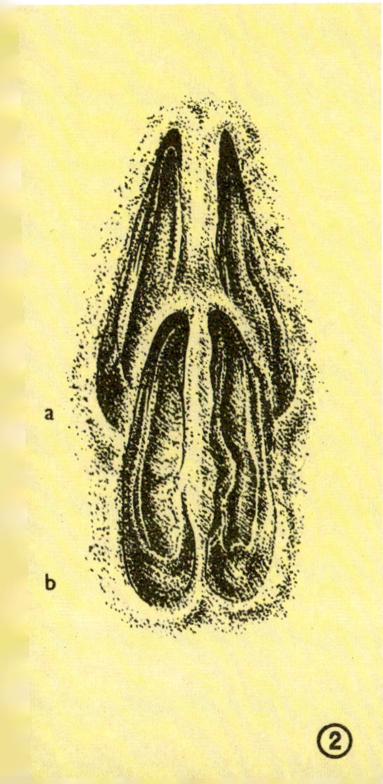
a
b
2

3

1 Größenangaben zu den Fährten und Spuren von wild lebenden und Haus-Huftieren

	Tierart	Geschlecht	Trittsiegellänge cm	Trittsiegelbreite in cm	Schränkung cm	Schrittlänge cm
	Alces alces Elch	♂	13–16(20)	11–13	20–25	120
		♀	10–14	9–11	20–25	90–120
b	*Bos taurus* Hausrind	♂ ♀	10–12	9–10	20–40	ca. 100
c	*Equus caballus* Pferd	♂ ♀	ca. 10	8–9	10–15	ca. 100
d	*Cervus elaphus* Rothirsch	♂	4–9	3,5–7	5–20	35–70
		♀	6–6,5	4,5–5,5	10–15	50–60
e	*Capra ibex* Steinbock	♂ ♀	7–10	ca. 6	ca. 20	30–60
f	*Sus scrofa* Wildschwein	♂	3–8	2,5–6	5–20	20–40
		♀	3–6,5	2,5–5	10–15	20–40
g	*Ovis aries* Hausschaf	♂ ♀	5–6	4–5	15–20	25–35
h	*Rupicapra rupicapra* Gemse	♂ ♀	5–6	3–3,5	10–18	30–50
i	*Dama dama* Damhirsch	♂	7–8	4–5	10–20	45–50
		♀	5–5,5	3–3,5	10	35–40
j	*Ovis musimon* Mufflon	♂	5,5–6	4,5	10–15	40–60
		♀	4,5–5,5	3,2–3,7	10	35–40
k	*Capra aegagrus* Bezoarziege	♂ ♀	5–6	ca. 4,5	ca. 15	30–60
l	*Capra hircus* Hausziege	♂	4,5–6	3	15	25–35
		♀	4,5–5	3	15	25–35
m	*Capreolus capreolus* Reh	♂	3,5–5	ca. 3	8–15	30–70
		♀	3–4,5		8–15	30–70

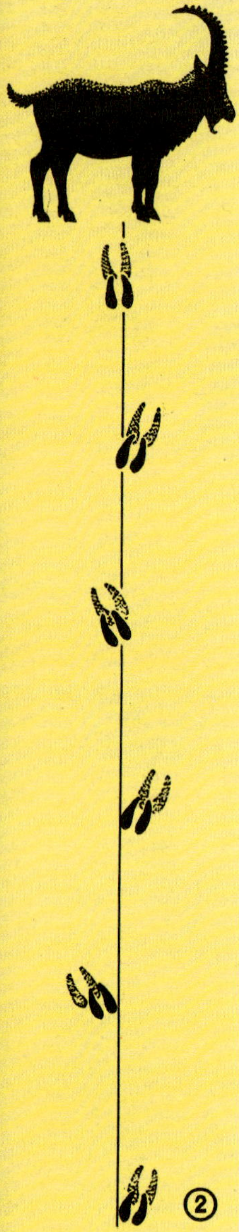

2 Steinbockfährte

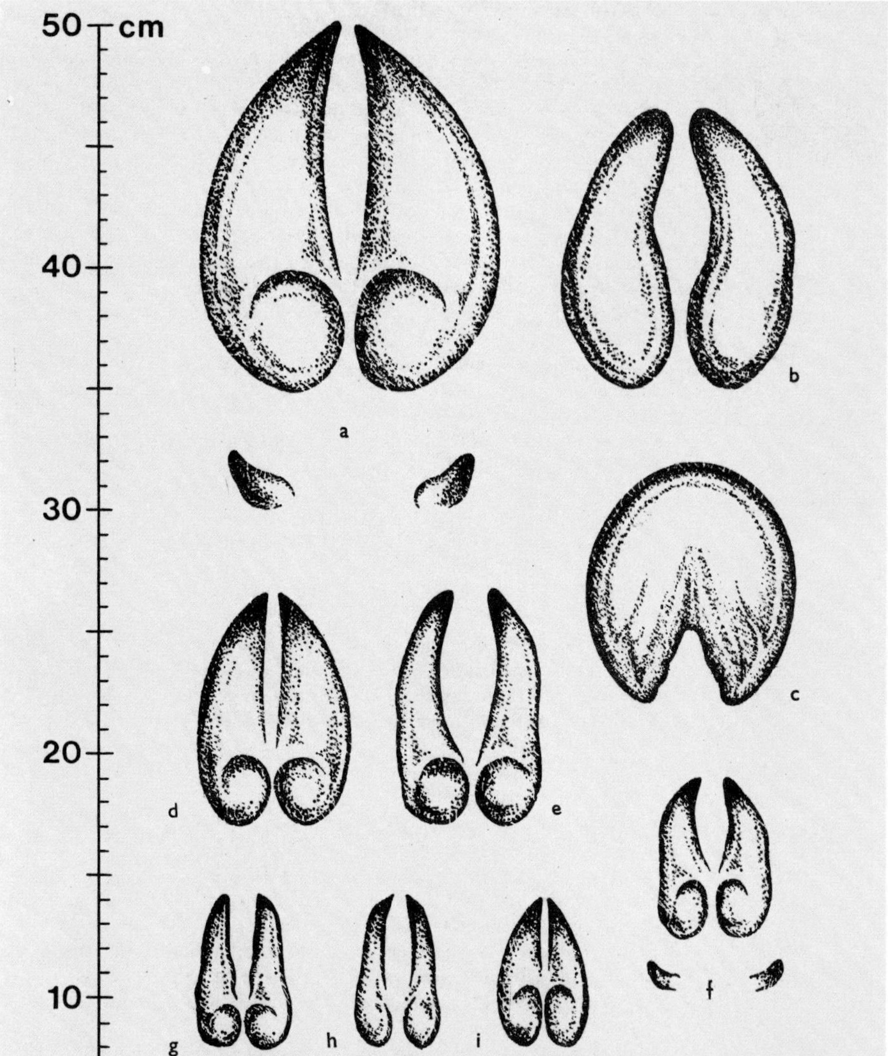
50 cm
40
30
20
10
0
a
b
c
d
e
f
g
h
i
j
k
l
m

5

Abdrücke von Vogelläufen

Geläufe (Spuren) des Graureihers *(Ardea cinerea — 1)* kann man nur an schlammigen Fluß-, Teich- und Seeufern antreffen. Vor allem das herbstliche Abfischen der Teiche zieht die Reiher an. Der bloßgelegte Teichgrund ist mit seichten Pfützen bedeckt, in denen Kleinfische zurückbleiben — die Hauptnahrung der Reiher. Dann kann man auf dem Schlamm auch Dutzende von Graureihern antreffen, die langsam und bedächtig umherschreiten, von Zeit zu Zeit ihren S-förmig geschwungenen Hals nach unten vorschnellen und mit dem langen Schnabel fast immer irgendein Fischchen packen. Auch wenn die Fische den Hauptbestandteil der Reiher-Speisekarte darstellen (sie jagen bzw. sammeln vor allem verendete, kranke und erst dann gesunde Fische), sammeln sie alle mögliche tierische Nahrung auch in der Umgebung der Teiche. Dann kann man ihre Tritte auch auf den umliegenden Feldern finden, in der Regel aber nur dort, wo der Boden etwas sumpfig ist.

Das Schreiten im tiefen Schlamm ist nicht leicht, da die Gliedmaßen immer tief einsinken. Die Reiher haben daher eine vergrößerte Trittfläche der Läufe. An ihren Füßen wachsen drei Zehen nach vorn, eine ist nach hinten gewendet. Sie sind so lang und nach den Seiten abspreizbar, daß der ganze Abdruck eines einzigen Fußes eine Fläche von rund 1,5 dm^2 einnehmen und 15—17 cm lang sein kann. Die mittlere Zehe wird rund 9 cm lang, die hintere 6—7 cm. Die mittlere und äußere Zehe sind an der Wurzel durch eine kurze Haut verbunden, die sich ebenfalls in einem deutlichen Tritt abdrückt (2). Die Zehen sind mit ziemlich langen Krallen ausgestattet, die sich ebenfalls in den Tritt eindrücken. Die Hinterzehe drückt sich nicht in der Verlängerung der Mittelzehenachse ab, sondern ist um ihre eigene Breite seitlich zur Mitte des Geläufs versetzt. Das hilft bei der Bestimmung von rechten und linken Fußabdrücken. Ist die hintere Zehe links von der mittleren abgedrückt, handelt es sich um den Tritt eines rechten Fußes (2) und umgekehrt. Auf diesem Bild befinden sich neben Reihergeläufen die viel kleineren Tritte von Lachmöwen; alle Spuren weisen schon einen Altersprozeß auf, d. h. Sprünge im Schlamm. Rechter und linker Abdruck lassen sich im Geläuf auch an der Stellung erkennen bzw. an ihrer Drehung. Beim Gehen macht der Reiher nur kurze Schritte, etwa 20—40 cm lang und dreht dabei die Zehen zur Mitte des Geläufs (5). Weist eine Mittelzehe schräg nach links zur Geläufmitte, handelt es sich um den Abdruck eines rechten Fußes und umgekehrt.

Ähnlich geformte, aber annähernd 3—6 cm kürzere Spuren hinterläßt im Schlamm der Nachtreiher *(Nycticorax nycticorax — 3)*, ebenfalls ein Fischjäger. Oben auf Bild 4 ist der Nachtreiher niedergegangen, langsam vorwärtsgeschritten, hat haltgemacht, ist ein paarmal hin und hergetreten und dann zur Seite abgebogen.

1

2

3

4

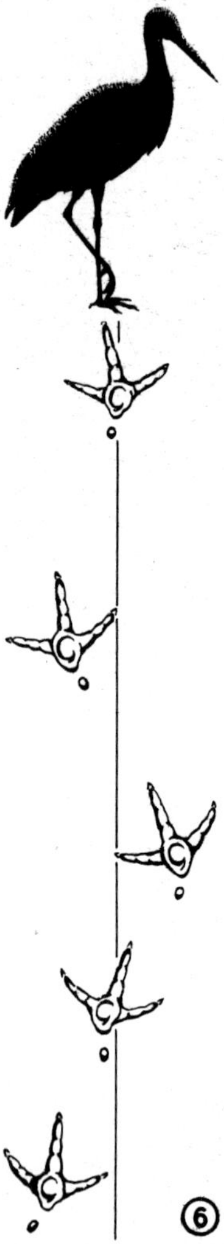

Abdrücke von Vogelläufen

Ähnlich geformte und annähernd gleich große Tritte wie der Graureiher hinterläßt der Weißstorch *(Ciconia ciconia — 1)*. Im Schlamm der Fischteiche erscheinen sie weniger häufig, da der Storch eine andere Nahrung jagt als der Reiher. Er umschreitet langsam die Teichränder, sumpfige Stellen, Wiesen und Felder und fängt mit seinem langen Schnabel alle möglichen kleinen Wirbeltiere (Frösche, Eidechsen, Schlangen, Nager, Insektenfresser, Jungvögel) und Insekten. Daher entdeckt man seine Tritte häufiger auf Wiesen und Feldern.

In einem deutlichen Tritt (3) zeigen sich die Abdrücke von vier Zehen, von denen die vorderen drei zu einem breit geöffneten „V" angeordnet sind, während sich der relativ kurze Daumen hinter dem Geläufe als kurze ovale Grube abdrückt, etwa 1 cm vom Hauptballen abgesetzt. In einem guten Tritt drücken sich an Vorder- und Hinterzehen auch die kurzen, stumpfen Krallen ab, und der Hauptballen erscheint in Form einer rundlichen Grube. Viel häufiger kommt es vor, daß ein Storchentritt nicht ganz deutlich ist, dann drücken sich nur die Zehen ohne Krallen ab, der Hauptballen erscheint nur andeutungsweise. Alle Zehen sind relativ kräftig, die nach vorn weisenden sind an der Wurzel durch eine kurze, zähe Haut verbunden.

Der ganze Storchentritt ist rund 15 cm lang und 13 cm breit. Die mittlere Zehe mißt 8 cm, die äußere ungefähr 6, die hintere 2—2,5 cm. An der Wurzel erreichen die Zehen eine Stärke von 10—13 mm. Weist der Abdruck der hinteren Zehe von der verlängerten Achse der mittleren Zehe nach links, handelt es sich um den Abdruck eines rechten Fußes und umgekehrt. Die Schrittlänge im Geläuf schwankt zwischen 10 und 40 cm, die Abdrücke der mittleren Zehen sind leicht auf die Mittelachse des Geläufs gedreht: der rechte Fuß nach links, der linke nach rechts (6).

Etwas kleinere Geläufe als der Storch hinterläßt auf Feldern und Wiesen die Großtrappe *(Otis tarda — 2)*, obwohl sie eigentlich der größte europäische Vogel ist. Bei den kultursteppenbewohnenden Trappen herrscht Geschlechtsdimorphismus, das Männchen ist wesentlich größer als das Weibchen, dementsprechend gibt es auch Unterschiede in der Spurengröße.

Charakteristisch für den Trappentritt sind die Abdrücke der kurzen Zehen, die aber an der Wurzel 2 cm dick sein können. Das ganze Trittsiegel ist 7—10 cm lang und fast ebenso breit, die kleinere Abmessung gilt für das Weibchen, die größere für den Hahn. Die Mittelzehe ist 5—7 cm lang, die äußere (länger als die innere) ist 4—5,5 cm lang. Nie erscheint der Abdruck einer Hinterzehe, da diese fehlt (5). Beim Schreiten schwankt die Schrittlänge von 10—30 cm, die Mittelzehen sind leicht in Richtung Geläufachse gedreht (4). Beim Laufen verlängert sich der Schritt bis auf 1 m.

1

2

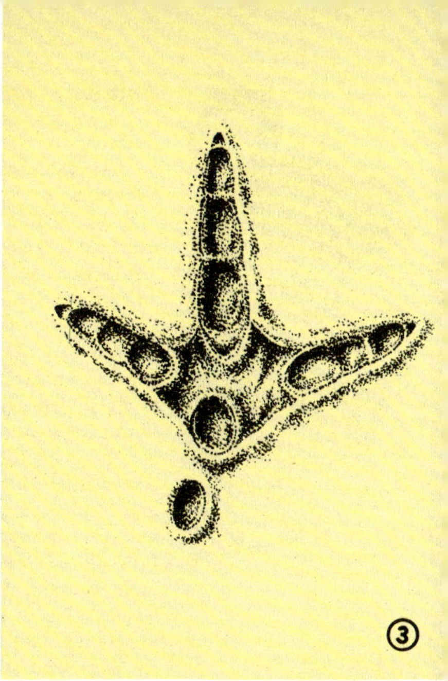
3

4

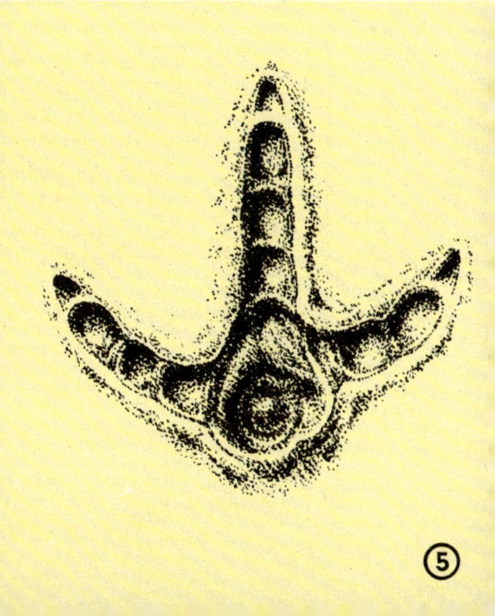
5

Abdrücke von Vogelläufen

Geläufe von Höckerschwänen *(Cygnus olor* — 1*)* muß man gar nicht besonders suchen. Meist halten sich Schwäne auf Seen und Teichen auf, in deren Schilf sie ihre großen, haufenförmigen Nester bauen, und ihre Tritte kann man in Uferschlamm und Anschwemmungen finden. Viel häufiger und bequemer entdeckt man sie aber auch inmitten der Städte, sofern diese von einem Fluß durchzogen sind oder an einem wenn auch künstlichen Gewässer liegen. In den letzten Jahren haben sich die Schwäne in Europa stark vermehrt. In freier Wildbahn haben sie fast keine natürlichen Feinde, die Menschen bewundern ihr majestätisches Aussehen und schützen sie. Da ein Schwanenpärchen jährlich etwa 4—7 Junge aufziehen kann, ist der Populationsanstieg ganz verständlich. Die Schwäne haben die Freundschaft der Menschen bald erkannt und genützt. Ganz regelmäßig im Winter besuchen sie die Städte, dann drängen sie sich in großer Zahl an See- und Flußufern, um geduldig auf einen angebotenen Brocken zu warten. Auch diese künstliche Zusatzfütterung hat wahrscheinlich Einfluß auf die Bestandszunahme, da sie die Verluste herabsetzt, die normalerweise im Winter aus Futtermangel eintreten. In dieser Jahreszeit legen die Schwäne ihre natürliche Scheu vollkommen ab und nehmen angebotenes Futter direkt aus der Hand an.

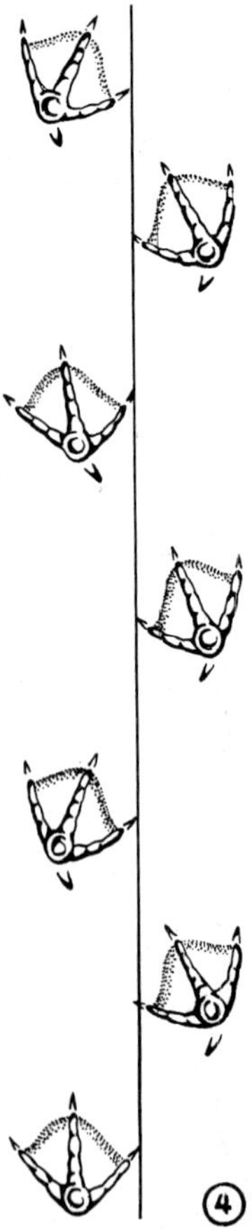

Im Winter bei frischem Schnee erscheinen Schwanengeläufe als große Dreiecke auf verschneitem Eis (2) und an Ufern. Wegen ihrer Größe kann man sie nicht mit den Tritten anderer Entenvögel verwechseln. Das Schwanengeläufe ist vierzehig und 17—20 cm lang. Die mittlere und äußere Zehe erreichen eine Länge von etwa 16 cm, die hintere Zehe ist nur ganz kurz und mißt 2—2,5 cm. Die drei nach vorn weisenden Zehen sind etwa in Höhe der kurzen Krallen durch Schwimmhäute verbunden, die Hinterzehe bleibt frei. Die beiden äußeren Zehen verlaufen in einer schwachen Krümmung auf die mittlere zu, das kommt in einem Abdruck deutlich heraus. Dank des großen Körpergewichts drücken sich auch regelmäßig die Schwimmhäute ab, die vorne an der Verbindungslinie zwischen den Zehenspitzen eine deutliche Rille im Schnee hinterlassen und in der Mitte zwischen den Zehen dreieckige gewölbte Wülste zustande bringen. Bei sehr langsamem Gang hebt der Schwan die Läufe (Ruder) nur wenig, und die Kralle der mittleren Zehe furcht den Schnee (3). Ähnlich wie die übrigen Entenvögel setzen auch die Schwäne beim Gehen die Füße zur Mitte des Geläufs (4), wodurch eine leichtere Bestimmung von rechtem und linkem Fußabdruck möglich wird. Sind Hinter- und Mittelzehe im Geläuf nach links gedreht, handelt es sich um den Abdruck des rechten Fußes und umgekehrt.

1

2

3

Abdrücke von Vogelläufen

Die Graugans *(Anser anser* — 1*)* bewohnt ähnlich wie die Schwäne größere Wasserflächen. Zum Nisten wählt sie Seen, große Teiche, tote Flußarme und Sumpfgebiete aus, wenn sich dort hinreichend große Röhrichtbestände befinden, in deren Schutz sie ungestört ist. Im Gegensatz zum Schwan, der seine Nahrung mit dem Schnabel am Gewässergrund sucht, sammeln die Gänse ihre Nahrung nicht auf dem Wasser, sondern auf dem Trockenen, wo sie sich von Grünpflanzen oder Samen ernähren, ähnlich wie die Hausgänse. Auf dem Trockenen bewegen sie sich daher gewandter als Schwäne oder Enten, und ihre Läufe (Latschen) sind länger und relativ kräftiger. Auf Nahrungssuche fliegen sie auch mehrere Kilometer von den Nistplätzen weg, daher kann man Gänsegeläufe auch an unerwarteten Stellen finden. Trotzdem finden sie sich aber vorwiegend auf Ufern und Sandbänken von Seen und auf dem schlammigen Grund entleerter Fischteiche.

Der Tritt der Graugans ähnelt in der Form weitgehend dem Schwanengeläufe, der Unterschied besteht hauptsächlich in der Größe. Der Grauganstritt ist um ein Drittel bis die Hälfte kürzer als das Schwanengeläufe. Die mittlere Zehe ist am längsten, mißt 8,5—9,5 cm und ist gerade. Die beiden äußeren Zehen beschreiben vom Hauptballen einen schwachen Vorwärtsbogen, doch reichen sie nicht bis auf die Höhe der Mittelzehe. Die Außenzehe ist 7,5—8,5 cm lang, die innere etwa 1 cm kürzer. Alle nach vorn weisenden Zehen sind durch Schwimmhäute verbunden, die an den Zehenspitzen dicht hinter den kurzen, stumpfen Krallen ansetzen. Die Hinterzehe ist frei und sehr kurz, so daß sie sich in dem Tritt nur als kleine gestreckte Grube abdrückt. Das ganze Graugansgeläufe ist 10—12 cm lang (4), hat die Form eines Dreiecks mit abgerundeten Seiten und ist 8—10 cm breit.

Beim Schreiten dreht die Gans die Zehen etwas einwärts, so daß sich im Geläufe (2, 5), das sich nur durch ganz geringe Schränkung auszeichnet, leicht die Abdrücke von rechtem und linkem Fuß unterscheiden lassen. Mittel- und Hinterzehe des rechten Fußes (sofern im Tritt abgedrückt) sind nach links gedreht, die Zehen des linken Fußes drehen sich nach rechts zur Geläufmitte hin. Die Schrittlänge liegt zwischen 10 und 20 cm, im Lauf verlängert sie sich etwas.

Ungeheure Mengen Gänsegeläufe kann man auf Schlamm und Sandflächen zur Zeit der herbstlichen Züge (3) entdecken; dann kommen an beliebten und immer wieder besuchten Sammelplätzen Tausende von Exemplaren zusammen. Da Graugänse verhältnismäßig große und schwere Vögel sind (ein ausgewachsenes Tier wiegt 3—4 kg), sind ihre Geläufe auch auf festerem Schlamm gut zu sehen (3); kommen sie auf dünneren Schlamm, sinken ihre Zehen trotz der Schwimmhäute bis 2 cm tief ein (5). Außer der Graugans kommen in Europa auch andere, kleinere Gänsearten vor, deren Spuren etwas kürzer und schmaler ausfallen.

1

2

3

4

Abdrücke von Vogelläufen

Von den Vertretern der Entenvögel hinterlassen die Enten die weitaus meisten Geläufe auf schlammigen und sandigen Ufern stehender und fließender Gewässer. Es gibt sehr viele Entenarten, die Unterschiede in der Körpergröße und damit verständlicherweise auch der Fußgröße sind aber so gering, daß eine Unterscheidung der einzelnen Arten anhand der Fußabdrücke fast unmöglich ist.

Entengeläufe ähneln in der Form weitgehend den Geläufen von Schwänen und Gänsen, sind aber wesentlich kleiner. Die Abdrücke der Zehen sind viel schlanker, dafür sind die Krallen daran relativ länger und stets deutlich abgedrückt. Man kann diese Tritte je nach Länge der einzelnen Zehen in zwei Gruppen einteilen.

Schwimmenten, zu denen z. B. Stockente *(Anas platyrhynchos)*, Schnatterente *(A. strepera)*, Löffelente *(A. clypeata)*, Krickente *(A. crecca)* und Knäkente *(A. querquedula)* gehören, haben drei nach vorn weisende Zehen, die durch Schwimmhäute verbunden sind, die vierte, hintere Zehe ist ganz frei (3**a**). Die mittlere Zehe ist am längsten und mißt bei der Stockente 5—6 cm. Die äußere Zehe mißt 4,5—6 cm, die innere ist ein wenig kürzer. Die beiden äußeren Zehen sind leicht im Bogen gekrümmt, während die mittlere fast gerade ist (**4**).

Bei den Tauchenten, zu denen z. B. die Tafelente *(Aythya ferina* — **1**), Moorente *(A. nyroca)*, Reiherente *(A. fuligula)* oder Schellente *(Bucephala clangula)* gehören, ist die Außenzehe am längsten oder wenigstens so lang wie die mittlere (3**b**). Die kurze Hinterzehe ist darüber hinaus mit einer ledrigen Haut ausgestattet, die bei den Schwimmenten fehlt. In deutlichen Geläufen hinterläßt diese behäutete Zehe einen breiteren Abdruck, während die Hinterzehen der Schwimmenten sich in Form einer ganz kurzen Rille abdrücken. Die Mittelzehe der Tafelente ist leicht gekrümmt, und 5—6 cm lang, die Außenzehe ist stärker gekrümmt und ihre Länge schwankt von 6—7 cm. Das Geläufe der Stockente ist 7,5—8 cm lang und 6,5—7 cm breit. Obwohl die Stockente an Gewicht die Tafelente übertrifft, sind ihre Schwimmhäute, Zehen und der ganze Fußabdruck nur geringfügig größer. Kommen Enten auf weichen Grund, z. B. auf feine Schlammschichten, drückt sich ihr ganzer Tritt einschließlich Schwimmhäute und hinterer Zehe ab. Auf weniger geeignetem Grund fehlt manchmal der Hinterzehenabdruck völlig (**2**), dann kann man die Geläufe kleiner Entenarten, wie z. B. der Krick- und Knäkenten leicht mit den verschiedenen Möwengeläufen verwechseln.

Verglichen mit den Gänsen bewegen sich Enten zu Lande recht unbeholfen. Ihre Latschen sind relativ kurz, weit hinten angesetzt, vor allem bei den Tauchenten, und das hat zur Folge, daß ihr Gang watschelnd ist. Das hat auch Einfluß aufs ganze Geläuf, das dadurch einen Wellenliniencharakter erhält (**4**). Die Schritte sind nur 10—15 cm lang und die mittleren Zehen sind stark einwärts zur Geläufachse gedreht.

1

2

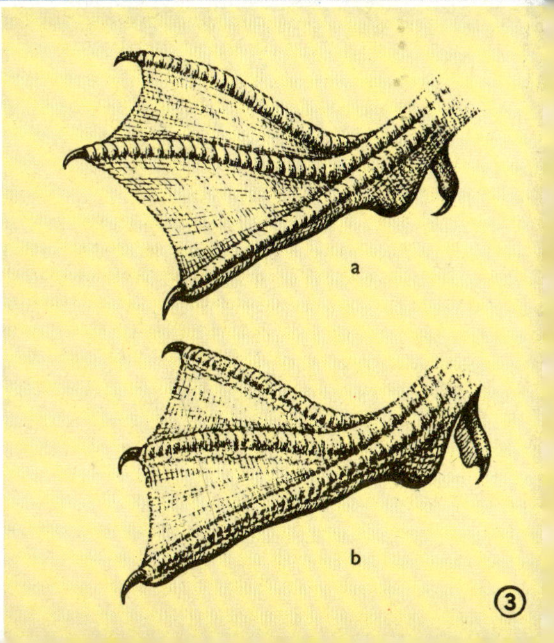
a
b
3

Abdrücke von Vogelläufen

Zur besseren Orientierung bei der Bestimmung von Ententritten werden hier noch einige charakteristische Merkmale aufgeführt, in denen sich Schwimmenten von Tauchenten unterscheiden. Es kann beispielsweise vorkommen, daß man einen Entenschwarm antrifft, der durch den Uferschlamm watschelt und hier Geläufe hinterläßt. An ihrer Körperhaltung kann man schon von weitem erkennen, ob es sich um Schwimm- oder Tauchenten handelt, auch wenn man keine genauen Artenmerkmale ausmachen kann.

Ein typischer Vertreter der Schwimmenten ist die Stockente *(Anas platyrhynchos* — **1a***)*, ein Vertreter der Tauchenten ist die Tafelente *(Aythya ferina* — **1b***)*. Sieht man Enten auf dem Trockenen stehen, dann sind die Läufe (Latschen) der Schwimmenten fast in der Körpermitte angesetzt, der Rumpf wird nur leicht schräg oder fast waagerecht getragen (**1a**). Die Latschen der Tauchenten sind bis zum Rumpfhinterteil verschoben, und daher wird dieser in einer fast senkrechten Haltung getragen (**1b**); Tauchenten gehen oder stehen aufgerichtet.

Auch beim Schwimmen auf der Wasseroberfläche bestehen wesentliche Unterschiede. Schwimmenten sitzen so auf dem Wasser, daß ihr Rumpf etwa bis zu einem Drittel eintaucht, der Schwanz wird immer über Wasser getragen, und die Brust sticht unter einem leichten Winkel ins Wasser (**1c**). Tauchenten haben einen großen Tiefgang, der Rumpf liegt waagerecht auf dem Wasser, die Ente ist fast mit dem halben Körper eingetaucht, und der Schwanz wird auf der Oberfläche geschleppt und berührt sie (**1d**).

Schwimmenten fliegen auf Nahrungssuche regelmäßig auf Felder und Wiesen, sammeln oder jagen sie Futter im Wasser, tauchen sie nur ausnahmsweise auf den Grund. Normalerweise senken sie nur Schnabel und Hals unter die Oberfläche, das Rumpfhinterteil ragt über den Wasserspiegel hinaus (Gründeln — **1e**). Im Gegensatz dazu gehen die Tauchenten auf Nahrungssuche unter Wasser bis auf den Grund, den sie mit dem Schnabel durchsuchen (**1f**). Sie können viele Sekunden untergetaucht bleiben und kommen weit von der Stelle, an der sie unter Wasser gegangen sind, wieder empor.

Schließlich gibt es noch einen Unterschied darin, wie die Enten vom Wasserspiegel auffliegen. Schwimmenten können ohne jeden Anlauf direkt auf der Stelle auffliegen (**1g**), während Tauchenten beim Auffliegen mehrere Meter auf der Wasseroberfläche anlaufen (**1h**).

Die Geläufe der Tauchenten haben typischen Entencharakter, wobei die Einzelabdrücke zur Geläufachse gedreht sind, die Abdrücke der Außenzehen sind länger als die der mittleren und zeichnen sich durch einen größeren Bogen aus (**2a, 3**). In einem Schwimmententritt ist die Mittelzehe am längsten, die Hinterzehe drückt sich weniger kräftig ein als bei den Tauchenten (**2b**). Zum Vergleich: Möwengeläufe sind nur dreizehig (**2c**) und wesentlich kleiner als die der Enten.

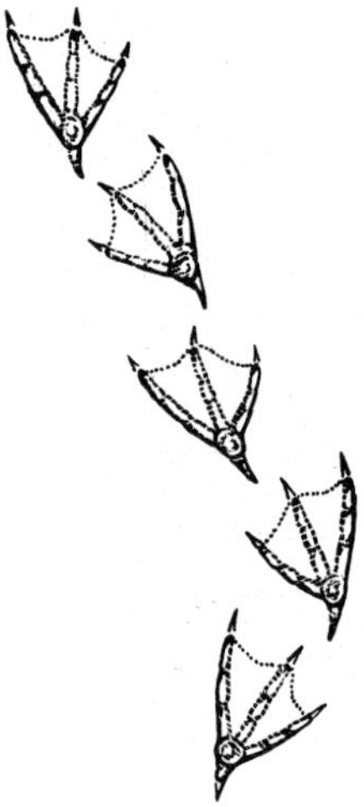

③

1
a
b
c
d
e
f
g
h
2
a
b
c

Abdrücke von Vogelläufen

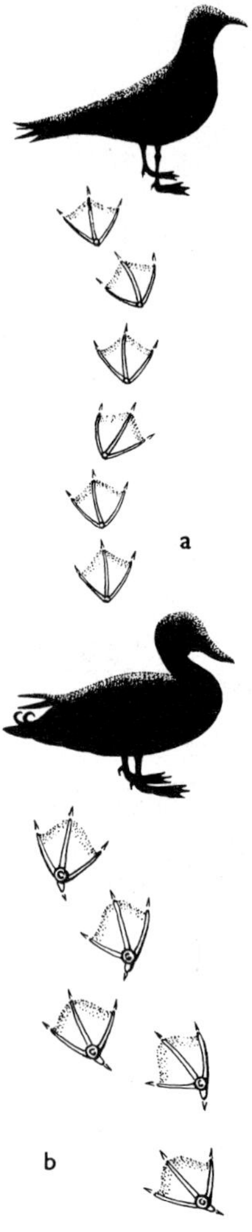

(4)

Geläufe von Möwenvögeln kann man am ehesten an der Meeresküste und auf den Inseln finden, aber auch tief im Binnenland an den Ufern von fließenden und stehenden Gewässern, im Winter auf dem Schnee, häufig sogar inmitten der Großstädte. Dann handelt es sich um die Lachmöwe *(Larus ridibundus* — **1***)*, einen häufigen Bewohner von Fischteichen, Seen, Sümpfen und Überschwemmungsgebieten. Diese Möwe nistet an schwer zugänglichen schlammigen Teichabschnitten kolonieweise, manchmal finden sich auf einer kleinen Fläche mehrere hundert Nester. Möwengeläufe findet man daher nicht nur in der näheren Umgebung der Nistplätze, sondern häufig auch ziemlich weit vom Wasser entfernt. Die Lachmöwen z. B. begleiten in großen Schwärmen Landwirtschaftsmaschinen beim Pflügen oder Eggen, sammeln die an die Oberfläche gebrachte tierische Nahrung und hinterlassen dabei im Erdreich ihre Spuren. Am meisten werden sie aber von den Fischteichen zur Zeit des Abfischens angelockt. In riesigen Schwärmen kommen sie auf dem bloßgelegten Schlamm zusammen, laufen hastig umher und sammeln dort alle möglichen Würmer oder die in Pfützen zurückgebliebene Fischbrut. Dann sind die Teichgründe von ihren Geläufen wortwörtlich übersät (3).
Möwentritte ähneln in der Form weitgehend den Gänse- oder Entenspuren. Ihre Füße sind mit drei nach vorn weisenden Zehen ausgestattet, zwischen denen hinter den kurzen Krallen eine Schwimmhaut gespannt ist. Die Hinterzehe (Daumen) sitzt am Lauf ziemlich hoch und ist recht klein, Mittel- und Außenfinger sind 3—3,5 cm lang.
Das Möwengeläufe ist klein und zeichnet sich durch die schlanken Abdrücke der krallenbewehrten Zehen aus. Da die Hinterzehe recht hoch sitzt und verkümmert ist, drückt sie sich nur dann ab, wenn die Möwe auf weichen Schlamm geraten ist. Normalerweise drücken sich Möwentritte dreizehig ab (3). In Bild 2 wurden verschiedene Alternativen von Möwenzehenabdrücken festgehalten. Im Oberteil der Fotografie schritt die Möwe über erhärtenden Schlamm, und in dem Geläufe erscheinen nur Vorderzehen und Krallen. Als sie auf weicheren Schlamm überging, haben sich zwei Tritte auch mit den Schwimmhäuten (links unten) abgedrückt, daneben sitzt ein vollkommener Abdruck mit allen vier Zehen und Schwimmhäuten.
Die Geläufe der Lachmöwe ähneln denen von Krick- und Knäkente, deren Tritte etwa 1 cm länger sind. Unterscheiden kann man sie einerseits an den Abdrücken der Hinterzehen (bei den Enten erscheinen meist Daumenabdrücke, bei Möwen nur selten), andererseits an der Lage der Tritte im Geläuf. Während die Entenabdrücke beim Gehen einwärts zur Geläufachse gedreht sind (**4b**), drücken die Möwentritte sich mehr oder weniger parallel zur Bewegungsachse ab (**4a**). Möwen bewegen sich schreitend oder laufend, die Tritte werden dicht hintereinander gesetzt.

1

2

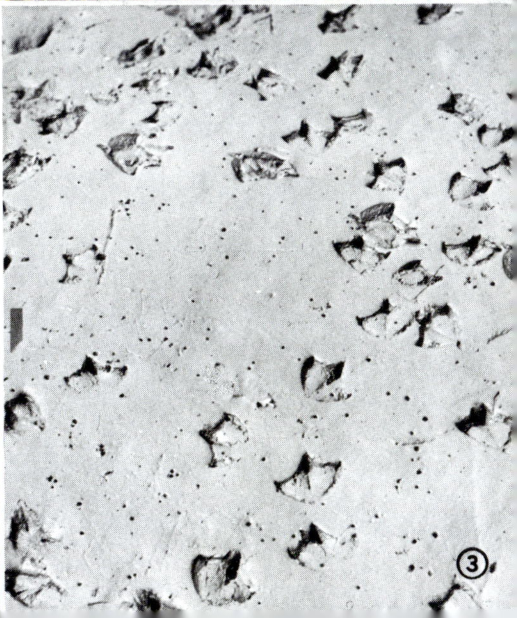
3

Abdrücke von Vogelläufen

⑥

Die Ordnung Hühnervögel kann man je nach Biotop in zwei Gruppen einteilen. Fasan *(Phasianus colchicus)*, Rebhuhn *(Perdix perdix)* und Wachtel *(Coturnix coturnix)* sind Bewohner von Steppen oder Waldsteppen; zu ihnen kann man auch noch die Steinhühner *(Alectoris)* rechnen, die buschbestandene felsige Hänge bewohnen. Zu den Waldhühnern und Bewohnern von Tundralandschaften zählen Auerhuhn *(Tetrao urogallus)*, Birkhuhn *(Lyrurus tetrix)*, Haselhuhn *(Tetrastes bonasia)* und die Schneehühner *(Lagopus)*.

Das größte Waldhuhn ist das Auerhuhn (1). Der Hahn ist viel größer, aber auch wesentlich farbenfreudiger als die rostbraun gefärbte Henne. Die mächtigen Füße beider Geschlechter sind mit kräftigen, ziemlich langen Zehen ausgestattet und mit nicht weniger kräftigen stumpfen Krallen, die zum Scharren nach Nahrung dienen. Auerhuhngeläufe findet man am häufigsten im Winter auf dem Schnee. In den letzten Jahren haben sie aber rapide abgenommen, so daß man ihren Spuren nur in tiefen, unberührten Waldungen begegnen kann.

Die Geläufe der Rauhfußhühner unterscheiden sich ganz wesentlich von denen der Fasanenartigen. Die Ständer des Auerhuhns sind bis an die Zehen befiedert, diese fellähnliche Befiederung wird im Winter noch wesentlich dichter (3). An ihren Zehen kann man eine Besonderheit beobachten, die bei keinem anderen Vogel auftritt. An den Zehenrändern wachsen mehrere Millimeter lange hornige Fransen, die wie ein feines Kämmchen aussehen (3). Findet man eine perfekt abgedrückte Fährte, so erscheinen auch diese Balzstifte. Sie vergrößern die Trittfläche wesentlich, das Huhn sinkt beim Schreiten über den Schnee weniger tief ein; diese Einrichtung wirkt wie ein Schneeschuh. Dabei bewegen sich die Auerhühner aber nicht nur auf dem Boden. Über Nacht baumen sie in Baumkronen auf, sie picken Knospen und Nadeln ab, auf kahlen, waagerechten Ästen treiben sie ihre Balz. Die langen befransten Zehen (und die relativ lange Hinterzehe) ermöglichen ein besseres Umklammern der Äste. Im Sommer fallen diese Hornfransen ab, um im nächsten Winter wieder nachzuwachsen.

Die Fährte des Hahns ist meist 8—12 cm lang und 7—11 cm breit. Die Abdrücke der Außenzehen sind weit geöffnet und bilden einen Winkel von fast 180°. Auch die Hinterzehe drückt sich deutlich ab: Sie ist 2,5—3 cm lang, die Länge der Mittelzehe schwankt von 6—7 cm, an der Wurzel ist sie 1,5 cm stark. In nassem Schnee drükken sich auch Krallen und der mächtige Hauptballen (**2a**) ab. Der Tritt der Henne sieht ähnlich aus, ist aber ca. ein Drittel kleiner (**2b**).

Bei raschem Gang drücken sich die einzelnen Abdrücke in Abständen von 20—30 cm ab (**6a**), im Schnee bleiben die von den Krallen herrührenden Rillen zurück (4). Der Hahn beginnt sein Balzlied noch vor Sonnenaufgang auf einem kahlen, waagerechten Ast. Nach Tagesanbruch fliegt er auf den Boden herab, um hier sein Lied fortzusetzen. Dann erscheinen im Schnee Fährten, die dicht hintereinander liegen (**5, 6b**), seitlich entdeckt man Furchen, die von den ausgebreiteten Schwingen stammen. Mittel- und Hinterzehe sind im Geläuf in Richtung Längsachse gedreht (**6a,b**).

1

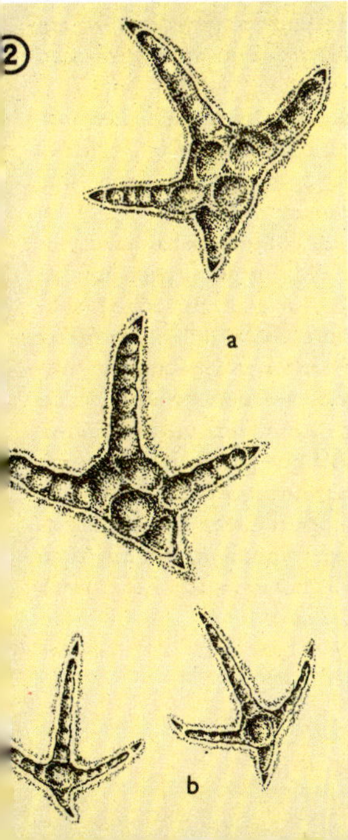
2
a
b

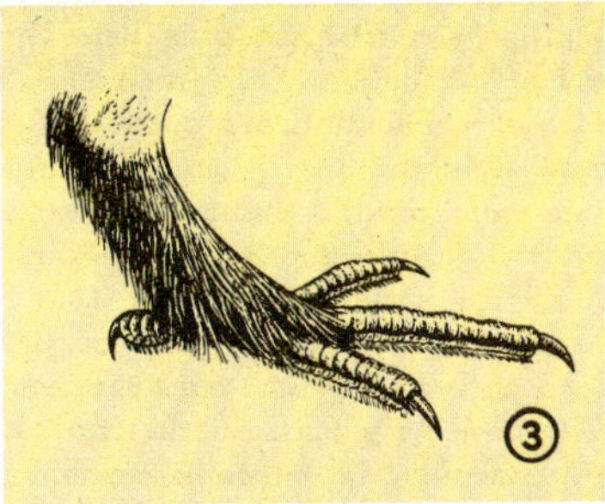
3

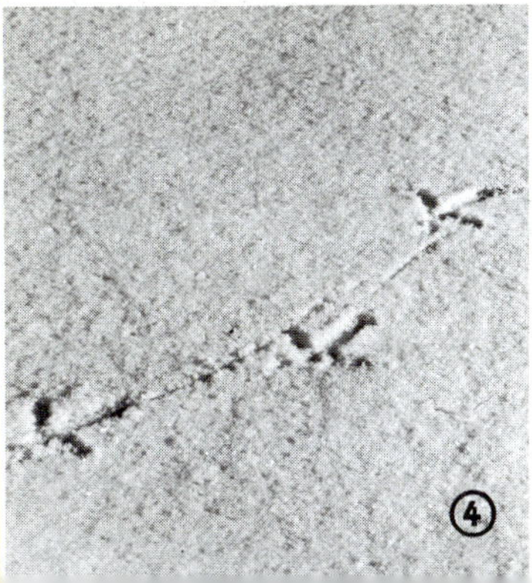
4

5

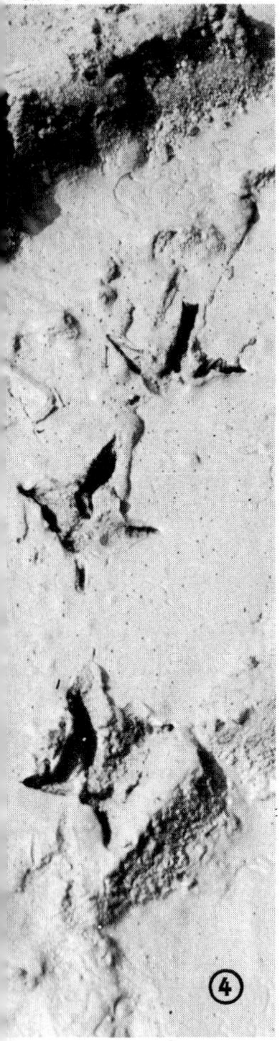

Abdrücke von Vogelläufen

Auch wenn die Rebhuhnbestände in Europa während der letzten Jahrzehnte beträchtlich geschrumpft sind, kommen Rebhühner noch recht zahlreich auf Feldern, Wiesen und dicht bewachsenen Hängen in tiefen und mittleren Lagen vor. Vereinzelt können Rebhuhnvölker auch an offenen Stellen in den Bergen bis zu einer Höhe von rund 1000 m ü. M. auftreten. Am häufigsten sind sie allerdings im Flachland, hauptsächlich in sog. Kultursteppen, in denen sich alle möglichen Feldkulturen abwechseln.

Das Rebhuhn *(Perdix perdix* — 1*)* bewegt sich vorwiegend auf dem Boden, seinen jähen und geradlinigen Flug benutzt es nur bei Gefahr oder zur Überwindung kürzerer Entfernungen. Daher kann man seine Geläufe nach Regenfällen auf Feldwegen, Anschwemmungen, am besten jedoch im Winter auf dem Schnee finden.

Der Rebhuhntritt hat eine charakteristische Form, die allen Hühnervögeln eigen ist. Abgedrückt werden drei nach vorn weisende, recht kräftige Zehen, die in langen, stumpfen Scharrkrallen enden. Die hintere Zehe ist wesentlich kürzer, und oft drückt sich nur ihre Kralle in Gestalt einer länglichen, zum Inneren des Geläufs gerichteten Grube ab. Die Außenzehen schließen in etwa einen Winkel von 90° ein, können aber noch wesentlich weiter gespreizt werden (4). Ist ein Tritt vollständig abgedrückt, z. B. in hart werdendem Lehmgrund (2) oder nassem Schnee, kann man in ihm auch die Ballenabdrücke der einzelnen Zehenglieder sowie des Hauptballens unter der gemeinsamen Zehenwurzel entdecken. Das ganze Geläufe ist 4—5 cm lang und ebenso breit. Die Mittelzehe ist an der Wurzel etwa 0,5 cm breit und wird 3,5—4 cm lang. Die Außenzehe mißt 2,5—3 cm und ist an der Wurzel geringfügig schmaler als die mittlere. Die Innenzehe ist wieder 0,5 cm kürzer als die äußere. Die Hinterzehe drückt sich in einem Abstand von 0,5—1 cm hinter dem Hauptballen ab.

Beim Schreiten sind zwischen den Abdrücken der einzelnen Gliedmaßen nur ganz geringe Abstände, die häufig nicht einmal die Länge des Abdrucks überschreiten (4). Das Geläuf bildet eine Wellen- oder Zickzacklinie, je nachdem, wie das Tier Nahrung gesucht hat. Beim schnelleren Schreiten oder im Lauf sind die Abdrücke voneinander 10—15 cm entfernt, die Mittelzehe drückt sich in der Regel parallel zur Fortbewegungsachse ab; die Hinterzehe ist aber zur Geläufachse einwärts gedreht. Im hohen Schnee haben die Geläufe den Charakter von tiefen, in regelmäßigen Abständen wiederholten Gruben, die miteinander durch tiefe Rinnen verbunden sind. Im tiefen Schnee kann man auch gut Auffliegen und Einfallen des Rebhuhns unterscheiden. Beim Start (3) ist das Rebhuhn durch den Schnee geschritten, hat sich abgestoßen, ist etwa 10 cm weiter wieder heruntergefallen, wobei sich sein Bauch abgedrückt hat und gleichzeitig Spuren vom ersten Flügelschlag entstanden sind. Dann trat es noch einmal leicht mit dem rechten Lauf in den Schnee und hat sich erhoben, auch wenn noch einige Schwingenspuren im Schnee zu sehen sind.

1

2

3

Abdrücke von Vogelläufen

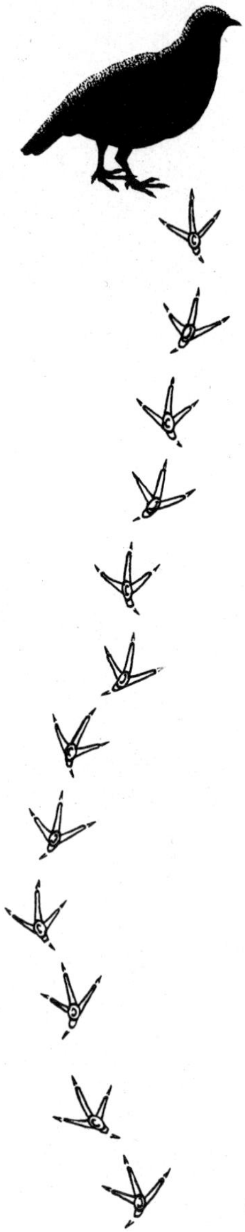

(4)

In der Winterzeit konzentrieren sich die Rebhuhnvölker (1) oft an Stellen mit reicherem Nahrungsangebot. Dann erscheinen im Schnee die langen Ketten ihrer Geläufe (4), denen man unter anderem entnehmen kann, welch hartes Leben sie in dieser Zeit führen. Ihre Nahrung ist häufig tief unter dem Schnee verborgen, und die Vögel müssen sie mühsam ausscharren. Oft scharren sie dabei so tiefe Löcher, daß sie darin ganz verschwinden. Solange der Schnee pulverig und leicht ist, stellt das für die Rebhühner kein Problem dar; schlimmer ist es, wenn der Schnee verharscht und auf seiner Oberfläche ein mehrere Zentimeter starker Eispanzer entstanden ist. Dann gelangen die Rebhühner nicht an ihre Nahrung, und wenn ihnen der Mensch dies nicht durch Beiseitefegen des Schnees ermöglicht, leiden sie Hunger und sterben in großer Zahl.

Wenn Rebhühner ein Feld entdecken, auf dem unter einer Schneedekke Getreide oder andere Kulturen keimen, finden sich immer mehrere Völker ein. Die Schneedecke ist dann von einem dichten Netz aus Rebhuhngeläufen überzogen, die dann in den gescharrten Löchern enden (2). Oft entstehen kräftig ausgetretene Wechsel, die durch Rebhuhnlosung gezeichnet sind. Die Gruben sind nicht besonders tief: Sie messen etwa 20—30 cm im Durchmesser und sind bis auf den Boden gescharrt. Da Rebhühner den Winter über immer in Völkern leben, finden sich stets mehrere Gruben nebeneinander, und anhand der einzelnen Geläufe, die sie verbinden, kann man im Idealfall auch zählen, wie viele Tiere sich in einem Volk befinden. Oft sind aber die Gruben so dicht aneinandergedrängt und durch so viele Geläufe verbunden, daß man die Stückzahl eines Volks erst an der Stelle des Auffliegens feststellen kann.

Finden die Rebhühner unter dem Schnee genügend Nahrung, bleiben sie so lange in der Grube, bis alles aufgefressen ist. Den Schnee scharren sie vollständig beiseite, und auf dem Grubengrund zeigt sich das blanke Erdreich (3). Bei dieser Gelegenheit verschlucken sie auch Sandkörner oder Steinchen, die beim Zermahlen ausgetrockneter Samenkörner im starkwandigen Magen helfen.

Außer diesen Gruben kann man auch Nachtplätze entdecken, in denen die Rebhühner genächtigt haben. Sie baumen nie auf, dazu sind ihre Zehen nicht geeignet. Zur Nacht fliegen sie eine geschützte Stelle an, drängen sich dicht aneinander und nächtigen auf dem Boden. Im Winter wühlen sie sich in den Schnee ein und lassen sich auch häufig zuwehen. Wenn sie am Morgen diesen Nachtplatz verlassen, bleiben an seinem Grund immer recht große Losungshäufchen zurück.

①

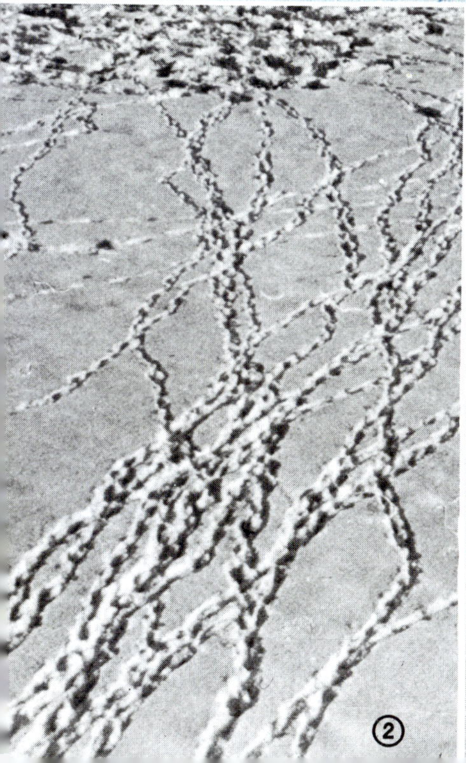
②

③

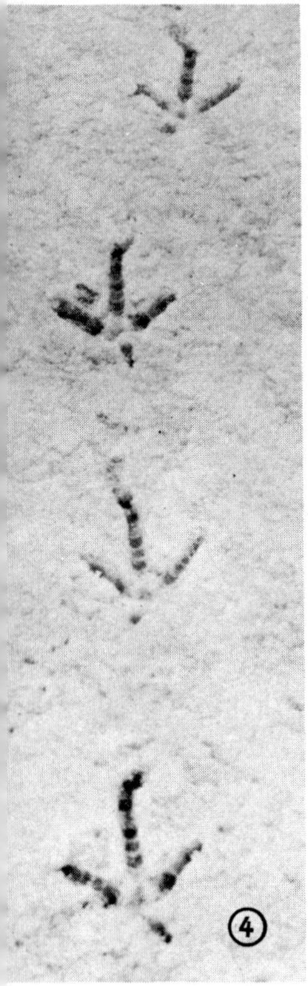

④

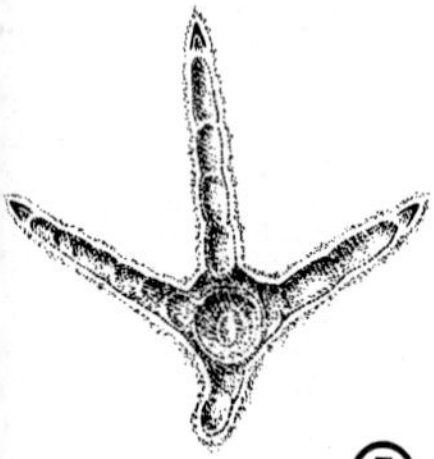

⑤

Abdrücke von Vogelläufen

Im Unterschied zum Rebhuhn bewohnt der Jagdfasan *(Phasianus colchicus)* sowohl offene Gelände als auch Waldungen. Mit Vorliebe hält er sich im warmen Flachland auf, wo Felder und Wiesen mit kleinen lichten Wäldchen abwechseln, er sucht die Riedbestände der Ufer auf, ganz besonders locken ihn sonnenbeschienene, buschbestandene Hanglagen. Gängig kommt er auch in Laub- oder Mischwäldern vor, tiefe und ausgedehnte Fichtenbestände meidet er. In höheren Lagen als 700 m ü. M. ist er nicht mehr anzutreffen. Der Hahn (1) ist bunt goldbraun gefärbt, und in der Balz vergrößern sich die roten fleischigen Läppchen (Rosen) rings um die Augen, auf dem Kopf zeigen sich abstehende Federgebilde, die wie zwei Hörner aussehen. Die Henne ist braun, beige und grau gefleckt. Ein charakteristisches Merkmal des Fasans ist der lange zugespitzte Schwanz, der in der Jägersprache Spiel genannt wird.

Die Ständer der Fasane sind relativ kräftig und ungefiedert. An der Oberseite (2) sind sie von Hornschildchen bedeckt, die einen wirksamen Schutz gegen etwaige Verletzungen bilden. Die Zehenunterseite (3) ist von einer Reihe Trittpolster bedeckt, deren verhornte Haut ziemlich elastisch ist. An den Wurzeln aller drei nach vorn weisenden Zehen sitzt ein deutlicher Ballen. Die beiden außen sitzenden Zehen sind mit der mittleren an der Basis durch eine kleine Haut verbunden, deren Umriß in einer deutlich abgedrückten Spur sichtbar wird. Die hintere Zehe sitzt höher als die vorderen, etwa 3 cm über ihr wächst bei den Hähnen an der Ständerhinterseite ein horniger Sporn (2, 3). Je nach Form und Größe dieses Sporns kann man auf das Alter des Hahns schließen. Während die kräftigen und ziemlich langen Krallen aller vier Zehen regelmäßig im Tritt abgedrückt sind, hinterläßt der Sporn auch in tiefem Schnee keine Abdrücke. Die Hennen haben keine Sporen.

Die Mittelzehe ist 5—6 cm lang, die äußere 3,5—4 cm, die innere ist ein wenig kürzer und die einwärts gedrehte Hinterzehe 1—2 cm. Der ganze Tritt mit Abdrücken aller vier Zehen ist 6,5—9 cm lang und ungefähr 8 cm breit. Diese beträchtlichen Längenunterschiede hängen vom Geschlecht ab. Der größere Hahn (der ein Gewicht von 1,2—2 kg erreichen kann) hinterläßt längere Abdrücke, während die kürzeren Maße eher für die Hennen gelten, deren Durchschnittsgewicht bei rund 0,9 kg liegt. Im Tritt drücken sich regelmäßig alle vier Zehen mit den Krallen ab (5), Geläufe in einer schwachen Schneeschicht oder im Schlamm lassen auch die Ballen der einzelnen Zehenglieder erkennen (4).

①

②

③

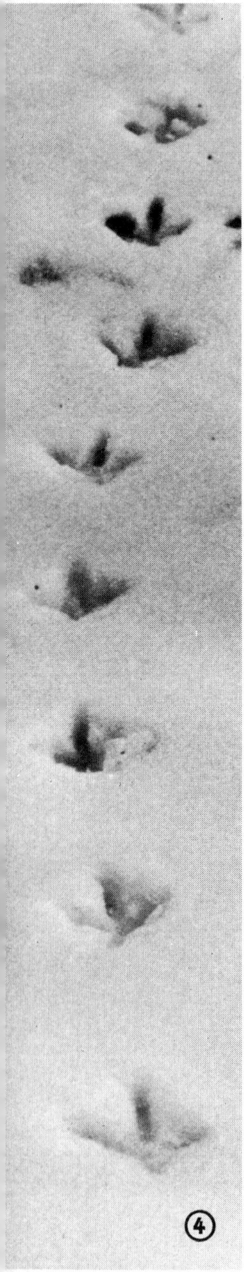

Abdrücke von Vogelläufen

Der Fasan (1) ist eine der von Jägern sehr begehrten jagdbaren Vogelarten. In vielen Ländern wurde er von äußerst ungünstigen Begleiterscheinungen der modernen Landwirtschaft ebenso stark betroffen wie die Rebhühner, und seine Bestände sinken. Daher greifen Jäger und Heger zur künstlichen Fasanenzucht. In Volieren werden stets mehrere Hennen mit einem Hahn gehalten (der Fasan ist polygam), die gelegten Eier werden entnommen und in Brutanlagen ausgebrütet. Die geschlüpften Küken werden entsprechend gefüttert und im Alter von 8—10 Wochen in freier Wildbahn ausgesetzt. So werden Verluste ausgeglichen, von denen die Fasane in der Natur betroffen sind. Viele der künstlich aufgezogenen Fasane werden bei den herbstlichen Jagden zur Strecke gebracht, viele überleben aber bis zum nächsten Jahr und können sich dann auch in der freien Natur fortpflanzen.

Fasane sind keine besonders ausdauernden Flieger, doch können sie auf kurze Entfernung eine beträchtliche Geschwindigkeit entwickeln. Da sie aber den größten Teil ihres Lebens auf dem Boden zubringen, sind sie sehr schnelle Läufer. Wird z. B. bei der Jagd ein Fasan nur leicht am Flügel verletzt, fällt er zu Boden und flüchtet vor der Gefahr so schnell, daß ihn ein Mensch nicht einholt. In diesem Tempo kann er einige hundert Meter zurücklegen, und wenn kein Jagdhund zur Hand ist, verschwindet er normalerweise in einer guten Deckung. Auf dieser schnellen Flucht macht der Hahn so lange Schritte, daß die Entfernung zwischen den einzelnen Abdrücken bis zu 50 cm betragen kann.

Beim ruhigen Schreiten unter normalen Umständen sind die Abstände zwischen den einzelnen Tritten relativ klein. Manchmal betragen sie etwa 10 cm (3), in anderen Fällen machen sie das Doppelte bis Dreifache der Trittlänge aus (4). Beide Aufnahmen von Fasanengeläufen wurden auf schmelzendem Schnee gemacht und sind ein Beweis dafür, wie die Sonne Abdrücke deformieren kann. Die Details sind bereits aus den Abdrücken verschwunden, die Ränder der Zehenabdrücke sind zusammengeschmolzen, und das ganze Geläufe hat an Größe zugenommen.

Bei Start oder Landung, vor allem in tieferem Schnee, drücken sich die einzelnen Schwungfedern der Flügel ab. Der Schwanz eines Fasanenhahns wird 40—50 cm lang und drückt sich beim Landen in Form eines mehr oder weniger ausgebreiteten Fächers im Schnee ab, je nachdem, wie breit ihn der Fasan beim Niedergehen gespreizt hat (2). Da der Schwanz der Fasanenhenne nur 20—30 cm lang wird, kann man an der Länge dieser Schwanzabdrücke erkennen, ob es sich um einen Hahn oder um eine Henne gehandelt hat.

1

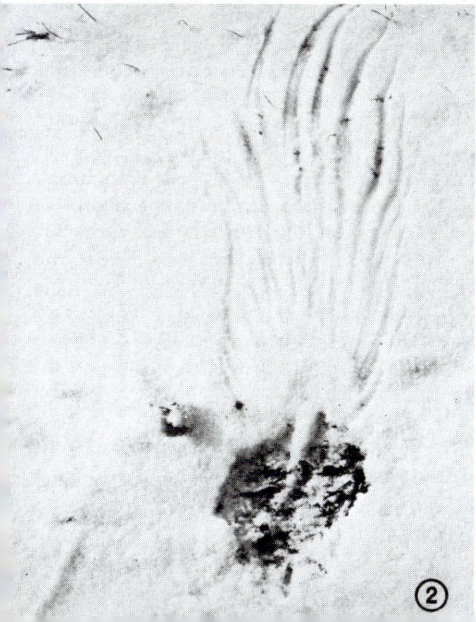
2

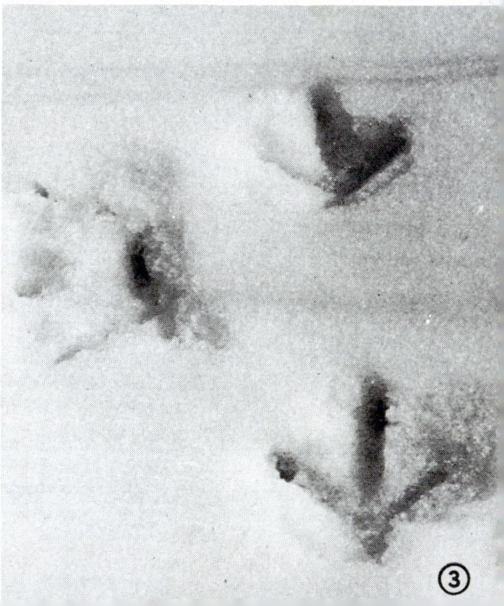
3

5

Abdrücke von Vogelläufen

Die Rabenkrähe *(Corvus corone corone* — 1) ist ein Baumbrüter, d. h. sie baut ihr Nest hoch in den Baumkronen. Die Zehen ihrer Läufe sind ausgezeichnet für den Aufenthalt im Geäst gestaltet. Die Hinterzehe ist fast so lang wie die mittlere, alle sind verhältnismäßig schlank und haben die Tendenz, dauernd zusammengekrallt zu sein. Das alles sind Merkmale eines Fußes, der zum Umklammern von Ästen und Zweigen geschaffen ist. Darüber hinaus sind alle Zehen mit langen Krallen ausgestattet, und unter den Endgliedern sitzen hornige rauhe Ballen, die die Haftung des Fußes am Ast noch verstärken.

Trotzdem kann man Krähentritte auch auf dem Boden finden. Sehr gern durchsuchen sie die Ufer fließender und stehender Gewässer oder stöbern auf Feldern nach tierischer Nahrung. Im Winter finden sie sich auch in der Nähe menschlicher Behausungen ein, im Schnee lassen sich ihre Geläufe vor allem dort finden, wo es verschiedene Abfälle gibt.

In einem gut abgedrückten Geläufe weisen drei Zehen nach vorn und schließen einen sehr spitzen Winkel ein. Deutlich sind auch die Ballen an den einzelnen Zehengliedern abgedrückt, am tiefsten die der Endglieder und die Krallen, da der Fuß die Neigung hat, ständig die Zehen zusammenzuklammern. Der Abdruck der Hinterzehe endet in einer langen Kralle, die deutlich bogenförmig gekrümmt ist und die längste von allen vier Krallen darstellt. Die Krallenmittelpartie ist nur schwach eingedrückt, die Spitzen prägen sich ziemlich tief in den Boden ein. An der Verbindungsstelle aller Zehen ist ein unregelmäßiger Ballen eingedrückt (3).

Die Mittelzehe ist etwa 4 cm lang, die hintere nur eine Kleinigkeit kürzer, und die äußere mißt etwa 3 cm. Der ganze Tritt ohne Krallenabdrücke ist etwa 7—8 cm lang und rund 3,5 cm breit. Mit Krallen gemessen ist sie etwa 2—3 cm länger.

Beim Schreiten hinterläßt die Krähe ihre Abdrücke nur im Abstand von einigen Zentimetern, die Schrankbreite ist ganz gering und die Spurenvorderteile sind einwärts zur Geläufmitte gedreht (**5a**). In tieferem Schnee lassen die Krallen hinter den Abdrücken eine ziemlich tiefe Rille zurück (2). Die Krähe bewegt sich aber auch hüpfend, die Sprunglänge beträgt 30—50 cm.

Auch die Ringeltaube *(Columba palumbus* — 4) ist ein Baumbrüter und hat Füße, die ähnlich gestaltet sind wie die der Krähe. Sie ist ein Zugvogel, der die Fluren, Wäldchen und Büsche besiedelt, aber auch ausgedehnte Waldungen. Auf Nahrungssuche fliegt sie in Felder und Wiesen ein, vor allem auf frische Saat, die aufgepickt wird; dort kann man auch am häufigsten Taubengeläufe vorfinden. Oft entdeckt man sie auch an Wasserstellen, an die Ringeltauben zur Tränke kommen.

Im Tritt der Ringeltaube werden die recht kräftigen Zehen und die nicht allzu langen Krallen sichtbar. Das ganze Geläufe ist etwa 6 cm lang und 5 cm breit. Die lange Mittelzehe ist etwa 4 cm, die äußere 3 cm und die hintere 2—2,5 cm lang. Beim Schreiten drücken sich die Tritte dicht hintereinander ab und die Zehenabdrücke sind leicht zur Geläufachse gedreht (**5b**).

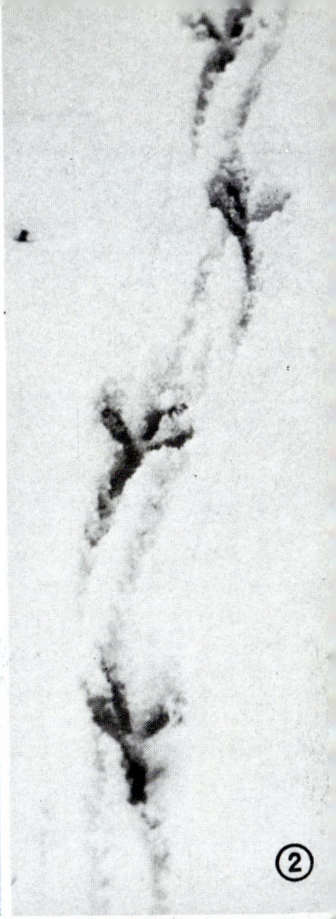

Abdrücke von Vogelläufen

5

Einer der häufigsten Bewohner von stehenden Gewässern ist das Bläßhuhn *(Fulica atra — 1)*. Es ist ganz schwarz, nur der Schnabel und eine schmale Hornblesse auf der Stirn sind weiß. In der Größe entspricht es kleineren Enten, es nistet in Ufervegetation und Röhricht, seine Nahrung sucht es im Wasser. Bläßhühner sind Zugvögel, doch verlassen in milden Wintern viele ihre Heimat nicht und bevölkern in großen Schwärmen eisfreie Gewässer. Dann kann man ihre charakteristischen Geläufe im Schnee entdecken, im Sommer auch an schlammigen Uferabschnitten.

Die Zehen sind nicht durch eine Schwimmhaut verbunden, sondern von ziemlich breiten ledrigen Lappen gesäumt. Die Hinterzehe ist frei, ohne jeglichen Saum. Im Bläßhuhntritt (2) sieht man die Abdrükke der relativ dünnen Zehen, die in langen, zugespitzten Krallen enden. Die Hinterzehe ist leicht einwärts zur Innenzehe gedreht. Deutlich drücken sich auch die mehrteiligen Lappen ab, die alle drei nach vorn weisenden Zehen umsäumen. Etwas größere Hautlappen sitzen an der Innenseite der Mittelzehe, an diesem Merkmal kann man auch rechten und linken Tritt unterscheiden. Im rechten Abdruck sitzen die größeren Lappen an der linken Seite der Mittelzehe, beim linken Abdruck ist das umgekehrt.

Das ganze Bläßhuhngeläufe ist etwa 12 cm lang und 10 cm breit. Es nimmt also eine große Fläche ein, und daher kann sich das Bläßhuhn ohne Schwierigkeiten auch über sehr weichen Grund bewegen. Mit 8 cm ist die Mittelzehe am längsten, die äußere mißt etwa 7 cm. Beim Schreiten (5) setzt das Bläßhuhn die einzelnen Tritte dicht hintereinander, manchmal überdecken sich die einzelnen Tritte teilweise.

Der Kiebitz *(Vanellus vanellus — 4)* aus der Ordnung Watvögel bewohnt die Umgebung stehender Gewässer und nistet dort auch. Er kommt im zeitigen Frühjahr geflogen, daher kann man seine Geläufe nur in der warmen Jahreszeit finden. Man entdeckt sie auf schlammigen und sandigen Ufern, morastigen Feldern und auf dem Grund entleerter Fischteiche. Hier trippelt der Kiebitz mit kleinen Schritten umher und zieht mit seinem pinzettenförmigen Schnabel alle möglichen kleinen Lebewesen aus dem Boden.

Ähnlich wie bei den meisten Watvögeln sind auch die Geläufe des Kiebitz nur dreizehig, eine hintere Zehe drückt sich nie ab, da sie zu hoch sitzt (3). Die schlanken, schmalen und langen Zehen enden in schmalen Krallen, an ihren Wurzeln sitzt ein deutlicher Mittelballen. Die Außenzehe ist mit der mittleren an der Wurzel durch ein kurzes Häutchen verbunden, das sich aber normalerweise nicht in der Spur abdrückt. Der ganze Tritt mit den weit gespreizten Zehen ist 3,5—4 cm lang und ein wenig breiter. Im Geläuf werden die Abdrükke dicht hintereinander gesetzt, die Zehen sind stets etwas zur Längsachse gedreht. Beim Laufen können die Schritte bis 15 cm lang werden.

1

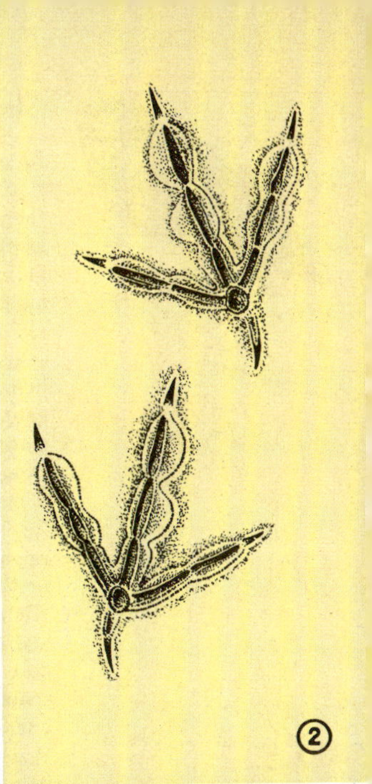
2

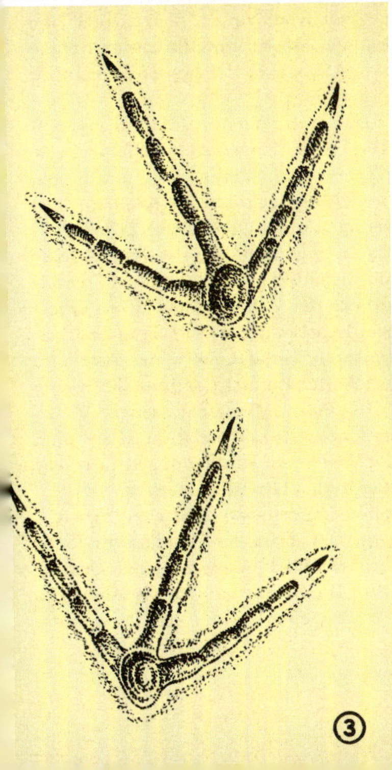
3

4

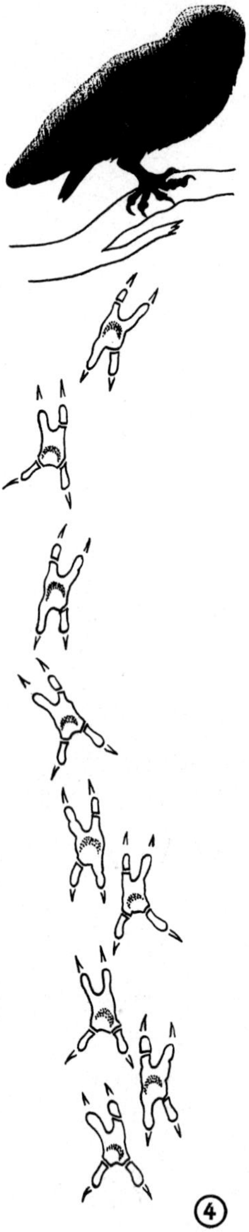

(4)

Abdrücke von Vogelläufen

Eulen sind Vögel, die perfekt an das Leben in der Nacht angepaßt sind. Tagsüber ruhen sie in Geäst oder Baumhöhlen, auf Beutefang fliegen sie erst mit Einbruch der Dämmerung. Die Netzhaut ihrer großen Augen ist mit sehr vielen Sehzellen ausgestattet, die auch bei geringster Lichtintensität das Sehen ermöglichen. Das Eulenauge kann noch Licht ausnutzen, bei dem das menschliche Auge überhaupt nichts wahrnimmt. In absoluter Dunkelheit können auch Eulen nicht sehen. Ein weiterer Sinn, der den Eulen die nächtliche Jagd ermöglicht, ist das hochfeine Gehör. Die Stelle, von der ein Geräusch ausgeht, kann eine Eule mit der Genauigkeit von 1° bestimmen, d. h. sitzt eine Eule 20 m weit von einer nagenden Feldmaus, kann sie mit dem Gehör feststellen, daß sich die Maus in einem etwa 35 cm breiten Sektor befindet. Bei einer Entfernung von 10 m kann sie schon mit fast unfehlbarer Sicherheit angreifen, da sich die Feldmaus in einem ungefähr 17 cm breiten Abschnitt befindet. Das ist schon eine so kleine Entfernung, daß die Beute von den Fängen gegriffen wird.
Kleinere Eulen, z. B. der Rauhfußkauz *(Aegolius funereus* — **1**), jagen kleine Vögel, alle möglichen Mäuse und auch größere Insekten; größere Eulenarten sind in der Lage, Maulwürfe, Ziesel oder Hamster zu schlagen, der Uhu *(Bubo bubo)* greift mit Erfolg auch Hasen, Fasane oder Rehkitze an. Für gewöhnlich lauern die Eulen an einer erhöhten Warte auf ihre Beute und überfallen sie in geräuschlosem Flug. Auf dem Erdboden bewegen sie sich nur ausnahmsweise, daher kann man ihren Tritten nur im Winter begegnen, wenn sie auf dem Schnee eine Beute geschlagen haben. Stets handelt es sich nur um einige wenige Einzelabdrücke, die meist auch von Abdrücken der breiten Schwingen umrahmt sind.
Eulengeläufe sind so charakteristisch, daß man sie nicht mit anderen Vogeltritten verwechseln kann. Die Läufe (Fänge) sind normalerweise bis zu den Zehen befiedert. Die Zehen sind ziemlich lang und tragen an den Enden lange, scharfe, nadelartig gekrümmte Krallen. Zwei Zehen weisen nach vorn und zwei nach hinten. Die vierte Zehe (Wendezehe) wird nach hinten zum Daumen gedreht, die zweite und dritte weisen nach vorn. Alle sind verhältnismäßig kräftig, und ihre Trittflächen hinterlassen deutliche Abdrücke der Zehenpolster, deren Oberfläche mit feinen Höckern bedeckt ist, als wäre sie mit Sand bestreut. Diese Einrichtung dient zum besseren Umklammern der Äste und zum zuverlässigeren Greifen der Beute. Im Tritt weisen die zweite und dritte Zehe nach vorn in Form eines stark geschlossenen „V" (2). Die vierte Zehe wird zum Daumen gedreht und weist quasi aus dem Geläufe hinaus. Deutlich sind auch alle vier Krallen abgedrückt, vor allem ihre scharfen Spitzen, die tief in den Grund einstechen.
In der Form bestehen keine großen Unterschiede zwischen den Abdrücken der einzelnen Eulenarten. Der Tritt des Waldkauzes *(Strix aluco* — **3a**) ist nur geringfügig kürzer und weniger robust als der des Habichtskauzes *(S. uralensis* — **3b**). Im Geläuf werden die Abdrücke dicht hintereinandergesetzt, die Außenzehen weisen von der Längsachse weg (4).

1

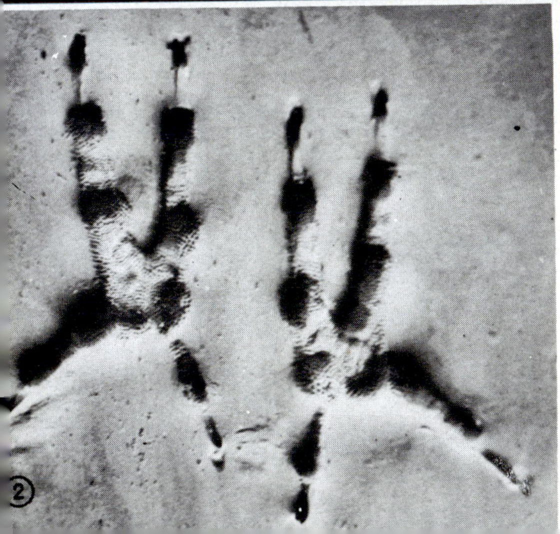
2

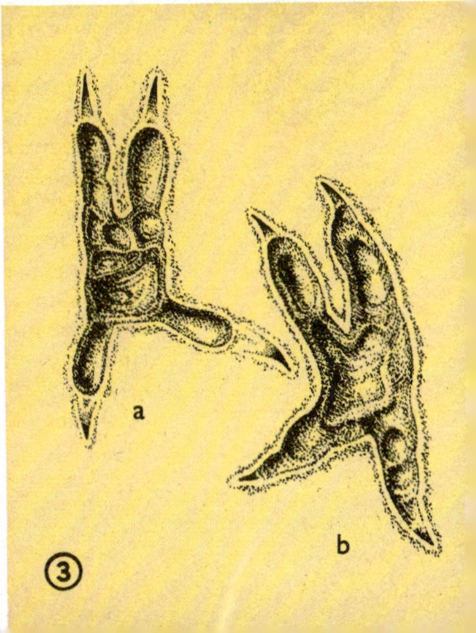
a
b
3

a

b

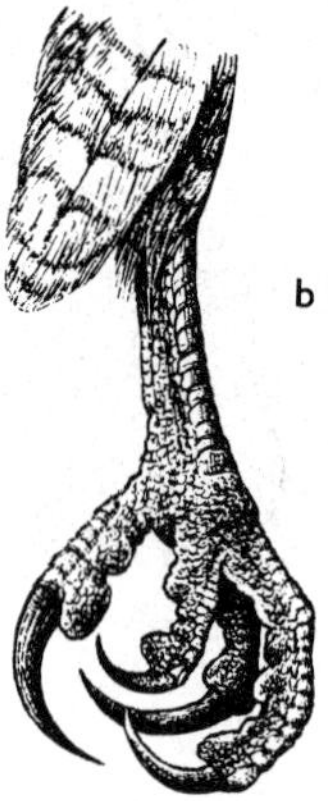

4

Abdrücke von Vogelläufen

Die ähnliche anatomische Gestaltung von Schnabel und Gliedmaßen, die auffallende Ähnlichkeit in der Jagdweise und der Nahrungswahl führten in früheren Zeiten zu der Ansicht, daß Eulen und Greifvögel eng miteinander verwandt seien. Noch heute halten viele Leute die Eulen einfach für Nachtgreifvögel. In Wirklichkeit handelt es sich aber um zwei völlig verschiedene Vogelordnungen, die nur eine ähnliche Lebensweise haben.

Ein typisches Merkmal der Greifvögel ist der starke, hohe, oft sogar mächtige Schnabel, dessen Oberkiefer mit seinen scharfen Kanten über den Unterkiefer hinausragt und am Ende hakig gekrümmt zu Boden weist. Im Gegensatz zu den meisten übrigen Vögeln benutzen die Greifvögel ihren Schnabel aber nur zum Zerreißen und Zerteilen der Beute in kleinere Stücke, aber nie zum Beutefang.

Das eigentliche Jagdinstrument der Greifvögel sind die mit scharfen Krallen ausgestatteten Zehen, die Fänge. Alle Greifvögel haben an jedem Fuß vier Zehen, von denen der Daumen nach hinten weist, die übrigen drei Zehen nach vorn. Nur der Fischadler *(Pandion haliaetus)*, der auf Fischfang spezialisiert ist, hat am Fuß eine Wendezehe. Im Gegensatz zu den Eulen, bei denen sich zur hinteren ersten Zehe die vierte wendet, dreht sich beim Fischadler die zweite Zehe nach hinten. Die Unterseite der kräftigen und verhältnismäßig langen Zehen ist mit hornhautüberzogenen, starken Polstern bedeckt (**4a, b**), die zum besseren Ergreifen der lebenden Beute dienen. Beim Fischadler sind sie sogar mit Hornstacheln besetzt, um dem Fisch das Entkommen aus den Fängen unmöglich zu machen. Greifvögel, die lebende Beute schlagen (Adler — **4a**, Habicht — **4b**, Wanderfalke — **1**), haben mächtige, sichelförmig gekrümmte Krallen, die normalerweise an der ersten und zweiten Zehe am stärksten sind. Mit Hilfe der so gestalteten Zehen greifen diese Vögel ihre Beute und töten sie gleichzeitig. Nur die Geier und die amerikanischen Kondore, die sich vorwiegend von Aas ernähren, haben kurze, stumpfe Krallen.

Greifvogelspuren wird man nur rein zufällig entdecken. Auf dem Erdboden bewegen sich die Greifvögel nur sehr selten und beschränken sich dabei auf einige wenige Schritte. Das ist ganz verständlich, da ihre Fänge nicht zum Schreiten eingerichtet sind. Vor allem die langen gekrümmten Krallen sind dabei hinderlich. Am häufigsten kann man Greifvogelgeläufe im Winter auf dem Schnee in der Nähe eines verendeten Tieres entdecken. An solchen Stellen kommen Nahrung suchende Mäusebussarde zusammen. Ihre Geläufe sind etwa 8 cm lang, und von den Zehenspitzen gehen im Schnee Rillen aus, die von den langen Krallen stammen. Ganz selten können sich an so einem Luderplatz auch Tritte des Seeadlers *(Haliaetus albicilla — 2)* zeigen, eines der größten Greifvögel. In dem über 15 cm langen Abdruck (3) sind deutlich die Zehenballen, der Mittelballen und die Krallen zu erkennen. Die Größe der Adlertritte kann man an der Hasenspur in der linken oberen Bildecke beurteilen.

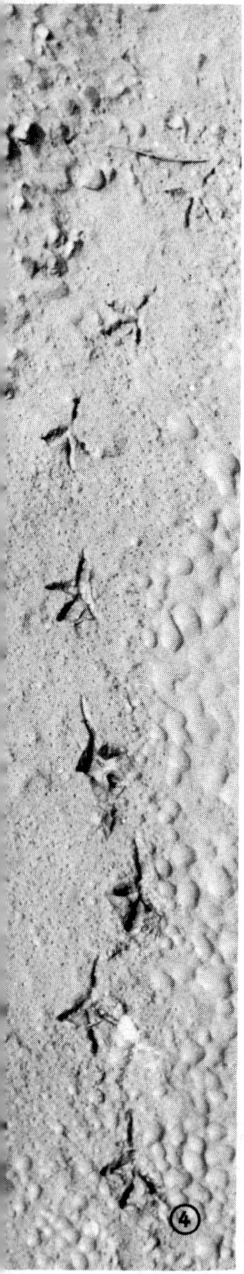

Abdrücke von Vogelläufen

Singvögelgeläufe kann man auf Schritt und Tritt in der nächsten Umgebung menschlicher Behausungen antreffen. Einige Sänger sind Zugvögel, ihre Geläufe kann man nur im Sommer entdecken; andere sind Stand- oder nur Strichvögel, so daß die Abdrücke ihrer Füße das ganze Jahr über zu finden sind. Im Hinblick auf die Größe der Singvögel sind auch ihre Tritte klein und in der Form so einheitlich, daß es äußerst schwierig, manchmal sogar völlig unmöglich ist, zu bestimmen, von welcher Vogelart sie stammen. In allen Fällen handelt es sich um Abdrücke, in denen drei schlanke, in spitzem Winkel nebeneinanderliegende Zehen sitzen, die in kürzeren oder längeren Krallen enden. Die Hinterzehe ist normalerweise so lang wie die mittlere oder sogar noch länger; bei einigen Arten, z. B. bei der Bachstelze, ist sie mit einer auffällig langen, schlanken Kralle ausgestattet.
Einige Sänger bewegen sich im Schritt und drücken dabei abwechselnd in kurzen Abständen hintereinander die Zehen des rechten und linken Laufs ab (4), wobei die Abdrücke mit den Zehenspitzen zur Geläufachse gedreht sind. Andere bewegen sich hüpfend in mehr oder weniger langen Sprüngen. Das Geläuf einer durch tieferen Schnee hüpfenden Amsel *(Turdus merula — 3)* ist charakteristisch durch die paarweisen Abdrücke der Zehen, die dicht beieinander liegen. Jeder Lauf drückt sich nur als eine längliche Rinne ohne deutliche Zehenabdrücke ein, teilweise drückt sich auch der Bauch des Vogels in den Schnee, und beim Sprung reißen die Zehen eine seichte Rinne in die verschneite Oberfläche. Bei langsamerer Bewegung sind Doppelspuren ungefähr 20 cm voneinander entfernt; bei schnellerer Bewegung, wobei die Amsel teilweise die Flügel zu Hilfe nimmt, können die Abstände bis etwa 70 cm lang werden. Beim Aufsetzen in den Schnee schlägt die Amsel oft mit den Flügeln, die sich dann neben dem Tritt als zwei große Fächer abdrücken.
Im Schnee kann man überhaupt die meisten Geläufe von Kleinvögeln entdecken; es genügt, über den Hof oder durch den Garten zu gehen, und überall sieht man die Abdrücke von Sperlingen, Finken und anderen Arten, die in menschlicher Nähe ihre Nahrung suchen. Im Sommer kommen Singvögel an Bach- oder Teichrändern zur Tränke, oft suchen sie auch hier im Schlamm Nahrung und hinterlassen Zeichen ihrer Anwesenheit.
Im Winterwald kann man auf die Geläufe des Eichelhähers *(Garrulus glandarius — 1)* stoßen, die etwa 5 cm lang und 2 cm breit sind. Der Eichelhäher bewegt sich entweder hüpfend in 20—50 cm langen Sprüngen, oder schreitend, wobei er einen Fuß dicht vor den anderen setzt. Bild 2 zeigt den Abdruck des nahezu ganzen Häherkörpers, der gerade eine im Schnee watende Feldmaus überrascht (die tiefe Furche im Bildunterteil), erlegt und fortgetragen hat.

1

2

3

Fraßspuren an Pflanzenteilen

Der Feldhase *(Lepus europaeus* — 1) ist ein ausgesprochener Pflanzenfresser, der sich die Vegetationszeit über von weichen grünen Pflanzenteilen ernährt, im Herbst mit Vorliebe auch alle möglichen fleischigen Knollen und Wurzeln benagt, soweit diese an der Oberfläche erreichbar sind. Rüben oder Möhren scharrt er nicht aus. Vom Herbst an nagt er an Knospen, jungen Trieben und Rinde.

Sein Gebiß ist auch zum Nagen härterer Nahrung geeignet. Im Unter- und Oberkiefer wachsen mächtige, bogenförmig gekrümmte Nagezähne, in jedem Kiefer stets zwei dicht nebeneinander. Sie haben keine festen Wurzeln, wachsen unablässig nach und schleifen sich beim Nagen härterer Äsung ab. Die Vorderseite der Nagezähne ist mit hartem Schmelz überzogen, an der Hinterseite findet sich nur eine ganz schwache Schmelzschicht. Daher schleifen sich beim Nagen die Hinterpartien der Zähne stärker ab, und ihre Beißflächen erhalten die Form von Stecheisen. Außerdem wachsen im Oberkiefer hinter den Schneidezähnen noch zwei weitere, stark zurückgebildete Stiftzähne (2), die aber an der Nagetätigkeit nicht beteiligt sind. Gleichartig gestaltet sind auch die Nagezähne des Wildkaninchens *(Oryctolagus cuniculus).* Stecheisenartige Schneidezähne haben auch die übrigen Säuger aus der Nagetierordnung, doch fehlen ihnen im Gegensatz zu Hase und Kaninchen im Oberkiefer die zwei erwähnten verkümmerten Stiftzähne.

Im Winter verschmähen die Hasen meist trockenes Gras oder angebotenes Heu, lieber nagen sie an der Rinde von Bäumen und Sträuchern. Sie bevorzugen Rinde mit höherem Wassergehalt oder Rinde von jüngeren Laubbäumen bzw. -sträuchern. Werfen ihnen die Wildhüter zur Fütterung Zweighaufen von ausgeschnittenen Obst- oder anderen Bäumen vor, werden diese von den Hasen so lange besucht, bis die Rinde restlos abgenagt ist (3).

Jeder der beiden Oberkiefer-Schneidezähne hat inmitten der Schneide eine kleine Kerbe. Beim Benagen der Rinde bleibt also nicht nur in der Spalte zwischen den Schneidezähnen, sondern auch hinter jeder Kerbe ein schmaler, nicht abgenagter Rindenstreif zurück. So entsteht der Eindruck, daß hier ein Säugetier mit vier Schneidezähnen genagt hat (4). Hasen fressen auch dünne Zweige. Mit ihren Nagezähnen schneiden sie sie wortwörtlich ab, so daß eine glatte, schräge Schnittfläche entsteht, als ob jemand den Zweig mit dem Messer abgeschnitten hätte (5).

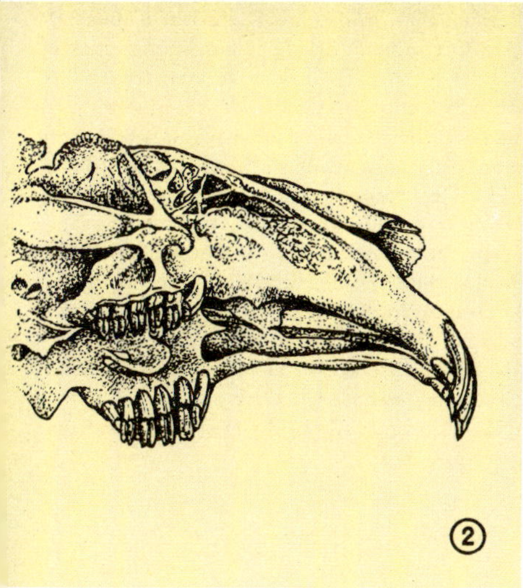

Fraßspuren an Pflanzenteilen

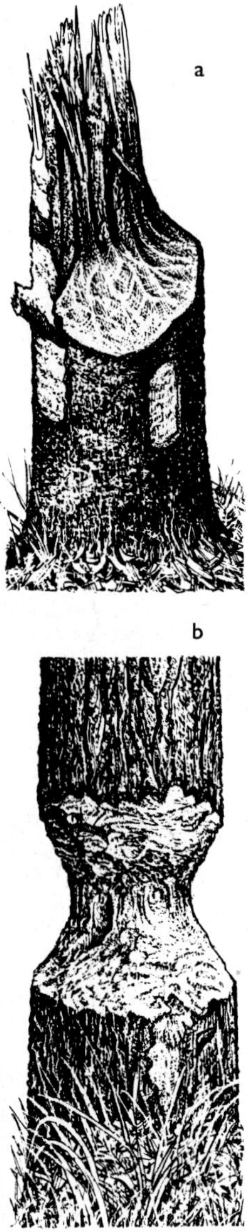

a

b

4

Der größte europäische Nager, der Biber *(Castor fiber* — 1*)* hält sich vor allem in Auwäldern auf, die von Flüßchen oder Bächen durchzogen sind. Er lebt familienweise oder in kleineren Kolonien, die aus mehreren Familien bestehen. Findet ein Biberpärchen ein hinreichend hohes Fluß- oder Bachufer, dann gräbt es darin seinen Bau, dessen Einschlupf unter Wasser mündet. Der Bau führt schräg nach oben in die Uferböschung über den Wasserspiegel hinaus und endet in einem kugeligen Wohnkessel. Sind die Ufer zu niedrig und zum Graben des Baus ungeeignet, bauen die Biber inmitten des seichten Wassers mächtige Burgen aus Ästen und Schlamm, die über 1,5 m hoch und an der Basis 2 m breit sein können. Im Innern liegen eine oder zwei Wohnkammern, von denen wieder Schlupfröhren unter die Wasseroberfläche führen.

Die Anlage der Biberburgen hängt mit den Nahrungsgewohnheiten zusammen, das Baumaterial besteht eigentlich aus Speiseüberresten. In der Vegetationszeit ernähren sich die Biber von allen möglichen saftigen Pflanzen, die sie im Wasser oder am Ufer finden, teilweise auch von Baumrinde. In der zweiten Jahreshälfte spezialisieren sie sich vor allem auf Rinde, die auch im Winter ihre einzige Nahrung darstellt. Sie geben sich nicht nur mit dem Abnagen der Rinde zufrieden wie die anderen Nager oder Hasen, sondern fällen sogar Bäume von 40—50 cm Stärke. Normalerweise beginnen sie in einer Höhe von etwa 50 cm über dem Boden zu nagen und beißen mit ihren orangeroten, mächtigen, stecheisenförmigen Nagezähnen unterschiedlich lange Späne heraus. Die von den Nagezähnen hinterlassenen Spuren können 8 mm breit sein (2, 3). Das Fällen eines Baumes ist keine leichte Angelegenheit; um 1 kg Holz zu entfernen, muß der Biber 100—145 Späne herausnagen und seine Kiefer etwa tausendmal zusammendrücken. Am Ort seiner Tätigkeit kann man verschieden große Reste von durchgenagten Ästen und Stämmen finden, die stets die Spuren seiner Zähne tragen.

Hat sich der Biber einen schwächeren Baum ausgewählt, beginnt er ihn auf einer Seite zu benagen und arbeitet so lange, bis der Baum abbricht und zu Boden fällt. Der Stumpf ist dann halb durchgenagt und halb gebrochen (**4a**). Stärkere Bäume benagt der Biber ringsherum, und so entsteht das typische Fraßbild, das die Form einer Sanduhr bzw. von zwei Kegeln hat, die einander an den Spitzen berühren (**4b**). Der Biber benagt den Stamm immer weiter auf die Mitte zu, und schließlich stürzt der Baum auf die intensiver bearbeitete Seite. Vom gefällten Baum werden die Äste abgenagt, in kleinere Stücke zerteilt, deren Rinde entweder gleich gefressen wird oder als Vorrat neben Bau oder Burg noch am Holz gelagert wird. Abgenagte Äste werden zum Befestigen der Wohnstätte benutzt.

a

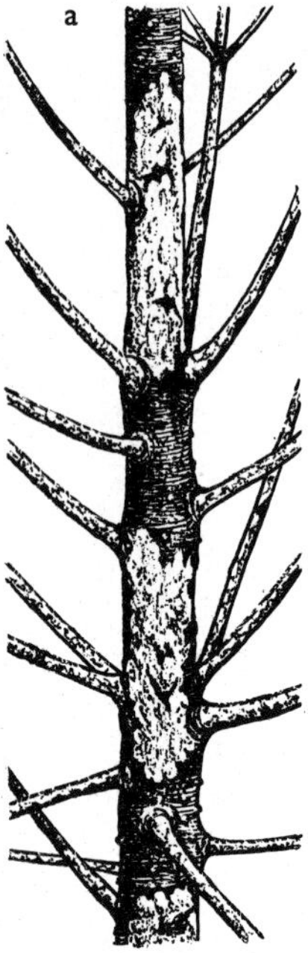

b

④

Fraßspuren an Pflanzenteilen

Die Schermaus *(Arvicola terrestris)* ist ein stämmiger, bräunlich gefärbter Nager von der Größe einer kleineren Wanderratte. Sie hält sich vorwiegend an vegetationsreichen Ufern, in Baumgärten, Wäldern und Feldern auf. In der Uferböschung gräbt die Schermaus ihr Gangsystem. Von den Wasserläufen wandert sie auch weiter in Wälder oder Obstgärten und gräbt nach Maulwurfsart lange Gänge, die zu den Nahrungsquellen führen; oft wirft sie auch Erdhäufchen auf, die an Maulwurfshaufen erinnern. In der Vegetationszeit ernährt sich die Schermaus von saftigen Grünpflanzen an der Erdoberfläche, aber auch von allerlei Wurzeln, Knollen und Zwiebeln, die sie bei ihrer unterirdischen Wühlarbeit findet. Mit Sommerausgang und im Herbst legt sie einen Vorrat von Knollen und Wurzeln an, den sie in ihren unterirdischen Gängen versteckt. Den Winter verschläft sie nicht, sondern frißt von den angelegten Vorräten und setzt unterirdisch ihre zerstörerische Nagetätigkeit fort. Sie nagt nicht nur die Rinde von den Wurzeln, sondern zerbeißt sie normalerweise ganz. Stärkere Wurzeln weisen tiefe Rillen auf, die 3,5—5 mm breit sind. Das sind die Spuren der beiden nebeneinander liegenden Schneidezähne (2**b**). In der Regel durchnagt die Schermaus alle Wurzeln eines Baumes (2**a**), so daß man diese Bäumchen leicht aus dem Boden ziehen kann bzw. sie vom Wind umgeworfen werden. Auf diese Weise kann die Schermaus auch Bäume vernichten, deren Stämme mehr als 25 cm im Durchmesser aufweisen. Mit Vorliebe befällt sie Laubbäume (in Obstgärten richtet sie beträchtliche Schäden an), doch verschmäht sie auch Nadelhölzer nicht. Sehr oft benagt sie auch die oberirdischen Baumteile. Da sie jedoch nicht klettern kann, finden sich ihre Fraßspuren in der Rinde nur unten am Baum bis in eine Höhe von etwa 20 cm. So ein Stamm ist ringsherum bis aufs Holz freigenagt, und auf dem Boden kann man gekrümmte Rindenspäne finden, die die Schermaus übriggelassen hat.

Baumrinde ist auch für viele andere Nagerarten eine attraktive Nahrung. Die Rötelmaus *(Clethrionomys glareolus* — 1*)*, ein Bewohner aller Waldtypen, ist etwa so groß wie eine Feldmaus, doch fällt sie auf den ersten Blick durch die rostrote Färbung des Rückens auf. Ähnlich wie bei der Feldmaus kommt es auch bei der Rötelmaus immer wieder zu Massenvermehrungen. In solchen Jahren kann man ihre Fraßspuren überall antreffen. Im Unterschied zur Schermaus kann die Rötelmaus gut klettern, daher muß man ihre Fraßbilder an den Bäumen ziemlich hoch über dem Boden suchen. Normalerweise klettert sie in einen Astquirl, setzt sich dort bequem hin und benagt in allen Richtungen sowohl Stamm als auch Äste (4**a**). Mit Vorliebe befällt sie Nadelbäume mit weicher Rinde, benagt aber auch Laubbäume und Sträucher, und zwar so gründlich, daß das abgenagte Holz schon von weitem weiß schimmert (3). In gröberer Rinde hinterlassen ihre Nagezähne deutliche Rillen, die dicht nebeneinander sitzen und 1,5—2 mm breit sind (4**b**). Unter den Bäumen liegen häufig winzige Bruchstücke der Borke, die die Rötelmaus nicht frißt.

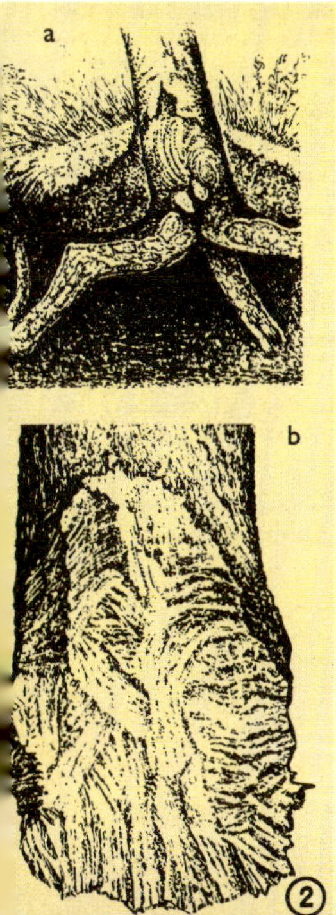
a
b
2

3

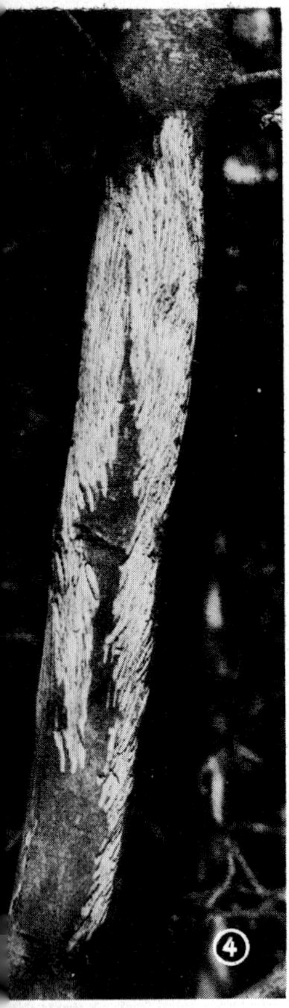

Fraßspuren an Pflanzenteilen

In ausgedehnteren Waldungen oder in Wildgehegen kann man von Zeit zu Zeit Bäume entdecken, deren Rinde teilweise entfernt wurde. Entweder sind es nur einzelne Bäume oder ganze Baumgruppen, an denen die weißen und oft recht ausgedehnten bloßgelegten Holzflächen weit leuchten. Diese Verletzungen treten an Laub- und Nadelbäumen auf, sie erwecken den Eindruck, als ob jemand die Rinde mit einem scharfen Kratzer oder Messer entfernt hätte (2). Alle diese Verletzungen sind Spuren von Rindenbefraß durch Schalenwild. Allgemein werden diese Beschädigungen der Baumrinde als Schälen bezeichnet. Schälungen kommen häufig und in ganz besonderem Umfang vor allem dort vor, wo untragbar hohe Bestände an Hirsch- (1), Dam- oder Muffelwild gehalten werden. Für die Forstleute sind Schälungen ein ziemliches Problem, da durch das Schälen auch bereits ausgewachsene Bäume beschädigt werden und es bisher noch nicht gelungen ist, einen zufriedenstellenden Schutz zu entwickeln, der diese Schäden verhüten könnte. Die Bäume werden mechanisch (z. B. durch Umzäunung) und durch chemische Präparate geschützt, mit denen die Baumrinde bestrichen wird, um das Wild durch den unangenehmen Geruch abzuschrecken. Man versucht es auch mit biologischem Waldschutz, indem dem Wild Ersatznahrung vorgelegt wird, doch sind die bisherigen Resultate noch nicht zufriedenstellend.
Man unterscheidet zwei Schälungsarten, und zwar die Sommer- und die Winterschälung. Zu Sommerschälungen kommt es nicht nur im Hochsommer, sondern eigentlich die ganze Vegetationszeit über, solange aus den Baumwurzeln durch die Rinde in Äste und Blätter Saft strömt und die Rinde nicht so fest wie im Winter am Holz sitzt. Die Tiere nagen die Rinde etwa in Kopfhöhe an, packen das freie Ende fest mit den Zähnen und reißen mit einem jähen Ruck einen langen Rindenstreifen los. Die Verletzung des Baums ist glatt; nur dort, wo die Rinde vom Stamm abgerissen wurde, bleiben ausgefranste Ränder zurück. Sobald die Zeit der Vegetationsruhe eintritt, kommt der Saftkreislauf im Baum zum Stillstand, und die Rinde klebt so fest am Holz, daß sie sich nicht abreißen läßt. In dieser Zeit kommt es zu Winterschälungen, die man aber eher als Winternagung bezeichnen müßte, da die Rinde tatsächlich nur in kurzen Stückchen abgenagt wird und an ihr stets deutliche Zahnspuren zurückbleiben. Manchmal ist dieser Verbiß nur locker, anderswo dicht und großflächig (4). Durch Schälen und Verbiß sind sowohl stehende als auch gefällte Stämme betroffen.
Hirschwild beschädigt junge Laub- und Nadelbäume auch durch Verbiß der Spitzenknospen und Triebe. Derart beschädigte Bäumchen verkümmern in ihrem Wuchs und bekommen eine unregelmäßige Strauchform (3).

①

②

③

Fraßspuren an Pflanzenteilen

Um besser zu verstehen, auf welche Weise Hirsche (1) und Hornträger Bäume und Setzlinge durch Schälen und Verbiß beschädigen, muß man ihr Gebiß und die Anordnung der Zähne in den Kiefern etwas eingehender betrachten.

Im hinteren Teil des Oberkiefers sitzen bei einem Rothirsch *(Cervus elaphus)* nur sechs Mahlzähne, im vorderen Teil befinden sich überhaupt keine, die Schneidezähne fehlen gänzlich. Statt dessen ist hier nur eine harte Knochenplatte entwickelt, die zum Festhalten der konsumierten Nahrung dient. Im Unterkiefer sitzen Schneidezähne, und beim Schließen der Kiefer liegen diese dicht an der harten Knochenplatte des Oberkiefers an (2**a**). Die Schneidezähne haben sehr scharfe Ränder mit einer stecheisenförmig gestalteten Schneide und einer schwachen Hohlkehle an der Innenseite. Am mächtigsten und breitesten sind die beiden mittleren Schneidezähne (3), die auch am Abbeißen der Äsung den größten Anteil haben. In jeder Unterkieferhälfte sitzen drei Schneidezähne und dicht daran angeschlossen ein Eckzahn; diese insgesamt acht Zähne bilden den Beißapparat. Eckzähne im Oberkiefer finden sich nur beim Rothirsch (bei den übrigen Geweihträgern nur selten), sie sind etwa auf halber Länge zwischen Kieferspitzen und Mahlzähnen angesetzt. Bei der Verarbeitung der Nahrung sind sie jedoch nicht beteiligt.

Will der Hirsch ein Stück Rinde abschälen, öffnet er beide Kiefer weit, stülpt die Lefzen auf, drückt die obere Kieferplatte als Stütze gegen den Baum und treibt die Schneidezähne des Unterkiefers in die Rinde (2**b**). Er trennt sie vom Holz los, der Unterkiefer drückt sie an den oberen, und dann wird mit einem Ruck des Kopfes ein großes Rindenstück abgerissen. Der abgerissene Rindenstreif wird in die Mundhöhle weitergeschoben und mit den Mahlzähnen zerkleinert.

Beim Winterschälen wird mit einer geringfügigen Abweichung vorgegangen. Da sich die Rinde nicht in Streifen ablösen läßt, werden nur kleine Stückchen herausgebissen. Ober- und Unterkiefer werden ebenso wie beim Schälen an den Baum gedrückt, und durch wiederholtes Schließen der Kiefer werden kurze Rindenstreifchen herausgeschnitten. Beim Verbiß bleiben in der Rinde Schneidezahnspuren in Gestalt von zwei nebeneinanderliegenden Rinnen zurück, von denen jede über 0,5 cm breit ist (4).

Junge Triebe von Bäumen und Sträuchern werden sehr häufig von Hasen, Hirschen und Rinderartigen verbissen. Je nach den Bißstellen an den Zweigen kann man unterscheiden, welche Tierart hier am Werk war. Hasen und Kaninchen beißen mit ihren großen Nagezähnen Zweige so ab, daß ein schräger, völlig glatter Schnitt entsteht (5**a**). Da die Hirsche und Rinder keine Schneidezähne im Oberkiefer haben, können sie die Zweige nur mit den unteren Schneidezähnen bis zur Hälfte anbeißen (5**b**) und dann abreißen. Der abgerissene Teil zeichnet sich durch den gefransten Rand aus. Beißen sie den Zweig mit den Mahlzähnen ab, ist der Stumpf ziemlich ausgefranst, zerkaut (5**c**).

1

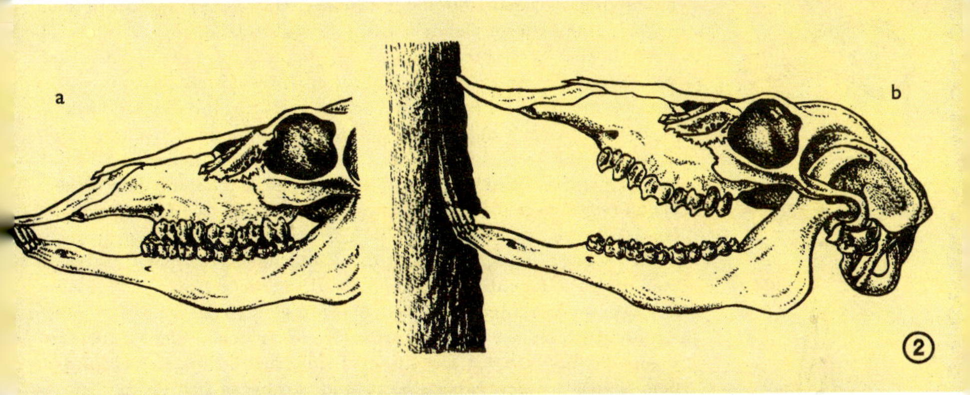
a
b
2

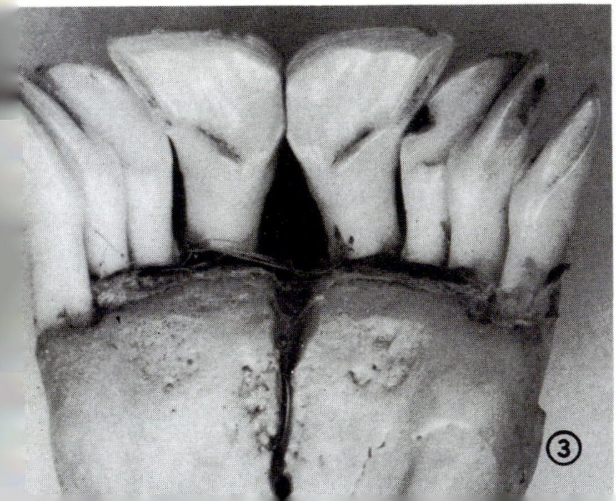
3

4

Fraßspuren an Pflanzenteilen

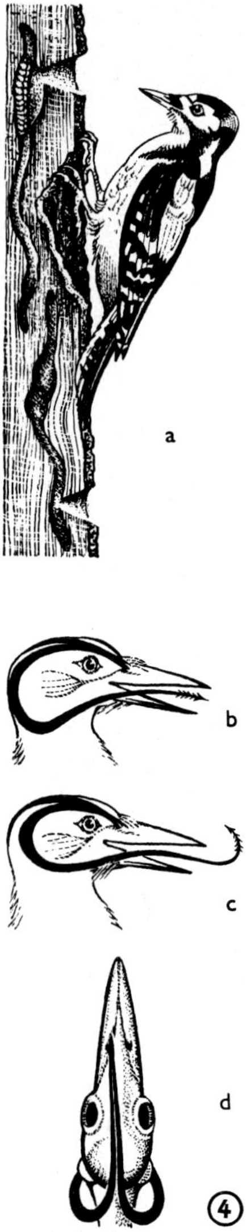

In Baumstämmen entdeckt man manchmal Öffnungen, von denen einige kreisrund, andere gestreckt oval, rechteckig mit abgerundeten Ecken (3), quadratisch oder unregelmäßig geformt sind (2). Einige sitzen mehrere Meter hoch, andere erscheinen nur ein paar Zentimeter über den Wurzeln. Ihre Ränder sind nur nachlässig bearbeitet, und oft ragen aus ihnen kleine Splitter hervor (2). Unter diesen Löchern liegt auf der Erde meist ein kleineres oder größeres Häufchen aus Splittern oder Spänen (3). Diese Löcher sind das Werk der Spechte, doch sind es keine Eingänge von Nisthöhlen. Untersucht man sie aus der Nähe, stellt man fest, daß sie meist in ein paar Zentimetern Tiefe enden und eine konische Gestalt haben, während der Eingang der Nisthöhle fast kreisrund, geglättet und immer hoch gelegen ist.
Unter der Baumrinde und im Holz leben die Larven aller möglicher Käfer, die einen gängigen Bestandteil der Specht-Speisekarte darstellen. Schwarzspecht *(Dryocopus martius)*, Grünspecht *(Picus viridis)*, Grauspecht *(P. canus)* und die Buntspechte *(Dendrocopos* sp. — **1***)* klettern auf Bäumstämmen umher und sammeln mit ihrem meißelförmigen Schnabel die hinter Rindenschuppen verborgenen Insekten. Von Zeit zu Zeit schlagen sie mit dem Schnabel kräftiger an den Baum und lauschen auf die Resonanz. Durch Abklopfen mit dem Schnabel und ihrem Gehör können sie wahrscheinlich feststellen, ob im Holz eine Larve bohrt oder ob der Baum gesund ist. Wurde durch Beklopfen die Anwesenheit einer Larve festgestellt, beginnen die Spechte mit dem Schnabel ein Loch zu meißeln. Ihre Schläge führen sie mit derartiger Genauigkeit aus, daß die Öffnung stets an der Stelle, an der die Larve sitzt, endet (**4a**). Ist das Loch hinreichend breit, nimmt der Specht die Larven mit dem Schnabel heraus. Hat er aber ein zu enges, kegelförmiges Loch gemeißelt, an dessen Grund sich der Schnabel nicht mehr öffnen läßt, hilft er sich mit seiner dafür angepaßten Zunge. Zungenbasis ist das Zungenbein, das nach hinten in zwei lange Zungenbeinhörner ausläuft, an denen die Muskeln zur Bewegung der Zunge angreifen. Spechte können die Zunge mehrere Zentimeter weit vor die Schnabelspitze vorschieben (der Grünspecht sogar 10 cm — **4b, c**). Die Zungenbeinhörner schlingen sich in großem Bogen um den ganzen Kopf und verbinden sich an der Schnabelwurzel bzw. ankern erst im Innern der oberen Schnabelhälfte (**4d**). Die Spechtzunge ist mit klebrigem Schleim überzogen, an ihrer Spitze sitzt eine Reihe kleiner Widerhäkchen. Hat sich also der Specht bis zur bohrenden Larve vorgemeißelt, streckt er die Zunge heraus, spießt sie wie mit einer Harpune auf und zieht sie mit Hilfe der Zungenbeinmuskeln in den Schnabel.

Fraßspuren an Pflanzenteilen

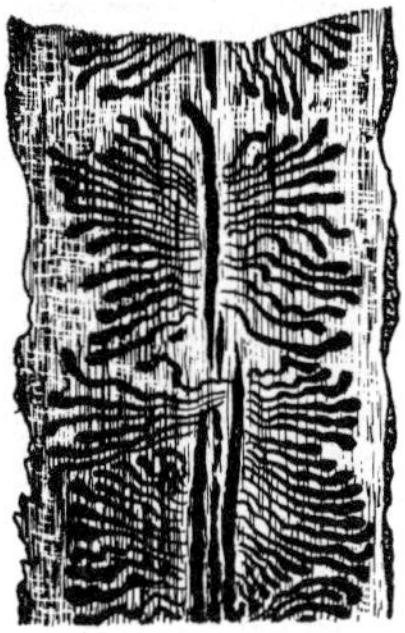

a

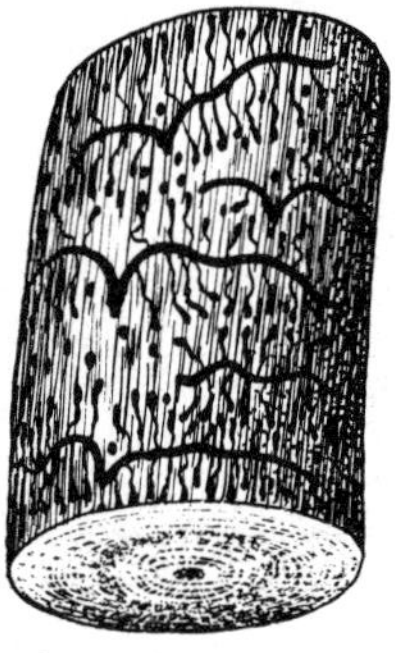

b

c

(4)

Spechtartige Vögel können viel schneller als der Mensch alle möglichen Waldbaumschädlinge entdecken und vertilgen. Alle im Holz lebenden Larven beschädigen mehr oder weniger die Bäume und können so recht umfangreiche Schäden verursachen. Von Zeit zu Zeit kommt es zu einer Massenvermehrung, und die Schäden an den Bäumen nehmen katastrophale Ausmaße an. So können z. B. die Borkenkäfer viele hundert Hektar Wald vernichten. Bei einem solchen Schädlingsvorkommen sind natürlich auch die Vögel machtlos, auch der Mensch mit seinen verschiedenen Insektiziden kann ihrer nicht mehr Herr werden. Trotzdem wirken die Vögel, vor allem die Spechte, im Wald als ganzjährige, vorbeugende Instanz, die die Schädlingswirkungen in einem erträglichen Rahmen hält.

Die Spechte suchen Insekten, die unter der Rinde gesunder und auch absterbender Bäume verborgen sind. Finden sie einen völlig abgestorbenen Baum, dessen Rinde nicht mehr fest auf dem Holz sitzt, hacken sie mit dem Schnabel leicht ganze Rindenplatten ab, die dann zusammen mit den Spänen von der Meißeltätigkeit am Fuß des Baumes liegen (**1**). Die Larven sammeln sie in der abgeschälten Rinde und im Holz. Sitzt die Rinde noch hinreichend fest und läßt sich nicht in großen Stücken lostrennen, zerspalten die Spechte sie bei der Larvenjagd in verschieden lange und breite Streifen (**2**). Beim Hacken in gesunden Bäumen läßt sich die Rinde überhaupt nicht ablösen, in ihr zeigt sich ein mehr oder weniger großes, durch den Schnabel entstandenes Loch (**3**).

Bevorzugte Nahrung der Spechte sind Borkenkäferlarven, die sie in ungeheuren Mengen vertilgen. Im Bast der Bäume nagen diese Larven Gänge, an deren Enden sie sich verpuppen, um schließlich zu schlüpfen und auszufliegen. Form und Anordnung dieser Gänge sind so charakteristisch, daß sie zum Bestimmen der Borkenkäferarten dienen. Hier sollen wenigstens einige Vertreter dieser Waldschädlinge vorgestellt werden. Der Buchdrucker *(Ips typographus)* hinterläßt im Bast 6—12 cm lange Muttergänge, die parallel zur Stammachse verlaufen. Von ihnen zweigen beidseitig Larvengänge ab, die in Wiegen enden, in denen sich die Larven verpuppen (**4a**). Unter Fichtenrinde anzutreffen. Das Larvenfraßbild des Kleinen Waldgärtners *(Myelophilus minor)* hat eine ganz andere Form und erscheint im Bast der Kiefern. Die Muttergänge haben in etwa die Form eines fliegenden Vogels, sind 3—10 cm lang, von ihnen zweigen nur etwa 5 mm lange Larvengänge ab (**4b**). Tannen werden vom Tannenborkenkäfer *(Pityocteines curvidens)* befallen. Sein Fraßbild besteht aus mehreren Muttergängen, die quer zur Stammachse liegen. In der Form sehen sie wie ein liegendes „I“ oder „H“ aus. Seine Larvengänge sind verhältnismäßig kurz (**4c**).

1

2

3

4

Fraßspuren an Pflanzenteilen

Reifende Samen von Fichten, Kiefern und Tannen sind für viele Säuger und Vögel ein willkommener Leckerbissen. Sie enthalten eine große Menge nährstoff- und energiereicher Öle und Fette, so daß sie namentlich im Winter, wenn der Energieverbrauch des Körpers am größten ist, zu einer begehrten Nahrung werden. Mit Vorliebe werden sie nicht nur von Eichhörnchen, Gelbhalsmaus und Rötelmaus gefressen, die geschickt zu den Zapfen in die Baumwipfel klettern, genauso gern konsumieren sie auch die übrigen Nager, die sich mit dem begnügen müssen, was den Eichhörnchen auf den Boden fällt oder vom Wind herabgeworfen wird. Spezialisten im Auspulen der Samen aus den Zapfen sind die verschiedenen Kreuzschnabelarten. Auch die Spechte und Kleiber hacken die ölhaltigen Samen aus den Zapfen. Jeder von diesen Konsumenten hinterläßt an den Zapfen ein Fraßbild, das verrät, wer sie aufgebrochen hat.

Das Eichhörnchen *(Sciurus vulgaris* — 1*)* beißt den Zapfen vom Zweig ab, packt ihn mit den Vorderpfoten und beginnt vom Stiel her die Schuppen abzunagen. Da es in den Zähnen eine beträchtliche Kraft hat, reißt es die ersten Schuppen, die nicht besonders fest an der Mittelspindel sitzen, einfach ab. Weiter zur Zapfenmitte hin sitzen die Schuppen fester, sie werden teils abgebissen, teils abgerissen. Unter jeder Schuppe finden sich zwei ölhaltige Samen. An der Spindel bleiben zerfranste Schuppenfetzen zurück, und der abgenagte Zapfen, an dessen Spitze meist einige unbenagte Schuppen zurückbleiben, sieht struppig aus (**2, 3a**). Schuppen und abgenagte Zapfen wirft das Eichhörnchen auf den Boden, wo sie sich über eine große Fläche verstreut finden.

Die Rötelmäuse *(Clethrionomys glareolus)* und Gelbhalsmäuse *(Apodemus flavicollis)* können die Schuppen nicht abreißen und müssen sie daher über die ganze Breite durchnagen, um zu den Samen zu gelangen. Meist schleppen sie den Zapfen in ein Versteck, so daß Schuppen und Spindel auf einem Häufchen zurückbleiben. Auch an den von diesen Mäusen bearbeiteten Fichtenzapfen bleiben an der Spitze einige Schuppen zurück, die Mittelspindel ist aber glatt benagt und am Stengel abgerundet (**3b**).

Die Fichtenkreuzschnäbel *(Loxia curvirostra)* reißen oder beißen die Schuppen der Zapfen nicht ab. Mit ihrem gekreuzten Schnabel, der speziell für diesen Zweck ausgebildet ist, schneiden sie die Schuppen in Längsrichtung durch, heben sie ein wenig an und ziehen die Samen darunter hervor (**3c**). Die Spechte hacken mit ihrem abgeflachten Schnabel zwischen die Schuppen, um so an die Samen zu gelangen. Die von ihnen bearbeiteten Fichtenzapfen sehen aufgeplatzt und zerhackt aus (**3d**). Kiefernzapfen, die von Eichhörnchen (**4a**), Gelbhalsmaus (**4b**), Fichtenkreuzschnabel (**4c**) und Buntspecht (**4d**) bearbeitet wurden, weisen ähnliche Spuren auf.

1

2

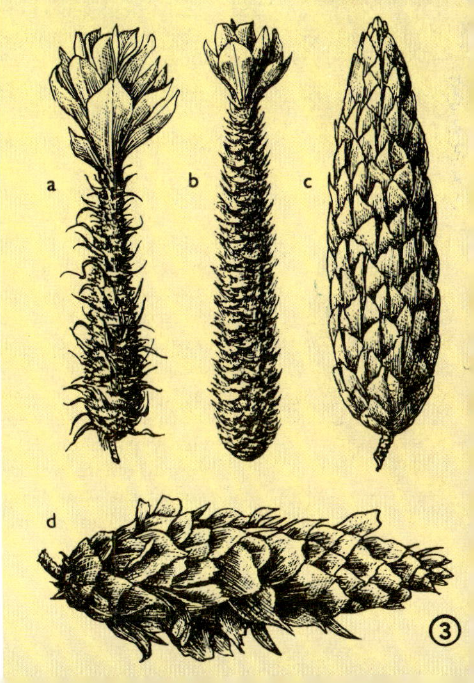
a
b
c
d
3

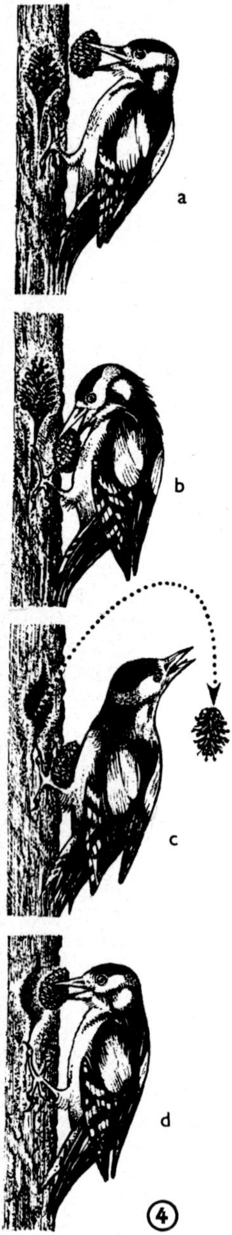

4

Fraßspuren an Pflanzenteilen

Zapfen, aus denen die Samen entnommen wurden, tragen zwar typische Spuren, anhand derer man das jeweilige Tier ansprechen kann, doch ist das manchmal ein wenig schwierig. Man kann überhaupt nicht unterscheiden, ob ein Zapfen von der Rötel- oder Gelbhalsmaus bearbeitet wurde. Auch ob ein Zapfen vom Eichhörnchen oder der Gelbhalsmaus bearbeitet wurde, kann man nicht immer unterscheiden; das Eichhörnchen kann nämlich auch wie die Mäuse vorgehen und eine glatt abgenagte Zapfenspindel zurücklassen.

Ohne größere Schwierigkeiten kann man aber Zapfen erkennen, die von Spechten bearbeitet wurden. Namentlich Buntspechte ernähren sich im Winter von Zapfensamen; in Nadelwäldern findet man immer Überreste ihrer Tätigkeit. Ein vom Buntspecht zerhackter Zapfen sieht immer „struppig" aus, die Schuppen sind in verschiedene Richtungen umgeknickt, ungeordnet und halb durchgebrochen (2). Die harten Kiefernzapfen sind oft im wahrsten Sinne des Wortes aufgespalten und zerhackt.

Die Spechte müssen den zu bearbeitenden Zapfen irgendwie befestigen, um auf ihn einhacken zu können. Für diesen Zweck eignet sich am besten die gesprungene und von tiefen Spalten durchzogene Borke alter Bäume, z. B. von Eichen oder Kiefern. Der Specht zwickt den Zapfen mit dem Schnabel ab und trägt ihn so zum Baum, auf dem er ihn bearbeiten will. Dort keilt er ihn mit einigen Schnabelhieben in einer entsprechenden Rindenspalte fest, so daß er mit der Spitze herausragt. In dieser Lage gelangt er nämlich am leichtesten mit dem Schnabel zwischen die Schuppen (3). Hat der Specht den Zapfen auf der einen Hälfte ausgenommen, löst er ihn mit dem Schnabel aus der Halterung, wendet ihn und macht sich dann über die andere Seite her. Der Specht befestigt seine Zapfen hoch über der Erde, aber auch dicht oberhalb der Baumwurzeln. Manchmal benutzt er für jeden Zapfen eine neue Spalte, und zwar dann, wenn die Borke stark gefurcht ist; in anderen Fällen bearbeitet er die Zapfen stets in der gleichen Halterung. Den alten Zapfen wirft er hinaus und ersetzt ihn durch einen frischen. Unter so einer Spechtschmiede kann man immer einen ganzen Haufen zerhackter Zapfen finden, in der Regel auch ein oder zwei bearbeitete Zapfen, die noch in der Rindenspalte sitzen (1). Der Buntspecht wirft nämlich nie einen fertigen Zapfen weg, ehe er einen neuen herbeigeschafft hat. Hat der Buntspecht einen neuen abgerissen, fliegt er mit ihm sogleich zu seiner Schmiede. Er setzt sich unter den alten Zapfen (**4a**), hebt den Bauch ein wenig vom Stamm ab, schiebt den frischen Zapfen zwischen Baum und Bauch (**4b**) und legt ihn dabei fast auf die Läufe. Dann löst er den alten mit dem Schnabel und wirft ihn hinab (**4c**). In die frei gewordene Spalte setzt er den frischen Zapfen ein (**4d**) und beginnt gleich mit der Arbeit. Seine Schlagfrequenz ist so groß, daß er einen Kiefernzapfen innerhalb weniger Minuten perfekt bearbeitet. Kann der Buntspecht für seine Schmiede keine geeignete Spalte finden, höhlt er in kürzester Zeit mit dem Schnabel eine künstliche Halterung aus.

1

2

3

Fraßspuren an Pflanzenteilen

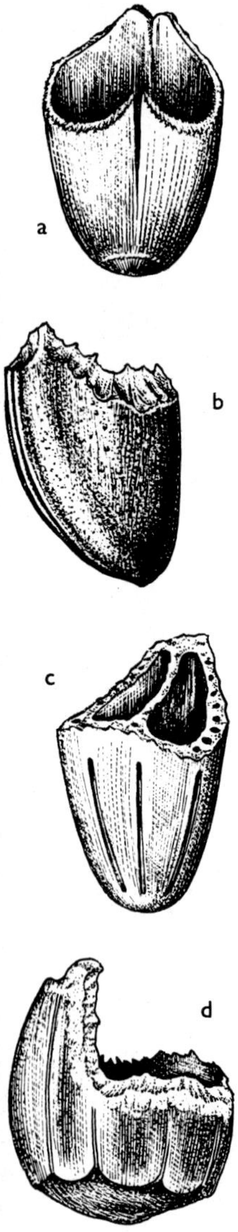

4

Eine bei vielen Säugern und Vögeln beliebte Nahrung sind Nüsse und Kerne. Je nachdem, wie die Schalen geöffnet wurden, können wir auf die Tiere schließen, die hier zu den Kernen vorgedrungen sind.
Die verschiedenen Mäuse nagen die Haselnußschale auf, da sie nicht genügend Kraft haben, sie zu knacken. In der Regel beginnen sie am stumpfen Pol der Nuß und nagen in ihn mit schnellen Unterkieferbewegungen ein kleines Loch. In dieser Phase läßt sich noch nicht bestimmen, welche Tierart die Nuß angenagt hat, da die Zähne der kleinen Nager annähernd gleich groß sind und auch ähnliche Spuren hinterlassen. Sobald die Öffnung groß genug ist, daß der Nager mit seinen Zähnen ins Innere gelangt, erscheinen auf der Schale Bißspuren, die Rückschlüsse erlauben, ob die Nuß von Wald-, Gelbhals- oder Rötelmaus benagt wurde.
Die Gelbhalsmaus *(Apodemus flavicollis* — **1**) hält mit ihren verhältnismäßig langen Vordergliedmaßen die Nuß ziemlich weit vom Körper weg, wobei sie sie mit den Pfoten in Schräglage fixiert (**2a**). In die genagte Öffnung schiebt sie die Schneidezähne der Unterkiefer und benagt mit ihnen von innen nach außen die Schalenhälfte, die von ihrer Brust abgewendet ist. Dabei arbeitet sie nur mit den unteren Schneidezähnen — der Unterkiefer ist weit beweglicher —, mit den oberen Schneidezähnen hält sie die Schale nur von außen fest. Beim Nagen dreht sie die Nuß unablässig und vergrößert so die Öffnung. Der benagte Schalenrand ist unregelmäßig, quasi abgebröckelt, wobei die Schaleninnenkante eine Kleinigkeit niedriger liegt als die Außenkante. An der Schalenaußenseite bleiben dicht rings um die benagte Fläche feine Spuren von den Oberzähnen in Form eines ziemlich regelmäßigen Kranzes zurück (**3a**). Kleinere Nüßchen oder Steine kann das Tier auch von außen bearbeiten. Auf Bild 4 hat die Gelbhalsmaus eine Eichel (**a**), einen Pflaumenstein (**b**), einen Kornelkirschenstein (**c**) und eine Hainbuchecker (**d**) aufgenagt.
Die Rötelmaus *(Clethrionomys glareolus)* arbeitet etwas anders. Da sie wie alle Wühlmäuse kurze Gliedmaßen hat, hält sie die Nuß dicht am Körper und stützt sie mit der Spitze in der Nähe der Hinterbeine ab (**2b**). Nach dem Nagen der ersten Öffnung schiebt sie die ganze Nase mit den oberen Schneidezähnen ins Innere und benagt mit den unteren Schneidezähnen die Nußwandung von außen nach innen. Die Oberzähne werden dabei auf die Schaleninnenwand gestützt. An der Außenseite bleiben also keine Zahnspuren zurück, und die ganze Nuß ist viel sauberer bearbeitet, die Nagefläche ist glatter und regelmäßiger (**3b**).
Sobald die Nager zum Kern vorgedrungen sind, schneiden sie von ihm größere Stückchen ab und ziehen sie mit den Unterzähnen heraus, um sie mit den Vorderpfoten festzuhalten und in kleinere Stückchen zu zernagen. Beim Öffnen von Nüssen verstecken sie sich in Grasbüscheln, unter Baumwurzeln oder im Gebüsch, leere Schalen findet man immer in größerer Anzahl an einer Stelle.

1

2
a
b

a
b
3

Fraßspuren an Pflanzenteilen

a b c d

5

Das Eichhörnchen *(Sciurus vulgaris* — 1*)* ist einer der Säuger, für die reifende Nüsse die wichtigste Nahrung darstellen.
Zum Öffnen von Nüssen greift das Eichhörnchen zu einer ganz anderen Technik als die Wühler und Mäuse. Mit seinen kräftigen, meißelartigen Zähnen kann es die Nußschale in zwei Hälften aufknacken. Dabei geht es folgendermaßen zu Werke: Normalerweise wird am spitzen Ende der Nuß eine kleine Rille genagt. Dabei hält es das Nüßchen in den Vorderpfoten und schneidet mit ein paar Bewegungen des Unterkiefers schnell die Spitze ab. Damit entsteht in der Nußspitze ein schmaler Spalt, in den das Eichhörnchen seine unteren Schneidezähne schiebt; die oberen werden auf die Schalenaußenwand gestützt, und durch eine hebelartige Bewegung werden beide Hälften voneinander getrennt (2). Unter der Stelle, an der das Eichhörnchen Nüsse geknackt hat, findet sich immer eine größere Anzahl halbierter Nüsse, selbstverständlich nur die Schalen, an deren Spitzen kurze, von den Nagezähnen verursachte Scharten sitzen. Einige geknackte Schalen sind an den Spitzen stärker benagt, andere weisen nur wenige Riefen auf. Alte und erfahrene Eichhörnchen haben bereits hinreichende Praxis und wissen, wie sich eine Nuß am schnellsten knacken läßt. Ihnen genügen einige sichere Bisse, und die Nuß ist geöffnet. Junge, unerfahrene Eichhörnchen haben mit dem Öffnen von Nüssen größere Schwierigkeiten.
Oft beginnen sie von verschiedenen Seiten und suchen die Verbindungsnaht, bis es ihnen gelingt, eine kleine Öffnung zu schaffen, durch die sie an den Kern gelangen. Daher sind die Schalen von alten Eichhörnchen nur geringfügig angenagt (3**b**), während junge Eichhörnchen auf ihnen viele verschieden geführte Rillen hinterlassen (3**a**).
Vögel hacken Nußschalen auf und picken die Kerne mit dem Schnabel heraus. Mit den starkwandigen Schalen werden auch so zarte Schnäbel fertig wie z. B. der einer Kohlmeise *(Parus major)*. Handelt es sich um Walnüsse, vor allem um dünnwandige Sorten, gelangen sie leicht ins Innere. In den Schalen erscheinen unterschiedlich große Löcher mit unregelmäßig gebrochenen Rändern (4). Die Meisen bearbeiten diese Früchte entweder auf den Bäumen, wobei sie sich an der hängenden Nuß mit den Füßen festklammern, oder auf einer festen Unterlage. Haselnüsse picken sie lieber in unreifem Zustand auf und hinterlassen neben dem gehackten Loch Spuren der Schnabelhiebe (5**c**). Der Kleiber *(Sitta europaea)* hat bereits einen kräftigeren Schnabel und zerschlägt die Schalen seitlich, nachdem er die ganze Nuß in eine Borkenspalte eingeklemmt hat (5**d**). Spechte befestigen die Haselnuß in ihrer Schmiede so, daß die Spitze aus der Borke ragt. So drehen sie die Verbindungsnaht der Schalen auf sich zu und hacken dann mit dem Schnabel auf sie ein. Eine noch wenig bearbeitete und noch nicht geöffnete Nuß weist längliche Spuren von Schnabelhieben auf (5**a**), in der offenen Nuß sitzt ein großes, unregelmäßig geformtes Loch (5**b**).

1

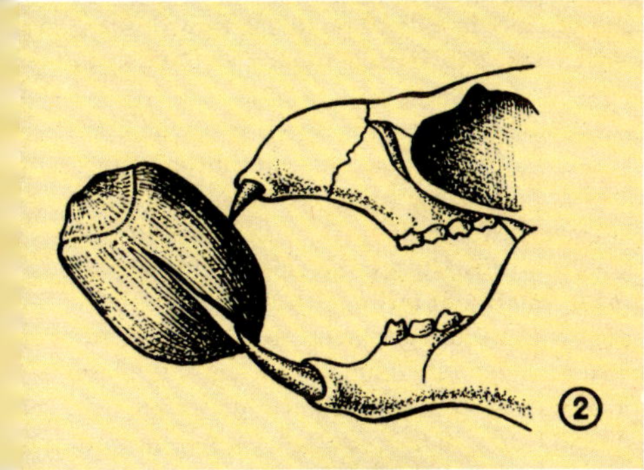
2

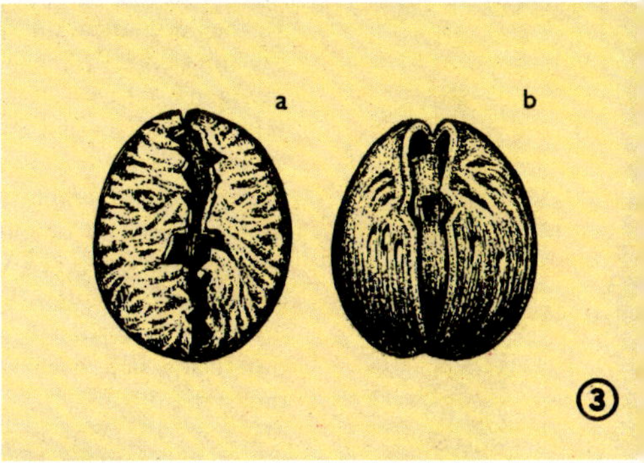
a
b
3

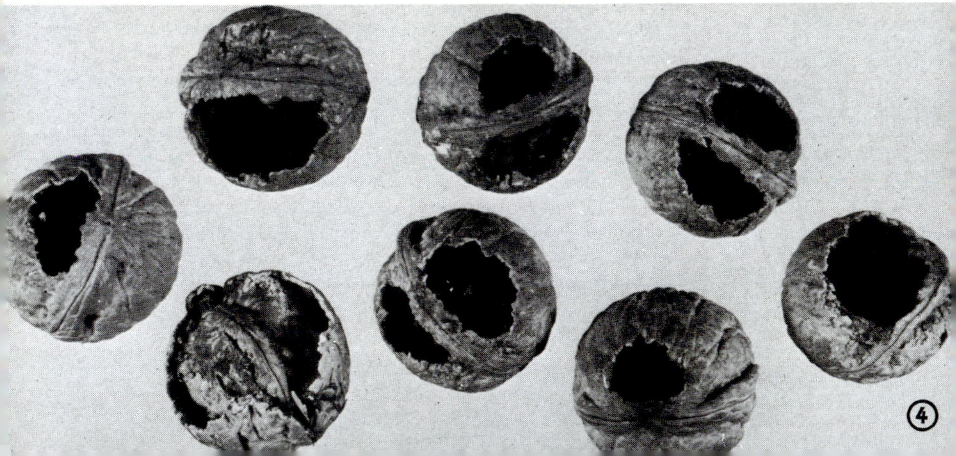
4

Fraßspuren an Pflanzenteilen

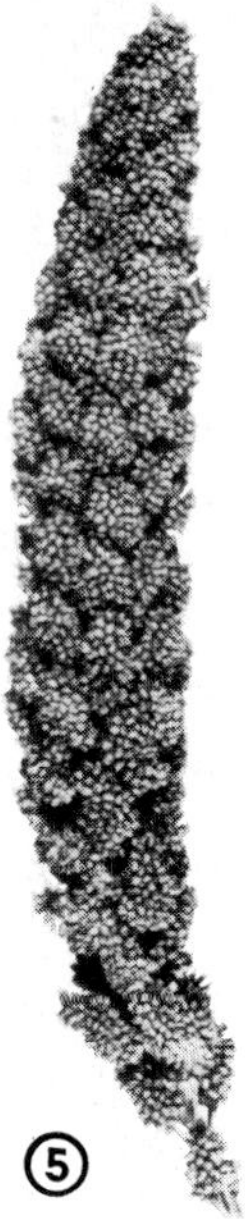

⑤

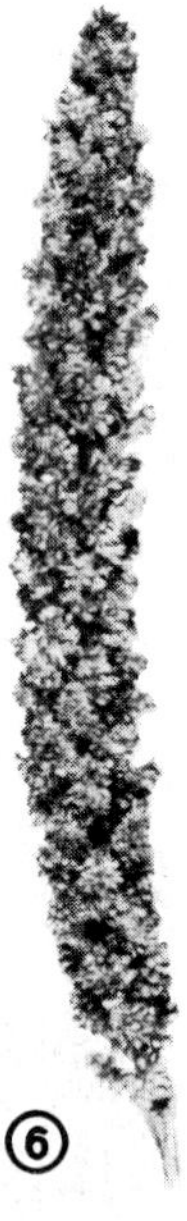

⑥

Einer der gefürchtetsten Feldschädlinge ist die Feldmaus *(Microtus arvalis — 1)*. In Jahren mit einer Massenvermehrung kann dieser kleine Nager Millionenschäden anrichten. Sehr oft befällt er Zucker- und Futterrüben. Unterirdisch gelangt er zu den Knollen und beginnt sie auch unter der Erde zu benagen. Das Loch in der Rübe wird immer größer, und er nagt sie systematisch von innen leer (2). Während der Rübenoberteil mit den Blättern nicht beschädigt wird, bleibt unterirdisch oft nur noch eine leere Hülle zurück. Auf ähnliche Weise richtet die Schermaus *(Arvicola terrestris)* an den Rüben Schäden an.
Der Feldhase *(Lepus europaeus)* beschädigt die Knollen in entgegengesetzter Weise. Den unterirdischen Teil läßt er unberührt, da er ihn nicht auswühlt; er benagt nur den Kopfteil dicht unter den schießenden Blättern (3). Da die Hasen in jedem oberen Nagezahn eine kleine scharfe Kerbe haben, macht sich diese Zahngestalt auch im Fraßbild bemerkbar. Im weichen Fruchtfleisch der Rübe erscheinen vier Längsrillen von den oberen Nagezähnen, ihnen gegenüber stehen zwei weitere Rillen von den unteren Zähnen. So entsteht der Eindruck, als säßen im Oberkiefer vier Zähne.
Auch Schalenwild ist an Rüben sehr interessiert, namentlich Hirsche *(Cervus elaphus)*. Ähnlich wie die Hasen verbeißen sie nur die oberirdischen Teile, die Spuren ihrer Tätigkeit kann man an den breiten Rinnen erkennen, die ihre unteren Schneidezähne in der Rübe hinterlassen. Junge Pflanzen werden von den Hirschen ganz aus der Erde gezogen.
Kleine Vögel besuchen mit Vorliebe Felder, auf denen Getreide oder ähnliche Kulturen stehen, die wohlschmeckende, nahrhafte Samen bieten. Sobald regelmäßig mit Sommerausgang die Samenreife beginnt, also nach dem Flüggewerden der Jungvögel, zeigen sich auf den Feldern oft große Vogelschwärme. Für die verschiedenen Meisenarten, für Grünlinge *(Carduelis chloris)*, Hänflinge *(C. cannabina)* oder andere Vögel sind die reifenden Mohnkapseln attraktiv. Ihre Wandung läßt sich leicht durchbrechen, und dann ist es kein Problem mehr, die öligen Mohnsamen aufzupicken. Die Hänflinge setzen sich oben auf die Mohnkapseln und zerschlagen die Oberwandung, nur der Unterteil bleibt erhalten (4).
Beginnt das Getreide zu reifen und sind die Körner noch milchigweich, kommen in den Feldern riesige Schwärme von Haussperlingen *(Passer domesticus)* und Feldsperlingen *(P. montanus)* zusammen. Am schlimmsten sind Feldränder in Dorfnähe betroffen. Die Sperlinge nisten nämlich im Dorf und wagen sich nicht in größere Entfernung. Sie setzen sich unterhalb der Ähre auf den Halm, picken die Körner heraus und klettern so allmählich weiter empor. Viele Halme werden geknickt und viele Körner auf dem Boden verstreut. Ein von Sperlingen befallenes Weizenfeld sieht aus, als wäre es vom Hagelschlag betroffen. Bild 5 zeigt unbeschädigte Kolbenhirseähren *(Setaria italica)*, Bild 6 zeigt Ähren, die von Haussperlingen leergefressen wurden.

1

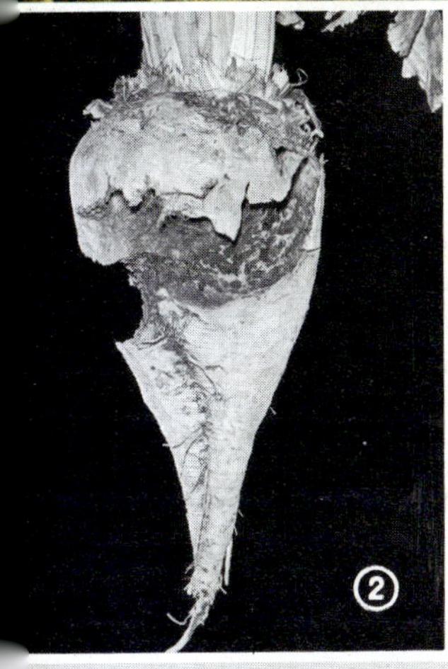
2

3

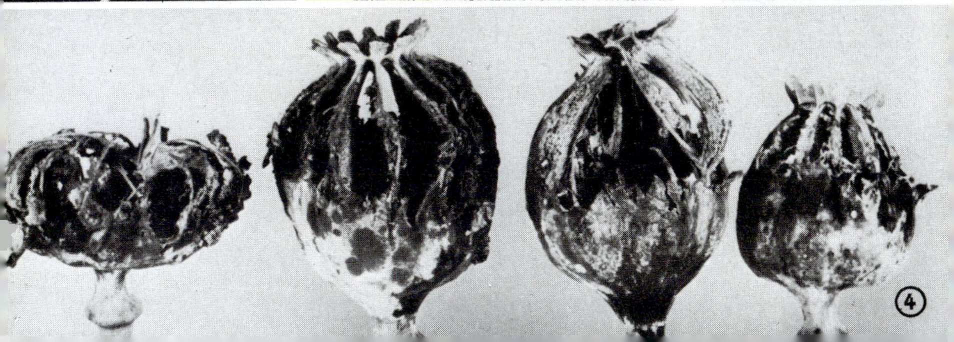
4

④

Fraßspuren an Pflanzenteilen

Wildschweine *(Sus scrofa* — 1*)* halten sich meistens in tieferen Waldungen auf, wo sie hinreichend ungestört sind und ihrer Nahrungssuche nachgehen. Sie sind Allesfresser, folglich ist auch ihre Speisekarte recht umfangreich. In der Vegetationszeit verbeißen sie Teile verschiedener Pflanzen, sammeln Früchte und Pilze. Am reichsten ist ihr Tisch im Herbst gedeckt, wenn die reifen Samen von Eichen, Buchen und anderen Laubbäumen zu Boden fallen. Obschon sie ein ziehendes Wild sind, das in einer Nacht viele Kilometer zurücklegen kann, werden sie von den reifen Eicheln, Bucheckern oder Roßkastanien so sehr angelockt, daß sie an dieser Nahrungsquelle längere Zeit verweilen. Ihre Anwesenheit kann man an den Spuren und der Losung feststellen. Das Schwarzwild sucht aber auch mit Vorliebe Fleischnahrung. Es frißt durchaus verschiedene Insekten, Schnecken, Eier von Bodenbrütern, Aas, gelegentlich wird auch ein Junghase oder Rehkitz angenommen.

Der Saukopf ist zu einem langen, knorpeligen Rüssel (dem sog. Gebrech) ausgezogen, der ein ausgezeichnetes Instrument zum Auswühlen unterirdischer Nahrung darstellt. Mit kurzen Kopfbewegungen fahren sie mit diesem Rüssel unter die Erdoberfläche und brechen große Schollen oder Plaggen auf. Unter der Erde suchen sie alle möglichen Würzelchen, Knollen, Zwiebeln, Wurzelstöcke, unterirdisch wachsende Pilze und natürlich auch Würmer, Insektenlarven oder Nagernester. Da sich stets mehrere Sauen in einer Rotte zusammenfinden, sind die Spuren ihrer Wühlerei sehr auffällig und großflächig (4). Jedes Tier der Rotte sucht sich ein bestimmtes Stück Boden aus, um es durch und durch gründlich umzubrechen und zu durchsuchen. So entstehen unregelmäßig runde oder ovale Flächen („Wühlstellen"), die besonders im Schnee deutlich werden. Selbstverständlich kann man überall auch Saufährten und Losung entdecken (2).

Wildschweine sind höchst vorsichtige Tiere und gehen erst spät in der Nacht auf Nahrungssuche, sowohl im Wald als auch außerhalb. Ganz regelmäßig ziehen sie in die umliegenden Felder, und dort kann man auch die Spuren ihrer Wühlerei entdecken (3). Besonders verlockend sind für die Schweine die Felder während der Vegetationszeit. Mit Vorliebe suchen sie Hafer- und Maisfelder auf. Wenn das Getreide in der Milchreife ist und die Körner noch weich sind, stellen sich hier ganz regelmäßig Wildschweine ein und verstecken sich auch tagsüber im Getreide.

①

②

③

Fraßspuren an Pflanzenteilen

4

Pilze sind wegen ihres aromatischen, einzigartigen Geschmacks für viele Säuger attraktiv, von Vögeln werden sie jedoch nie gefressen. Die Tiere nehmen auch solche Pilze an, die aus menschlicher Sicht übelschmeckend oder sogar giftig sind.

Die Arten der Hirschfamilie *(Cervidae)* fressen ganz regelmäßig Pilze. Wenn so ein Pilz nicht zu groß ist, können ihn die Tiere leicht mit den Kiefern packen und mit den unteren Schneidezähnen dicht über dem Boden abbeißen. In der Erde bleibt nur ein winziges Stück des Stiels zurück. Die Wildschweine *(Sus scrofa)* brechen beim Abfressen mittelgroßer Pilze normalerweise Stückchen vom Hut ab, die sie achtlos liegenlassen, um nach weiteren Fruchtkörpern zu suchen.

Zu den regelmäßigen Pilzkonsumenten gehört auch das Eichhörnchen *(Sciurus vulgaris)*. Kleinere Fruchtkörper trägt es auf die Bäume davon, bei größeren, die es nicht wegschleppen kann, setzt es sich nieder und nagt sie von verschiedenen Seiten an. Das Fraßbild des Eichhörnchens kann man an den Nagezähnen erkennen, die etwa 4—5 mm breite Riefen hinterlassen. Außerdem sammelt das Eichhörnchen auch Pilze auf Vorrat. Einen abgebrochenen Pilz trägt es entweder in den Zähnen in die Baumkrone und klemmt ihn mit dem Hut in eine Astgabel, oft unmittelbar am Stamm, oder spießt ihn auf ein abgebrochenes Zweigstück. Auf diese Weise konserviert es die Pilze durch Trocknen (4). Die Eichhörnchen vergessen aber oft die Stellen, an denen sie ihre Vorräte angelegt haben, finden häufig die gelagerten Pilze nicht wieder, und so kann man sie in völlig ausgetrocknetem Zustand unter Umständen mitten im Winter entdecken.

Oft kann man Pilze finden, deren Hüte von einer Reihe feiner, dicht nebeneinander liegender Riefen gefurcht sind. Das sind Fraßspuren, die ein kleiner Nager hinterlassen hat. Im Wald handelt es sich meist um Rötelmaus *(Clethrionomys glareolus —* 1*)* oder Gelbhalsmaus *(Apodemus flavicollis)*. Die Röhrenpilze locken wahrscheinlich wegen ihres kräftigen Aromas die Nager am meisten an. Findet die Maus einen größeren Pilz, springt sie auf seinen Hut, läßt sich hier nieder und hobelt mit den scharfen Nagezähnen dünne Fleischstreifchen heraus. Oft ist ein Pilzhut so benagt, daß von seiner Haut und der ursprünglichen Färbung fast nichts übrigbleibt (2). Die Spuren der Nagezähne sind etwa 1,5—2 mm breit.

Außer den Säugern beschädigen auch verschiedene Schneckenarten die Pilze. Ihre Fraßbilder haben aber eine andere Form, sie weisen überhaupt keine Zahnspuren auf und sehen wie seichte Gruben aus (3).

①

②

③

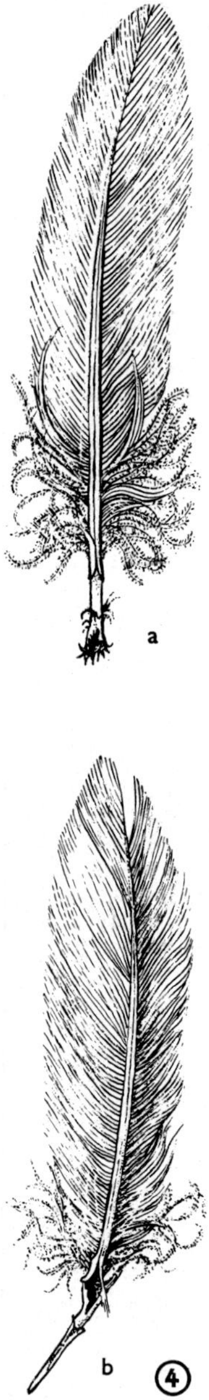

Überreste tierischer Nahrung

Die Bisamratte *(Ondatra zibethicus* — 1*)* gehört zu den Nagetieren; sie ernährt sich also von pflanzlichem Material, von Wurzelstöcken, jungen Wasserpflanzenstengeln und Ufervegetation, auch verschmäht sie Fallobst, Möhren oder Rüben nicht. Diese vegetarische Nahrung ergänzt sie aber häufig durch tierische Beute. Wenn sich die Gelegenheit bietet, erbeutet sie Krebse, bricht ihre Panzer auf und frißt sie. Genauso gern verzehrt sie das weiche Fleisch von Teichmuscheln *(Anodonta cygnea).* Die aus dem Grund erbeuteten Muscheln trägt sie an ihren Futterplatz, normalerweise in der Nähe des Wohnbaus oder an seichten Stellen im Schilf an ihren Wechseln, die zur Burg führen. Mit den scharfen Schneidezähnen dringt sie zwischen die geschlossenen Muschelschalen ein und öffnet sie durch eine hebelnde Bewegung. An den Muschelrändern erscheinen abgebrochene Öffnungen, die Spuren ihrer Zähne. Leere Schalen werden nicht entfernt, sondern bleiben an Ort und Stelle liegen. Oft liegen an solchen Plätzen einige -zig Stücke (2).

In Gewässernähe kann man in seltenen Fällen auch auf die Überreste von Fischottermahlzeiten stoßen. Der Fischotter *(Lutra lutra)* ist ein hervorragender Taucher und ein schneller, gewandter Schwimmer, so daß er ohne größere Schwierigkeiten auch sehr schnelle Fische erbeutet. Er bringt sie über die Wasseroberfläche und frißt sie in einem ruhigen Versteck am Ufer, auf flachen Steinen oder auf einem im Wasser liegenden Baumstamm. Mit großer Regelmäßigkeit schneidet er sie am Kopf an (3) und läßt nur Schwanzenden oder die größten Knochen zurück.

Die Landraubtiere erlegen alle möglichen Wirbeltiere und schleppen ihre Beute regelmäßig in ihr Versteck. Daher findet man nur selten die Überreste ihrer Mahlzeiten. Hat man trotzdem das Glück, so ist meist sehr schwierig zu bestimmen, welches Raubtier hier am Werk war. Helfen können dabei hinterlassene Spuren oder Losung. Viele Räuber sind so gewandt, daß sie auch erfolgreich Vögel erbeuten. An der Stelle des Überfalls bzw. der Mahlzeit kann man die großen Schwanz- und Schwungfedern verstreut finden, deren Unterteil durchgebissen und deutlich zerfasert ist (**4a**). Der Unterteil des durchgebissenen Federkiels bleibt in der Haut der Beute stecken. Schlägt ein Greifvogel einen Vogel, so rupft er die langen Federn ganz aus, ihre Fahnen tragen deutliche Schnabelspuren bzw. sind nur leicht geknickt (**4b**).

①

②

③

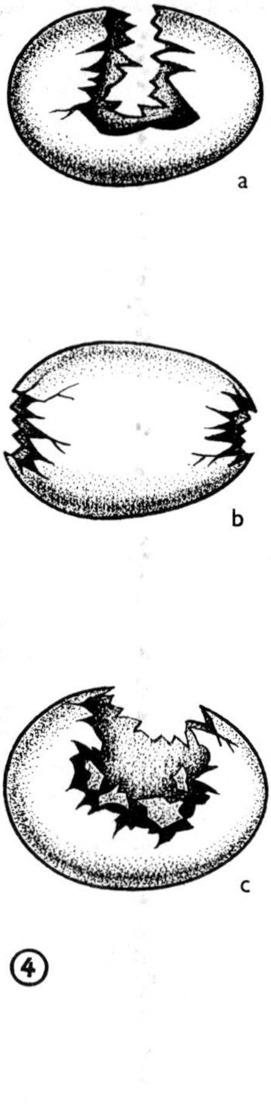

4

Überreste tierischer Nahrung

Eier und Jungvögel sind für viele Säuger und Vögel eine willkommene Nahrung. Unter dieser Tätigkeit fleischfressender Vögel und Säuger leiden fast alle Vogelarten, die in Gebüsch und Baumästen nisten, am härtesten sind aber die Bodenbrüter betroffen. Sie befinden sich auch in Reichweite solcher Raubtiere, die nicht klettern können, z. B. Fuchs oder Dachs.

In Fasanengehegen wird der Igel *(Erinaceus europaeus* — 1*)* zum lästigen Schädling. In der Dämmerung geht er auf Nahrungssuche und durchstreift in gemächlichem Schritt das Gelände. Stößt er auf ein Vogelnest, vertreibt er durch wiederholte Angriffe den brütenden Altvogel (sogar Fasanenhennen) und macht sich an Ort und Stelle über das Gelege her. Er beißt ein großes Loch in die Eierschale und leckt den Inhalt mit der Zunge aus. Ein vom Igel geplündertes Nest erkennt man daran, daß von den stark beschädigten Eierschalen nur seichte Schüsselchen zurückgeblieben sind und das ganze Nest stark mit Eiinhalt beschmiert ist.

Raubtiere gehen beim Plündern von Vogelnestern etwas anders vor. Sie fressen die Eier nicht direkt am Nest auf, sondern tragen sie im Fang zu einem Versteck, wo sie sie entweder auffressen oder unter Gras und Laub als Vorrat verbergen. Der Fuchs frißt Eier, indem er sie ganz in den Fang nimmt, die Schale zerdrückt und in der Regel den ganzen Inhalt verschlingt. Marder und Iltisse beißen sich seitlich ins Ei vor, brechen eine große gezackte Öffnung von quadratischer Form heraus und trinken den Inhalt (3, **4c**). Hermelin oder Wiesel beißen die Eier an den Spitzen an, vor allem, wenn es sich um größere Stücke handelt (Fasanen-, Enteneier), durch die geschaffene Öffnung gelangen sie an Eiweiß und Dotter (**4b**). Dazu muß aber gesagt werden, daß diese typischen Merkmale auch abgewandelt sein können. Allgemein gilt aber, daß die von Raubtieren beschädigten Eierschalen an einer Stelle oder dicht beieinander abgelegt sind. Findet man ein Rebhuhn- oder Fasanennest, in dem die Schalenhälften ineinandergeschoben sind und ihre Bruchränder ins Eiinnere ragen, so handelt es sich um Eier, die erfolgreich ausgebrütet wurden.

Die schlimmsten Plünderer von Bodenbrüternestern sind Krähenvögel, namentlich Nebelkrähe *(Corvus corone cornix* — 2*)*, Rabenkrähe *(C. c. corone)* und Elster *(Pica pica)*. In der Nistzeit fliegen sie langsam über den Feldkulturen umher und suchen darin die Nester von Rebhühnern, Fasanen u. a. Manchmal vernichten sie die Eier an Ort und Stelle (2), in anderen Fällen tragen sie sie auf eine härtere Unterlage (leere Schalenreste kann man in großer Zahl auf Wegen, Deichen oder Bahndämmen finden). Sie hacken ein kleines Loch ins Ei, in das sie die Schnabeloberhälfte schieben, um den Inhalt auszutrinken. Sie öffnen die Eier sowohl von der Seite als auch an den Polen (**4a**).

1

2

3

a

b

⑤

Überreste tierischer Nahrung

Greifvögel schlagen ihre Beute in der Luft und am Boden. Die Falkenvögel (Wanderfalke — *Falco peregrinus,* Baumfalke — *F. subbuteo*) sind Jäger der Luft, die auf eine am Boden sitzende Beute nur ausnahmsweise herabstoßen. Der Steinadler *(Aquila chrysaetos* — 3*)*, einer der größten europäischen Greifvögel, jagt sowohl in der Luft als auch am Boden. Habicht *(Accipiter gentilis* — 4*)* und Sperber *(A. nisus)* gehören zu den Greifvögeln, die ihre Beute nicht über größere Entfernung verfolgen, sondern den Überraschungsmoment nutzen. Sie fliegen dicht über dem Boden oder in den Baumkronen umher, wo sie eine überraschte Beute leicht einholen und schlagen. Ihre verhältnismäßig kurzen, breiten Flügel verleihen ihnen eine große Manövrierfähigkeit. Die laufende oder fliegende Beute wird von den kräftigen, mit mächtigen Krallen bewehrten Zehen, den Fängen, gepackt. Die Krallen des Steinadlers (**5a**) sind mehrere Zentimeter lang und dolchscharf. Greifvögel haben in den Fängen ungeheure Kraft, so daß schon beim ersten Zupacken die Beute von den Krallen durchbohrt und sehr schnell getötet wird. Der Fischadler *(Pandion haliaetus),* der sich auf die Fischjagd spezialisiert hat, besitzt außerdem an den Zehenballen hornige Stacheln (**5b**), denen auch ein glatter Fischkörper nicht entschlüpft. Der Mäusebussard *(Buteo buteo)* ist zwar ein recht großer Greifvögel, hat aber relativ kurze Zehen und Krallen und spezialisiert sich ähnlich wie der Turmfalke *(Falco tinnunculus)* auf die Mäusejagd. Außerdem nimmt der Bussard verschiedenes Aas an (1); finden sich an einem Hasenkadaver mehrere Vögel auf einmal ein, kommt es zwischen ihnen zu Futterkämpfen, bei denen jeder seinen Beuteanteil mit gespreizten Flügeln verteidigt (2).

Greifvögel richten ihre Beute vor dem Verzehren gründlich her. Geschlagene Vögel werden gerupft (4), vor allem die längeren und härteren Federn aus Stoß oder Schwingen. Im Gegensatz zu den Raubsäugern, die ohne weiteres mehrere Federn auf einmal abbeißen, z. B. den ganzen Stoß, rupfen die Greifvögel die einzelnen Federn ganz aus, und an ihren Ästen erscheinen eingedrückte Furchen, die vom Schließen des Schnabels herrühren. Dort, wo ein Greifvogel einen geschlagenen Vogel bearbeitet hat, findet sich immer ein großer Gefiederhaufen, der vom Wind in alle Richtungen geweht wird (4). Es ist der Mühe wert, den verstreuten Federchen nachzugehen; für gewöhnlich führen sie zum Rupfplatz. Hält sich ein Greifvogel an einer Beute längere Zeit auf, hinterläßt er hier auch seine Losung (Geschmeiß). Das ist ein großer weißer Spritzer aus einem dünnflüssigen, breiigen Material. Auch die Raubsäuger hinterlassen an der Beute ihre Losung, doch ist sie normalerweise dunkel, zäh und walzenförmig. Die Greifvögel rupfen Gefieder oder Fell einer Beute, weil sie sie nicht verdauen können. Der Steinadler rupft einen geschlagenen Hasen sehr sorgfältig, zumindest aber die Stellen, an denen er ihn anschneiden will, um dann reines Muskelfleisch zu kröpfen (3). Eine Menge Haarbüschel rings um die Beute verrät also, daß hier ein Greifvogel am Werk war.

1

2

3

4

a

b

c

(4)

Überreste tierischer Nahrung

Wenn Greifvögel große Beute schlagen, verarbeiten sie sie normalerweise an Ort und Stelle. Kleinere Beutestücke tragen sie an ihre gewohnten Rupfplätze. Der Sperber *(Accipiter nisus* — 2) hat auf seinem Territorium stets mehrere Stellen — in der Regel Waldränder, Waldwege, Schneisen oder Lichtungen —, die er mit seiner Beute anfliegt, um sie dort zu verzehren. Das muß nicht immer genau derselbe Platz sein, doch können die Rupfungen der einzelnen Beutetiere mehr oder weniger nahe beieinander liegen. Findet man diese Gefiederreste während der Nistzeit, signalisieren diese Rupfplätze, daß auch das Sperbernest nicht weit sein kann. Der Sperber nistet normalerweise in dichten jüngeren Waldbeständen, und einzelne verstreute Federn können die Lage des Nests verraten. Beim Füttern der Jungen fallen immer irgendwelche Beutereste herab.

Der Habicht *(A. gentilis* — 3*)* nistet auf hohen Bäumen. Er hat keine regelmäßigen Rupfplätze. In einem Habichtrevier sind die Beutereste zufällig im Waldbestand oder an einer gedeckteren Stelle verstreut.

Je nach Gefieder, zurückgelassenen Ständern, Schnäbeln oder Skeletten kann man erkennen, um welche Vogelart es sich handelt. Hat ein Greifvogel seine Beute nur teilweise verarbeitet, ist die Bestimmung nicht allzu schwierig. Auf dem Foto (1) erkennt man an der schwarzweißen Flügelzeichnung und dem großen weißen Fleck unter dem Auge, daß dem Habicht hier ein ausgewachsener Schellenten-Erpel *(Bucephala clangula)* zum Opfer gefallen ist. Größere Schwierigkeiten treten dann auf, wenn man nur auf einige wenige Federn ohne ausdrucksvolle oder charakteristische Zeichnung stößt. Will man die Greifvogelnahrung anhand der Beutereste eingehender studieren, muß man die einzelnen Federn und sonstige Überreste im Beutel sammeln und die Artbestimmung anhand von Vergleichsmaterial in einer zoologischen Sammlung durchführen.

An gefundenen Federn kann man nicht immer genau bestimmen, ob hier ein Sperber oder Habicht geschmaust hat. Gewisse Hinweise können aber Art und Größe der Beute liefern. Bei den Greifvögeln sind die Weibchen stets größer als die Männchen. Ein Habichtweibchen kann Vögel von Fasanen-, Enten- oder Birkhuhngröße schlagen, das kleinere Männchen kann nur Vögel von Rebhuhn- oder Taubengröße überwältigen. Der Sperber ist wesentlich kleiner als der Habicht, doch schlägt sein Weibchen genauso große Beute wie das Habichtmännchen. Das kleinere Sperbermännchen schlägt Vögel von Amsel- oder Taubengröße.

Hat ein Greifvogel einen Vogel geschlagen, schneidet er ihn zuerst an der Brustmuskulatur an. Dabei kommt es ganz gängig vor, daß die scharfen Kanten des hakigen Schnabels mit dem Fleisch auch Stückchen aus dem flachen, dünnen Grat des Brustbeins reißen (**4a**). Diese keilförmigen, an den Rändern ein wenig gezackten Einschnitte verraten, daß hier ein Greifvogel gefressen hat. An ihrer Größe kann man manchmal abschätzen, ob das Fraßbild von einem adlergroßen (**4b**) oder habichtgroßen (**4c**) Greifvogel stammt.

1

2

3

a b c

4

Überreste tierischer Nahrung

Auf eine ganz charakteristische Weise verarbeiten die Würger ihre Beute. Sie jagen alle möglichen Insekten, vor allem größere Arten, doch erlegen einige von ihnen auch Mäuse oder Jungvögel. Sie sind außergewöhnlich angriffslustige und kühne Vögel, die an Angriffslust und Gewandtheit nicht hinter den Greifvögeln zurückstehen.

Obwohl sie überhaupt nichts mit der Ordnung der Greifvögel gemein haben (sie gehören zu den Singvögeln), werden Würger und Greifvögel durch ein gemeinsames Merkmal charakterisiert — die Schnabelform als Ausdruck ihrer Anpassung an die Jagd und an den Verzehr einer ähnlichen Nahrung. Der Greifvogelschnabel ist verhältnismäßig hoch, und der Oberkiefer ist hakenförmig abwärts geneigt. Am Habichtschnabel *(Accipiter gentilis* — **4b**) kann man sehen, daß der Oberkiefer nur schwach gekrümmt ist. Mehr oder weniger stark gekrümmte Oberkiefer haben z. B. auch Adler, Bussarde, Weihen und Sperber. Die Greifvögel aus der Falkenfamilie, zu denen z. B. der häufige Turmfalke *(Falco tinnunculus)*, Baumfalke *(F. subbuteo)* und Wanderfalke *(F. peregrinus)* gehören, haben im Schnabeloberkiefer einen scharfen Zahn (Falkenzahn — **4a**). Allgemein wird angenommen, daß dieser Zahn ihnen das Zerreißen der Beute erleichtert. Eine ähnliche Gestalt des Schnabels kann man auch bei den Würgern entdecken. Zwar ist er nicht so hoch und mächtig, doch hat er die typische Greifvogelform mit gekrümmter Spitze und dem Falkenzahn im Oberkiefer (**4c**).

Hat ein Raubwürger *(Lanius excubitor)* eine Feldmaus erbeutet (1), die er nicht sofort verzehren kann, lagert er sie auf eigenartige Weise als Vorrat. Er packt die Maus mit dem Schnabel und spießt sie auf den Dorn eines Strauches. Je nach Bedarf kehrt er zu diesen Vorräten zurück und reißt aus den Tierkörpern Stücke. Sein Verwandter, der Neuntöter *(L. collurio)*, nistet mit Vorliebe in Dornsträuchern und spießt erbeutete Insekten ebenfalls auf Dornen (2), manchmal sogar auf Stacheldrahtspitzen.

Der Grünspecht *(Picus viridis)* hackt alle möglichen Larven aus dem Holz der Bäume, doch gehört er zu einer Spechtgruppe, die mit Vorliebe Ameisen in allen Entwicklungsstadien frißt. Daher sucht er häufig Nester von Baumameisen auf und veranstaltet in deren genagten Gängen regelrechte Jagden. Mit seiner langen Zunge dringt er in die Gänge und Kämmerchen ein, um blitzschnell an ihr Ameisen, Eier, Larven und Puppen festzukleben. Wenn man einen Grünspecht im Gras sitzen und mit dem Schnabel im Erdreich herumhacken sieht, dringt er normalerweise gerade in ein Erdameisennest ein. Mit großer Regelmäßigkeit besucht er auch die großen Haufen der Waldameisen. Mit dem Schnabel stört er die Ameisen ein wenig auf, um sie dann mit der klebrigen Zunge zu fangen. Der Grünspecht scharrt im Winter in die Ameisenhaufen lange Gänge (3) und erbeutet hier nicht nur Ameisen, sondern auch die Larven verschiedener Käfer, die hier gemeinsam mit den Ameisen leben.

1

2

3

Losung

a

b

c

d

5

Auch wenn Tierkot keine besonders verlockende Spur darstellt, verrät er doch häufig die Anwesenheit von Tieren, von denen man sonst keine Ahnung hätte. Auf harter steiniger Oberfläche, z. B. in den Bergen, lassen sich Schalen- oder Pfotenabdrücke kaum feststellen, und so verrät nur die Losung, welche Tiere sich hier bewegen. Durch ihre Analyse kann man bis zu einem gewissen Grade auch die Zusammensetzung der Nahrung und in einigen Fällen anhand von Form und Größe der Losung auch Geschlecht oder sogar Gesundheitszustand eines Tieres erkennen.

In Feldern, Wiesen und Wäldern stößt man am häufigsten auf Hasenlosung, sog. „Knöpfe". Hasenknöpfe erkennt man leicht an ihrer rundlichen Form, auch daran, daß sie in kleinerer Anzahl fast überall in der Natur verstreut sind. Am meisten findet man sie natürlich dort, wo sich eine lockende Äsung befindet. Hasenlosung ist bräunlich gefärbt und sieht wie leicht abgeflachte Kügelchen von 12—18 mm Durchmesser aus, die den Eindruck erwecken, als wären sie aus Zigarettentabak geformt (**1, 5a**). Deutlich lassen sich darin Überreste pflanzlicher Nahrung ausmachen. In der Winterzeit, wenn sich der Hase von trockenem Futter ernährt, ist die Losung heller und trockener, die saftige Sommeräsung macht sie weicher und häufig auch dunkler.

Die Knöpfe des Wildkaninchens *(Oryctolagus cuniculus* — **2, 5b***)* ähneln weitgehend der Hasenlosung, sind aber kleiner, regelmäßig kugelig, ihr Durchmesser überschreitet nie 10 mm. Meist messen sie nur 7—8 mm im Durchmesser. Auch ist ihre Färbung etwas dunkler als die der Hasenlosung. Außerdem kann man Kaninchenkot nur inmitten der Kolonien oder in deren engster Umgebung antreffen, da sich Kaninchen nicht auf längere Streifzüge in die Umgebung wagen. In der Nähe ihrer Kolonien richten sie regelmäßig besuchte Latrinen ein, an diesen Stellen sammelt sich im Laufe der Zeit eine große Menge Losung an. Hasen legen nie Latrinen an.

Losung von Hirschwild („Lorbeeren") findet man am häufigsten an Stellen, wo die Tiere zur Äsung austreten, an Brunftplätzen und auf den Wechseln, auf denen sie zu den Futterquellen ziehen. Im Winter sind die im Schnee getrampelten Wechsel oft von einer zusammenhängenden Schicht aus Hirschlosung bedeckt.

Beim Hirschwild kann man anhand der Losung zuverlässig auf das Geschlecht schließen. Die Losung des Hirsches ist walzenförmig, an einem Ende zugespitzt, am anderen in der Regel leicht eingedrückt. In der Form ähnelt sie ein wenig einem Artilleriegeschoß (**4, 5c**). Das Tier hinterläßt gestreckt walzenförmige Lorbeeren, deren Enden leicht zugespitzt oder abgerundet sind (**3, 5d**). Hirschwildlosung ist dunkel und in frischem Zustand glänzend, bei ausgewachsenen Stücken 20—25 mm lang und 13—18 mm stark. Im Sommer ist die Losung dünner, die einzelnen Lorbeeren kleben zu größeren Klumpen zusammen bzw. haben fast breiige Konsistenz.

1

2

3

4

a

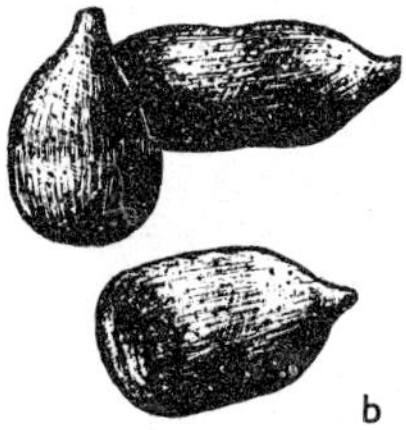

b

c

⑤

Losung

Da die Nahrung der Pflanzenfresser relativ nährstoffarm ist, müssen diese Tiere täglich große Mengen fressen und auch mehrmals am Tag Nahrung aufnehmen. So ist z. B. der mehrteilige Hirschmagen so groß, daß er bis zu 40 l Nahrungsbrei aufnehmen kann. Durch dieses Magenvolumen kann der Hirsch im Sommer über 24 kg Grünfutter täglich aufnehmen. Pflanzliche Nahrung ist außerdem schwer verdaulich und wird daher einer gründlichen mechanischen Zerkleinerung unterzogen, noch ehe sie chemisch verarbeitet wird. Die eigentliche Zersetzung und damit auch die Verdaulichkeit ist das Resultat der Mitwirkung von zahlreichen Bakterien und Infusorien, die den Abbau des Zellmaterials unterstützen. Gleichzeitig werden sie aber selbst zur Nahrung der Pflanzenfresser und führen so dem Tier die notwendigen Eiweißstoffe zu. Trotzdem fallen aber sehr viele unverdauliche Stoffe an, und daher findet man die Losung der Pflanzenfresser, namentlich der Wiederkäuer so häufig. Eine ähnliche Nahrungszusammensetzung und eine ähnliche Verarbeitungsweise führen dazu, daß die Losung der meisten Wiederkäuer eine ziemlich einheitliche Form und Färbung aufweist. Natürlich hinterlassen die größeren Wiederkäuerarten größere Losung, und ihre Größe hängt in gewissem Umfang auch vom Alter des Tieres ab.

Die Losung des Damwilds ähnelt in Form und Färbung weitgehend der des Hirschs (2). Sie ist allerdings etwas kleiner, ca. 10—15 mm lang und 8—12 mm breit (**5b**). Ihre Farbe ist schwarz, im frischen Zustand trägt ihre Oberfläche ein glänzendes Häutchen. Die einzelnen Beeren sind fest aneinandergedrückt und werden aus dem Tierkörper in Form von wurstartigen Gebilden ausgestoßen. Sobald so ein Kotballen zu Boden fällt, teilen sich normalerweise die einzelnen Beeren voneinander.

Rehwildlosung hat die Form länglicher Walzen oder Eier, die etwa 7—10 mm breit und 10—16 mm lang sind (**5c**). Manchmal ist sie auch fast kugelrund und läuft in eine kleine Spitze aus. Die Färbung ist schwarz oder braun, in frischem Zustand glänzend. Im Sommer enthält die Losung mehr Wasser, ist weicher, und die einzelnen Beeren sind so fest aneinandergepreßt, daß sie auch, nachdem sie zu Boden gefallen sind, die Form eines großen Zapfens oder Klumpens beibehalten. Im Winter (4) ist die Losung trockener, und die einzelnen Beeren trennen sich leichter voneinander. Die meiste Rehlosung findet man an Äsungsplätzen und Wechseln, auf denen sich das Wild bewegt. Da sich Schalenwild häufig auch im Ziehen löst (d. h. Losung fallen läßt), sind die Wechsel immer voller Losung.

Wildschweine hinterlassen eine Losung, die sich in Form und Größe von Wiederkäuerlosung unterscheidet. Es sind schwärzliche Klumpen von wurstähnlicher oder unregelmäßiger Form, die bis zu 7 cm stark und rund 10 cm lang sein können (**5a**). Sie sind schwarz gefärbt (1), doch werden sie nach längerer Zeit an der Oberfläche grau, und die Klumpen zerfallen in einzelne Knollen (3).

1

2

3

4

Losung

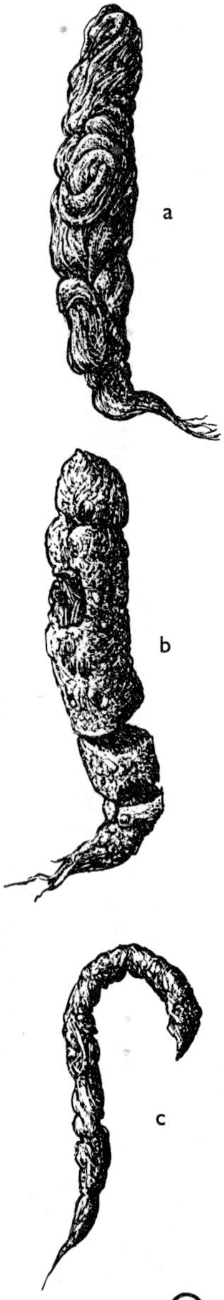

5

Fleischnahrung ist nährstoffreicher als pflanzliche Kost. Daher können fleischfressende Vögel und Säuger zwischen den einzelnen Mahlzeiten längere Pausen einlegen; zu ihrer Sättigung genügt eine wesentlich geringere Nahrungsmenge, als Pflanzenfresser benötigen. Zieht man noch den Umstand in Betracht, daß bei Fleischnahrung nur wenige unverdauliche Reste übrigbleiben, ist im ganzen klar, warum man die Losung fleischfressender Tiere weniger häufig findet. Da die Raubtiere aber ihre Losung zur Markierung des Territoriums benutzen und an auffälligen Stellen ablegen, auf Steinen, Baumstubben oder freien Waldwegabschnitten, findet man sie gelegentlich doch.
Frische Losung vom Rotfuchs *(Vulpes vulpes)* ist schwarz bis grau gefärbt (1) und hat die Form von 5—10 cm langen Walzen, die an einem Ende in eine scharfe Spitze auslaufen (**5a**). Der Durchmesser beträgt 2—2,5 cm. Mit zunehmendem Alter wird die Fuchslosung grau, oft fast weiß und erinnert ein wenig an Eulengewölle. Das kommt daher, daß in ihr Überreste von Gefieder, Fell oder Knochen zu sehen sind. Mit Sommerausgang kann man aber auch blau oder rötlich gefärbte Fuchslosung finden. Da hat sich das Tier an Heidel- oder Himbeeren gütlich getan. Wenn im Herbst die reifenden Vogelbeeren zu Boden fallen, erscheinen regelmäßig ihre halb verdauten Überreste in der Fuchslosung (**4**).
Die Losung der marderartigen Raubtiere ist fast schwarz. Gelbliche Losung deutet auf den Verzehr von Eiern hin, blaue und rote verrät, daß Waldfrüchte gefressen wurden. Die Losung von Baum- und Steinmarder *(Martes martes, M. foina)* riecht ziemlich kräftig, ist 8—10 cm lang und etwa 1,5 cm stark, spiralig zusammengedreht und nur an einem Ende zu einer langen Spitze ausgezogen (2). Die Losung der Iltisse *(Putorius* sp.*)* ist ein wenig kleiner und läßt sich manchmal nur schwer von Marderlosung unterscheiden. Sie ist schnurartig gedreht, 6—8 cm lang und etwa 12 mm dick. Die Losung von Hermelin *(Mustela erminea)* und Mauswiesel *(M. nivalis)* ist meist 3—4 cm lang und normalerweise nicht dicker als 1 cm (**5c**). Die Losung des Dachses *(Meles meles)* ähnelt der Fuchslosung. Sie ist 6—8 cm lang, walzenförmig und rund 2 cm stark (3). Sie hat die Neigung auseinanderzubröckeln und ist an einem Ende lang zugespitzt (**5b**). Häufig erscheinen in der Dachslosung unverdaute Knöchelchen, Haare, Körner von Waldfrüchten und Insektenüberreste. Der Dachs hat eine ähnliche Angewohnheit wie die Wildkaninchen und lagert seine Losung in Latrinen ab. Mit den Vorderkrallen scharrt er eine seichte Grube in den Boden und löst sich dort hinein. Die Grube scharrt er aber nicht gleich zu, sondern benutzt sie wiederholt. Der Fund einer solchen Dachslatrine verrät, daß sich in der Nähe ein bewohnter Bau befindet, da der Dachs seine Latrinen in der Nähe des Eingangs anlegt.
Eine ähnlich gestreckte Losung hinterläßt auch der Igel *(Erinaceus europaeus)*. Man kann sie überall finden, meist jedoch auf Feld- und Waldwegen. Sie besteht aus etwa 3—4 cm langen und rund 1 cm starken glänzend schwarzen, an einem Ende zugespitzten Walzen, in denen Chitinteile von Insekten zu erkennen sind.

1

2

3

4

a

b

c

(4)

Losung

Die Losung fleischfressender Vögel, Greife, Reiher, Kormorane, Störche, aber auch von Möwen, Seeschwalben oder Eulen ist sehr dünnflüssig, fast wäßrig, und die Vögel hinterlassen sie auf Boden und Bäumen in Form von großen weißen Spritzern (s. S. 226). In der Regel kann man sie unter den Ruheplätzen der Vögel entdecken, an Bäumen oder auf Steinen. Bäume, auf denen häufig Reiher oder Kormorane sitzen bzw. nächtigen, sehen kalkbespritzt aus, und ihre Blätter sind von dem Geschmeiß ganz verätzt.

Pflanzenfressende Vögel haben eine wesentlich festere Losung; sie hat die Gestalt unterschiedlich starker, verschieden geformter Walzen oder Häufchen. Ähnlich wie bei den pflanzenfressenden Säugern begegnet man ihrer Losung häufiger, da sie intensiver fressen müssen und von der Pflanzennahrung viel mehr unverdauliche Rückstände übrigbleiben.

Auf Wiesen und Feldern in der Nähe von Seen kann man Gestüber der Graugans *(Anser anser — 1)* finden. Sie ernährt sich hauptsächlich von abgerupften Pflanzenblättern, und diese Nahrung verleiht ihrem Gestüber die charakteristische grüne Färbung (3). Das Gestüber besteht aus 4—8 cm langen und rund 1 cm starken Walzen, an deren Ende normalerweise ein weißes Käppchen aus breiartiger Urinmasse erscheint. Hat man einen Mauserplatz der Gänse entdeckt, findet man da auch immer viele große Gestüberhäufchen, die während des längeren Aufenthalts hinterlassen wurden.

In Wäldern, besonders auf Moor- und Heideflächen, findet man das Gestüber des Birkhuhns *(Lyrurus tetrix — 2)*. Normalerweise entdeckt man an einer Stelle stets eine größere Menge, da der Vogel wahrscheinlich hier ausgeruht hat. Das Gestüber ist braungelb gefärbt, in ihm sind Überreste von Baumknospen oder Schalen von Waldfrüchten zu sehen. Es hat die Form von 2—4 cm langen und etwa 8 mm dicken, leicht gekrümmten Walzen. Unter manchen Bäumen in tiefen Waldungen kann man große Mengen walzenförmiger Losung vorfinden, die rund 5—8 cm lang und 1 cm dick sind (**4a**). Das ist Losung vom Auerhuhn *(Tetrao urogallus)*, des größten waldbewohnenden Hühnervogels. Im Winter besteht diese Losung ausschließlich aus Nadelrückständen und hat eine grüngelbe Färbung, im Sommer erscheinen darin auch Überreste von Waldfrüchten. Auerhuhnlosung verrät die Stellen, an der das Tier gefressen oder genächtigt hat.

Das Gestüber des Fasans *(Phasianus colchicus)* kann man relativ oft in ganzen Häufchen unter den Nachtbäumen finden oder auch vereinzelt in Feld und Wald. Es ist etwa 2 cm lang, rund 0,5 cm dick und ziemlich häufig unregelmäßig gekrümmt (**4b**). Für gewöhnlich sitzt auf ihm jeweils ein weißes Urinkäppchen. Gestüber vom Rebhuhn *(Perdix perdix)* kann man nur auf Feldern finden, in größerer Menge an den Nachtplätzen, es ist nur ein wenig kleiner als Fasanenlosung (4c). Der Grünspecht *(Picus viridis)* hinterläßt sein Gestüber in Gestalt von etwa 3 cm langen und 6 mm starken Walzen, die voller Insektenüberreste und an der Oberfläche von einem feinen weißen Häutchen eingehüllt sind.

①

②

③

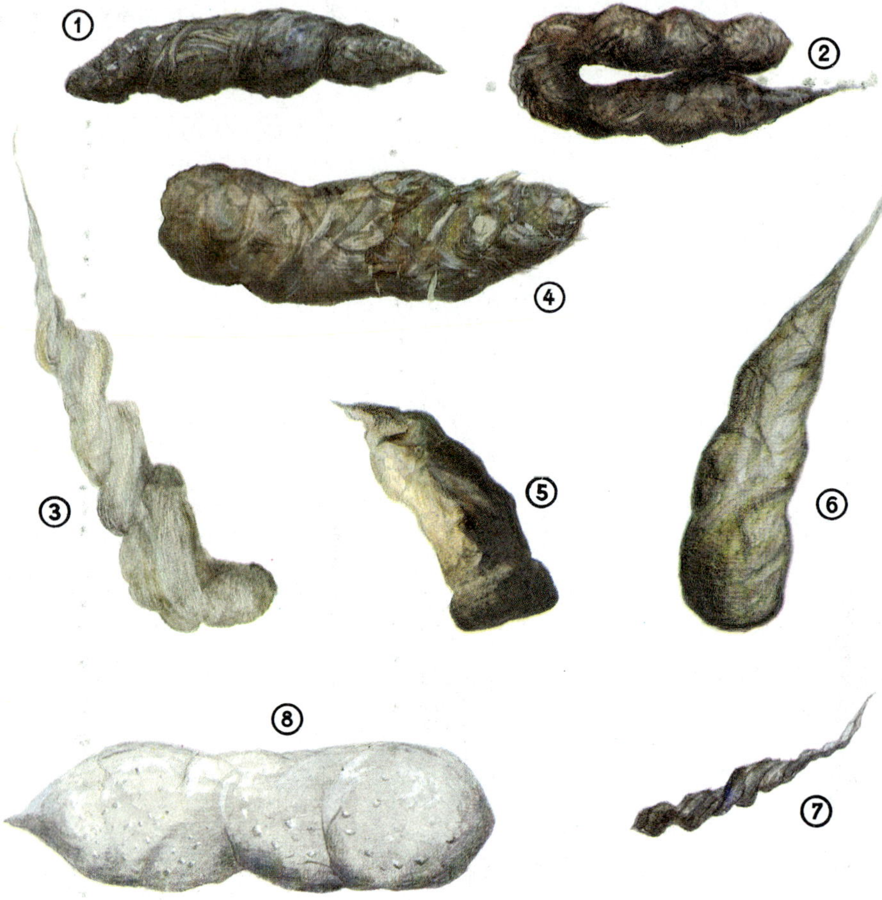

Losung fleischfressender Säugetiere

1 — Igel *(Erinaceus europaeus)*
2 — Marder *(Martes* sp.*)*
3 — Iltis *(Putorius* sp.*)*
4 — Dachs *(Meles meles)*
5 — Katze *(Felis* sp.*)*
6 — Rotfuchs *(Vulpes vulpes)*
7 — Wiesel *(Mustela* sp.*)*
8 — Luchs *(Lynx lynx)*

Gewölle ▶

1 — Storch *(Ciconia* sp.*)*
2 — Reiher *(Ardea* sp.*)*
3 — Saatkrähe *(Corvus frugilegus)*
4 — Schleiereule *(Tyto alba)*
5 — Mäusebussard *(Buteo buteo)*
6 — Turmfalke *(Falco tinnunculus)*
7 — Waldkauz *(Strix aluco)*
8 — Lachmöwe *(Larus ridibundus)*
9 — Waldohreule *(Asio otus)*
10 — Steinkauz *(Athene noctua)*
11 — Uhu *(Bubo bubo)*

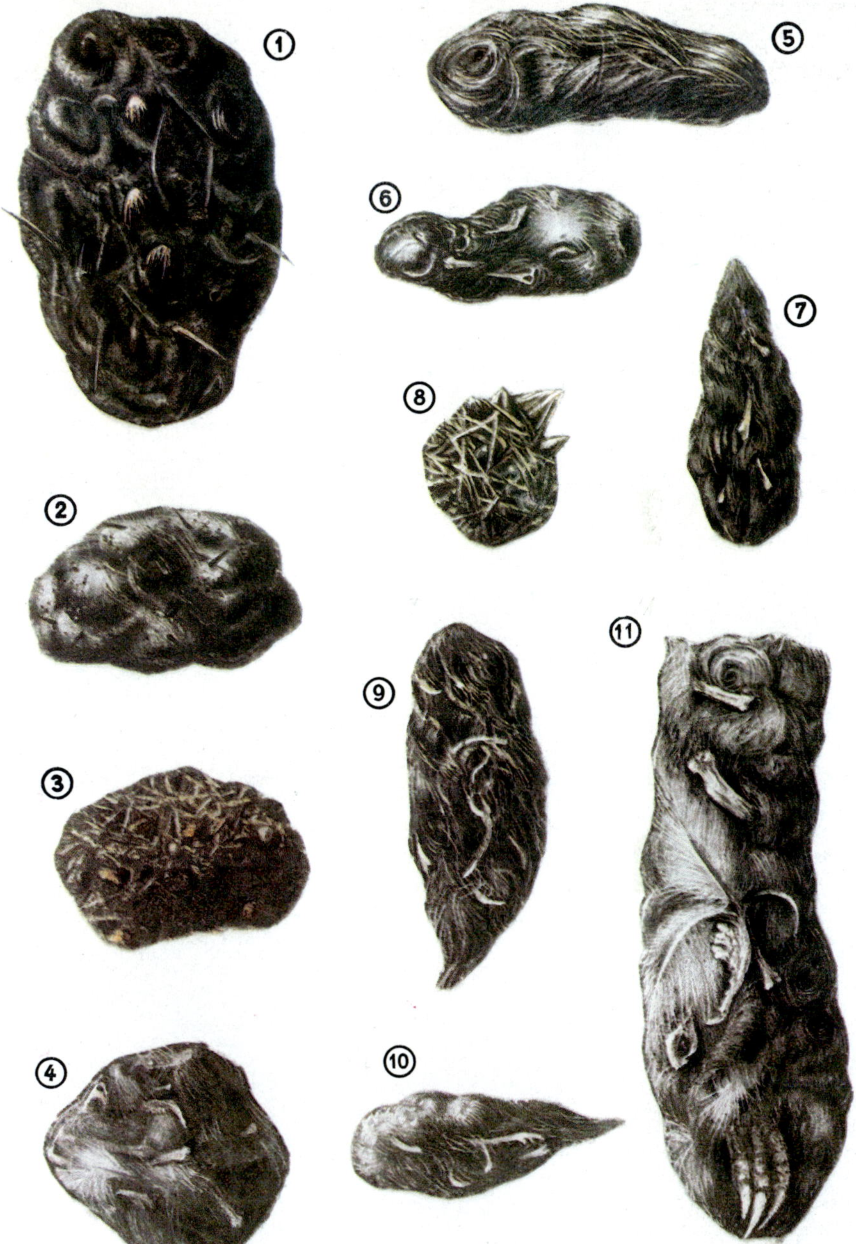
1
2
3
4
5
6
7
8
9
10
11

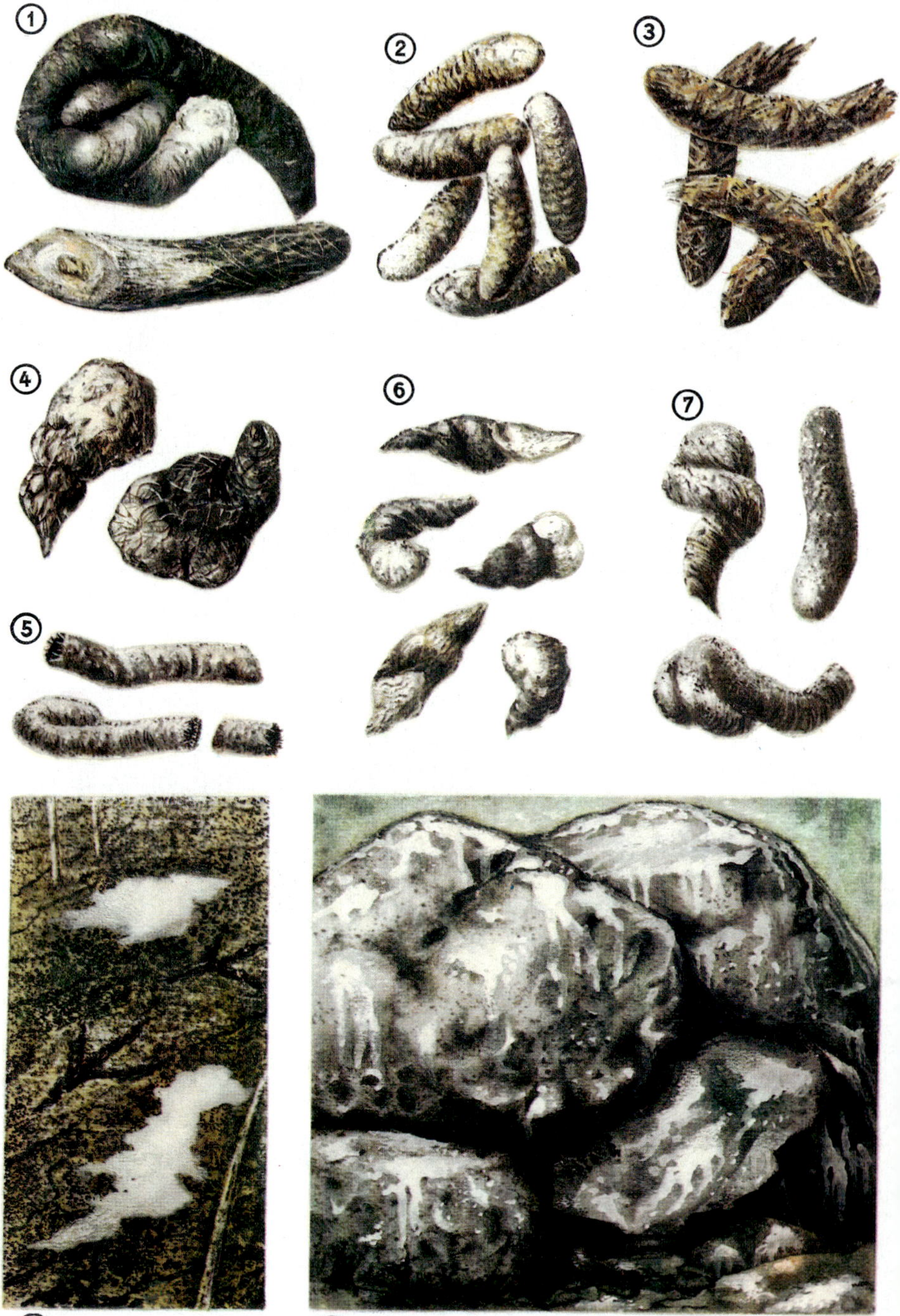
1
2
3
4
5
6
7
8
9

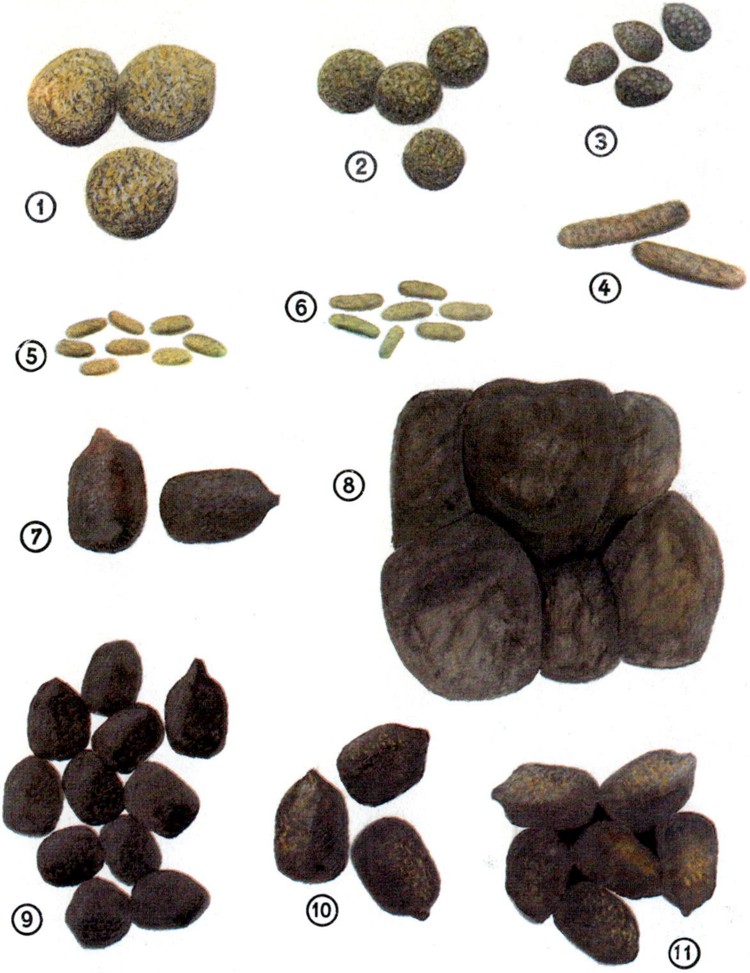

◄ **Gestüber, Losung und Geschmeiß der Vögel**

1 — Graugans *(Anser anser)*
2 — Birkhuhn *(Lyrurus tetrix)*
3 — Auerhuhn *(Tetrao urogallus)*
4 — Rackelhuhn *(Tetrao urogallus × Lyrurus tetrix)*
5 — Grünspecht *(Picus viridis)*
6 — Rebhuhn *(Perdix perdix)*
7 — Fasan *(Phasianus colchicus)*
8 — Graureiher *(Ardea cinerea)*
9 — Mäusebussard *(Buteo buteo)*

Losung pflanzenfressender Säugetiere

1 — Feldhase *(Lepus europaeus)*
2 — Wildkaninchen *(Oryctolagus cuniculus)*
3 — Eichhörnchen *(Sciurus vulgaris)*
4 — Bisamratte *(Ondatra zibethicus)*
5 — Hausmaus *(Mus musculus)*
6 — Feldmaus *(Microtus arvalis)*
7 — Damhirsch *(Dama dama)*
8 — Wildschwein *(Sus scrofa)*
9 — Rehbock *(Capreolus capreolus)*
10 — Hirsch *(Cervus elaphus)* — Winterlosung
11 — Hirsch — Sommerlosung

Gewölle

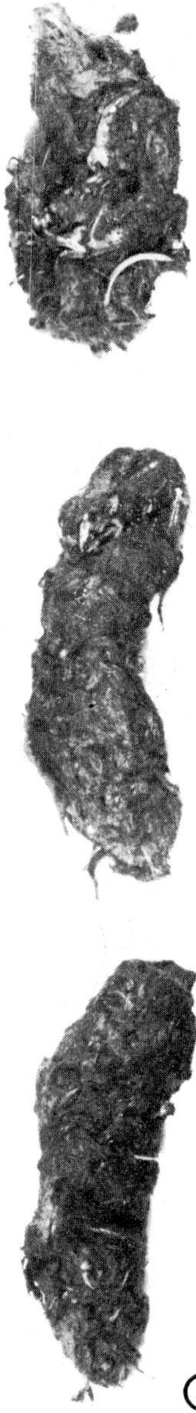

(5)

Greifvögel und Eulen würgen durch ihren Schnabel unverdaute Nahrungsreste in Gestalt sog. Gewölle hervor. Haare, Gefieder, Knochen, Krallen und Schnäbel werden in ihrem Magen zu walzenartigen Gebilden geformt und dann ausgeworfen. Gewölle bringen auch andere Vögel hervor, Möwen, Ziegenmelker, Störche, Reiher, Eisvögel, Bienenfresser u. a., doch findet man die von Eulen und Greifvögeln am häufigsten. Einerseits sind sie recht groß und kompakt, andererseits werden sie oft an regelmäßig besuchten Orten ausgestoßen, an denen die Vögel ausruhen.

Die größten Gewölle hinterläßt der Uhu *(Bubo bubo* — 1*)*. Ihre Länge kann sogar über 10 cm ausmachen, sie sind bis 4 cm dick, grau gefärbt, und aus dem Filz ragen deutlich größere Knochen hervor. An einem halbwegs zerfallenen Gewölle kann man sehen, wie reich die Speisekarte des Uhus ist (2). Gewölle der Schleiereule *(Tyto alba)* sind an der Oberfläche von einer schwarzen schleimartigen Schicht überzogen, die ihnen glänzendes Aussehen verleiht. Ihre Gewölle sind groß, bauchig, an den Enden abgerundet, manchmal sogar kugelig. Die Länge schwankt von 3—8 cm, der Durchmesser beträgt etwa 3 cm. Die Waldohreule *(Asio otus)* hinterläßt ungefähr gleich lange, aber wesentlich schlankere, hellgrau gefärbte Gewölle. Ihr Durchmesser ist nicht größer als 2,5 cm, die Enden sind in der Regel zugespitzt. Die Gewölle des Waldkauzes *(Strix aluco)* ähneln denen der Waldohreule, vor allem, was die Färbung angeht, sind 4—8 cm lang und 2,5 cm dick (5). Sie sind aber an den Enden abgerundet. In den Gewöllen findet man gut erhaltene Knochen und Schädel der Beutetiere (4). Unter den gängigen Eulenarten hat der Steinkauz *(Athene noctua)* die kleinsten Gewölle. Da er reichlich Insekten jagt, entdeckt man darin auch die Überreste ihrer Flügel bzw. Flügeldecken. Steinkauzgewölle sind 4—5 cm lang, auffällig schmal und gestreckt, an den Enden häufig zugespitzt. Ihre Dicke liegt bei 1,5 cm.

Die Greifvögel können Knochen wesentlich besser verdauen als die Eulen, daher bestehen ihre Gewölle hauptsächlich nur aus Fell und Gefieder der Beute. Die Gewölle des Mäusebussards *(Buteo buteo)* sind etwa 7 cm lang, rund 3 cm dick und sehen aus wie aus kleinen grauen Filzbüscheln zusammengepreßt (3).

Vogelgewölle kann man an allen möglichen Orten in der Natur finden. Zur Orientierung soll hier wenigstens eine knappe Übersicht der Stellen gegeben werden, an denen sich die Suche lohnt. Auf dem Dorf kann man auf Kirchtürmen, Dachböden und ähnlichen Stellen Gewölle von Schleiereulen, Steinkäuzen und Turmfalken finden. In lokkeren Wäldern, alten Gärten, Baumgärten und Parks hinterlassen Wald- und Steinkauz ihre Gewölle. Waldohreule, Sperber, Habicht und Baumfalke hinterlassen große Gewöllehaufen in Wäldern, an Waldrändern und in dichteren Baumbeständen. Bussard- und Turmfalkengewölle finden sich vereinzelt in Feldern, unter einzeln stehenden Bäumen und Telegrafenmasten usw. In Felswänden findet man Gewölle von Turmfalken, in seltenen Fällen auch von Uhus.

1

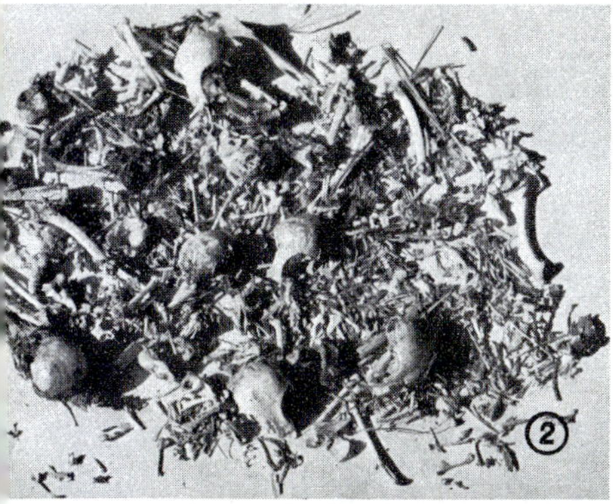
2

3

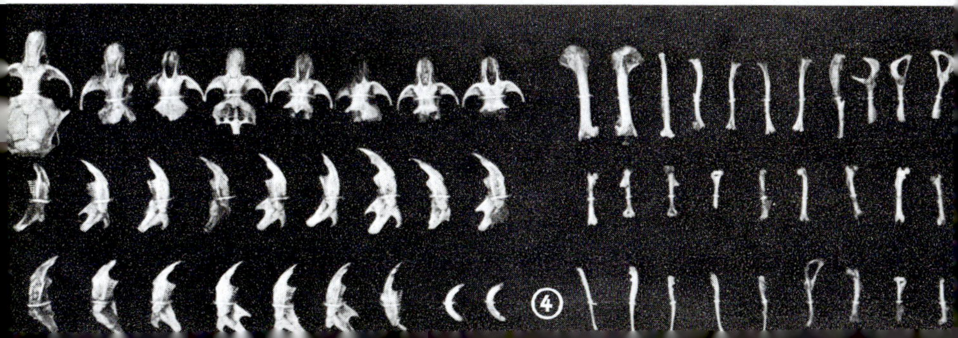
4

Skelettreste

Durch Gewölleuntersuchungen wurden schon vielfach detaillierte Speisekarten aller gängigen Eulenarten zusammengestellt und nachgewiesen, welche Bedeutung sie für den Menschen haben, da sie schädliche Mäuse jagen und vertilgen. Der Waldkauz *(Strix aluco)* braucht zur Sättigung täglich mindestens drei kleine Nagetiere oder eine entsprechende Menge anderer Nahrung. Da kann man sich einfach ausrechnen, wieviel Nager er im Jahr vertilgt und welchen Dienst er dem Menschen erweist, wenn die von einer einzigen Feldmaus angerichteten Schäden auf 2,5 kg vernichtetes Getreide jährlich geschätzt werden.

Durch Untersuchungen von Eulengewöllen kann man sich selbst eine ungefähre Vorstellung davon verschaffen, welche Nahrung Eulen jagen. Dazu braucht man nicht in alle Einzelheiten zu gehen, es genügt, wenn man sich nur grob orientieren kann und wenigstens die Schädel der einzelnen Säugerordnungen unterscheidet. Außerdem kann man Schädel und Skelette von Säugern auch im Gelände vorfinden, anhand von Gebißform, Zahn- und Schädelgröße kann man bestimmen, welchem Tier sie gehören. Zum eingehenderen Studium muß man selbstverständlich die Fachliteratur oder Material aus zoologischen Sammlungen zu Rate ziehen.

Zahnformeln:

Igel:

$$\frac{3\,1\,3\,3}{2\,1\,2\,3} = 36 \text{ Zähne}$$

Der Igel *(Erinaceus europaeus — 1)* gehört zu den Insektenfressern, und seine gestreckte Schnauze deutet an, daß auch der Schädel ziemlich schlank sein dürfte. Man kann ihn z. B. in den Gewöllen des Uhu *(Bubo bubo)* finden, der ihn trotz seiner Abwehrtaktik zu überwinden versteht (bei Gefahr rollt sich der Igel zu einer Kugel zusammen und streckt dem Feind seine langen scharfen Stacheln entgegen). Der Igelschädel ist länglich, und seine Kiefer sind mit 36 scharfkantigen spitzen Zähnen ausgestattet. Die Schädellänge schwankt zwischen 53,8 und 64,2 mm, die Breite von 32—39 mm (2).

Zwergspitzmaus:

$$\frac{3\,1\,3\,3}{1\,1\,1\,3} = 32 \text{ Zähne}$$

Stark gestreckte, winzige Schädel mit einer großen Anzahl Zähne stammen von kleinen Insektenfressern — den Spitzmäusen. Ihre Schädel erscheinen nur selten in Gewöllen, wahrscheinlich deshalb, weil die Spitzmäuse ein scharf riechendes und wohl auch übel schmeckendes Sekret ausscheiden, das den Eulen nicht behagt. Findet man auf einem Waldweg eine getötete, blutige Spitzmaus, so handelt es sich wahrscheinlich um eine Beute, die von einer Eule bzw. von einem Raubtier geschlagen wurde, aber hier wegen ihres unangenehmen Geruchs liegengelassen wurde. Die Zwergspitzmaus *(Sorex minutus — 3)* wiegt etwa 3,5 g und ist ohne Schwanz gemessen etwa 5 cm lang. Ihr Schädel ist 14,4—16,9 mm lang, 7—8 mm breit, in den Kiefern sitzen 32 kleine scharfe Zähne mit braunroten Spitzen (4).

Maulwurf:

$$\frac{3\,1\,4\,3}{3\,1\,4\,3} = 44 \text{ Zähne}$$

Maulwurfsschädel *(Talpa europaea — 5)* kann man in den Gewöllen von Uhus *(Bubo bubo)*, Waldkäuzen *(Strix aluco)* oder Waldohreulen *(Asio otus)* finden. Auch sie sind länglich und mit 44 spitzen scharfen Zähnen ausgestattet (6). Die Länge bewegt sich von 31,6—38,5 mm, die Breite beträgt 11—13 mm. Im Gebiß fallen die langen Eckzähne, besonders im Oberkiefer, auf.

1
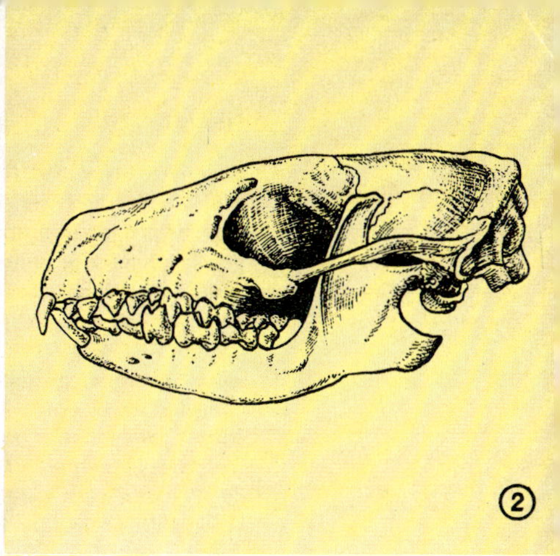
2

3
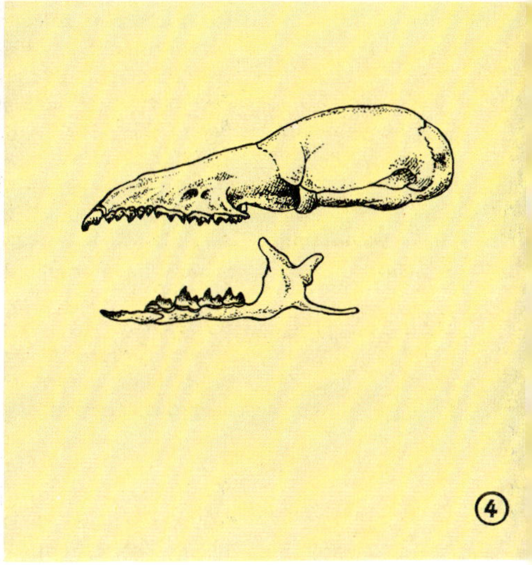
4

5
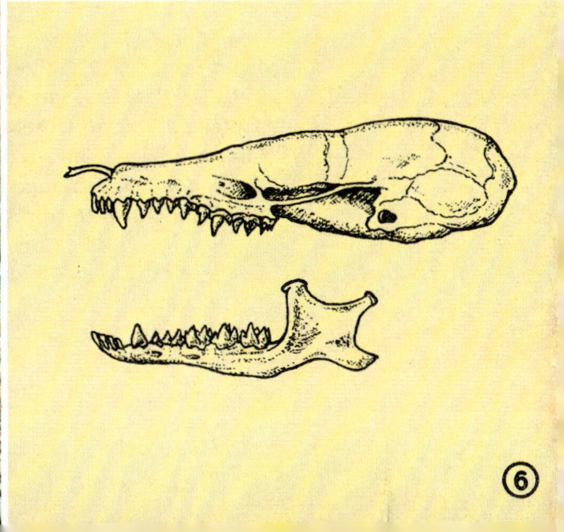
6

Skelettreste

Raubtiere unterscheiden sich von den übrigen Säugetieren durch viele Merkmale, unter denen die typische Form des Kopfvorderteils mit den mächtigen Kiefern an erster Stelle steht. Die Gelenkverbindungen der Kiefer gestatten eine so weite Öffnung, wie sie nur bei wenigen Säugern bekannt ist. Die Kiefer sind mit einem mächtigen Gebiß bewehrt, das zum sicheren Ergreifen, Töten und Zerreißen der Beute geeignet ist. Ganz besonders auffällig sind die großen, scharf zugespitzten und leicht gekrümmten Eckzähne, ferner die sog. Reißzähne, d. h. der letzte obere Vormahlzahn und der erste untere Mahlzahn. Ihre Kronen haben scharfe, zum Schneiden geeignete Ränder. Ein fressendes Raubtier hält einen größeren Bissen immer in den Winkeln des Fangs, als ob es mit den Backenzähnen daran knabbern würde. In Wirklichkeit wird der Bissen auf die Reißzahnkronen geschoben und durch Schließen der Kiefer zertrennt. In den Kiefern haben die Raubtiere eine ungeheure Kraft; sie können auch starke Knochen durchbeißen. Die Größe der Reißzähne und die Gestaltung des ganzen Gebisses sind dem Nahrungstyp und der Jagdweise angepaßt.

Zahnformeln von

Fuchs, Hund, Wolf, Schakal:

$$\frac{3\ 1\ 4\ 2}{3\ 1\ 4\ 3} = 42 \text{ Zähne}$$

Haus- und Wildkatze:

$$\frac{3\ 1\ 3\ 1}{3\ 1\ 2\ 1} = 30 \text{ Zähne}$$

Luchs:

$$\frac{3\ 1\ 2\ (3)\ 1}{3\ 1\ 2\ 1} = 28\ (30) \text{ Zähne}$$

Der Rotfuchs *(Vulpes vulpes* — **1***)* gehört zu den hundeartigen Raubtieren. Die Kieferpartie seines Schädels ist weit nach vorn gezogen, auffällig sind die langen, säbelartig gekrümmten Eckzähne, die im Oberkiefer länger als im Unterkiefer sind (**2**). Bei geschlossenem Fang können die oberen Eckzähne bis zur Unterkante des Unterkiefers reichen. Besonders groß ist der Reißzahn im Oberkiefer. Der ganze Schädel hat eine ziemlich gestreckte Form, ist 126—154 mm lang und 71—87 mm breit. Das komplette Gebiß besteht aus 42 Zähnen.

Katzenartige Raubtiere haben einen runden Kopf, dessen Fang nicht so stark vorgezogen ist wie bei den hundeartigen. Der Schädel der Wildkatze *(Felis silvestris* — **3***)* ist fast halbkugelig, und in den relativ kurzen Kiefern fallen die langen oberen Eckzähne auf. Er ist 80—101 mm lang und 63—80 mm breit. Das komplette Gebiß enthält 30 Zähne. Wildkatzenschädel findet man normalerweise nicht in freier Natur, da die Wildkatze ein verhältnismäßig seltenes Tier ist, doch sieht der Schädel der Hauskatze weitgehend ähnlich aus und weist die gleiche Zahnzahl auf. Nicht selten kommt es vor, daß Hauskatzen in die Wälder entkommen, verwildern, sich hier vermehren und vielfach auch eine ähnlich gestreifte Färbung annehmen wie die Wildkatze. Es gibt verwilderte Katzen, die die gleiche Größe erreichen wie Wildkatzen und daher leicht verwechselt werden können. Bekommt man eine solche Katze zu Gesicht, hilft die Schwanzform weiter. Bei der Wildkatze ist der Schwanz ziemlich stark und hat ein abgerundetes Ende (**4a**), der Schwanz der Hauskatze (auch der verwilderten) ist dünner und hat ein spitzeres Ende (**4b**).

1

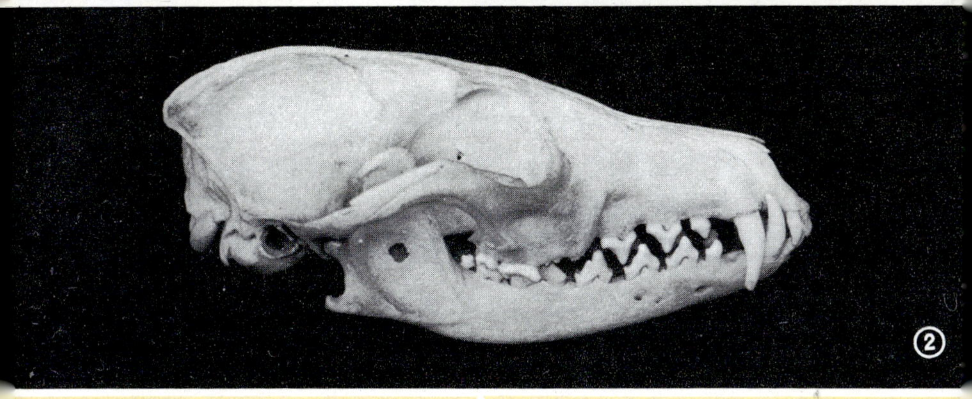
2

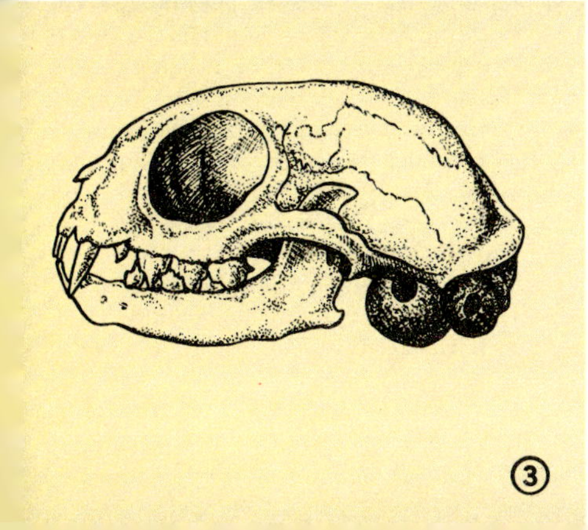
3

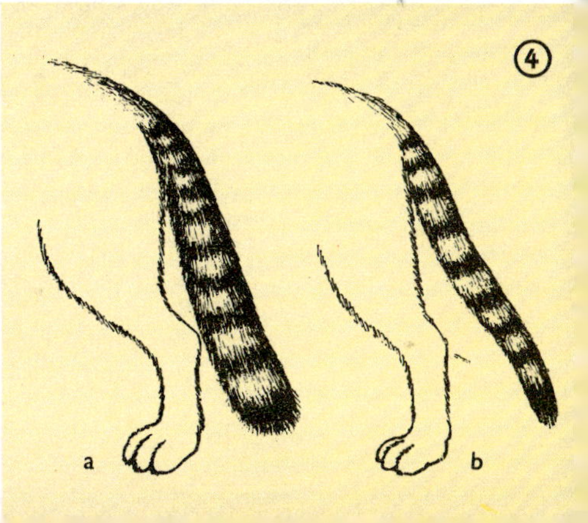
4
a
b

Skelettreste

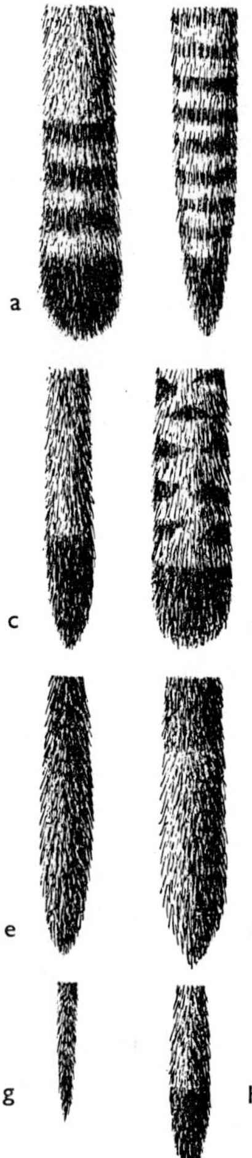

Die Schädel der marderartigen Raubtiere, besonders von Hermelin *(Mustela erminea)* oder Mauswiesel *(M. nivalis)* können auch in den Gewöllen von Eulen und Greifvögeln erscheinen. Der Uhu ist sogar in der Lage, Iltisse oder Marder zu schlagen. Die Schädel der Marderartigen sind gestreckter als Katzenschädel.

Steinmarder *(Martes foina — 2)* und Baummarder *(M. martes)* sind mittelgroße marderartige Raubtiere, die sich weitgehend ähneln, auch wenn der Baummarder geringfügig größer wirkt. Der Schädel des Baummarderrüden ist 84,5—89,5 mm lang und 47,6—53,8 mm breit, bei den Fähen schwankt die Länge von 78,3—81,6 und die Breite von 43—48 mm. Steinmarderrüden haben 79—85 mm lange und 48,6—55 mm breite Schädel, die Schädel der Fähen sind 75,9—80 mm lang und 44,8—50,0 mm breit. Marder haben 38 Zähne. Beide Marderarten haben ein bräunliches Fell und einen großen hellen Kehlfleck, an dessen Färbung und Form man die beiden Arten voneinander unterscheiden kann. Der Kehlfleck des Baummarders ist weißlich-gelb oder honigfarben, während er beim Steinmarder weiß ist. Gelegentlich kommt es vor, daß die Kehlfleckfärbung beim Baummarder weißlich und beim Steinmarder dagegen gelblich ist, also kann man die Farbe nicht immer als zuverlässiges Merkmal ansehen. Ein wesentlich genaueres Unterscheidungsmerkmal ist die Kehlfleckform. Beim Baummarder ist der Unterteil abgerundet und endet auf der Brust (3**a**), während der Kehlfleck des Steinmarders beträchtlich größer ist und vom Kinn bis auf die Vorderläufe reicht (3**b**). Ein weiteres Merkmal ist die Nasenfärbung: Beim Baummarder ist sie schwarz, beim Steinmarder hingegen fleischrot.

Der langgestreckte Kopf des Dachses *(Meles meles — 4)* läßt ahnen, daß auch der Schädel eine ähnliche Form hat (5). In den Kiefern sitzen insgesamt 38 Zähne, am mächtigsten sind die oberen Eckzähne. Die Reißzähne und alle anderen Backenzähne lassen die scharfen Schneiden der Kronen vermissen, was darauf hindeutet, daß der Dachs eher ein Allesfresser als ein typischer Fleischfresser ist. Die Höcker der Vormahl- und Mahlzähne sind stumpf abgerundet, das gestattet ein besseres Zerkauen und Zermalmen pflanzlicher Nahrung. Der Dachsschädel ist 114,2—137,6 mm lang und 69,4—86,6 mm breit. Der Iltisschädel ist ähnlich geformt wie der Marderschädel, allerdings kleiner. Er ist 58,2—71,8 mm lang und 32,2—43,2 mm breit, auch die größten Iltisschädel erreichen nicht die Abmessungen der kleinsten Schädel von Steinmarderfähen. Das Gebiß des Iltis hat 34 Zähne. Die kleinsten Schädel haben Hermelin (1) und Mauswiesel. Der Hermelinschädel ist 41,6—58,8 mm lang und 21,4—30,6 mm breit. Die Länge des Wieselschädels schwankt von 31,4—42,7 mm, und seine Breite bewegt sich von 15,1—25,0 mm. Wiesel und Hermelin haben im Gebiß 34 Zähne.

Unterschiede in Größe, Form und Färbung der Schwänze helfen bei der Bestimmung der verschiedenen Raubtierarten (6): Wildkatze (**a**), Hauskatze (**b**), Steppeniltis (**c**), Luchs (**d**), Iltis (**e**), Dachs (**f**), Mauswiesel (**g**), Hermelin (**h**).

1

2

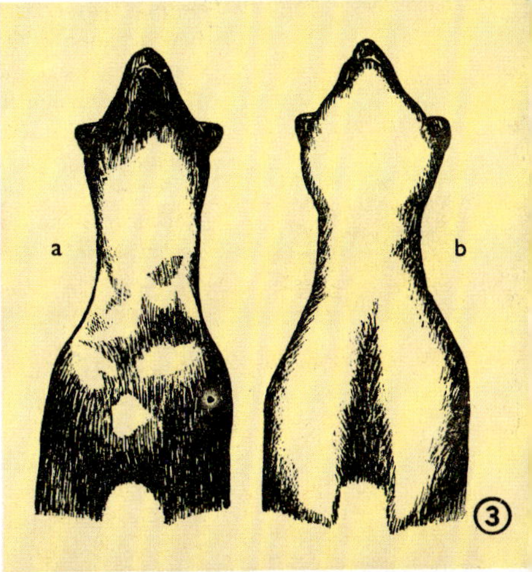
a
b
3

4

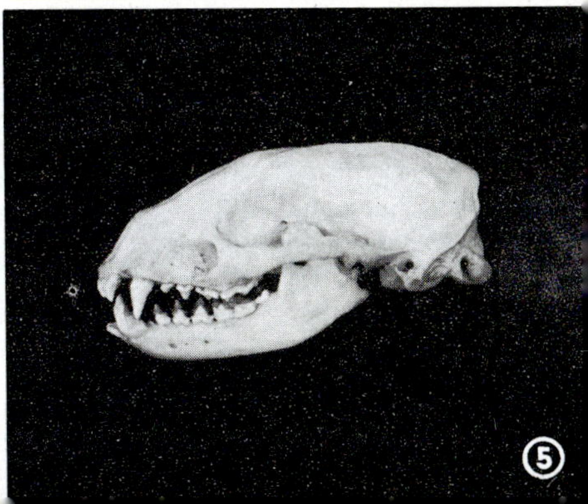
5

a

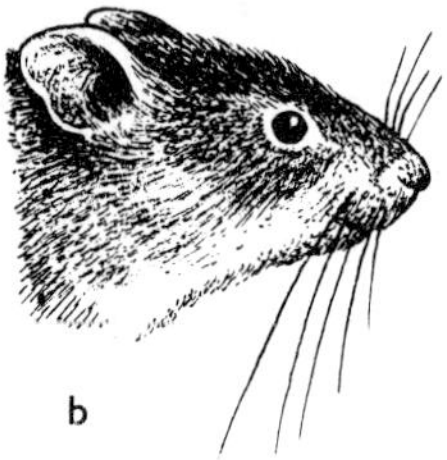

b

c

d

⑤

Skelettreste

Am häufigsten findet man in Eulengewöllen die Überreste kleiner Nager. Das sind die weißlich gebleichten Knochen von ganzen Skeletten und von mehr oder weniger beschädigten, in vielen Fällen aber gänzlich erhaltenen Schädeln. Gerade anhand der Schädel kann man zuverlässig bestimmen, welche Tiere die Eulen jagen. In Eulengewöllen wurden schon oft die Überreste seltener Nagerarten gefunden, deren Anwesenheit in einer Landschaft bisher nicht durch die üblichen Fangmethoden nachgewiesen werden konnte.

Die Schädel der kleinen Nager ähneln sich zwar weitgehend in Form und Größe, doch kann man sie anhand von Zahnzahl, -form und Länge der Mahlzahnreihe unterscheiden. Nagerschädel erkennt man leicht an den auffälligen Nagezähnen, d. h. an den meißelförmigen vorderen Schneidezähnen, von denen je zwei und zwei in Ober- und Unterkiefer sitzen. Nagezähne haben keine festen Wurzeln und wachsen ständig nach. Zwischen ihnen und den flachen Mahlzähnen befindet sich eine große zahnlose Lücke.

Hausmaus *(Mus musculus* — **4, 5c**), Gelbhalsmaus *(Apodemus* flavicollis), Waldmaus *(A. sylvaticus* — **5d**), Zwergmaus *(Micromys minutus)*, Wanderratte *(Rattus norvegicus)* und andere weniger häufige Nager haben in Ober- und Unterkiefer jeweils drei Mahlzähne, deren Kronen unregelmäßig höckerig sind (**2a**). Die Bilche oder Schläfer *(Gliridae)* haben in Ober- und Unterkiefer je vier Mahlzähne, deren Kronen eine quergeriefte Oberfläche haben (**2c**). Feldmaus *(Microtus arvalis* — **1, 5a**), Erdmaus *(M. agrestis)*, Rötelmaus *(Clethrionomys glareolus* — **5b**), *Schermaus (Arvicola terrestris)* oder Bisamratte *(Ondatra zibethicus)* haben in den Kiefern wieder je drei Mahlzähne mit glattgeschliffener Oberfläche und mäanderförmigem Grundriß in der Draufsicht (**2b**).

Die Feldmaus, einer der häufigsten feldbewohnenden Nager, hat einen 22,5—27,6 mm langen und 12,8—15,4 mm breiten Schädel. Die Länge der Mahlzahnreihe in Ober- und Unterkiefer beträgt 5,4—6,4 mm. Insgesamt sind 16 Zähne im Gebiß. Die Rötelmaus hat einen 22,2—26,5 mm langen und 12,4—15,5 mm breiten Schädel. Die Länge der Mahlzahnreihe in beiden Kiefern bewegt sich von 4,4—6,2 mm. Ebenfalls 16 Zähne im Gebiß. Die Hausmaus hat in den oberen Schneidezähnen einen Quereinschnitt (**3a**), ihr Schädel ist 19,2—22,8 mm lang und 10,4—12,4 mm breit. Die Mahlzahnreihe hat eine Länge von 3,3—4,3 mm. Die Waldmaus hat Schneidezähne ohne Einschnitt (**3b**), ihre Mahlzähne sind ähnlich höckerig wie die der Hausmaus, die Länge der Zahnreihe schwankt von 3,2—4,4 mm. Ihr Schädel ist 21,6—24,6 mm lang und 11,6—14,0 mm breit.

1

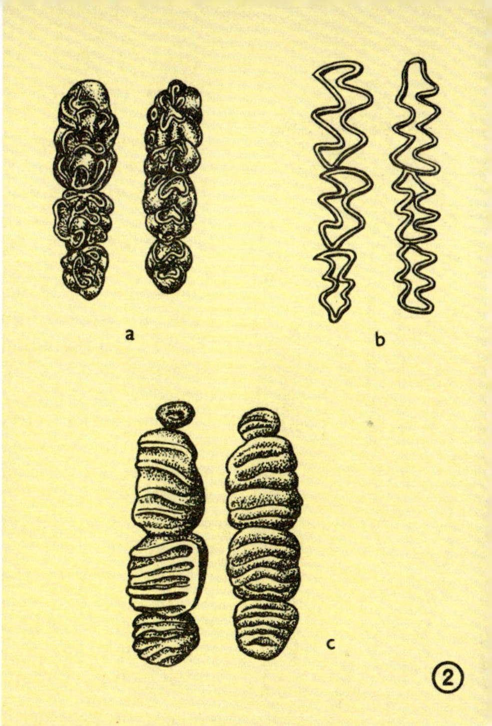
a
b
c
2

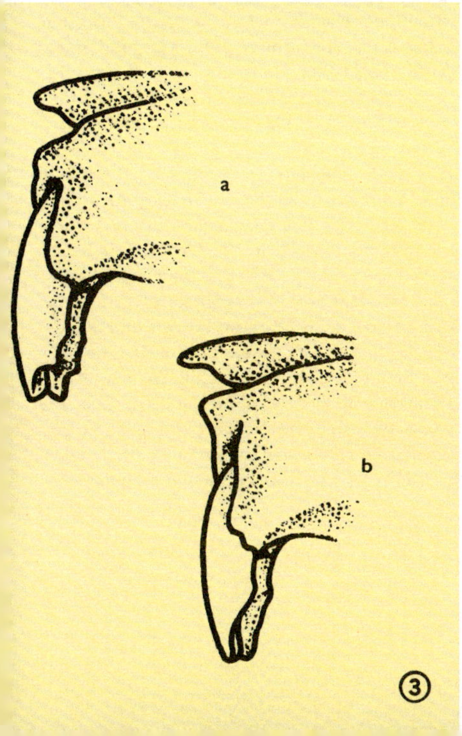
a
b
3

4

Alters- und Geschlechtsbestimmung von Wild

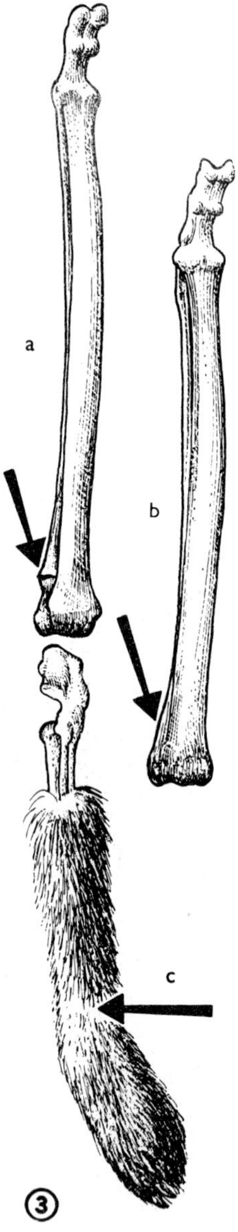

Der Feldhase *(Lepus europaeus — 1)* wird im Herbst oder Winter durch Abschuß gejagt, wenn die Jungen schon hinreichend herangewachsen sind und sich in der Größe kaum noch von den erwachsenen Exemplaren unterscheiden. Weder Alter noch Geschlecht lassen sich beim Hasen auf größere Entfernung ohne nähere Untersuchung von gefangenen oder erlegten Tieren feststellen. Die Weidmänner kennen eine Reihe von Methoden, wie man das Alter von Hasen schätzen kann, am zuverlässigsten ist folgende, sie ist schnell und läßt sich relativ einfach anwenden.

Man faßt den Hasenvorderlauf und biegt die Pfote hinter dem Zehenteil möglichst bis in einen rechten Winkel und betastet etwa 1—2 cm oberhalb der Beugung die Außenseite des Unterschenkelknochens (3**c**). Fühlt man auf dem Knochen einen deutlichen Höcker, handelt es sich um einen Hasen, der nicht älter als acht Monate ist. Ist der Knochen glatt, handelt es sich um ein älteres Stück. Beim Betasten muß man achtgeben, daß man den Epiphysenhöcker nicht mit dem Gelenk an der Pfotenbeugung verwechselt.

Alle langen Extremitätenknochen bestehen nämlich, so lange sie noch wachsen, aus drei Teilen. Der lange Mittelteil (Diaphyse) bildet den Knochenkörper, und an seinen Enden sitzt je ein kurzer Knochen (Ober- und Unterepiphyse). Diese drei Knochen sind miteinander durch Knorpel verbunden, die das Knochenlängenwachstum ermöglichen. Dieser Knorpel bildet am unteren Ende der Elle (d. h. an den Vorderläufen) einen deutlichen Höcker, der mit zunehmendem Alter allmählich langsam verschwindet. Das Knochenwachstum hört bei den Junghasen ungefähr im Alter von einem Jahr auf, und dann verschwindet auch der Epiphysenhöcker (zwischen dem 8. und 12. Lebensmonat). Bei jungen Hasen ist dieser Höcker recht ausgeprägt und läßt sich leicht ertasten (3**a**), bei alten Hasen verschwindet er und läßt sich nicht feststellen (3**b**).

Findet man im Gelände einen Hasenschädel, erkennt man ihn leicht an den doppelten Schneidezähnen im Oberkiefer. Die gleiche Nagezahngestalt hat auch das Wildkaninchen *(Oryctolagus cuniculus)*, doch unterscheiden sich die Schädel beider Arten in der Größe. Der Schädel eines ausgewachsenen Hasen ist 85,2—97 mm lang und 45,2—52,0 mm breit; die Länge der Mahlzahnreihe bewegt sich von 17—22 mm. Das Wildkaninchen hat einen 68,2—75,0 mm langen und 37,2—41,4 mm breiten Schädel, die Länge der Backenzahnreihe beträgt 13,4—16,2 mm. Beide Arten haben 28 Zähne im Gebiß. Bis zum Alter von 6 Monaten sind am Hasenschädel alle Nähte sichtbar (2**a**), im Alter von 6—8 Monaten verschwinden die Nähte des Hinterhauptbeins (2**b**), einjährige Hasen haben nur noch schwer auszumachende Schädelnähte (2**c**), und bei älteren Hasen sind sie schon ganz verschwunden (2**d**).

1

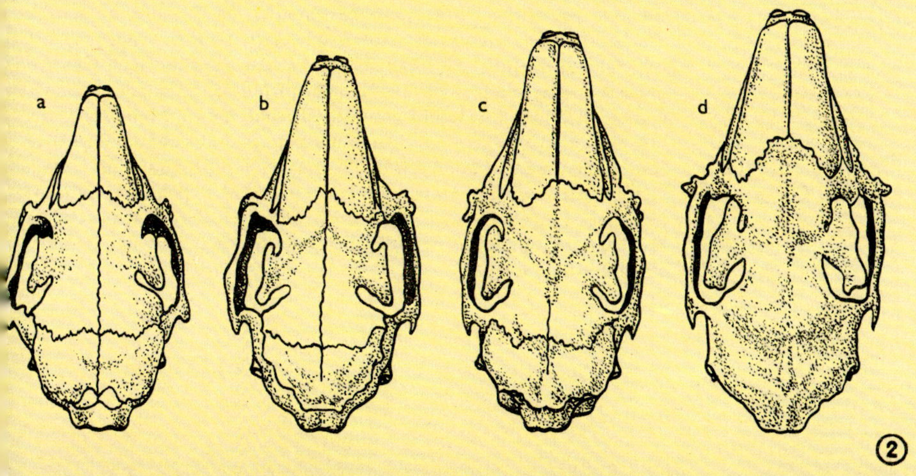
a
b
c
d
2

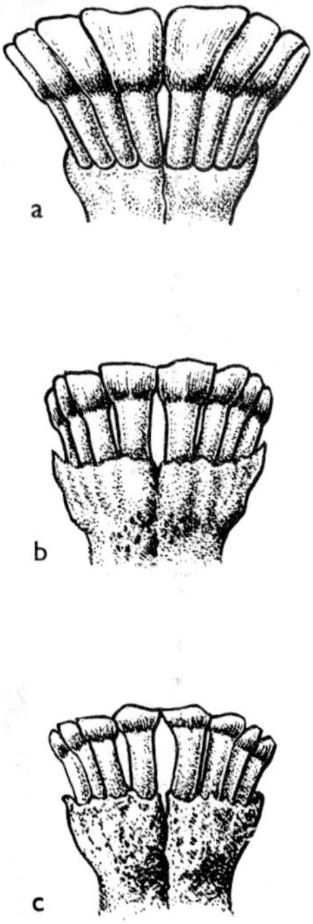

a b c

③

Alters- und Geschlechtsbestimmung von Wild

Das Gesamtbild von Hirschwild wird von Kopfform, Mächtigkeit und Haltung des Halses sowie von der Gedrungenheit des Rumpfes bestimmt. Bei ganz jungen und Hirschen bis zu fünf Jahren ist der Kopf in der Regel kleiner, schmaler und hat scheinbar längere Lauscher (Ohren). Der Hals ist schlank, hoch aufgerichtet, sieht lang aus und hat keine Mähne. Der Rumpf ist ebenfalls schlank, der Bauch hängt nicht als Wamme durch, der Rücken ist ebenfalls gerade und der Brustkorb nicht besonders auffällig. Das Geweih auf dem Kopf ist verhältnismäßig schwach, kurz und erreicht höchstens den Sechs- oder Achtendertyp (**2a**). Bei mittelalten Hirschen im Alter von 6—11 Jahren wächst der Kopf immer noch und wird mächtiger. Auch der Hals ist mächtiger, muskulöser, erscheint kürzer und wird meist weniger aufrecht getragen. An seiner Unterseite erscheint eine mehr oder weniger deutliche Brunftmähne. Der Rumpf ist gedrungener, mächtiger, die Gesamtmasse verschiebt sich nach vorn, so daß der Brustkorb eindeutig mächtiger erscheint. Das Geweih ist reicher verzweigt und ziemlich lang (**1**). Ausgewachsene alte Hirsche vom zwölften Lebensjahr an haben einen noch mächtigeren Hals, der von einer starken Mähne bewachsen ist und daher kurz erscheint; meist wird er fast waagerecht getragen. In der Rückenlinie tritt der Widerrist hervor, der Bauch hängt in einer starken Wamme durch, und der Schwerpunkt des Körpers hat sich in den mächtigen Brustkorb verschoben. Das Geweih ist ausladend, reich verzweigt, doch kann es bei sehr alten Hirschen zum Zurücksetzen der Sprossenzahl kommen (**2b**).

Skelette von verendetem Hirschwild finden sich nur selten, doch kann man in Ausnahmefällen gegen Winterende auf die Überreste eines verendeten Stücks stoßen. Den Schädel des Hirsches erkennt man am Geweih oder an den Rosenstöcken, das sind die zwei Knochenzapfen auf dem Stirnbein, aus denen die Geweihe sprießen. Tiere haben weder Rosenstöcke noch Geweihe. Die Schädel sind 340—360 mm lang und 140—150 mm breit, die Mahlzahnreihe ist 105—135 mm lang. Das Gebiß enthält insgesamt 34 Zähne.

Das Alter von Hirschwild kann man zuverlässig anhand des Gebißabschliffs, also nicht am Geweih bestimmen. Die Mahlzähne junger Stücke sind nur wenig abgenutzt, und ihre Kronen tragen scharf schneidende Kanten, alle Zähne sind verhältnismäßig hoch (**2c**). Im mittleren Alter haben sich die Kronenspitzen zu mehr oder weniger geraden Flächen abgeschliffen. Alte Hirsche haben Mahlzähne, die fast bis zu den Kiefern abgeschliffen sind und stark deformierte Kauflächen haben (**2d**). Auch die Schneide- und Eckzähne im Unterkiefer nutzen sich mit zunehmendem Alter ab. Die Schneidezahnkronen eines jungen Hirsches sind hoch und breit (**3a**), bei mittelalten Hirschen verkürzen sie sich (**3b**), bei alten Stücken sind sie fast ganz abgeschliffen (**3c**).

1

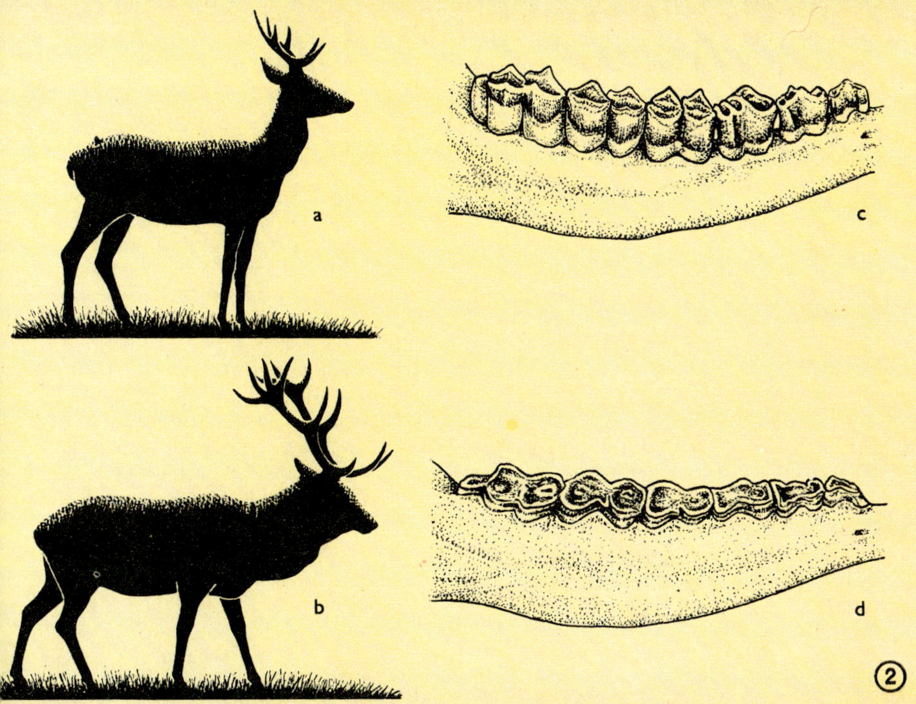
a
c
b
d
2

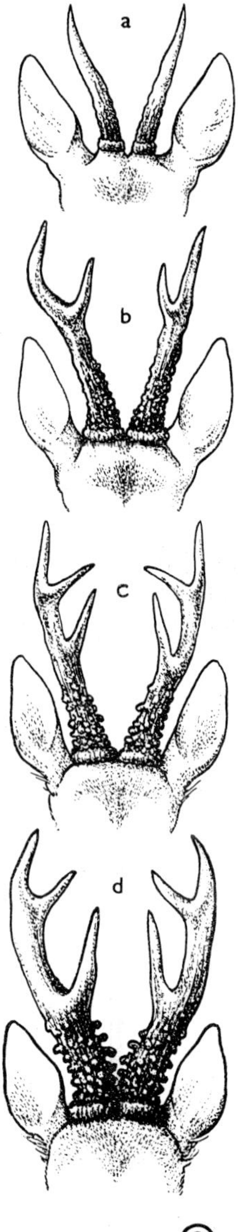

③

Alters- und Geschlechtsbestimmung von Wild

Ein ein- und zweijähriger Bock hat einen kurzen, schlanken Kopf mit typischen „Kindermerkmalen", der auf einem langen, schlanken Hals sitzt. Je jünger der Rehbock, desto höher trägt er den Kopf. Ein- bis zweijährige Böcke tragen ihn meist auf einem hoch aufgerichteten Hals. Auch der Rumpf ist verhältnismäßig schlank und gleichmäßig zylindrisch. Gerade dieser schlanke Rumpf weckt den Eindruck, daß die Gliedmaßen junger Rehböcke sehr lang sind (**2a**). Der Gang junger Stücke ist leicht, elastisch und elegant.

Bei Böcken in mittlerem Alter wird der Kopf allmählich breiter, mächtiger, kantiger und muskulöser. Auch der Hals ist kräftiger, muskulöser und sieht kürzer aus. Beim Schreiten, das viel gemächlicher ist als bei den jungen Böcken, trägt so ein älteres Stück Kopf und Hals verhältnismäßig niedriger und seine Gestalt ist gedrungen, kräftig.

Alte Böcke haben einen kurzen, breiten Kopf, der in der Stirnpartie am mächtigsten ist und stumpf keilförmig aussieht. Der Hals ist außerordentlich stark und scheint dadurch kürzer als bei jüngeren Stücken, beim ruhigen Ziehen trägt ihn der Bock fast waagerecht zum Rumpf. Der Kopf ist tief zu Boden geneigt und bewegt sich im Ziehen rhythmisch auf und ab. Der Rumpf ist gedrungen, und der Bauch hängt oft nach unten durch (**2b**).

Der Bock (**1**) trägt auf dem Kopf ein Geweih, das Reh nicht. Alte Böcke werfen es Ende Oktober/November ab, junge Böcke erst im Dezember oder Januar. Bald nach Abwurf beginnt das neue Geweih zu schieben, der ganze Prozeß dauert etwa 90 Tage. Während des Wachstums ist das Geweih von sogenanntem Bast umhüllt, einer behaarten Haut, die die sprießenden Stangen ernährt und schützt. Ist das Geweih herangereift und hart geworden, entfernt der Rehbock den Bast durch Fegen. Alte Böcke fegen eher, etwa Anfang April, Böcke in mittlerem Alter etwa Mitte April und jüngere Böcke erst Mitte Mai oder noch später.

Findet man in freier Natur einen Schädel mit Geweih, handelt es sich um einen Bock. Sitzen an ihm Rosenstöcke ohne Geweih, handelt es sich um einen Bock, der Ende des Jahres verendet ist. Hat der Schädel keine Rosenstöcke, stammt er von einem Reh. Rehwild hat wesentlich kürzere Schädel als Hirschwild. Ihre Länge schwankt von 172—207 mm, die Breite von 80—84 mm. Die Länge der Mahlzahnreihe bewegt sich von 53—68 mm. Im Gebiß von Rehwild sitzen 32 Zähne, in seltenen Fällen treten im Oberkiefer Eckzähne auf, dann hat das Gebiß 34 Zähne. Die Mahlzähne der jungen Böcke sind hoch und scharfkantig (**2c**), bei alten Stücken sind sie fast bis auf die Kieferknochen abgeschliffen (**2d**). Die Geweihe von einjährigen Böcken sind nur einfache kurze Spieße (**3a**), bei zweijährigen teilen sie sich zu Gabeln (**3b**), bei drei- bis vierjährigen bilden sie den Sechsertyp (**3c**), der bei fünf- bis siebenjährigen Stücken noch mächtiger wird (**3d**). Allerdings ist das keine verbindliche Regel. Gut veranlagte zweijährige, in Ausnahmefällen sogar einjährige Böcke können ein Sechsergeweih ansetzen.

①

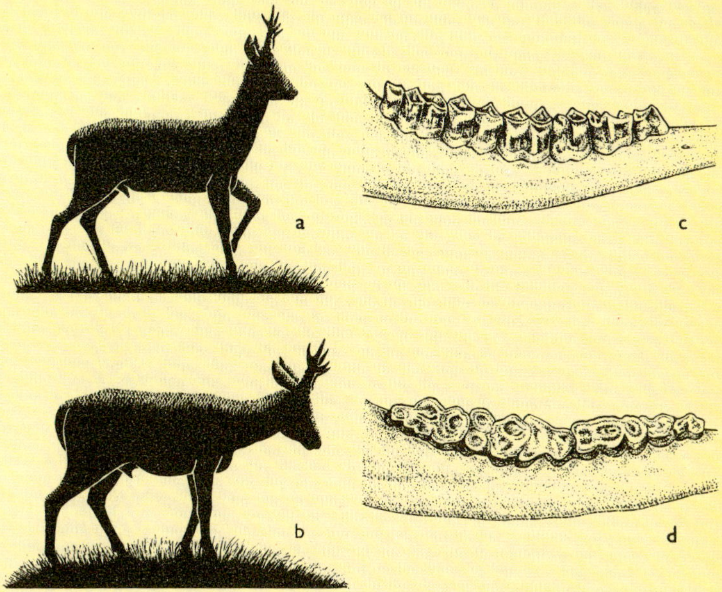

②

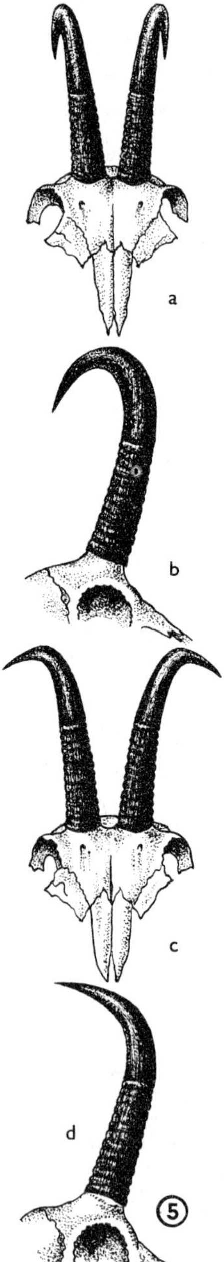

Alters- und Geschlechtsbestimmung von Wild

Wiederkäuende Paarhufer tragen auf dem Kopf Geweihe oder Hörner. Während bei den Geweihträgern vorwiegend nur die Männchen ein Geweih besitzen (eine Ausnahme bildet das Ren — *Rangifer tarandus* — bei dem auch die Weibchen ein Geweih tragen), erscheinen Hörner auch auf den Köpfen der weiblichen Tiere. Geweihe sind knochenartige Bildungen, im Querschnitt voll und wachsen aus Vorsprüngen des Schädelbeins, aus den Rosenstöcken. Die Hauptstange verzweigt sich in eine mehr oder weniger große Anzahl kürzerer Sprossen oder in schaufelartige Gebilde. Geweihe werden alljährlich abgeworfen und von neuem angesetzt. Hörner sind häutigen Ursprungs, ähnlich wie Haare, Krallen oder Hufe, im Querschnitt hohl, sie umhüllen scheidenartig zwei lange Knochenzapfen, die aus dem Stirnbein wachsen (4). Sie sind auf alle mögliche Weise gebogen oder gekrümmt, aber nie verzweigt. Sie bleiben das ganze Leben über am Kopf des Tieres, werden also nicht abgeworfen und wachsen alljährlich ein bestimmtes Stück nach. Sowohl Geweihe als auch Hörner dienen dem Menschen als Jagdtrophäen.

Das Mufflon *(Ovis musimon — 1)* ist ein zahlreich verbreiteter Vertreter der horntragenden Wiederkäuer. Seine vom Weidmann als Schnecken bezeichnete Hörner drehen sich spiralig in einem großen Bogen um den Kopf und haben eine kräftig gefurchte Oberfläche (3). Außer diesen regelmäßigen Kerben zeigen sich an den Schnecken stärkere Wülste, die den Ansatz des jährlichen Hornzuwachses bezeichnen. An ihrer Zahl kann man verhältnismäßig genau das Alter eines erlegten oder gefundenen Widders bestimmen. Die ständig weiterwachsenden Schnecken gestatten es auch, das Alter des Mufflons je nach Schließungsgrad des Kreisbogens zu schätzen. Auf einem angenommenen Uhrzifferblatt zeigt die linke Schneckenspitze eines einjährigen Mufflonwidders etwa auf ein Uhr, beim zweijährigen auf drei Uhr, bei dreijährigen und älteren stets zwei Stunden mehr, als das Alter in Jahren beträgt. Das gilt ungefähr bis zum 7. Jahr. Danach zeigt die Schneckenspitze immer ca. auf 9 Uhr (2). Der Mufflonschädel ist 210—232 mm lang und 94—106 mm breit. Die Länge der Mahlzahnreihe beträgt 63—75 mm. Muffelwild hat 32 Zähne.

Auch bei den Gemsen *(Rupicapra rupicapra)* tragen beide Geschlechter Hörner — Krickeln. In Seitenansicht sind die Krickelspitzen der Gemsböcke abwärts gekrümmt (**5b**), bei der Geiß weisen sie nach hinten (**5d**). Von vorn gesehen laufen die Krickeln des Bocks zu einem schmalen „V" zusammen (**5a**), bei der Geiß sind sie im Oberdrittel etwas seitlich geschwungen (**5c**). Dazu muß gesagt werden, daß diese Unterscheidungsmerkmale nicht unbedingt verbindlich und zuverlässig sind. Auch bei langjähriger Praxis ist es nicht immer möglich, das Geschlecht von Gemswild auf den ersten Blick eindeutig zu bestimmen. Der jährliche Hornzuwachs ist durch tiefe Kerben abgeteilt, die vor allem an der Krickelhinterseite gut zu sehen sind. Die Kerbenzahl gibt das Alter von Bock und Geiß an. Der Gemsenschädel ist 189—207 mm lang und 82—90 mm breit. Die Länge der Mahlzahnreihe beträgt 52—61 mm. Das Gemsengebiß hat 32 Zähne.

1

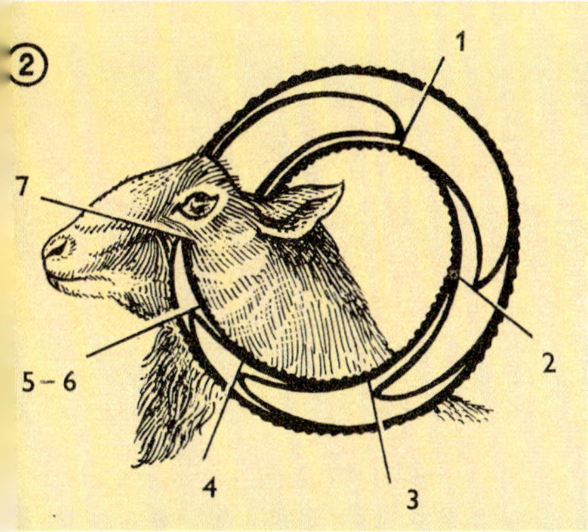
2
1
7
2
5–6
4
3

3

4

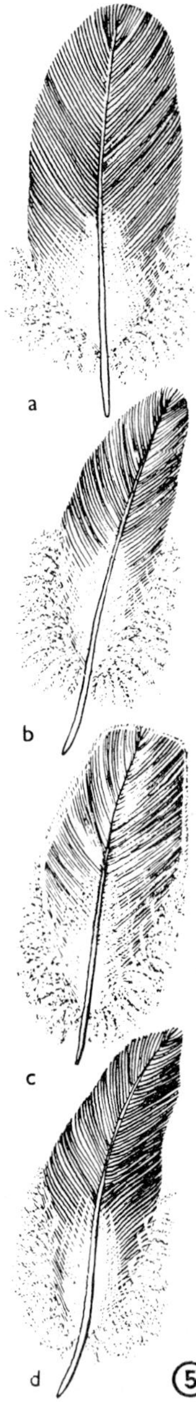

5

Alters- und Geschlechtsbestimmung von Wild

Findet man Beuteüberreste, die eindeutig dafür sprechen, daß das Opfer eines Greifvogels oder Raubtiers eine Ente war (der Schnabel oder die mit Schwimmhäuten versehenen Füße sind zurückgeblieben), kann man versuchen festzustellen, ob diese Ente jung oder alt war. Die gleiche Methode kann man auch dann anwenden, wenn man die Möglichkeit hat, für Küchenzwecke eine erlegte Ente auszusuchen.

Enten mausern zweimal jährlich. Im Sommer nach beendigtem Nisten kommt es zum Wechseln des ganzen Gefieders, und man spricht von vollständiger Mauser, nach der die Tiere die sog. Sommertracht anlegen, bei der die Erpel in der Färbung weitgehend den Enten ähneln. Zur teilweisen Mauser kommt es im Herbst, und danach wächst das sog. Hochzeitskleid, in dem sie bis zur nächsten vollständigen Mauser bleiben. Darin sind die Erpel viel bunter als die Enten *(Anas platyrhynchos* — **1**). Die geschlüpften Jungenten haben ein feines Dunenkleid, das nach 14—26 Tagen durch das Jugendkleid ersetzt wird. Dieses ähnelt dem Gefieder der Weibchen, und die Jungtiere tragen es bis in den Herbst, manchmal auch bis zum Anfang des folgenden Kalenderjahres. Danach bekommen sie das Hochzeitskleid.

Zur Bestimmung, ob es sich um eine diesjährige Ente oder um einen Vogel handelt, der älter als ein Jahr ist, kann man die Form der mittleren Flügeldecken heranziehen, das sind kleine Deckfedern, die an der Flügeloberseite über dem Spiegel sitzen. Im Jugendkleid sind sie relativ schmal, und ihre Fahnen laufen deutlich zu einer ausgezogenen Spitze zusammen (**5b** — junger Erpel, **5d** — junge Ente). Da sie bei der Herbstmauser nicht ausfallen, bleiben sie auch im Erwachsenenkleid den ersten Winter über erhalten. Im Gegensatz dazu sind die mittleren Flügeldecken bei Enten, die älter als ein Jahr sind, breiter, die Fahnen laufen nicht spitz zu, ihre Enden sind breit abgerundet oder fast eckig (**5a** — erwachsener Erpel, **5c** — erwachsene Ente).

Ein gutes Hilfsmittel zur Altersbestimmung sind auch die Stoßfedern. Diese Methode ist allerdings zeitlich begrenzt und läßt sich nur bis zur ersten (teilweisen) Herbstmauser anwenden. Beim Austausch des Dunenkleids gegen das Jugendkleid dringen die Stoßfedern durch die Haut und drücken mit der Spitze des Kiels die nun überflüssige Dunenfeder heraus (**2a, b**). Die Spitze der neuen Feder trägt einen V-förmigen Einschnitt, und nach Abfallen der Dunenfeder ragt aus diesem Einschnitt das Kielende hervor (**2c**). Nach der Herbstmauser haben bereits alle Enten spitze Stoßfedern (**2d**) ohne Einschnitte. Das gilt auch für die Gänse. Bild 3 links zeigt die Stoßfedern einer jungen Graugans *(Anser anser)*, rechts einer erwachsenen Graugans. Außer den deutlichen Einschnitten in der Federspitze ist hier auch ein beträchtlicher Unterschied in ihrer Größe und Färbung zu sehen.

Eine erwachsene Graugans ist auf dem weißlichen Bauch bräunlich quergefleckt und hat fleischrote Füße. Die junge Graugans hat keine Bauchflecken, ihre Füße sind grau, im ganzen ist sie kleiner (**4**).

1

2

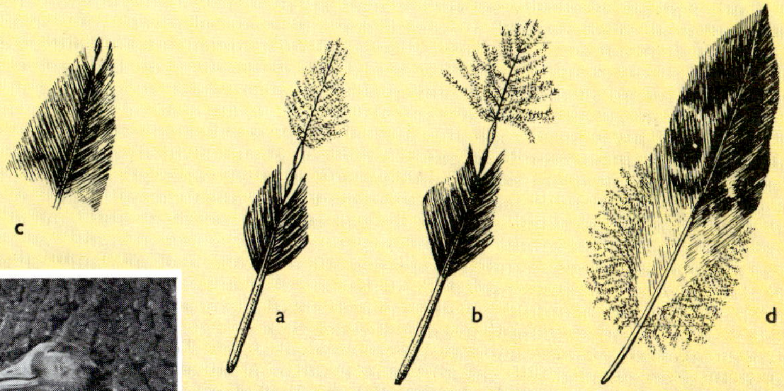

4

3

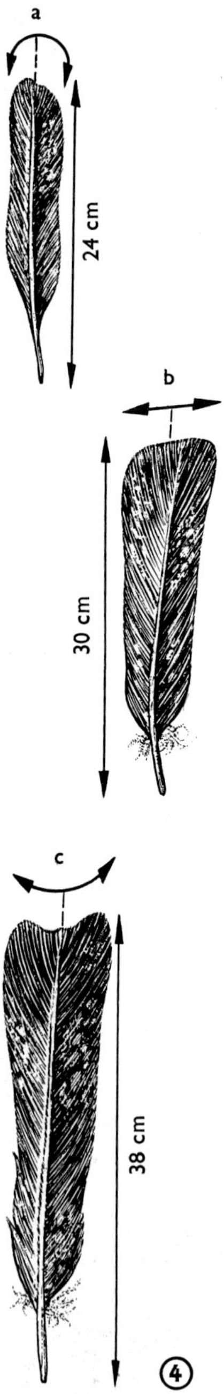

Alters- und Geschlechtsbestimmung von Wild

Bei der Jagd auf Birk- und Auerhuhn muß der Weidmann ganz bestimmte Vorschriften einhalten und darf nur abschußfähige Stücke erlegen. Dazu muß er ihr Alter bestimmen können.
Der Birkhahn *(Lyrurus tetrix)* ist ein schwarzer Vogel von 1—2 kg Gewicht. Seine Henne ist rostbraun gefärbt und wiegt in etwa nur die Hälfte. Birkhähne balzen auf dem Boden (1) und kommen im Frühjahr auf ihren Balzplätzen zusammen, wo sie in den frühen Morgenstunden noch vor Sonnenaufgang ihre von zischendem Fauchen und melodischem Kollern begleiteten Balztänze aufführen. An so einem Balzplatz halten sich in der Regel immer mehrere Hähne auf, zwischen denen es zu Zweikämpfen kommt. Bei Balz und Kampf spreizen die Birkhähne ihr Gefieder, senken die Flügel auf den Boden und spreizen ihren weidmännisch als Spiel bezeichneten Schwanz, wobei sie in kleinen Schrittchen hin und her laufen, als ob sie von einem Uhrwerk angetrieben würden. Gerade an der Form des leierartigen Spiels und an der Größe der Stoßfedern kann man, wenn auch nicht ganz genau, das Alter des Birkhahns abschätzen.
Das Birkhahnspiel besteht aus 18 Federn, von denen an jeder Seite drei, seltener vier Randfedern bogenartig zu sog. Sicheln gekrümmt sind. Die Henne hat nur ein keilförmig ausgeschnittenes Spiel. Die Methode der traditionellen Altersbestimmung bei Birkwild anhand von Spielform und Sichelgröße zeigt Bild 2. Die Sicheln werden mit zunehmendem Alter länger und krümmen sich an den Enden immer stärker. Im ersten Jahr werden sie 20 cm lang, wobei das ganze Spiel 14 cm lang ist (**2a**). Im zweiten Jahr werden die Sicheln 22 cm lang, das Spiel nur 13 cm (**2b**), im dritten Jahr messen die Sicheln 23 cm, und das Spiel ist nur 12 cm lang (**2c**), da sich die Federn immer stärker in die Breite entwickeln. Dabei werden die Sicheln ausgestreckt gemessen.
Das größte Rauhfußhuhn, der Auerhahn *(Tetrao urogallus)*, balzt schon vor Sonnenaufgang auf waagerechten Ästen in hohen Bäumen. Erst nach Sonnenaufgang kommt er auf den Boden geflogen, um hier sein Balzspiel fortzusetzen. Die Altersbestimmung eines balzenden Hahns ist genauso schwierig wie beim Birkhuhn; neben anderen Merkmalen werden hier auch Unterschiede in Form und Größe der Stoßfedern herangezogen. Bei der Balz öffnet der Hahn seinen fächerartigen Stoß weit, spreizt das Gefieder, reckt den Hals in die Höhe und läßt die Flügel an den Seiten herabhängen. Der gespreizte Fächer eines einjährigen Auerhahnes bildet einen Winkel von etwa 130° (**3a**), die einzelnen Federn sind etwa 24 cm lang und am Ende bogenförmig abgerundet (4a). Bei einem Hahn in mittlerem Alter spreizt sich der Fächer bis zu 150° (**3b**), die Federn erreichen Längen um 30 cm, und ihre Enden sind stärker begradigt (**4b**). Bei vier- bis sechsjährigen Hähnen sind die Federenden gerade. Alte Hähne haben bereits einen sehr mächtigen Fächer, der sich bis 180° öffnet (**3c**), die einzelnen Federn darin werden etwa 40 cm lang und 9 cm breit, sie haben schwach im Bogen ausgeschnittene Enden (**4c**).

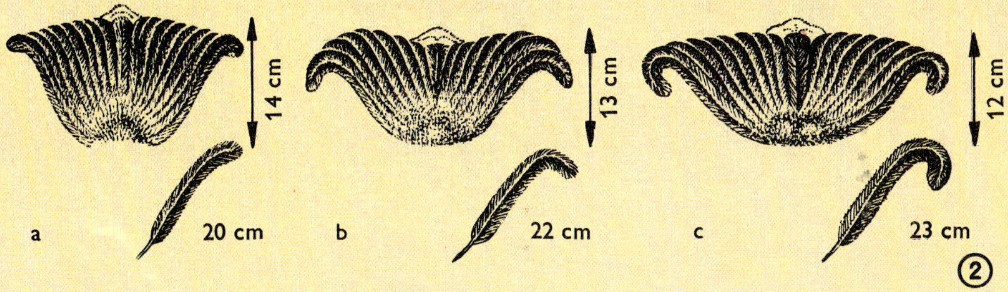

14 cm
13 cm
12 cm
a
20 cm
b
22 cm
c
23 cm

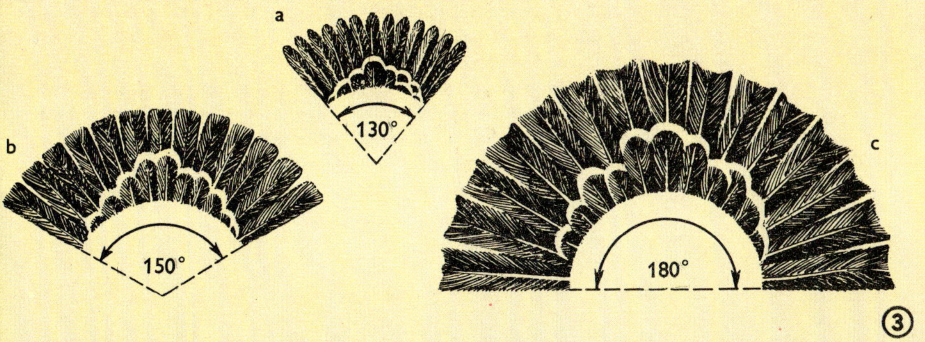

a
130°
b
150°
c
180°

Alters- und Geschlechtsbestimmung von Wild

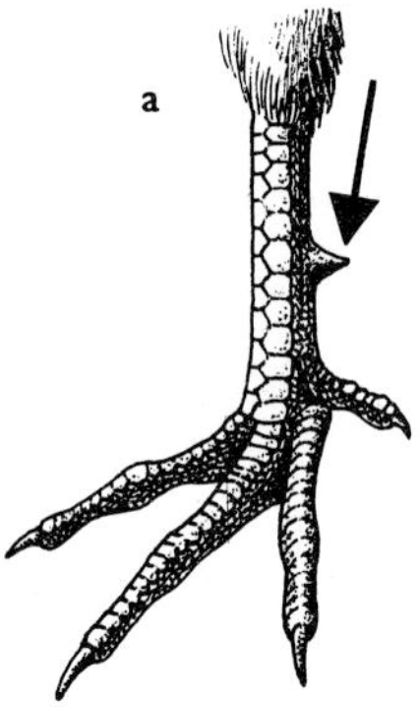

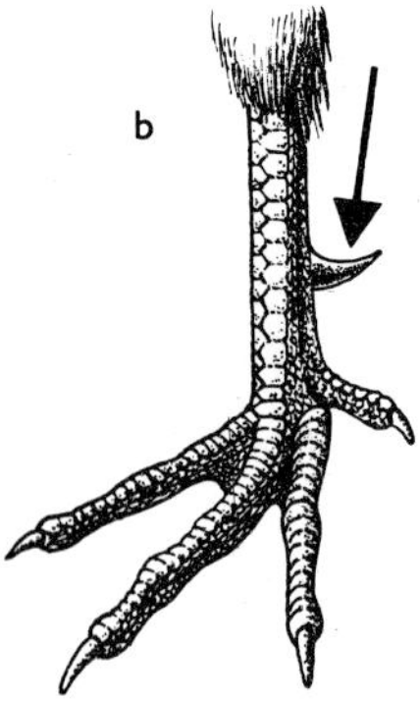

(4)

Findet man auf dem Feld die Überreste eines gerissenen Rebhuhns *(Perdix perdix — 1)*, kann man daran feststellen, ob hier ein Hahn oder eine Henne von einem Greifvogel geschlagen wurde bzw. ob es sich um ein junges oder altes Rebhuhn handelt.
Die Rebhuhnjagden beginnen in der Regel erst mit Sommerausgang. In dieser Zeit sind die Jungvögel schon so weit herangewachsen, daß sie sich in der Größe kaum noch von den Alten unterscheiden. Hat aber das erlegte bzw. gefundene Rebhuhn gelbe Ständer, handelt es sich um ein diesjähriges Exemplar; graue oder graublau gefärbte Ständer haben in der Regel alle Rebhühner, die älter als ein Jahr sind. Die Genauigkeit dieser Methode ist allerdings zeitlich begrenzt, da Ende November die meisten diesjährigen Rebhühner bereits graue Ständer haben.
Am zuverlässigsten kann man das Rebhuhnalter an Form und Färbung der Handschwingen bestimmen. Findet man Überreste eines Rebhuhns, an dessen Flügeln alle Handschwingen einheitlich gefärbt und scharf zugespitzt sind, handelt es sich um ein diesjähriges, um ein sehr junges Tier. Sind aber die ersten zwei Handschwingen anders gefärbt als die übrigen (heller, blasser) und sind sie scharf zugespitzt, während die anderen abgerundete Spitzen haben (2**a**), dann hat man es mit einem vorjährigen, etwa 15 Monate alten Rebhuhn zu tun. Findet man einen Flügel, in dem alle Schwungfedern einheitlich gefärbt und an den Enden abgerundet sind (2**b**), also auch die ersten zwei Handschwingen, handelt es sich um ein etwa 27 Monate altes oder noch älteres Tier. Im Hinblick darauf, daß Rebhühner in freier Natur höchstens vier Jahre alt werden, kann man voraussetzen, daß das Tier drei Jahre und drei Monate alt war.
Die Rebhenne ist unauffällig graubraun gefärbt, der Hahn hat ein nur wenig bunteres Kleid. Normalerweise hat er auf der Brust einen braunen, hufeisenförmigen Fleck, der bei der Henne meistens fehlt. Manchmal haben aber auch Hennen einen Brustfleck, daher ist diese Zeichnung kein besonders zuverlässiges Unterscheidungsmerkmal. Das Geschlecht der Rebhühner kann man ganz genau nur an der Zeichnung der kleinen und mittleren Flügeldecken bestimmen, d. h. an den Federn, die etwa dort wachsen, wo der Flügel an den Rumpf stößt. Bei den Hähnen haben diese Federn einen weißlichen Längsstreif, der über die ganze Länge des Kiels verläuft (3**a**), die Deckfedern der Hennen haben zusätzlich noch ein bis zwei Querstreifen, wodurch ein Kreuz bzw. Doppelkreuz zustande kommt (3**b**). Diese Linien- oder Kreuzzeichnung erscheint in gewissem Maß auch auf den übrigen Federn des Flügels.
Das Alter verendeter oder erlegter Fasanenhähne *(Phasianus colchicus)* kann man anhand von Form und Länge der Sporne an der Ständerhinterseite bestimmen. Ist der Sporn etwa 0,5 cm lang und stumpf kegelförmig (4**a**), handelt es sich in der Regel um einen jungen, diesjährigen Hahn. Alte Fasane haben bis zu 10 mm lange Sporne, die gekrümmt und scharf zugespitzt sind (4**b**).

1

2

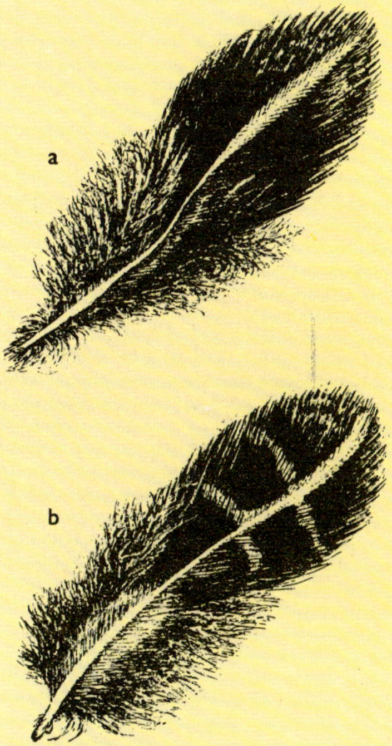

3

Dokumentation von Vogel- und Säugerbehausungen

Vögel- und Säugerbauten können wir in der Natur durchaus finden, sofern wir die richtige Spurenlesekunst gelernt haben — mit offenen Augen durch die Natur zu gehen. Jede solche Tierbehausung lohnt eine gründliche Betrachtung und eine eingehende Untersuchung. Oft genügt ein einziger Blick, um sich gewonnene Erkenntnisse fürs ganze Leben einzuprägen. Manchmal entgehen uns aber doch Einzelheiten; daher nimmt der moderne Spurenleser ein Tagebuch auf seine Streifzüge mit, in das er seine Feststellungen einträgt, und evtl. benutzt er auch einen Fotoapparat. Wie und was verzeichnen wir? Zunächst zu den Vogelnestern. Außer Tagebuch und Bleistift brauchen wir Zollstock oder Bandmaß, gegebenenfalls auch eine Schublehre.

Beim Suchen, Kontrollieren, Messen oder Fotografieren von Vogelnestern müssen wir mit maximaler Behutsamkeit und Rücksicht vorgehen. Viele Vogelarten reagieren während des Nistens sehr empfindlich auf Störungen und verlassen dann leicht Nest und Gelege. Entdekken wir also ein Nest, auf dem das Weibchen sitzt, entfernen wir uns wieder so still und rasch wie möglich; von jeder näheren Untersuchung des Nests müssen wir absehen. Wenn wir ein Nest mit Eiern finden, auf dem das Weibchen momentan nicht sitzt, können wir Messungen durchführen, doch muß die Untersuchung so rasch wie möglich geschehen. Das Weibchen bzw. beide Eltern entfernen sich nur für kurze Zeit vom Gelege, mit ihrer Rückkehr muß man jeden Augenblick rechnen. Die Anwesenheit eines Menschen am Nest kann sie zum Verlassen des Geleges bringen.

Vogelnester können wir an allen möglichen Orten suchen. Stoßen wir in einer alten Sandgrube oder an abschüssigen Flußufern auf Uferschwalbenkolonien, zeichnen wir vor allem Datum und Fundort auf. Zu den wichtigsten Angaben gehört auch eine genaue Beschreibung des Geländes, in dem Löcher gegraben wurden sowie die Himmelsrichtung der Schlupflochorientierung. Haben wir diese Uferschwalbenkolonie zur Nistzeit entdeckt, dann ist vorerst jede Dokumentation am Ende. Auf keinen Fall dürfen wir den Nistverlauf stören und die Vögel durch unsere Anwesenheit beunruhigen. Weitere Beobachtungen und Messungen können wir erst nach Beendigung des Nistens vornehmen, am besten Anfang Herbst. Dann können wir die Entfernung zwischen Schlupflöchern und Geländesohle messen (so stellt man fest, wie hoch in dieser Kolonie die meisten Löcher gegraben wurden), die Abstände zwischen benachbarten Nistlöchern und schließlich auch die Größe der Schlupflöcher. Sind sie kreisrund, geben wir den Durchmesser an, haben sie eine längliche Form, muß man Breite und Höhe aufzeichnen. Wenn wir absolute Gewißheit haben, daß die Schwalbenkolonie bereits verlassen ist, messen wir mit einer langen Gerte auch die Tiefe der Löcher. Auf ähnliche Weise lassen sich grundlegende Angaben auch über die Nisthöhlen von Eisvogel und Bienenfresser gewinnen.

Die Nester der weitaus meisten Vogelarten sind auf dem Erdboden, im Gras, Gebüsch oder auf Bäumen plaziert. Bei der Untersuchung solcher Stellen verzeichnen wir im Tagebuch wieder grundlegende Angaben über die Umgebung, Höhe des Nests über dem Boden, Art seiner Verankerung (z. B. in einer Astgabel, am Baumstamm, auf einem starken Ast), evtl. auch über das Material, aus dem Außenwand und Auspolsterung bestehen. Aus der beigefügten Abbildung geht hervor, wie man die Abmessungen eines Vogelnests feststellt. Gemessen werden die Höhe von der unteren Außenbegrenzung bis zum Oberrand, die Tiefe vom Boden bis zum Oberrand. Der Unterschied zwischen Höhe und Tiefe vermittelt eine Vorstellung von der Dicke des Bodens, d. h. der Nestbasis. Ähnlich können wir auch den Unterschied zwischen Innen- und Außendurchmesser, also die Wandstärke des Nests ermitteln (das geht aber auch mit der Schublehre). Bei ganz geschlossenen Nestern (Laubsänger, Schwanzmeise, Zaunkönig, Beutelmeise) messen wir außer der Nesthöhe und -breite auch den Durchmesser des Schlupflochs (am besten mit der Schublehre) und die Entfernung des Lochunterrands vom Boden.

Beim Bau halten die Vögel Nestform und -größe mit fast mathematischer Genauigkeit ein, so daß die Unterschiede zwischen den einzelnen Nestern der jeweiligen Art ganz geringfügig sind. Diese einheitliche Bauweise ist ihnen angeboren. Trotzdem kann es vorkommen, daß eins der gemessenen Amselnester einen abnorm großen Innendurchmesser aufweist, wahrscheinlich deshalb, weil das Nest nach dem Flüggewerden der Jungen gemessen wurde. Ein frisch gebautes Nest ist immer schmaler und fester. Beim Bebrüten der Eier drückt das Weibchen mit seinem Körper die Nestwände auseinander, in noch stärkerem Maße deformieren es die Jungvögel, vor allem, wenn es sich um mehrere handelt. Der Nistkessel der Kohlmeise *(Parus major)* ist eine ordentliche, 7—8 cm tiefe und 3—4 cm breite Vertiefung inmitten einer Höhle oder eines Nistkastens. Kontrollieren wir eine solche Höhle nach dem Ausfliegen der Jungen, ist von diesem Kessel nichts übriggeblieben, die Jungvögel haben das ganze Nest breitgetrampelt. Daher müssen wir beim Nestmessen auch immer die Jahreszeit in Betracht ziehen.

Die Ausmaße der Höhlen, die verschiedene Vögel in Bäume meißeln, lassen sich nur sehr schwierig feststellen. Es genügt, wenn wir uns auf die Messung der Fluglochhöhe über dem Erdboden und den Fluglochdurchmesser beschränken und nur die schon erwähnten Angaben über Umgebung, benutzte Baumart, Himmelsrichtung des Fluglochs usw. hinzufügen. Die wichtigsten Größenangaben von Rauch- und Mehlschwalbennestern können wir noch durch die Wandstärke ergänzen, die wir am besten mit der Schublehre feststellen.

Messen wir ein Nest aus, in dem bereits Eier liegen, dann müssen wir äußerst behutsam vorgehen. Die Schalen kleiner Vogeleier sind sehr zerbrechlich und gehen auch bei einem ganz leichten Stoß entzwei. Am besten begnügen wir uns damit, ihre Anzahl und Färbung zu verzeichnen.

Die meisten Säugerbehausungen liegen unter der Erde, nur wenige Arten bauen kugelige Nester mit seitlichem Einschlupf in Kräutern, Gebüsch und Baumwipfeln. Die Abmessun-

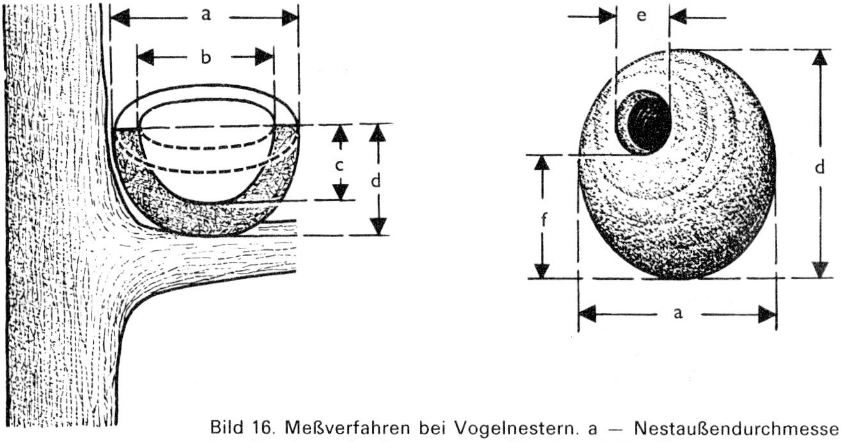

Bild 16. Meßverfahren bei Vogelnestern. a — Nestaußendurchmesser, b — Nestinnendurchmesser, c — Nestinnenhöhe (Tiefe der Nestmulde), d — Nestaußenhöhe, e — Fluglochdurchmesser, f — Fluglochhöhe über der Nestbasis

gen dieser überirdischen Nester ermitteln wir genauso wie bei den kugelig geschlossenen Vogelnestern. Form, Verzweigung und Ausdehnung der unterirdischen Baue lassen sich normalerweise nicht durch einfache Beobachtungen feststellen, wir müssen uns mit dem Messen der Eingänge zu diesen unterirdischen Labyrinthen zufriedengeben, genau wie bei den Nestern der Höhlenbrüter. Die Locheingänge von Feld- und anderen Mäusen, Maulwürfen, Hamstern, Zieseln sind normalerweise nicht groß und haben Kreisform, der Durchmesser läßt sich ganz einfach feststellen. Außerdem können wir auch gleich den Wechseln Aufmerksamkeit schenken, die bei den Nagern als Pfade zwischen den einzelnen Löchern bzw. zwischen Futterquellen und Löchern festgetreten sind; gemessen werden Länge und Breite. Die Baueinschlüpfe größerer Säuger wie Füchse, Dachse, Bisamratten, Fischotter oder auch Kaninchen müssen durchaus keinen regelmäßigen kreisförmigen Querschnitt haben, dann messen wir Höhe und Breite.

Messen wir Vogel- oder Säugernester, die sich am Boden oder sonst in Reichweite befinden, ist die Arbeit einfach. Schwieriger, anstrengender, ja sogar gefährlich ist die Untersuchung von Nestern in größeren Höhen. Verfügen wir nicht über die entsprechende Kraft oder Gewandtheit oder haben wir keine Hilfsmittel zur Verfügung (Leiter, Steigeisen), unterlassen wir diese Untersuchungen besser.

Wir können Vogelnester, aber auch einige Säugernester systematisch sammeln. Wenn es sich aber nicht um eine Sammlung für Didaktikzwecke, z. B. in Schulen oder Museen handelt, hat das für den Privatmann keinen besonderen Wert. Ungeachtet des Raumes, den die Lagerung der Nester erfordert, können diese, wenn sie z. B. in der Wohnung aufbewahrt werden, beträchtliche Unannehmlichkeiten hervorrufen. In ihrem Gefieder haben Vögel eine ganze Reihe verschiedener Parasiten, von denen einige auch auf den Menschen übergehen können (Flöhe, Wanzen, Milben). Diese Parasiten zeigen sich in allen Entwicklungsstadien auch in den Nestern, vor allem dann, wenn die Jungen bereits ausgeflogen sind. Daher muß man ein gefundenes Nest zunächst einmal für 2—3 Wochen in einen Desinfektionskasten stecken, wo es der Wirkung von Schwefelkohlenstoff oder anderen abtötenden Präparaten ausgesetzt ist. Für Museumszwecke werden Nester normalerweise mit einem Aststück gesammelt, da sie sonst ihre charakteristische Form verlieren würden. Das Abschneiden von Zweigen schädigt aber den Baum, außerdem verlieren so die Vögel eine geeignete Nistunterlage für die Zukunft. Das ist also ein Eingriff, der in der heutigen, von der Zivilisation weitgehend beschnittenen Natur nicht wünschenswert ist.

Nur der Vollständigkeit halber soll hier noch einmal betont werden, daß das Sammeln und Präparieren von Eiern auf keinen Fall zu den Tätigkeiten eines spurenlesenden Naturfreunds gehört. Das ist eine Arbeit für Wissenschaftler, abgesehen davon wird willkürliches Ausnehmen von Vogelnestern von den Naturschutzgesetzen unter Strafe gestellt.

Spurenausgießen

Das Kennenlernen von Spuren und die Fertigkeit, aus ihnen Rückschlüsse auf das Verhalten der beobachteten Tiere zu ziehen, erfordert langjährige Übung, Geduld und Beobachtungstalent. Am besten prägen wir uns ein Trittsiegel ein, wenn wir es ins Spurentagebuch abzeichnen. Natürlich muß man beim Herstellen dieser Skizze die Originalgröße beibehalten oder sie in einem bestimmten Maßstab übertragen. Das Abzeichnen einer Spur ohne Größenangabe ist in vielen Fällen wertlos, da sich die Spuren mancher Tierarten in der Form weitgehend ähneln und so leicht Verwechslungen zustande kommen könnten. Nicht jeder ist ein geschickter Zeichner, wir können uns aber mit einem einfachen Gitternetz die Arbeit erleichtern.

Aus etwa 3—4 mm starkem Draht biegen wir uns ein rechteckiges Rähmchen von ca. 15 × 20 cm zurecht und verlöten bzw. verschweißen die freien Enden. Rings um die Außenkante werden 1 cm lange Abstände markiert, die Markierungen werden mit der Dreikantfeile etwa 1 mm tief gekerbt. In diesen Kerben wird ein dünner Draht befestigt, das andere Ende wird an der gegenüberliegenden Kerbe um den Rahmen gewickelt. Die Drahtenden in den Kerben können wir auch verlöten. Nach dem Ausfüllen des ganzen Rahmens ist ein Gitternetz mit einer Maschengröße von 1 × 1 cm entstanden. Anstelle von feinem Draht kann man auch einen festen Faden oder eine Nylonfaser verwenden. Das Kopierrähmchen wird auf das Trittsiegel gelegt, Form und Größe lassen sich so leicht in ein schon zuhause vorbereitetes gleiches Gitter ins Tagebuch übertragen. Auf diese Weise kommen auch im Gelände ganz genaue Zeichnungen zustande. Zuhause kann man die Spur noch einmal ohne Gitter ins Reine zeichnen und durch Schattierungen oder andere Einzelheiten ergänzen.

Die Zeichnung können wir durch die Fotografie ersetzen. Aber auch dann sollten wir nicht vergessen, die wirkliche Größe der Spur festzuhalten, vor allem, wenn wir Dokumentations- und Vergleichsmaterial zusammenstellen. Wir müssen daher beim Fotografieren einen Vergleichsmaßstab neben die Spur legen, aus dem die natürliche Größe des Abdrucks hervorgeht. Dazu können wir ruhig eine Streichholzschachtel oder einen anderen Gegenstand mit bekannten Abmessungen nehmen. Wollen wir eine Spur nur wegen ihrer interessanten und hübschen Form oder Anordnung aufnehmen, können wir den Vergleichsmaßstab auch weglassen. In diesem Buch soll keine Fototechnik behandelt werden, die beherrscht jeder nur ein wenig erfahrene Amateur, und dem Anfänger steht genug einschlägige Literatur zur Verfügung. Jeder Fotoamateur kommt sehr bald selbst darauf, daß man Pfoten- und Hufabdrücke am besten bei Schräglicht aufnimmt, also in den Vormittags- und Nachmittagsstunden. Dann verleiht das Spiel von Licht und Schatten der Aufnahme die richtige Plastizität. Aber gerade Licht und Schatten können bewirken, daß man anstelle einer schön tief durchgezeichneten Spur ein negatives, praktisch erhabenes Bild erhält, wenn man einen ungünstigen Winkel gewählt hat. Die wirkungsvollsten Spurenaufnahmen kann man im Schnee machen, Detailfotos in nassem Schnee oder erhärtendem Schlamm.

Außer dem Fotografieren und Zeichnen gibt es noch eine weitere Möglichkeit, Spuren festzuhalten: das Ausgießen mit Gips oder einem anderen Material mit ähnlichen Eigenschaften. Aus eigener Erfahrung kann ich bestätigen, daß dies eine sehr interessante und anziehende Tätigkeit ist, deren Ergebnisse gegenüber Zeichnungen und Fotos viele Vorzüge haben. Beim Spurengießen mit Gips erhalten wir eine ganz naturgetreue Kopie, um den Maßstab brauchen wir uns nicht zu kümmern. Gegenüber Zeichnung und Fotografie hat der Abguß den Vorteil, daß er nicht flächig, sondern dreidimensional, also plastisch ist und daß alle Ausdehnungen der Spur erhalten bleiben: Länge, Breite und Tiefe. Außerdem kann man auch ein Positiv gewinnen, d. h. den wirklichen Abdruck der Spur, wie auch das Negativ, das zeigt, wie eigentlich der Tierfuß modelliert ist. So kommt eine originalgetreue Kopie des lebensgroßen Fußes zustande. Schließlich können wir aus den Spurenabgüssen auch eine Sammlung anlegen.

Zum Spurenausgießen schaffen wir uns eine billige Ausrüstung an, die bequem im Brotbeutel Platz findet. Wir brauchen nur ein wenig Modelliergips, einen Gummi- oder Plastikbecher zum Gipsanmachen, Rähmchen aus festem Karton oder dünnem Blech, Wasser, ein Stückchen Seife, ein wenig Vaseline, einen 1—1,5 cm breiten Flachpinsel und ein altes Messer.

Die Abgußsammlung nimmt einen gewissen Raum ein, das muß man schon bei der Wahl der Abgußformen in Betracht ziehen. Ungeeignet sind kreisrunde oder elliptische Formen, da sie sich schlecht lagern lassen bzw. zuviel Raum in Anspruch nehmen. Wesentlich besser und raumsparender sind rechteckige Gußstücke, die man nach dem Baukastensystem zusammensetzen kann.

Bewährt haben sich vorgefertigte Rähmchen in den Größen 5 × 7,5 cm, 7,5 × 10 cm, 10 × 15 cm, 15 × 20 cm. Wir stellen sie uns folgendermaßen aus 5 cm breiten und 0,6 mm starken Blechstreifen her: Für einen Rahmen von 5 × 7,5 cm schneiden wir je zwei Stücke von 7 cm und 9,5 cm Länge zu. Vom Ende der Längsseite werden jeweils in 1 cm Abstand 2,5 cm lange Senkrechten angerissen. Die Bänder werden in den Schraubstock gespannt und an den angezeichneten Stellen vorsichtig eingeschnitten. Der Schnitt muß ein wenig breiter als die Materialstärke sein, die Ränder werden sorgfältig geglättet. Nach dem Einschneiden aller vier Teile läßt sich das Rähmchen durch Ineinanderschieben an den Schnittstellen leicht zusammensetzen. Auf die gleiche Weise stellen wir auch die Rähmchen in den anderen Abmessungen her, zwei Stück von jeder Größe. Dank den so gewählten Maßen erhalten wir 10 verschiedene Blockgrößen, mit denen wir beim Abgießen großer Trittsiegel bzw. ganzer Gruppen kleiner Spuren auskommen. Anstelle von Blech kann man auch hartes Plastikmaterial oder starken Karton nehmen. Papierrähmchen empfehlen sich weniger, da sie sich nur beschränkt verwenden lassen. Sie weichen auf und lassen sich nicht mehr weiterbenutzen.
Zum Abgießen wählen wir möglichst perfekte Fußabdrücke, in denen alle Details erhalten sind. Wir können aber auch weniger deutliche Spuren abgießen, in denen nicht die ganze Trittfläche bzw. nicht alle Zehen abgedrückt sind. So gewinnen wir eine Vergleichsserie, aus der hervorgeht, wie sich eine Tierspur beim Ziehen durch unterschiedliches Gelände verändert oder in den verschiedenen Gangarten deformiert. Ist das Trittsiegel und seine nächste Umgebung durch Sand, Staub oder Pflanzenteilchen zugeweht, reinigen wir die Fläche durch Ausblasen. Nie sollten wir versuchen, feine Zweige, Halme oder Steinchen herauszuziehen, wenn sie fest in die Spur eingedrückt sind. Beim Herausnehmen solcher Teilchen kommt es meist zur Störung der glatten Wände. Der Abdruck würde beschädigt, bröckelt ab und wird so wertlos.
Je nach Spurengröße wählen wir die entsprechenden Rahmenteile, setzen sie zusammen und bringen den Rahmen so rings um die Spur an, daß sie in der Mitte sitzt. Der Rahmen wird leicht an den Grund gedrückt und dann wieder weggenommen. Im Untergrund entsteht so eine untiefe Rille, die wir mit dem Messer so weit vertiefen, daß sich der Rahmen leicht einsetzen läßt. Sitzt er gut rings um die Spur, glätten und drücken wir mit dem Finger die Erdkrümel, die beim Nachschneiden der Kontur abgebröckelt sind, wieder fest. Sollten die Schlitze in den einzelnen Seitenteilen zu breit sein, kann man die gekreuzten Ecken in etwas Erde packen und diese Schlitze abdichten. Sonst besteht Gefahr, daß der Gips durch die Schlitze aus dem Rahmen fließt.
Ist die Spur gut gereinigt, der Rahmen ringsum gut angedrückt und abgedichtet, kann der Gips angemacht werden. In den Gummibecher füllen wir eine entsprechende Menge Wasser nach Augenmaß, lieber jedoch ein wenig mehr, in dem ein Stückchen Seife aufgelöst wird, bis sich die Flüssigkeit milchig weiß verfärbt. Natürlich kann man auch klares Wasser verwenden, doch hat die Seifenlösung verschiedene Vorteile. Gipsabgüsse mit klarem Wasser sind schwer, steinartig, Seifenwasser macht sie leichter, die Gußstücke erhalten eine gewisse Luftigkeit und sind weniger spröde. Ins Seifenwasser schütten wir nach und nach den Gips auf eine Stelle, so daß er sich vollsaugt und auf den Gefäßboden sinkt. Das machen wir so lange, bis ein Gipshäufchen entsteht, das vom Boden bis an die Wasseroberfläche oder knapp darüber hinausreicht. Damit ist nach grober Schätzung das richtige Mengenverhältnis erreicht. Den Gips lassen wir ein paar Minuten ruhen, damit er sich gründlich vollsaugt. Die Erfahrung lehrt, daß Gips um so besser abbindet, je weniger man ihn durchrührt. Auch deshalb soll er ein paar Minuten „reifen“. Dann mischen wir ihn kurz durch, entfernen evtl. Schmutzteilchen und gießen den flüssigen Brei vorsichtig in die Form. Gießt man hastig und aus großer Höhe, entstehen in der Masse große Luftblasen bzw. der Gips dringt nicht in alle Vertiefungen des Trittsiegels. Ist der Gipsbrei dickflüssiger, hat er

die Neigung, in der Gußstückmitte einen Buckel zu bilden. Man entfernt ihn, indem man die Masse mit dem Finger zu den Seiten hin glattstreicht.

Beim Abgießen großer Spuren bzw. ganzer Gruppen müssen wir größere Rähmchen verwenden. Die Gußfläche ist dann viel größer, gleichzeitig wird das Gußstück wesentlich empfindlicher, es kann bei unsanfter Behandlung zerbrechen. In diesem Fall müssen wir eine größere Gipsmenge anrühren, damit der Block eine hinreichende Stärke erhält. Auch auf andere Weise können wir dem Gußstück Festigkeit geben. In die Form wird soviel Gipsmasse gegossen, bis sie etwa 1 cm hoch den ganzen Grund bedeckt. Wir lassen sie ein wenig abbinden und legen kreuzweise auf die hartwerdende Fläche Drahtstücke von entsprechender Länge bzw. ein Stück dichten Maschendraht. Notfalls können wir auch trockene, geschälte und nicht zu starke Zweige aus gesundem Holz nehmen. Diese Armierung wird leicht in den Gips gedrückt und mit einer weiteren Schicht zugegossen, die das Skelett völlig verdecken muß, d. h., sie sollte auch etwa 1 cm dick sein. Auf diese Weise gewinnt das Gipsstück an Festigkeit und Widerstandsfähigkeit, was sich vorteilhaft bei der Herstellung des Positivblocks zeigt.

Nach 15—30 Minuten ist der Gipsblock hart und wir können das Gußstück vorsichtig herausnehmen. Das Erhärten der Gipsmasse wird von der jeweiligen Außentemperatur beeinflußt. Bei warmem Wetter bindet sie rascher ab, bei trübem, feuchtem langsamer. Auch eine trockene, feste Unterlage beschleunigt das Abbinden, während der Gips auf feuchtem Boden langsam trocknet. Gießen wir Spuren in weichem Grund ab, auf erhärtendem Schlamm oder Sand, können wir das harte Gußstück mit dem Rahmen ohne größere Schwierigkeiten abheben, es trennt sich leicht zusammen mit einer dünnen Erdschicht von der Unterlage. Gießen wir eine Spur auf hartem Grund ab, z. B. ein altes, gut erhaltenes Trittsiegel in ausgetrocknetem Schlamm, müssen wir vorsichtig zu Werke gehen. Am besten schneiden wir den ganzen Block auch von unten mit dem Messer los und heben ihn erst dann ab. Normalerweise ist das Gußstück durch Erde verunreinigt, die vor allem in Vertiefungen und Einschnitten sitzt. Das festklebende Erdreich kann man nur teilweise an Ort und Stelle entfernen, allerdings mit größter Behutsamkeit, um den noch nicht völlig harten Gips nicht zu beschädigen. Es ist ratsam, das Ganze mit der Erde in Papier oder Stoff einzuwickeln, in eine Tragetasche zu packen und erst zuhause zur gründlichen Reinigung zu schreiten, wenn das Gußstück völlig hart und ausgetrocknet ist. Dann können wir die trockene Erde leicht abbröckeln und mit dem Pinsel, evtl. auch unter fließendem Wasser abwaschen. Unmittelbar im Gelände wird auch noch der Gummibecher von Gipsresten befreit. Ist Wasser in der Nähe, kann man den noch nicht harten Brei ausspülen, sonst läßt man die Reste hart werden, durch Zusammendrücken der Wandung bröckeln sie ab und fallen heraus.

Damit sind die Arbeiten im Gelände beendet, die weiteren Gießarbeiten finden zuhause statt, dort sind die Bedingungen für eine sorgfältigere Durchführung günstiger. Der vollkommen gereinigte und vor allem gründlich ausgetrocknete harte Negativabguß wird mit einer dünnen Vaselineschicht bestrichen, oder mit Silikonöl bespritzt, damit sich beim Abgießen des Positivs die beiden Blöcke nicht fest miteinander verbinden. Das muß sorgfältig durchgeführt werden, auch die feinsten Ritzen und Winkel müssen behandelt werden. Was wir nicht mit dem Finger erreichen können, bestreichen wir z. B. mit einem feinen Pinselchen. Die Vaselineschicht darf aber auch nicht zu stark sein, da sonst das Positiv eine andere Gestalt erhält. Auch die Seiten des Negativblocks können wir mit Vaseline bestreichen.

Rings um den eingefetteten Negativblock wird wieder der Rahmen angesetzt, etwaige Spalten werden abgedichtet, z. B. mit Plastelin oder Glaserkitt. Dann wird wieder auf die beschriebene Weise Gips angerührt, der behutsam auf das eingerahmte Negativ gegossen wird. Bei der Anfertigung des Positivs muß die Gipsschicht stärker als beim Negativ sein. Dort, wo der Pfoten- oder Schalenabdruck in die Tiefe führt, ist die Gipsschicht viel schwächer als

an den Rändern, so daß sie hier brechen kann. Das gilt besonders für größere Gußstücke; um sie zu verstärken, kann man wieder zur Armierungstechnik greifen. Nach dem Hartwerden des Gipses — am besten erst am folgenden Tag — wird der Rahmen entfernt. Auch wenn gründlich eingefettet wurde, verbinden sich die beiden Blöcke recht fest miteinander, so daß sie sich nicht ohne weiteres von Hand trennen lassen. Hier hilft das Messer. Zunächst werden die Seitenwände der Blöcke bearbeitet, bis sich die Trennungslinie zwischen Negativ und Positiv zeigt. Das Beschneiden der Seiten ist wichtig, da beim Positivabguß der Gips manchmal in undichte Stellen längs des Rähmchens eindringt und die Fuge verklebt. In diese Fuge führt man nun ringsherum die Spitze eines scharfen Messers ein und trennt die beiden Hälften durch vorsichtiges Hebeln voneinander. Bei kleineren Abgüssen und untiefen Spuren geht das relativ leicht. Bei größeren ist es langwieriger und erfordert größere Behutsamkeit. Hat man die beiden Gußstücke voneinander getrennt, zeigt sich im Positiv der originalgetreue Abdruck der wirklichen Spur, wie wir sie im Gelände gefunden haben.
Damit ist eigentlich die ganze Gießerei beendet, nun müssen wir nur noch verschiedene kleine Unregelmäßigkeiten, die beim Trennen der Stücke entstanden sind, beseitigen. Jeder Abguß sollte einen Dokumentationsvermerk erhalten — am besten auf der Positivrückseite — auf der Tierart, Datum und Ort des Abgießens, Geländecharakter (Sand, Schlamm, Waldweg usw.) angeführt werden und vor allem, um welche Fortbewegungsart es sich handelt (Lauf, Schritt, Sprung). Den fertigen und zum Einordnen vorbereiteten Abguß können wir noch mit farblosem Nitrolack spritzen. Dadurch wird einmal die Gipsoberfläche fester, zum anderen vermeiden wir so beim weiteren Hantieren weiße Flecken an Händen und Kleidung. Wenn dieser etwas unnatürliche Glanz stört, kann man auf diese Lackierung verzichten oder den faden weißen Gips in einen gedämpften Braun-, Sand-, oder Ockerton färben, am besten in einen Farbton, der dem ursprünglichen Gelände, aus dem der Abguß stammt, nahekommt. Man kann die Farbe auch direkt der Gipsmasse fürs Positiv zusetzen.
Zur Unterbringung der Abgüsse eignet sich am besten ein Kasten mit den Innenmaßen 22 × 32 × 5 cm, in den die verschieden großen Gußstücke wie in einen Baukasten eingeordnet werden. Damit sie darin einen gewissen ästhetischen Eindruck machen, sollten alle annähernd gleiche Stärke haben. Das muß man schon beim Herstellen der Positive bedenken: Jedes Negativ muß so in den Rahmen eingepaßt werden, daß sich darauf eine z. B. 4 cm starke Gipsschicht auftragen läßt. Hält man diesen Grundsatz ein, werden alle Positive annähernd gleiche Stärke bekommen, und auch alle Spuren werden in einer Ebene sitzen.
Mit zunehmender Erfahrung kommt man allmählich dahinter, welche Fehler beim Anfertigen von Abgüssen gemacht werden und wie man sie vermeidet. Am besten lassen sich Spuren in festem Grund abgießen. Die treuesten Abdrücke bleiben in erhärtendem, nicht zu nassem Lehmboden mit einem bestimmten Anteil Sand und Steinchen erhalten. In einem solchen Grund hält sich eine Spur sehr lange, manchmal sogar 2—4 Wochen, ohne ihre natürliche Form zu verlieren, vorausgesetzt, daß kein Regenwetter eintritt. Auch wenn man eine Spur in diesem Grund perfekt gesäubert hat und sie völlig glatt scheint, ist der Abguß dennoch nicht vollkommen. Im Gipsbrei bleiben Bodenkrumen kleben, und das Negativ bekommt eine gekörnte oder porige Oberfläche. Mit der Zeit kommt man auch darauf, daß sich nicht allzu tiefe Spuren am besten zum Abgießen eignen; bei ihnen lassen sich nämlich am leichtesten Negativ und Positiv trennen. Ist eine Spur tief und in einem sehr spitzen Winkel in den Grund gedrückt, z. B. wenn etwa ein Reh in vollem Lauf seine Schalen in schlammigen Grund setzt, treten gewisse Komplikationen auf. Der Negativabguß läßt sich im ganzen leicht herstellen, da der flüssige Gips auch in schräge Hohlräume eindringt und die haftende Erde leicht abgespült werden kann. Probleme gibt es aber beim Positiv, wenn sich die beiden Blöcke auf einer zu großen, geknickten oder gekrümmten Fläche berühren, so daß sie sich nur unter größten Schwierigkeiten trennen lassen. Manchmal gelingt das nicht, Teile des Negativs brechen ab und bleiben im Positiv stecken. Solche Negativreste

Bild 17. Vorgehen beim Spurenabgießen. a — Ansetzen des Rähmchens rings um die Spur, b — Ausgießen des Rahmens mit Gips, c — Entnahme des Negativgußstücks aus dem Rahmen, d — Befestigung des Negativs im Rahmen zur Positivherstellung, e — Die verbundenen Blöcke von Negativ- und Positivgußstück, f — Fertiger Abguß — links Negativ, rechts Positiv

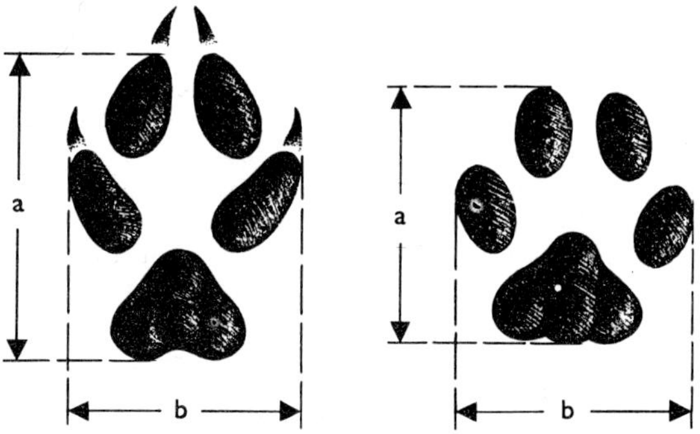

Bild 18. Messen von Pfotensäugerspuren (ohne Krallen gemessen) a – Spurlänge, b – Spurbreite

müssen mühsam herausgepult werden, was nicht immer ohne Beschädigung des Positivabgusses vor sich geht. Unter Umständen muß sogar das ganze Negativ vorsichtig zerschlagen werden. Wir beginnen daher besser mit dem Abgießen nicht zu großer und eher flacher Spuren, kompliziertere Stücke nehmen wir erst in Angriff, wenn wir die nötige Praxis gewonnen haben.

Die Arbeit mit dem Suchen abgußfähiger Spuren können wir uns erleichtern, indem wir künstlich eine Fläche zur Abdruckaufnahme anlegen, also eine „Spurenfalle". Das ist nicht weiter schwierig: Kennt man sich in einem bestimmten Revier noch nicht so gut aus, daß man über die regelmäßigen Wildwechsel Bescheid weiß, erkundigt man sich am besten bei einem erfahrenen Weidmann am Ort. In jedem Revier gibt es genug Stellen, an denen das Wild regelmäßig verkehrt, doch eignet sich nicht jede für diesen Zweck. Zum Anlegen einer Spurenfalle eignen sich nur solche Stellen, die nicht verwachsen, nicht der prallen Sonne ausgesetzt sind und eine entsprechende Bodenbeschaffenheit haben, also keinen Sand- oder Steingrund. Diese Voraussetzungen müssen natürlich nur dann erfüllt sein, wenn man von den gewonnenen Abdrücken Abgüsse herstellen will, zum Zeichnen oder Fotografieren genügt auch sandiger Grund. Solche Stellen kann man auf Waldwegen im Schatten der umstehenden Bäume oder an dauernd feuchten Orten in der Nähe von Bächen, Flüssen oder stehenden Gewässer finden. Dort entdeckt man leicht ein paar Quadratmeter Fläche, die man sorgfältig von altem Laub, trockenen Zweigen und anderen störenden Gegenständen befreit. Die gesäuberte Fläche wird mit der Hacke aufgelockert, mit der Harke geebnet und mit Wasser besprengt, bis eine schlammige Oberfläche entsteht. Ist das Wasser eingesickert, kann man den Beguß wiederholen. Es geht darum, einen feuchten, geschmeidigen Untergrund bis in eine bestimmte Tiefe zu erzielen und mit Hilfe von Wasser die letzten Unebenheiten zu beseitigen. Ist alles Wasser eingesickert und der Schlamm wird allmählich wieder fester, ist diese Falle zum Festhalten aller Tierspuren bereit. Ihre Wirksamkeit können wir noch durch entsprechende Köder steigern. Legen wir an den Rand der Fläche z. B. Sonnenblumenkerne, Getreidekörner, Obst, Gemüsereste oder anderes Futter, können wir damit rechnen, daß die Schlammfläche bald ein Gewimmel von allen möglichen Vogel- und Säugerspuren aufweist. Richtet man die Fläche abends her, findet man darauf am anderen Morgen Spuren von Säugern, also von nachtaktiven Tieren. Man braucht sie bloß abzugießen, abzuzeichnen oder zu fotografieren. Wischt man dann die nächtlichen Spuren aus und „stellt" die Falle von neuem, unterschreiben sich hier bald mit ihren Füßchen tagaktive Tiere, vorwiegend Vögel, die ebenfalls vom unweit ausgelegten Köder angelockt werden.

Messen von Spuren und Fährten

Für den Anfänger ist es wichtig, wenigstens die wichtigsten Größenangaben der gefundenen Spuren festzuhalten, wenn er sie nicht gleich zeichnen, fotografieren oder abgießen will. Zum Messen sucht man perfekte, gut erhaltene, nicht deformierte Abdrücke aus.

Bei Spuren von Pfotensäugern werden zwei Werte gemessen. Die Spurlänge mißt man, indem man das Zentimetermaß an ihre Längsachse legt und die Entfernung vom Ballenvorderrand der längsten Zehe bis zum Hinterrand des Mittelballens, gegebenenfalls des Fersenballens ermittelt. Stets wird die Spurlänge ohne Krallen gemessen. Die Spurenbreite mißt man an der breitesten Stelle.

Ähnlich werden auch die Schalenabdrücke gemessen. Die Länge mißt man von der Spitze der längsten Schale bis zum entferntesten Ballenrand, die Breite wieder an der breitesten Stelle. Außerdem wird auch die Länge der Ballen gemessen, sofern sie deutlich abgedrückt sind, ferner auch die Spreizung der Schalen, d. h. der Abstand der Spitzen voneinander.

Vogelgeläufe werden nach dem gleichen Verfahren gemessen. Die Abdrucklänge mißt man von der Vorderkante der längsten, d. h. der dritten Zehe bis zum Hinterrand der hinteren, d. h. der ersten Zehe. Auch hier werden die Krallenabdrücke nicht berücksichtigt. Die Trittbreite ist eigentlich durch Größe des Winkels zwischen zweiter und vierter Zehe gegeben und wird an deren Mittelgliedern gemessen.

Bei der Fortbewegung entstehen in Fährten bzw. Geläufen sich regelmäßig wiederholende, zu zwei Reihen geordnete Spurenpaare. Die Entfernung zwischen diesen Reihen, die sog. Schränkung, ist durch die Größe des Tiers und den Bewegungstyp gegeben. Unter Schrittlänge versteht man die Entfernung zwischen zwei aufeinanderfolgenden Abdrücken eines Laufs, mit anderen Worten, die Schrittlänge mißt man vom Vorderrand der Vorderlaufspur bis zum Vorderrand derselben Spur beim folgenden Schritt. Beim Schreiten, wenn die Hinterläufe normalerweise in die Vorderlaufspuren gesetzt werden, entspricht die Schrittlänge in etwa den Abständen zwischen diesen Doppelspuren. Spannt man eine Schnur z. B. durch

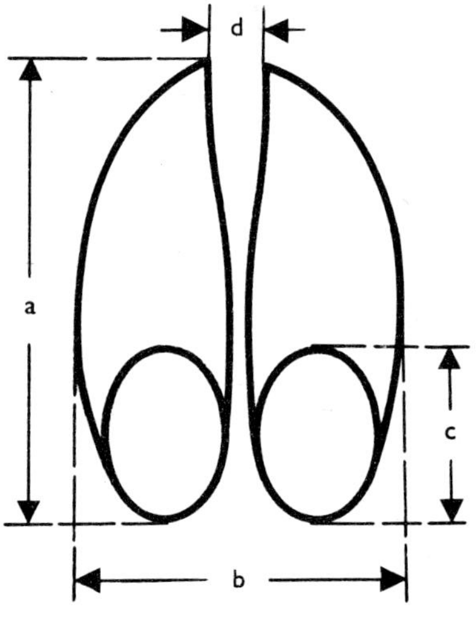

Bild 19. Messen von Schalenwildspuren. a — Spurlänge, b — Spurbreite, c — Ballenlänge, d — Abstand der Schalenspitzen

die Abdruckmitte der rechten Läufe, stellt man fest, daß die Abdrücke parallel zur gespannten Schnur verlaufen; die Fährten eines anderen Stücks aber etwas weiter ausgestellt sind, daß die Schalen einen mehr oder weniger großen Winkel mit der Achse der Fortbewegung bilden. Die Größe dieses Ausstellwinkels kann z. B. Informationen über Alter und Geschlecht des verfolgten Wilds liefern.

Zum Aufzeichnen von Spuren und Fährten ist Millimeterpapier geeignet. Eine einzelne Spur kann man so (mit Hilfe eines Gitters) in natürlicher Größe aufzeichnen, Fährten überträgt man in verkleinertem Maßstab (z. B. 1 cm in Wirklichkeit = 1 mm auf dem Papier). So kann man mit Hilfe eines Bandmaßes alle wichtigen Angaben ermitteln, weitere Daten, z. B. den Ausstellwinkel, stellt man dann zuhause fest.

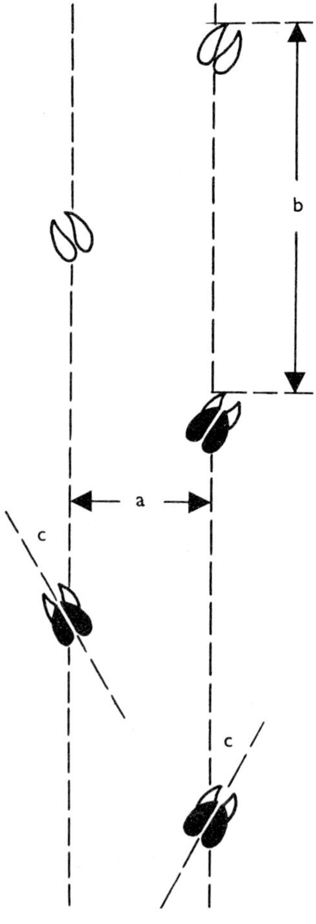

Bild 20. Messen von Spurengruppen.
a — Schränkungsbreite (Schrank),
b — Schrittlänge, c — Ausstellwinkel

Bild 21. Messen von Säugerschädeln. a — Schädellänge, b — Schädelbreite, c — Schädelhöhe, d — Länge der oberen Zahnreihe

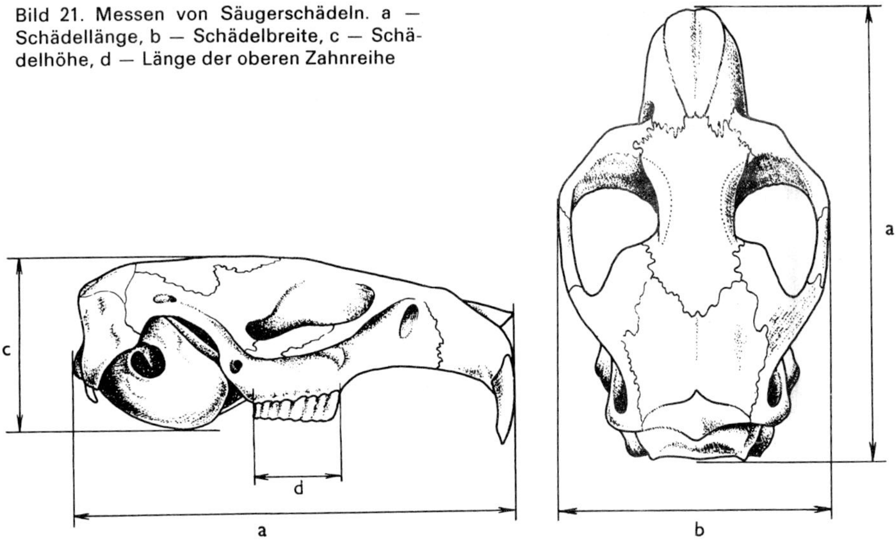

Das Sammeln von Fraßresten

Spuren der Nahrungsaufnahme lassen sich fotografieren, abzeichnen, aber häufig auch im Original sammeln, ordnen und aufbewahren. Zum Anlegen einer Sammlung von Fraß- und Beuteresten lassen sich nur solche Pflanzen- und Tierteile verwenden, die nicht verderben. Damit beschränkt sich das mögliche Sammelgut nur auf harte Gegenstände mit minimalem Wassergehalt.
Deutliche Zahn- oder Schnabelspuren findet man an Holzteilen und harten Früchten oder Samen. So kann man z. B. ganze Vergleichsserien von Nüssen, Fruchtsteinen, Getreidekörnern, Nadelbaumzapfen und Laubholzsamen anlegen, die Zahnspuren von Feldmäusen, Eichhörnchen usw. aufweisen oder Schnabelhiebe von Meisen, Kleibern, Spechten, Kreuzschnäbeln, Kernbeißern, Gimpeln und vielen anderen Vögeln. Überreste dieses Nahrungstyps findet man an allen möglichen Stellen in der Natur, doch kann man sie sich mit einem kleinen Trick verschaffen. Legt man in einem Futterhäuschen den Vögeln eine bestimmte Nahrung vor, z. B. Sonnenblumensamen, kommt hier bald ein ganzer Schwarm von Meisen, Kleibern, Grünlingen u. a. zusammen. Alle fressen eifrig und wenn sich das Futterhäuschen am Fenster befindet, führen alle dem Beobachter ihre individuelle Technik beim Bearbeiten, Knacken und Öffnen der Samen vor. Dann braucht man ganz einfach nur die entleerten Schalen einzusammeln und je nach den anwesenden Vogelarten die verschiedenen Bearbeitungsweisen festzustellen.
Im Herbst schneiden die Forstleute Zweige von Obst- und anderen Laubbäumen, um sie an bestimmten Stellen im Revier Hasen und Schalenwild zum Verbiß vorzuwerfen. Das Wild nimmt dieses Futter gern an und nagt die Rinde ab. Das ist wieder eine Gelegenheit für den Spurensammler. Die abgenagten Zweige sind eine perfekte Mustersammlung mit den Spuren von Hasen-, Kaninchen-, Reh- und Hirschvorderzähnen.

In die Sammlung der Nahrungsreste kann man auch Jahrestriebe einbeziehen, die charakteristische Bißspuren durch Hasen oder Schalenwild tragen, Rindenstücke mit Schnabelspuren vom Specht usw.

Findet man einen abgenagten, noch frischen Ast, läßt man ihn allmählich trocknen, schneidet dann ein Stückchen mit den besten Zahnspuren heraus und bringt es mit der entsprechenden Beschriftung in einem durchsichtigen Beutel unter. Auf die gleiche Methode werden auch beschädigte Samen, Nüsse, Steine oder Zapfen aufbereitet und gelagert.

Ein für die Sammeltätigkeit schmales Wirkungsgebiet bieten die Überreste tierischer Nahrung. In diesem Fall kann man nur Teile sammeln, die nicht der Verwesung unterliegen: Gefieder, Fell, Krallen, Schnäbel, Geweihe, Zähne oder Knochen. Auch ein erfahrener Ornithologe kommt nicht selten in Verlegenheit, wenn er anhand einiger weniger gefundener Federn eine Vogelart bestimmen soll, die einem Sperber oder Habicht zum Opfer gefallen ist. Auch wenn er genau weiß, wie die einzelnen Körperpartien eines Buchfinks gefärbt sind, hat er Schwierigkeiten mit der Bestimmung, wenn als einziges Indiz nur ein paar Federchen vorliegen, da die Färbung der Einzelfedern ganz anders wirkt als eine dicht nebeneinanderliegende Gruppe. Eine Federsammlung, die z. B. in Beuteln aufbewahrt und ständig durch neue Funde ergänzt wird, stellt ein ausgezeichnetes Vergleichsmaterial zur Bestimmung der Beute von Raubsäugern, Greifvögeln und Eulen dar. Sie kann noch durch einzelne Stücke ergänzt werden, die man zufällig gefundenen oder erlegten Tieren ausrupft. Auf ähnliche Weise kann man auch eine Mustersammlung von Säugern und Haustieren anlegen.

Ausgezeichnete Sammelmöglichkeiten bieten die Eulengewölle. Gelingt es, einen Baum ausfindig zu machen, auf dem Waldkauz oder Waldohreule ihre Ruhewarte haben, ist reichlich für Material gesorgt. Vor Gewöllen braucht man keinen Ekel zu spüren, sie sind frei von allen Fleischresten, faulen oder stinken nicht. Frische Gewölle sind etwas dunkler, da sie noch feucht sind, alte, trockene Gewölle sind heller und leichter.

Bei Gewölleuntersuchungen nimmt man jedes Stück vorsichtig mit der Pinzette auseinander und sucht alle Knöchelchen, Schädel, Schnäbel und Krallen heraus. Der filzige Teil rührt von Fell und Gefieder her, doch kann man ihn meist nicht zur Bestimmung heranziehen. Viel zuverlässigere Angaben liefern Knochen und Schädel, die man unbeschädigt vorfindet, falls die Eule sie bei der Jagd oder beim Kröpfen nicht mit dem Schnabel zerbrochen hat. Die besten Vorstellungen über Qualität und Quantität der Eulennahrung vermitteln die Schädelfunde. Eulen kröpfen jede kleinere Beute im Ganzen, so daß man pro Kopf ein geschlagenes Stück rechnen kann. Auch wenn man nicht alle Beutetiere genau ermitteln kann, so kann man doch leicht anhand der Abbildungen in diesem Buch die Schädelfunde in Insektenfresser, Nager oder Vögel einteilen. So gewinnt man eine Vorstellung von den wichtigsten Bestandteilen der Eulennahrung. Skelettreste aus den Gewöllen lassen sich leicht von den Fellresten reinigen und werden nur durch Abspülen mit Wasser strahlend weiß, da sie im Eulenmagen gut „präpariert" wurden. Man kann sie grob sortiert zur Orientierung in Schachteln aufbewahren oder mit weißem Faden auf schwarzem Untergrund anbringen.

Literaturhinweise

Bang, P. — Dahlström, P.: Tierspuren. München, 1973

Bauer, K. M. — Glutz, U. N.: Handbuch der Vögel Mitteleuropas. Frankfurt/M.

Brandt, K. — Eiserhardt, H.: Fährten- und Spurenkunde. Hamburg—Berlin, 1971

Bruun, B. — Singer, A. — König, C.: Der Kosmos-Vogelführer. Stuttgart, 1971

Černý, W.: Welcher Vogel ist das? Stuttgart, 1973

Dolejš, K.: Stopařství (Fährten- und Spurenzeichen). Praha, 1972

Forst, P. und Koll.: Myslivost (Jagdwesen). Praha, 1975

Gaffrey, G.: Merkmale der wildlebenden Säugetiere Mitteleuropas. Leipzig, 1961

Hanák, V.: Tiere in Wald und Flur. München, 1976

Hanzák, J.: Vogeleier und Vogelnester. Praha, 1972

Hanzák, J. — Formánek, J.: Welt der Vögel in Farbe. München, 1969

Harrison, C.: Jungvögel, Eier, Nester aller Vögel Europas, Nordafrikas und des Mittleren Ostens. Hamburg—Berlin, 1975

Hudec, K. — Klíma, M.: Atlas vodní pernaté zvěře (Atlas des Federwilds auf Gewässern). Praha, 1968

Klíma, M.: Jak číst ze stop (Wie man Fährten und Spuren liest). Praha, 1970

Kostroň, K.: Stopy a zvířata (Spuren und Tiere). Praha, 1970

Lawrence, M. J. — Brown, R. W.: Mammals of Britain, Their Tracks, Trails and Signs. Dorset, 1979

Leutscher, A.: Animals Tracks and Signs. London, 1979

Lochman, J. und Koll.: Posuzování věku živé a ulovené zvěře užitkové (Feststellung des Alters bei lebendem und erlegtem Nutzwild). Praha, 1979

Mohr, E.: Die freilebenden Nagetiere Deutschlands und der Nachbarländer. Jena, 1954

Sparks, J.: Bird Behaviour. London, 1969

Register

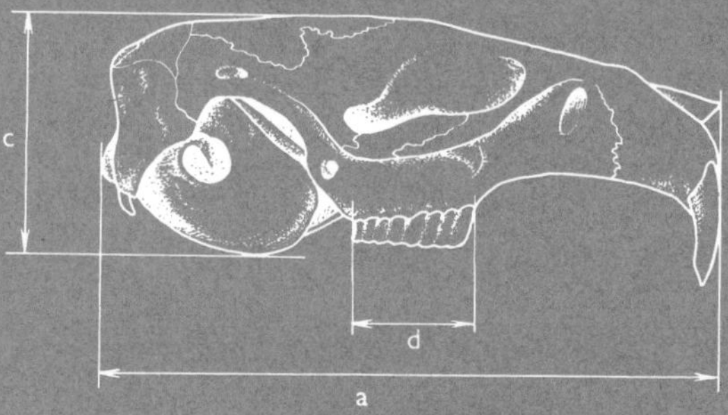

▲
Messen von Säugerschädeln
a – Schädellänge, b – Schädelbreite,
c – Schädelhöhe, d – Länge der oberen Zahnreihe

▶

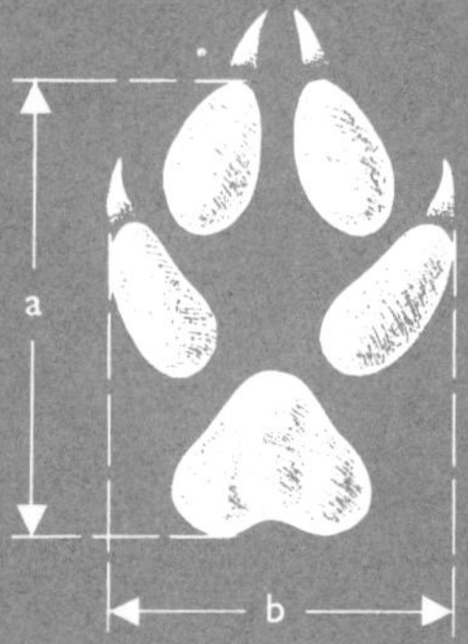

▲
Messen von Pfotensäugerspuren (ohne Krallen gemessen)
a – Spurlänge, b – Spurbreite
▼

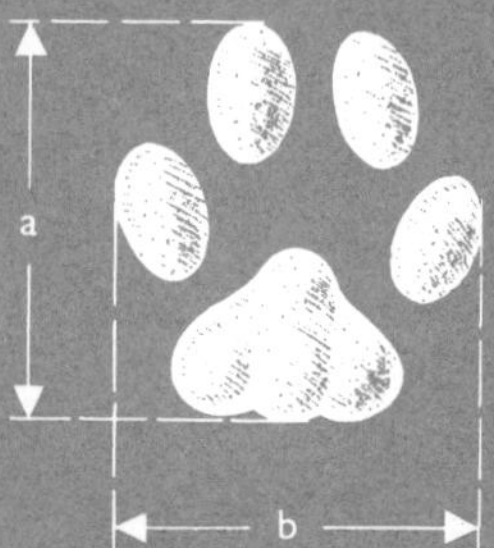

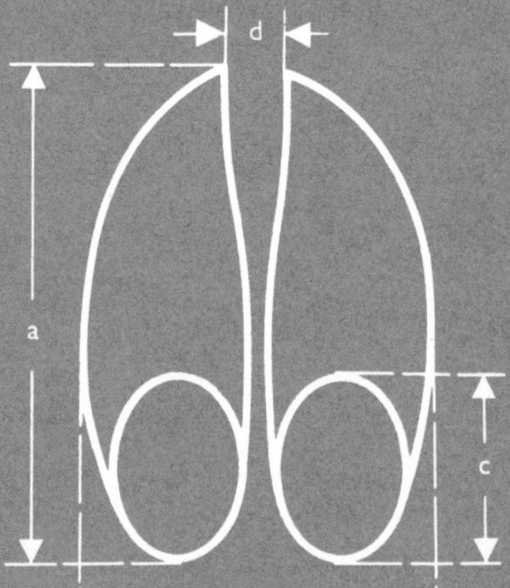

▲ Messen von Schalenwildspuren
a – Spurlänge, b – Spurbreite,
c – Ballenlänge, d – Abstand der Schalenspitzen